AF537781

Norbert Frei

IM NAMEN DER DEUTSCHEN

Norbert Frei

IM NAMEN DER DEUTSCHEN

Die Bundespräsidenten
und die NS-Vergangenheit
1949–1994

C.H.BECK

Mit 24 Abbildungen

www.chbeck.de
Umschlaggestaltung: Kunst oder Reklame, München
Umschlagabbildung: Luftaufnahme der Villa Hammerschmidt, 1986 © ullstein bild – BPA
Satz: Fotosatz Amann, Memmingen
Druck und Bindung: CPI – Ebner & Spiegel, Ulm
Gedruckt auf säurefreiem und alterungsbeständigem Papier
Printed in Germany
ISBN 978 3 406 80848 7

myclimate

klimaneutral produziert
www.chbeck.de/nachhaltig

Inhalt

Einleitung

«*Wir* haben *von den Dingen gewusst.*»
Theodor Heuss, 1952

Es war das «Wir» der gemeinsamen Zeitgenossenschaft, das der Bundespräsident am Mahnmal in Bergen-Belsen bemühte, nicht der überkommene Pluralis Majestatis des Monarchen. Dieses «Wir» beschwor die Erinnerung, sieben Jahre nach Hitler, an einem der wüstesten Orte des Menschheitsverbrechens. Aber es unterstrich auch die Verbindung zwischen den Bürgerinnen und Bürgern des neuen Staates und ihrem höchsten Repräsentanten. Der Bundespräsident sprach im Namen der Deutschen. So ist es bis heute, so sieht es das Grundgesetz vor, und dafür steht das präsidiale «Wir».

Seit dem Amtsantritt von Theodor Heuss im September 1949 ist die öffentliche Rede das zentrale politische Instrument des deutschen Staatsoberhaupts, und dabei wird es auch bleiben, wenn irgendwann eine Bundespräsidentin das Wort ergreift. Der Bundespräsident handelt, indem er spricht. Gerade weil seine Machtbefugnisse begrenzter sind als in anderen parlamentarischen Demokratien – eine der Lehren aus dem Scheitern der Weimarer Republik –, wirkt er vor allem durch das, was er sagt und wie er es sagt: in Reden und Ansprachen, in Interviews und Aufsätzen, im öffentlichen Gespräch und in vertraulicher Runde.

In der Wahl ihrer Themen sind die Bundespräsidenten frei, und im Lauf der Jahrzehnte haben sich manche Akzente verschoben. Aber auf dem Feld des Historisch-Politischen stößt man an einer Stelle auf erstaunliche Kontinuität: Hinter die Formen und Sprechweisen der normativen Auseinandersetzung mit der nationalsozialistischen Vergangenheit, die Heuss in seiner ersten Amtszeit entwickelte, ist keiner seiner Nachfolger zurückgegangen. So beruht vieles von dem, was damals unter dem Begriff «Vergangenheitsbewältigung» firmierte und heute «Erinnerungskultur» heißt, nach wie vor auf dem Reden und Wirken des Gründungspräsidenten, im Guten wie im Problematischen. Heuss hat, das Grundgesetz beim Wort nehmend, die Maßstäbe entwickelt, natürlich nicht allein und nicht im luftleeren Raum, wohl aber in empfindsamer Abwägung der Möglichkeiten seines Amtes und der Bedürfnisse der Nachkriegsdeutschen – und mit Gespür für die Erwartungen all derer, die sich das nationalsozialistische Deutschland zum Feind gemacht hatte. Wie für die meisten, die seit 1945, erstmals oder wieder, die politische Arena betraten, war dabei auch für Heuss der eigene Weg durch das «Dritte Reich» von elementarer Bedeutung. Persönliche Erfahrungen flossen in seinen kritischen und selbstkritischen Umgang mit der «jüngsten Vergangenheit» ein.

Aus diesen Beobachtungen ergibt sich ein Teil der Fragen, denen dieses Buch nachgeht – auf den Spuren von Theodor Heuss und jener fünf Präsidenten, die in drei Jahrzehnten auf ihn folgten: Heinrich Lübke, Gustav Heinemann, Walter Scheel, Karl Carstens und Richard von Weizsäcker. Mit Weizsäcker, der, ebenso wie Scheel und Carstens, die Jahre des Zweiten Weltkriegs als Soldat erlebt hatte, ging die Zeit der NS-Zeitgenossenschaft im Präsidialamt 1994 zu Ende; alle späteren Bundespräsidenten waren bei Kriegsende noch nicht erwachsen oder noch gar nicht geboren. Die vorliegende Darstellung handelt somit von den Präsidenten der «alten» Bundesrepublik; dass Weizsäcker zum Ende seiner zweiten Amtszeit den ersten Dienstsitz des Staatsoberhaupts von Bonn nach Berlin verlegte, von der Villa Hammerschmidt ins Schloss Bellevue, erscheint im Rückblick wie eine symbolische Bekräftigung dieses erfahrungsgenerationellen Einschnitts. Darin und in der Zugänglichkeit der staatlichen Akten, die einer gesetzlichen Sperrfrist von 30 Jahren unterliegen, gründet der hier gewählte zeitliche Rahmen.

In welcher Weise also machten die Bundespräsidenten der Bonner Republik die Verbrechensgeschichte des «Dritten Reiches» zu ihrem Thema? Wo setzten sie die Schwerpunkte, was waren ihre blinden

Flecken, worin bestanden individuelle Befangenheiten? Traten sie für innergesellschaftliche Aufklärung ein, für die Anerkennung der Gegner des Regimes, für das Gedenken an die Opfer? Wie dachten sie über die Bestrafung der Täter, wie verhielten sie sich zu den populären Forderungen nach deren Freilassung? Beförderten sie den öffentlichen Diskurs über die Vergangenheit oder begünstigten sie deren Beschweigen? Und wie verhielt sich das eine oder das andere womöglich auch zur je eigenen Biographie?

Schließlich die Frage nach den Auswirkungen einer über die hier betrachteten viereinhalb Jahrzehnte doch signifikant sich verändernden Generationenkonstellation: Nahm – an der Spitze des Staates wie in der bundesrepublikanischen Gesellschaft insgesamt – vor dem Hintergrund des einsetzenden Abschieds von den Zeitgenossen der NS-Zeit die Bereitschaft zur Auseinandersetzung mit der Vergangenheit zu? Markierte Richard von Weizsäckers berühmte Rede zum 40. Jahrestag des Kriegsendes 1985 in diesem Sinne einen Umbruch? Oder war sie bereits dessen Resultat?

Es ist, aus der Perspektive des protokollarisch höchsten Amts der Republik, eine Geschichte von Schuld und Scham, von Vergessen und Vergegenwärtigung, die dieses Buch erzählt. In den Blick kommen dabei selbstverständlich auch Veränderungen in der öffentlichen Wahrnehmung der Rolle und Bedeutung der Bundespräsidenten und in der Beurteilung ihrer Lebens- und Karrierewege während der NS-Zeit. Mehr als deutlich wird dieser Wandel am Beispiel der aufeinanderfolgenden Präsidenten Lübke und Heinemann, mit denen ein sich zunehmend kritisch verstehender Teil der Medien höchst gegensätzlich verfuhr, obwohl beide in durchaus ähnlicher Weise den Funktionseliten der NS-Zeit zuzurechnen sind. Ähnliches gilt für Scheel und Carstens, deren vormalige Mitgliedschaft in der NSDAP praktisch gleichzeitig bekannt und frappierend unterschiedlich bewertet wurde.

Hinter dem Staatsoberhaupt der Bundesrepublik Deutschland steht traditionell ein vergleichsweise kleiner Apparat. Aber wer wissen will, wie und mit wessen Zutun die Reden und Ansprachen der Präsidenten entstanden sind und welchem Kalkül sie folgten, kommt an einem genaueren Blick ins Innere des Bundespräsidialamts nicht vorbei. Denn selbstverständlich waren die politische Herkunft, die Einstellungen und die Vergangenheit der Menschen, die den Bundespräsidenten zuarbeiteten, von Bedeutung. Das galt zumal hinsichtlich der vielfältigen präsidialen Äußerungen, Begegnungen und Korrespondenzen, die die Geschichte und Nachgeschichte der NS-Zeit berührten: die sogenannte «Wiedergutmachung» etwa, die Situation der vormals Verfolgten, Emigranten und Überlebenden des Judenmords, die Wiederbegründung jüdischer Gemeinden in Deutschland, aber auch die Klagen von Vertriebenen und denen, die sich als einstige Mitläufer, Profiteure oder Ex-Parteigenossen nach 1945 zu Unrecht verurteilt fühlten und auf Rehabilitierung drängten. Der NS-Belastung unter den Beamten und Angestellten des Bundespräsidialamts geht diese Studie deshalb im Einzelnen nach; Erwartungen, die Belegschaft der Villa Hammerschmidt in den ersten Jahrzehnten der Republik könnte sich grundsätzlich von jener in den Ministerien und anderen obersten Behörden unterschieden haben, soviel sei schon an dieser Stelle gesagt, wären verfehlt.

Angesichts der Problemlagen einer Gesellschaft, in der die Mentalitäten und Ideologeme der «Volksgemeinschaft» noch vielfach gegenwärtig waren, kamen dem ersten Bundespräsidenten besondere Aufgaben bei der symbolpolitischen Ausgestaltung der neuen Staatlichkeit zu. Vor diesem Hintergrund erklärt sich Heuss' Entschluss, trotz persönlicher Distanz gegenüber der Idee staatlicher Auszeichnungen (die Weimarer Reichsverfassung hatte sogar ein entsprechendes Verbot festgeschrieben) 1951 einen Bundesverdienstorden zu stiften. Für den Erfolg der Überlegung, auf diese Weise etwas für die Akzeptanz der «Abstraktion Bonn» (Heuss) zu tun, scheint die Tatsache zu sprechen, dass zum Ende seiner zweiten Amtszeit bereits Zehntausende ausgezeichnet waren – und sich die Begehrlichkeiten der Funktionseliten eines wiederaufbaustolzen Bürgertums unvermindert fortsetzten. Mit dieser meritokratischen Großzügigkeit, die 1963 sogar Thema einer Filmsatire werden sollte («Orden für die Wunderkinder», mit Carl-Heinz Schroth), gingen freilich fast zwangsläufig politische Fehlentscheidungen einher, von denen einige exemplarisch betrachtet werden: auch, weil sie auf längere Sicht zu bedeutsamen Anknüpfungspunkten eines kritischeren Umgangs mit der Vergangenheit wurden, dessen Erstarken sich nachgerade regelhaft dem Modus der Skandalisierung verdankte.

Die Dialektik der bundesdeutschen Vergangenheitspolitik erweist sich ebenso im Kontext der Auslandsreisen der Bundespräsidenten, mitunter auch der Besuche ausländischer Staatsoberhäupter in der Bundesrepublik; beidem geht die Darstellung durch die Jahrzehnte hindurch vor der Folie der sich verändernden innen- und außenpolitischen Konstellationen immer wieder nach – von Heuss' tastender Griechenlandreise 1956 über Lübkes Fahrt mit dem italienischen Staatspräsidenten 1963 nach Dachau und Heinemanns «Versöhnungsbesuchen» in Westeuropa und Skandinavien seit Ende der sechziger Jahre bis zu Weizsäckers Staatsvisite in Israel im Herbst 1985.

Spätestens an dem Punkt der Ansehensgewinne, die für die Bundesrepublik mit vielen der Auslandreisen ihrer Präsidenten verbunden waren, aber auch mit Blick auf von diesen gewürdigte historisch-politische Gedenktage wie den 20. Juli 1944, den 8. Mai 1945 oder – erst nach vier Jahrzehnten – den 9. November 1938 kommt in der scheinbar rein westdeutschen Entwicklungsgeschichte, die hier zu schildern ist, die DDR ins Spiel. Ansporn, Konkurrent und Widersacher war der zweite deutsche Staat im Systemwettstreit des Kalten Krieges natürlich von Anfang an; wie sehr dies aber auch für das Bonner Staatsoberhaupt galt, zeigte sich während der Präsidentschaft Heinrich Lübkes, dessen zweite Amtszeit unter den Angriffen aus Ost-Berlin geradezu im Chaos versank.

Die Geschichte der Bundespräsidenten der «alten» Bundesrepublik und ihres Umgangs mit der NS-Vergangenheit fällt in weiten Teilen und über beachtliche Strecken zusammen mit der Geschichte der Herausbildung der politischen Identität und der politischen Kultur der zweiten deutschen Demokratie: nämlich in der seit 1945 von außen angeleiteten und im Zuge der Staatsgründung feierlich bekundeten Abkehr von der nationalsozialistischen Vergangenheit und dem Versprechen der kritischen Auseinandersetzung mit ihr. Diese Auseinandersetzung ist, in anderen Worten, integrales Element eines über

Jahrzehnte sich erstreckenden politisch-moralischen Lernprozesses. Den Bundespräsidenten kam dabei die Rolle oberster Promotoren zu – mit durchaus unterschiedlicher persönlicher Überzeugungskraft.

I. Lernprozesse

Arg selbstbezogen wirkte es auf jeden Fall, vielleicht sogar ein bisschen frech, wie Theodor Heuss die Männer und Frauen der Bundesversammlung beschied, die ihn soeben in das Präsidentenamt gewählt hatten: «Es ist für mich mit persönlicher Resignation verbunden; denn manche Pläne wissenschaftlicher und literarischer Natur verfliegen mit ihm.»[1] Geradezu geflunkert aber war seine Behauptung, er habe die protokollarisch höchste Position in der neuen Republik «nicht in einem unruhigen Ehrgeiz erstrebt». Tatsächlich hatte Heuss, seit die Arbeit im Parlamentarischen Rat im Frühjahr 1949 zu Ende gegangen und das Grundgesetz verabschiedet war, zunehmend Gefallen an dem Gedanken gefunden, er selbst könnte das Amt bekleiden, dessen Zuschnitt er als Fraktionschef der Liberalen mitgeprägt hatte.

Doch hinter den Eitelkeiten steckte mehr. Der erfahrene Politiker, Publizist und Politik-Professor, der schon kurz nach Kriegsende auf all diesen Feldern wieder aktiv geworden war und schließlich den Vorsitz der Freien Demokraten übernommen hatte, suchte mit solchen Bemerkungen auch seinen Spielraum zu erweitern. Immerhin waren die Aufgaben des Staatsoberhaupts, jenseits der knappen Festlegungen im Grundgesetz, noch undefiniert. Es ging also darum, aus dem, was er jetzt in typischer Heuss-Manier ein «Paragraphengespinst» nannte, eine Rolle zu formen – am besten eine, die seinem Selbstbild als Homme de Lettres und als Mann der historischen Bildung entgegenkam. Dass dazu auch die Auseinandersetzung mit der «jüngsten Vergangenheit» gehören würde, wie man inzwischen gerne ein wenig beschönigend sagte: Das machte der Bundespräsident in seiner Antrittsrede am 12. September 1949 klar.

Heuss sprach an diesem Montagabend zwar von der «Vergangenheit, die jetzt hinter uns liegt». Aber er griff auch zu einer rhetorischen Figur, derer er sich bereits ein halbes Jahr nach dem Ende der NS-Herrschaft bedient hatte, als «Kultminister» der württembergisch-badischen Staatsregierung, der das traditionelle, heroische Heldengedenken durch einen Gedenktag für die Opfer des Regimes, von Krieg und Gewalt abzulösen suchte. «Wollt ihr denn immer davon reden?», hatte er einen imaginierten Gegner dieser Umwidmung fragen lassen – um in seiner Antwort dem sich schon damals artikulierenden Unwillen zu widersprechen.[2] Nun, vier Jahre später, angesichts einer den großen Schlussstrich lautstark fordernden Öffentlichkeit, setzte Heuss erneut bei den Bedürfnissen des «Einzelmenschen» an. Für den sei es eine Gnade, vergessen zu können: «Wie könnten wir leben als einzelne, wenn all das, was an Leid, Enttäuschungen und Trauer uns im Leben begegnet, uns immer gegenwärtig sein würde! Und auch für die Völker ist es eine Gnade, vergessen zu können. Aber meine Sorge ist, dass manche Leute in Deutschland mit dieser Gnade Missbrauch treiben und zu rasch vergessen wollen.»

Sowohl in der Form wie in der Substanz war das eine Argumentation, die Heuss durch die kommende Dekade tragen sollte. Sie skizzierte bereits den Kurs, den er als Bundespräsident zu steuern gedachte: denen zu widerreden, die es sich mit Blick auf die Vergangenheit «so leicht machen»; jene zu stützen, womöglich sogar mit Deutschland und den Deutschen zu versöhnen, die am meisten gelitten hatten; aber auch das Leid zu sehen, das der von Deutschland ausgegangene Krieg über viele gebracht hatte, die zehn Jahre zuvor noch Hitler zugejubelt hatten. Und dies möglichst alles, ohne neue Konflikte zu produzieren. Das hieß nichts weniger, als einen Lernprozess zu eröffnen: für die feierlich gestimmten «Männer und Frauen von Bonn», denen Heuss, stellvertretend für alle Deutschen, später am Wahlabend auf der Freitreppe vor dem Rathaus versprach, «dass mit diesem Tag ein neues Stück deutscher Geschichte begonnen hat», für alle «Seelen», die sich «wiederfinden und sammeln» – am Ende aber auch für sich selbst.[3]

Am Abend des 12. September 1949 spricht der frischgewählte Bundespräsident Theodor Heuss vor dem Bonner Rathaus zu den Bürgern der Stadt.

Liest oder hört man Heuss' Rede vor der Bundesversammlung im Abstand eines Dreivierteljahrhunderts, so stechen vor allem die langen historischen Linien hervor und die Art, in der er die eigene Familiengeschichte mit den freiheitlich-demokratischen «Legenden des Jahres 48» verknüpfte. Routiniert evozierte er die Erinnerung an Goethe und Beethoven, zur «Hitlerzeit» hingegen blieben seine Sätze dürr. Und auch hinsichtlich seiner persönlichen politischen Vergangenheit hielt sich Heuss an die inzwischen herrschende Konvention: kein Wort über seine Arbeit oder gar über mögliche Fehler als Reichstagsabgeordneter der Deutschen Staatspartei und als Publizist im «Dritten Reich». Man musste davon wissen, um zu erahnen, dass er in dieser Geschichte nicht nur einen Schatz von Erfahrungen und Verbindungen sah, sondern auch eine Bürde. Zweifellos wog der Schatz aus seiner Sicht viel schwerer als die Bürde, aber diese war doch groß genug, um immer wieder, im Grunde bis zu seinem Lebensende, an ihm zu nagen.

Theodor Heuss und die Bürden der Vergangenheit

Wie und warum Theodor Heuss Ende 1944 auf eine der sogenannten Weißen Listen der Amerikaner geraten war, ist trotz der Bemühungen seiner zahlreichen Biographen nicht ganz geklärt.[4] Auch er selbst scheint nie genau erfahren zu haben, wie er «von den Amis entdeckt» worden war. So jedenfalls lässt sich eine Bemerkung aus den Tagebuchbriefen an Toni Stolper in New York deuten,[5] mit der ihn eine jahrzehntealte, über den frühen Tod seines Freundes Gustav Stolper anhaltende Vertrautheit und eine nach dem Tod von Elly Heuss-Knapp (1952) gewachsene Liebe verband. Und doch wäre die Annahme verfehlt, dass ihn die Bestellung zu einem der Lizenzträger der *Rhein-Neckar-Zeitung* im Sommer 1945 unvorbereitet getroffen hätte. Denn schon Ende April, die Schlacht um Berlin tobte noch, war der erste US-Jeep vor dem Heidelberger Zufluchtsort der Heussens vorgefahren; seitdem waren die Kontakte zur Besatzungsmacht nicht mehr abgerissen.

Bei allem Interesse, das die zahlreichen amerikanischen Besucher an Heuss und seinen Ansichten nahmen: Für einen Moment sah es aus, als könnte seine Ernennung noch scheitern. Denn jeder Lizenzerteilung durch die Information Control Division ging ein aufwendiges Durchleuchtungsverfahren voraus, das die mit dem Aufbau neuer Zeitungen betrauten Offiziere, zumal in der Anfangszeit, mit großer Ernsthaftigkeit betrieben. Ohne das dezidierte Votum von Major Shepard Stone, der bis 1932 in Berlin studiert und Heuss an der Hochschule für Politik kennengelernt hatte, hätten sich womöglich Leute aus der Intelligence Branch durchgesetzt, die Heuss sowohl seine journalistische Tätigkeit vor 1945 als auch seine Zustimmung zum Ermächtigungsgesetz am 23. März 1933 ankreideten.[6]

Letztere mochte, wie Heuss später immer wieder argumentierte, politisch nicht mehr viel bedeutet haben angesichts des schon breitgetrampelten Wegs in die Führerdiktatur. Und doch war es ein ernüchterndes Zeichen, dass neben den reaktionären Kräften der Regierungskoalition auch das Zentrum, die Bayerische Volkspartei und eben die fünfköpfige Fraktion der Deutschen Staatspartei zugestimmt hatten; für die nächsten vier Jahre konnte Hitler nun scheinbar ganz zu Recht ohne Mitwirkung des Parlaments regieren. Wenn nirgendwo sonst, so musste das Verhalten der Liberalen, die zuletzt nur noch dank einer Listenverbindung mit der SPD in den Reichstag gekommen waren (und genau deshalb dann im Sommer 1933 ebenfalls ihre Mandate verloren), in den Reihen der Sozialdemokraten als Verrat betrachtet worden sein. Immerhin hatte sich deren Fraktion – die KPD war schon verboten – als einzige dem Ermächtigungsgesetz verweigert.

Tatsächlich kam die Frage nach seinerzeitigen Reaktionen aus den Reihen der Sozialdemokratie noch einmal auf, als Heuss, der das Amt des württembergischen «Kultministers» nach der Wahlschlappe der Liberalen inzwischen abgegeben hatte, Anfang 1947 vor einem Landtags-Untersuchungsausschuss aussagte. Dieser war eingesetzt worden, um vor allem Ministerpräsident Reinhold Maier aus der Defensive zu helfen, der als Fraktionsmitglied der Staatspartei die Zustimmung zum Ermächtigungsgesetz im Reichstag verlesen hatte und deshalb nun unter heftigem Beschuss von Franz Karl Maier stand, dem kämpferischen Lizenzträger der *Stuttgarter Zeitung*. Letzterer, in seiner amtlichen Eigenschaft als Öffentlicher Kläger, wollte ersteren vor der Spruchkammer Stuttgart verurteilt sehen. In dieser Konstellation («Maier gegen Maier») gab Heuss nicht nur zu Protokoll, die Vorwürfe von sozialdemokratischer Seite seien «alles Erfindung von heute». Er versuchte auch das beschämende «Ja» zu erläutern, von dem er vermutlich erst jetzt begriff – und nicht schon im Moment des Geschehens, wie es in seinen nachgelassenen Erinnerungen heißt –, dass er es «nie mehr» aus seiner Lebensgeschichte würde «auslöschen» können.[7] Vor der Abstimmung im Reichstag, so also Heuss gegenüber dem Untersuchungsausschuss, habe er im Kreis seiner Parteifreunde einen «Entwurf für eine Neinerklärung» vorgelegt, und aus einem «historischen Stilgefühl» heraus sei er bereit gewesen, diese auch im Plenum abzugeben: «Ich dachte, es macht sich besser für dich und die, die mit dir zusammen sind, wenn du dem Hitler gegenüber nun diese Trennung aussprichst.»[8]

Zu dem am 23. März 1933 versäumten klaren Trennstrich kam es allerdings auch später nicht, und Heuss' «Neinerklärung» wurde im Nachlass nie gefunden. Bis tief in den Krieg hinein blieb es auch für ihn bei jener charakteristischen Ambivalenz, die das deutsche Bürgertum – das in weiten Teilen, zumal in seiner nationalprotestantischen Ausprägung, spätestens seit der Weltwirtschaftskrise auf einen imaginierten «Führer» hoffte – gegenüber Hitler im Grunde hatte handlungsunfähig werden lassen. Gerade am Beispiel von Heuss ist diese Ambivalenz, genauer: das thematisch und zeitlich gestufte Bemühen um Abstand und Arrangement, eingehend beschrieben worden. Hier muss es genügen, noch auf jenen weiteren Aspekt seines Lebens vor und während der NS-Zeit einzugehen, der nach 1945 wiederholt Anlass kritischer Nachfragen war: seine Arbeit als Schriftsteller und Journalist.

Mit einem rasch niedergeschriebenen Buch über «Hitlers Weg» hatte sich Heuss um die Jahreswende 1931/32 exponiert.[9] Die «historisch-politische Studie über den Nationalsozialismus» war gespickt mit ironisch-bildungsbürgerlichen Distanzierungen und, wie so oft bei ihm, mit großzügig in den Raum gestellten geschichtlichen Analogien. Aber sie war beileibe kein pauschales Verdikt: Weder stellte der Autor die politischen Fähigkeiten des «Führers» in Abrede noch dessen Popularität; er ließ im Gegenteil sogar eine gewisse Bewunderung, ja Sympathie für die plebiszitär unterlegte Durchsetzungsfähigkeit der Bewegung erkennen. (Vor allem Letzteres war wohl der Grund, weshalb Heuss das Buch später für «zu harmlos» erklärte und einen Neudruck ablehnte.[10]) Vor dem Hintergrund der Staatskrise hielt er es nicht einmal für ausgeschlossen, dass es gelingen könnte, die Nationalsozialisten im parlamentarischen Betrieb gleichsam zu zähmen. Und das, obwohl er ihr Ziel klar erkannte: diesen Betrieb zu «stören, wenn es möglich ist, zerstören».[11]

Mehr als alles andere stieß ihn Hitlers Antisemitismus ab. Heuss' Verachtung für den nationalsozialistischen Blut- und Rassenwahn, dem er ein eigenes Kapitel widmete, vertrug sich jedoch sehr wohl mit einem hartnäckigen Soupçon gegenüber «Ostjuden». Besonders störte ihn das «entwurzelte jüdische Literatentum», das er vor allem in der linken *Weltbühne* am Werk sah.[12] Dass er wegen «Hitlers

Weg» und einer weiteren Schrift bei der Bücherverbrennung im Mai 1933 mit seinem alten publizistischen Gegner Kurt Tucholsky auf dieselben Schwarzen Listen geriet – und alphabetisch in die «Nachbarschaft» von Sexualreformern wie Magnus Hirschfeld und Max Hodann –, das war dem Kulturkonservativen damals und blieb ihm zeitlebens zuwider.[13]

Bereits Anfang Mai war Heuss die Dozentur an der Deutschen Hochschule für Politik genommen worden, Ende Juni 1933 hatte sich die Staatspartei aufgelöst, zwei Wochen später wurden seiner Fraktion die Reichstagsmandate aberkannt. Ende September trat er dann auch als Vorstandsmitglied des Deutschen Werkbunds zurück, dem er seit 1918 verbunden gewesen war. Durch Heuss' Leben in Berlin zog sich fortan, wie Joachim Radkau prägnant, aber vielleicht doch ein wenig zu dramatisch formuliert, ein «Grundton der Vereinsamung, der zerbröckelnden materiellen Basis, ja der persönlichen Gefährdung».[14] Weiter schreiben zu können, wurde für den fast Fünfzigjährigen jedenfalls zu einer im doppelten Sinn existentiellen Frage. Nicht zuletzt vor diesem psychischen Hintergrund muss man seine journalistische und schriftstellerische Arbeit in den, wie er später gerne formulierte, «bösen Jahren» sehen.

Für eine erste Ablenkung sorgte, dass Heuss zum Jahreswechsel 1932/33 die Mitherausgeberschaft der längst kriselnden, einst von Friedrich Naumann gegründeten *Hilfe* übernommen hatte, einer Halbmonatszeitschrift für «Politik, Wirtschaft und geistige Bewegung», für die sich der junge Berliner Verleger Hans Bott engagierte (der künftige Eckermann des Bundespräsidenten). Um angesichts der neuen Umstände auch das Redaktionsgeschäft an sich ziehen zu können, beantragte Heuss Anfang 1934 seine Aufnahme in die Schriftleiterliste. «An sich habe ich ja, wenn freilich fast als einziger deutscher Publizist, die Linie gehalten, von der amtlich heute gesagt wird, dass sie erwünscht sei», schrieb er dazu einem Freund.[15] Doch das kleine, kaum tausend Abonnenten zählende Periodikum befriedigte weder Heuss' publizistischen Ehrgeiz noch seine finanziellen Bedürfnisse. Und da es ihm und Bott, wie dieser sich erinnerte, immer wieder auch Ärger mit der Gestapo bescherte, gab er nach knapp zwei Jahren auf.[16] Der ewig Schreibhungrige – seine ersten Artikel hatte Heuss als Achtzehnjähriger in der Heilbronner *Neckar-Zeitung* veröffentlicht – besann sich auf seine diversen Zeitungskontakte und kündigte an, er werde sich «jetzt zunächst auf Jubiläen werfen». Das, so schrieb er einem Freund, werde «niemandem wehe tun; ich verbreite damit Bildung bei denen, die in dieser Zeit altmodisch genug sind, noch für Historie sich zu interessieren, nachdem unsereinem die Gegenwart fast verboten ist».[17]

Tatsächlich hielten sich die von Heuss verfassten Texte, die in den nächsten Jahren in den großen Berliner Blättern und bald auch in der *Frankfurter Zeitung* erschienen, von der Tagespolitik fern. Im Unterschied zu manchen seiner national gestimmten Beiträge in der *Hilfe* – darunter eine ziemlich fromme Ausdeutung der Pressefreiheit unter Goebbels[18] – kamen die Erinnerungsartikel, Kunstbetrachtungen und Rezensionen kaum je in die Nähe des Systems der Sprachregelungen und fielen auch der Nachzensur nicht auf. Allerdings erbrachten die «Harmlosigkeiten», wie er Toni Stolper schrieb, auch «finanziell gar nichts».[19] Während seine Frau Elly als Werbetexterin reüssierte, setzte er sich nun an die lange liegengebliebene Naumann-Biographie, die mit Billigung der Parteiamtlichen Prüfungskommission Ende 1937 erscheinen konnte. In den nächsten Jahren folgten Bücher über den Architekten Hans Poelzig (1939, Neuauflage 1941 untersagt), den Zoologen Anton Dohrn (1940) und Justus von Liebig (1942). Die große Robert Bosch-Biographie, mit der Heuss gleich nach dessen Tod 1942 begonnen hatte und die dem Ehepaar dank eines Vertrags mit dem Unternehmen finanziell durch die letzten Kriegsjahre half, erschien hingegen erst 1946.

Anders als an seine Tätigkeit für die noch lange gerühmte, einstmals liberale *Frankfurter Zeitung* mochte Heuss im Nachhinein ungern an seine Mitarbeit bei dem 1940 gegründeten NS-Renommierblatt *Das Reich* erinnert werden. Die auflagestarke Sonntagszeitung bezahlte nicht nur «vorweltkriegsmäßig opulent», sondern verschaffte seinen Aufsätzen auch eine «erstaunlich große Publizität»; so jedenfalls tönte er Anfang 1941 gegenüber den Frankfurtern, als diese ihm eine feste freie, allerdings auch exklusive Mitarbeit anboten.[20] Und weil Heuss am Ende einschlug, blieben seine Beiträge im *Reich* Episode – nicht etwa, wie er später behauptete, weil er sich wegen Goebbels' Leitartikeln dort zurückgezogen hätte.[21] Auch dass sein Name in der *Frankfurter Zeitung* seit Dezember 1941 auf höhere Weisung nicht mehr gedruckt werden sollte – er selbst wählte daraufhin das Pseudonym «Thomas Brackheim», das auf seinen Geburtsort verwies –, deutete Heuss später etwas sehr zu seinen Gunsten. Die scheinbar beiläufige Erklärung, ihm sei die «Publizistik verboten» gewesen, die er 1954 in seiner Laudatio auf den Friedenspreisträger Carl Jacob Burckhardt in der Paulskirche gab, war jedenfalls nicht die ganze Wahrheit.[22] Selbst nach dem behördlich verfügten Ende der *Frankfurter Zeitung* im Sommer 1943 konnte Heuss weiter veröffentlichen. Sein letzter nachgewiesener pseudonymer Text in der Presse des untergehenden «Tausendjährigen Reichs» erschien am 23. Dezember 1944 im *Neuen Wiener Tagblatt*: ein leicht verspäteter Gruß zum 100. Geburtstag seines Doktorvaters Lujo Brentano.[23]

Als der sogenannte Blackout, das von den vorrückenden Alliierten verhängte vollständige Verbot deutscher Zeitungen, im Sommer 1945 endete, gehörte Theodor Heuss zu den ersten aus der kleinen Gruppe handverlesener Journalisten, die sich wieder äußern konnten. In seiner neuen Rolle als einer von drei Lizenzträgern der *Rhein-Neckar-Zeitung* standen ihm alle Möglichkeiten offen, die politische Entwicklung zu begleiten und zu kommentieren. Heuss machte davon bis zu seiner Wahl zum Bundespräsidenten mehr als einhundert Mal Gebrauch, meist in Form von Leitartikeln, die er neben seinen wachsenden Verpflichtungen als Parteipolitiker in Stuttgart und später in Bonn verfasste und nach Heidelberg übermittelte. Doch kaum einer dieser Texte erwies ihn als einen analytisch die Zukunft in den Blick nehmenden Kopf; sein Metier blieb auch jetzt die historische Betrachtung, namentlich der demokratischen Traditionslinien im deutschen Südwesten.

Zum Thema Nationalsozialismus hatte der Leitartikler Heuss erstaunlich wenig zu sagen; prinzipiell präsentierte er sich als die Stimme derer, die von sich glaubten, dem verflossenen Regime mit Distanz und Ablehnung begegnet zu sein. Entsprechend bekundete er angesichts des beginnenden Nürnberger Prozesses im Oktober 1945 «Enttäuschung, dass diese Abrechnung nicht von Deutschen selber vorgenommen werden kann». (Ganz ähnlich dachte, ohne dass er Gelegenheit gehabt hätte, dies damals zu publizieren, der junge Richard von Weizsäcker.) Mit frappierender Direktheit nahm Heuss jene post-volksgemeinschaftliche Stimmung auf, die Besucher wie Hannah Arendt bei ihren Reisen im Nachkriegsdeutschland so empörte: «Hat die ‹Welt› ein Interesse, ein Recht, Ruchlosigkeiten und Gesetzesverletzungen einer Bestrafung zuzuführen, wie viel mehr das deutsche Volk, das in Einzelschicksalen und Massennot das eigentliche Opfer einer verderblichen Politik geworden ist. *Wir* müssten die Ankläger sein, wir müssten die Richter stellen!»[24]

Die Deutschen als Hitlers erste und «eigentliche Opfer»: Damit bediente der Lizenzträger Heuss jenes zusehends engstirniger werdende kollektive Selbstverständnis, dem die neu entstehende politische Klasse – oft wider besseres Wissen, aber um künftiger Wahlerfolge willen – bald vielfach nachgab. Zwischen dieser Neigung zur Nachsicht und der mal mehr, mal weniger explizit formulierten Mahnung, auch der Millionen nicht-deutschen Opfer zu gedenken und aus der Vergangenheit Lehren für die Zukunft der Demokratie zu ziehen, sollte sich Heuss dann auch als Bundespräsident bewegen: situativ, nicht strategisch geplant und auch nicht frei von inneren Widersprüchen, aber mit einem guten Gespür für die Möglichkeiten und Notwendigkeiten des Augenblicks.

Eine seiner in diesem Sinne wichtigsten Formulierungen hatte Heuss bereits gefunden, noch bevor er sein neues Amt antrat: «Erlöst und vernichtet in einem». So lautete die Wendung, mit er am 8. Mai 1949 die Situation der Deutschen bei Kriegsende charakterisierte, zum Schluss seiner mit reichlich Applaus bedachten Rede zur Annahme des Grundgesetzes im Parlamentarischen Rat.[25] Das war nicht der Begriff der «Befreiung», wie ihn 1975 zuerst Walter Scheel verwenden und wie ihn, ein weiteres Jahrzehnt später, Weizsäcker gegen öffentlich leiser gewordenen, jedoch noch keineswegs verschwundenen Widerspruch stark machen sollte. Aber es war eine Perspektive, die über den gewöhnlichen Blickwinkel des «Zusammenbruchs» hinauswies.

Vier Monate später, zum 10. Jahrestag des Kriegsbeginns, tauchten diese Worte als Selbstzitat wieder auf, in einem von Heuss' letzten Texten als Herausgeber der *Rhein-Neckar-Zeitung*: «In den Septemberbeginn von 1939 war jener Maitag von 1945 schon eingeschrieben, wo wir ‹erlöst und vernichtet in einem› aus dem längst jeden Sinnes beraubten Krieg heraustraten».[26] An dieser doppelten Lesart hielt der Bundespräsident noch lange fest. Sie erschien ihm sogar angemessen, als er am 5. Mai 1955 die Alliierten Hohen Kommissare aus der Bonner Politik verabschiedete. Jener Seelenlage Rechnung tragend, die er im zurückliegenden Jahrzehnt bei seinen Landsleuten erspürt, aber wohl auch selbst empfunden hatte, stellte er dem «Gefühl des Befreit-Seins» noch einmal die «militärische Zertrümmerung» gegenüber. Und er sprach, ausgerechnet aus Anlass der Aufhebung des Besatzungsstatus, von der «Vernichtung von Jahrhunderte alter deutscher Staats- und Volksgeschichte».[27] Mit Befürchtungen, seine Freude an der expressiven Formulierung könnte Missverständnisse produzieren, musste man dem Staatsoberhaupt nicht kommen.

Die erste Führungsmannschaft

«Die Situation des Bundespräsidialamtes ist ja in den unmittelbaren Möglichkeiten begrenzt. Wir haben nur einen kleinen Personalstab, aber alle Problematik sucht uns auf.»[28] Solche Sätze finden sich nicht selten in der Korrespondenz von Theodor Heuss, vor allem in den ersten Jahren seiner Amtszeit. Doch die regelmäßige Klage über «schauderhafte Arbeitslast» und wenig Unterstützung – hier geführt gegenüber dem Mediävisten und einstigen DDP-Politiker Walter Goetz, einem lebenslangen Freund – ging einher mit einer nicht selten durchscheinenden Zufriedenheit des unermüdlichen Briefschreibers, tatsächlich einen Großteil seiner Post persönlich zu erledigen und fast alle seiner vielen Reden selbst zu schreiben.[29] Der bemessene Zuschnitt seiner Behörde war im Grunde nach Heuss' Geschmack. Er entsprach dem professoralen Selbstverständnis und passte zum Arbeitsstil eines Präsidenten, der noch nach fast einem Jahr im Amt von sich sagte: «Welches Glück, dass ich einmal Journalist gewesen bin, der außer über Mathematik und Musik so ziemlich über alle Dinge einmal zu schreiben hatte oder geschrieben hat.»

Tatsächlich wäre es eine Übertreibung zu behaupten, nach Verkündung des Grundgesetzes am 23. Mai 1949 habe sich irgendwo in der jungen Republik jemand beeilt, für die Arbeitsfähigkeit des kommenden Bundespräsidenten zu sorgen. Im Organisationsausschuss der Ministerpräsidenten, der seit Juni Pläne für die künftige Bundesverwaltung entwarf, ging es ein paar Mal zwar auch um das Staatsoberhaupt und dessen, so die zeittypische Beamtenprosa, «hohen Pflichtenkreis». Doch viel mehr als den Vorschlag, hinter die 1934 von Hitler eingeführte Bezeichnung «Präsidialkanzlei» zurückzugehen und wieder von einem «Präsidialamt» zu sprechen, «um Verwechslungen mit der Bundeskanzlei zu vermeiden», brachten die meist im Kurort Schlangenbad tagenden Ministerialen nicht zu Papier. Einig waren sie sich allerdings, dass die Behörde des Bundespräsidenten, auch wenn dieser «fortlaufend und erschöpfend über die deutsche Politik im weitesten Sinne informiert» bleiben müsse, möglichst klein zu halten sei. Orientierungspunkt war offensichtlich die Präsidialkanzlei unter dem ewigen Staatssekretär Otto Meissner, der im Nürnberger Wilhelmstraßenprozess soeben freigesprochen worden war (und der sich wohl auch deshalb legitimiert wähnte, im Jahr darauf als Sachbuchautor und Ruheständler im Oberbayerischen über den «Schicksalsweg des deutschen Volkes» unter Ebert, Hindenburg und Hitler Auskunft zu geben).[30] Nun, im Sommer 1949, hielten es die Ländervertreter für ausreichend, dass der künftige Bundespräsident über einen Amtschef im Rang eines Staatssekretärs verfügte sowie über zwei Abteilungsleiter, davon einer zuständig fürs Protokoll, einen Pressereferenten und lediglich eine Handvoll weiterer Mitarbeiter. Und noch etwas glaubten sie genau zu wissen: «Einen militärischen Adjutanten benötige der Bundespräsident nicht, wohl aber einen Polizeioffizier mit einer Anzahl uniformierter Beamter.»[31]

Faktisch begann der Aufbau des Bundespräsidialamts erst nach der Wahl von Theodor Heuss, auf die drei Tage später, am 15. September 1949, die Wahl von Konrad Adenauer zum Bundeskanzler folgte. Beides war bekanntlich keine zwingende Konsequenz aus dem Ergebnis der ersten Bundestagswahl, sondern Resultat von Sondierungen mit dem Ziel einer kleinen Koalition. Umso erstaunlicher, dass in Adenauers Absprache mit seinem künftigen Vizekanzler Franz Blücher (FDP) am 26. August bereits der Name eines möglichen Chefs des Bundespräsidialamts fiel: Manfred Klaiber.[32] Als Ministerialrat und Bevollmächtigter des württembergisch-badischen Staatsministeriums hatte Klaiber an den Beratungen in Schlangenbad teilgenommen, wenngleich nicht an den Sitzungen, in denen über das Präsidialamt gesprochen wurde.

Klaiber kam, vom Stuttgarter Ministerpräsidenten Reinhold Maier empfohlen, über das beachtliche Netzwerk der südwestdeutschen Liberalen in der Frankfurter Bizonen-Verwaltung zu Heuss; ob dieser sich freute, «dass ein Schwabe sein wichtigster Mitarbeiter wurde», wie Eberhard Pikart 1976 nach Gesprächen mit Zeitzeugen schrieb,[33] kann getrost offenbleiben. Jedenfalls spricht nichts dafür, dass sich Heuss und Klaiber schon vorher näher gekannt hätten – und dass es sich um mehr als um eine von wechselseitigem Respekt getragene Zusammenarbeit handelte. Letzteres ist deshalb zu betonen, weil sich aus der Personalie Klaiber im Laufe der nächsten Jahre für Heuss einiges an öffentlichem Erklärungsbedarf ergeben sollte. Denn im Unterschied zu ihm selbst war Manfred Klaiber, 1903 in eine bildungsbürgerliche württembergische Familie geboren, als Staatsdiener alles andere als ein unbeschriebenes Blatt.

Nach einer juristischen Promotion war Klaiber 1926 in den Auswärtigen Dienst eingetreten. Zwei Jahre später schrieb er im Rahmen der Attaché-Ausbildung eine als «vorzüglich» bewertete Prüfungsarbeit, die sich mit der Wirtschaftspolitik des italienischen Faschismus befasste. Mussolinis Methode, so der 25-Jährige, seien «Zwang und Diktatur»; das «Verdienst» des Faschismus aber sei es, «mit seiner ganzen jugendlichen Begeisterungsfähigkeit dem italienischen Volk die Idee von der Gleichstellung aller sozialen Gruppen und von ihrem Wert für die Produktion im Interesse der Allgemeinheit eingepflanzt zu haben».[34]

Auch wenn es nicht schwerfällt, aus solchen Formulierungen die in der Kriegsjugendgeneration des Ersten Weltkriegs verbreitete Sympathie für die Idee einer «Volksgemeinschaft» herauszuhören, wie sie Mussolinis Bewunderer Hitler propagierte: Gegenüber dessen Bewegung scheint Klaiber damals noch auf Abstand geblieben zu sein – und sei es nur, weil er bereits seit Januar 1929 in Paris stationiert war. Jedenfalls trat der junge Diplomat der NSDAP erst während seiner Zeit als Vizekonsul in Pretoria bei, wohin er im Herbst 1932 entsandt worden war; seine Mitgliedschaft datiert vom 1. Oktober 1934.[35] Klaiber gehörte damit nicht zu den allereiligsten Konjunkturrittern im Auswärtigen Amt – die hatten es noch vor der Aufnahmesperre im Frühjahr 1933 in die Partei geschafft –, aber er hatte seine Karriere im Blick. Sie führte ihn über Batavia (das heutige Jakarta) und Ankara im Sommer 1943 nach Belgrad zum Bevollmächtigten des AA beim deutschen Militärbefehlshaber in Serbien und schließlich zur Dienststelle des AA für Griechenland, Serbien, Albanien und Montenegro in Wien, wo er, ohne je der Wehrmacht angehört zu haben, das Kriegsende erlebte. 1944 blockierte die Münchner Parteikanzlei Klaibers Ernennung zum Gesandtschaftsrat 1. Klasse; angeblich hatte sich der Botschaftsangehörige in Ankara als nebenamtlicher Parteirichter «schwerwiegende Entgleisungen zuschulden kommen lassen». Zwei Jahre später deutete Klaiber dies gegenüber der Stuttgarter Spruchkammer als Beweis seiner Widerständigkeit, die ihm die «Strafversetzung» nach Belgrad eingetragen habe.[36]

Klaibers beschleunigtes Entnazifizierungsverfahren endete im Januar 1947 mit der Einstufung als «Entlasteter» – wohl auch dank der Unterstützung geneigter AA-Kollegen, die ihn als «Mann von absolut demokratisch-liberaler Einstellung» priesen, von seinem Eintreten für jüdische Emigranten in der Türkei und für serbische Gestapo-Häftlinge in Belgrad zu erzählen wussten und seiner Falschbehauptung folgten, erst 1936 Pg. geworden zu sein. Damit war der Mittvierziger frei für eine (Wieder-)Verwendung im Dienst des württembergisch-badischen Staatsministeriums, das ihn 1948 nach Frankfurt schickte. In der Bizonen-Verwaltung knüpfte Klaiber zukunftsträchtige neue Verbindungen und bekräftigte alte Bekanntschaften. Sie sollten sich alsbald nach seinem Wechsel zu Heuss in der Mannschaftsaufstellung des Präsidialamts abbilden (an Frauen in Leitungspositionen dachte damals – und noch auf lange Zeit – keiner).

Eine erste «Vorläufige Zuständigkeitsverteilung», kaum eine Seite lang, brachte Klaiber am 11. Oktober 1949 zu Papier, drei Wochen nach seiner Ankunft als Amtschef auf der Godesberger Viktorshöhe, dem provisorischem ersten Dienstsitz des Bundespräsidenten in einem eilends freigemachten Erholungsheim der Reichsbahn.[37] Neben Klaiber selbst, der noch in Württemberg-Baden zum Ministerialdirektor hochgestuft worden war (auf seine Beförderung zum Staatssekretär musste er dann aber bis 1953 warten), nennt dieser Geschäftsplan vier weitere verantwortliche Mitarbeiter. Zwei davon, Günther Wawretzko und Luitpold Werz, waren ehemalige AA-Kollegen und Parteigenossen, die Klaiber aus Frankfurt beziehungsweise Wiesbaden nachgeholt hatte; Diplomatensohn Werz, dem einstige Spitzeldienste für den SD nachgesagt wurden, ging 1953 zurück ins Auswärtige Amt und wurde später Botschafter,[38] der gelernte Steuerinspektor Wawretzko (Pg. bereits seit 1932) wurde 1954 wegen Selbstbereicherung aus dem Sozialfonds des Bundespräsidenten suspendiert und später entlassen.[39] Die beiden anderen Referatsleiter hatte Heuss persönlich ausgewählt: seinen langjährigen Vertrauten Hans Bott und den jungen Erich Raederscheidt, der die Aufgaben eines Pressereferenten übernahm. Beide kamen nicht aus dem diplomatischen Dienst und hatten nicht der NSDAP angehört.

Zählt man den als Hitler-Gegner ausgewiesenen Hans von Herwarth, der zunächst sowohl im Bundeskanzleramt als auch im Bundespräsidialamt als Protokollchef fungierte, noch zu der kleinen Führungscrew hinzu, waren die vormaligen Diplomaten und bürokratischen Profis zwar deutlich in der Überzahl. Aber mit seinem persönlichen Referenten Bott hatte Heuss einen Puffer installiert, der ihm viel Amtsalltag vom Leibe hielt. Botts Nähe zum Präsidenten drückte sich nicht nur darin aus, dass er laut vorläufigem Geschäfts-

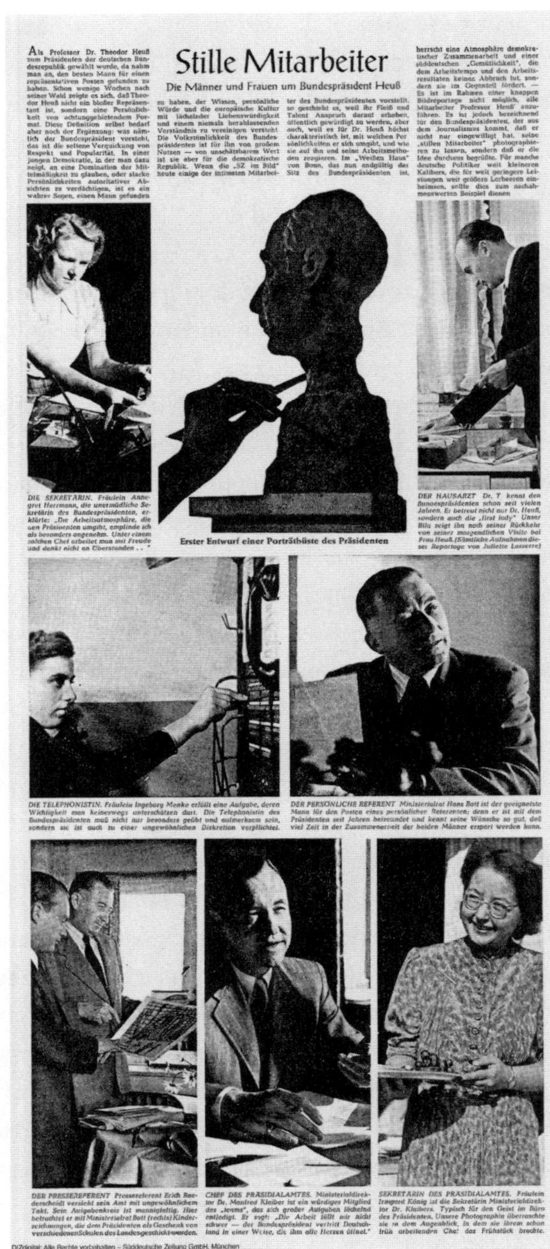

Stille Mitarbeiter

Die Männer und Frauen um Bundespräsident Heuß

Als Professor Dr. Theodor Heuß zum Präsidenten der deutschen Bundesrepublik gewählt wurde, da nahm man an, den besten Mann für einen repräsentativen Posten gefunden zu haben. Schon wenige Wochen nach seiner Wahl zeigte es sich, daß Theodor Heuß nicht ein bloßer Repräsentant ist, sondern eine Persönlichkeit von achtunggebietendem Format. Diese Definition selbst bedarf aber noch der Ergänzung: was nämlich der Bundespräsident versteht, das ist die seltene Verquickung von Respekt und Popularität. In einer jungen Demokratie, in der man dazu neigt, an eine Domination der Mittelmäßigkeit zu glauben, oder starke Persönlichkeiten autoritativer Absichten zu verdächtigen, ist es ein wahrer Segen, einen Mann gefunden zu haben, der Wissen, persönliche Würde und die europäische Kultur mit lächelnder Liebenswürdigkeit und einem niemals herablassenden Verständnis zu vereinigen versteht. Die Volkstümlichkeit des Bundespräsidenten ist für ihn von großem Nutzen — von unschätzbarem Wert ist sie aber für die demokratische Republik. Wenn die „SZ im Bild" heute einige der intimsten Mitarbeiter des Bundespräsidenten vorstellt, so geschieht es, weil ihr Fleiß und Talent Anspruch darauf erheben, öffentlich gewürdigt zu werden, aber auch, weil es für Dr. Heuß höchst charakteristisch ist, mit welchen Persönlichkeiten er sich umgibt, und wie sie auf ihn und seine Arbeitsmethoden reagieren. Im „Weißen Haus" von Bonn, das nun endgültig der Sitz des Bundespräsidenten ist, herrscht eine Atmosphäre demokratischer Zusammenarbeit und einer süddeutschen „Gemütlichkeit", die dem Arbeitstempo und den Arbeitsresultaten keinen Abbruch tut, sondern sie im Gegenteil fördert. — Es ist im Rahmen einer knappen Bildreportage nicht möglich, alle Mitarbeiter Professor Heuß' anzuführen. Es ist jedoch bezeichnend für den Bundespräsidenten, der aus dem Journalismus kommt, daß er nicht nur eingewilligt hat, seine „stillen Mitarbeiter" photographieren zu lassen, sondern daß er die Idee durchaus begrüßte. Für manche deutsche Politiker weit kleineren Kalibers, die für weit geringere Leistungen weit größere Lorbeeren einheimsen, sollte dies zum nachahmenswerten Beispiel dienen

DIE SEKRETÄRIN. Fräulein Annegret Herrmann, die unermüdliche Sekretärin des Bundespräsidenten, erklärte: „Die Arbeitsatmosphäre, die den Präsidenten umgibt, empfinde ich als besonders angenehm. Unter einem solchen Chef arbeitet man mit Freude und denkt nicht an Überstunden . . ."

Erster Entwurf einer Porträtbüste des Präsidenten

DER HAUSARZT Dr. T kennt den Bundespräsidenten schon seit vielen Jahren. Er betreut nicht nur Dr. Heuß, sondern auch die „first lady" Unser Bild zeigt ihn nach seiner Rückkehr von seiner morgendlichen Visite bei Frau Heuß. (Sämtliche Aufnahmen dieser Reportage von Juliette Lasserre)

DIE TELEPHONISTIN. Fräulein Ingeborg Menke erfüllt eine Aufgabe, deren Wichtigkeit man keineswegs unterschätzen darf. Die Telephonistin des Bundespräsidenten muß nicht nur besonders geübt und aufmerksam sein, sondern sie ist auch zu einer ungewöhnlichen Diskretion verpflichtet.

DER PERSÖNLICHE REFERENT Ministerialrat Hans Bott ist der geeignetste Mann für den Posten eines persönlichen Referenten; denn er ist mit dem Präsidenten seit Jahren befreundet und kennt seine Wünsche so gut, daß viel Zeit in der Zusammenarbeit der beiden Männer erspart werden kann.

DER PRESSEREFERENT Pressereferent Erich Roederscheidt versieht sein Amt mit ungewöhnlichem Takt. Sein Aufgabenkreis ist mannigfaltig. Hier betrachtet er mit Ministerialrat Bott (rechts) Kinderzeichnungen, die dem Präsidenten als Geschenk von verschiedenen Schulen des Landes geschickt wurden.

CHEF DES PRÄSIDIALAMTES. Ministerialdirektor Dr. Manfred Klaiber ist ein würdiges Mitglied des „teams", das sich großer Aufgaben lächelnd entledigt. Er sagt: „Die Arbeit fällt mir nicht schwer — der Bundespräsident vertritt Deutschland in einer Weise, die ihm alle Herzen öffnet."

SEKRETÄRIN DES PRÄSIDIALAMTES. Fräulein Irmgard König ist die Sekretärin Ministerialdirektor Dr. Klaibers. Typisch für den Geist im Büro des Präsidenten. Unsere Photographie überraschte sie in dem Augenblick, in dem sie ihrem schon früh arbeitenden Chef das Frühstück brachte.

Auf ihrer Wochenend-Bilderseite stellt die Süddeutsche Zeitung *am 12. November 1949 «Männer und Frauen um Bundespräsident Heuß» vor.*

plan gleich nach Klaiber rangierte; aufschlussreich waren auch die formalen Zuständigkeiten des gelernten Buchhändlers, der 1944 als Gefreiter an der Kanalküste in amerikanische Kriegsgefangenschaft geraten war, sich dort als Lehrer betätigt hatte und 1949 als Referent im Stuttgarter Kultusministerium zu einem dreimonatigen Studienaufenthalt in die USA aufbrechen durfte: Neben den Themen, mit denen er aus den zurückliegenden Jahren vertraut war («Kriegsgefangenen- und Rückkehrerfragen», «Heimatvertriebene»), beackerte Bott fortan jenes weite Feld namens «Kulturelle Angelegenheiten», das Heuss am Herzen lag.[40]

Klarer noch als Klaibers erster Aufriss weist der förmliche Organisationsplan vom Sommer 1951[41] aus, wie sehr die NS-Vergangenheit den Bundespräsidenten und seine Behörde von Anfang an beschäftigte – aber auch, wie sprachlich unempfindlich es dabei selbst in höchsten Amtsstuben zugehen konnte. Vier der inzwischen sieben Referate waren mit unmittelbar vergangenheitspolitischen Aufgaben befasst: Ministerialrat Joachim Lehmann, ein Berliner Sozialdemokrat, der noch im selben Jahr als Richter ans Bundesverfassungsgericht wechseln sollte, war als Leiter der Rechtsabteilung (Referat 1) für die bemerkenswerte Kombination «Entnazifizierung – Wiedergutmachung» zuständig. Bei Ministerialrat Bott (Referat 2) lagen weiterhin die «Kriegsgefangenenfragen». Unter den 14 Sachgebieten, die Regierungsdirektor Werz (Referat 3) bearbeitete, firmierte an dritter Stelle das «Judenproblem / DP's»; außerdem war er zuständig für «Alle Angelegenheiten der sogenannten Kriegsverbrecher» sowie für «Alle Anfragen bezw. Eingaben in Auslieferungsangelegenheiten an fremde Staaten». Letzteres war insofern von besonderer vergangenheitspolitischer Brisanz, als die Besatzungsmächte noch zu Anfang der fünfziger Jahre – ungeachtet des genau deshalb im Grundgesetz verankerten Auslieferungsverbots – vereinzelt deutsche Staatsbürger auslieferten, die im Ausland als mutmaßliche (nicht als «sogenannte») Kriegsverbrecher vor Gericht gestellt werden sollten.[42]

Auch Regierungsrat Albert Einsiedler (Referat 4), der im Sommer 1950 zur Gründungsmannschaft in der Villa Hammerschmidt gestoßen war, hatte mit Themen zu tun, deren Bezug zur «jüngsten Vergangenheit» nicht zu übersehen war: «Flüchtlingsfragen» sowie «Soforthilfe und Lastenausgleich». An seiner Ernennung wird exemplarisch deutlich, wie langfristig prägend die frühen personalpolitischen Entscheidungen von Manfred Klaiber waren: Einsiedler, Jahrgang 1914, kam nach vier Jahren Kriegsdienst und fünf Jahren sowjetischer Kriegsgefangenschaft ins Präsidialamt, blieb fast zwei Jahrzehnte und stieg unter Heinrich Lübke zum Stellvertretenden Amtschef auf. Nach kritischer, gar selbstkritischer Reflexion über die Vergangenheit stand dem Volljuristen und Ex-Parteigenossen augenscheinlich nicht der Sinn; sein Antrag auf Aufnahme in die NSDAP bei der Gauleitung Schlesien datierte vom 26. November 1938, mithin aus den Wochen nach dem Novemberpogrom.[43]

Komplettiert wurde die Riege der Referatsleiter durch den vormaligen Generalstäbler Hans-Ulrich Krantz, der 1943 als Verbindungsoffizier der Wehrmacht an der Ostfront auch kurz beim II. Panzerkorps der Waffen-SS unter dem berüchtigten SS-General Paul Hausser eingesetzt gewesen war. Als Berufssoldat typischerweise kein Parteimitglied, galt der gebürtige Berliner aus der Kriegsjugendgeneration (Jahrgang 1906) trotz einer Schwerbehinderung, die er sich bei einem Motorradunfall noch zu Zeiten der Reichswehr zugezogen hatte, seinen militärischen Vorgesetzten als Nationalsozialist von einwandfreier Haltung und überragender Leistung. Ins Präsidialamt war Krantz nach amerikanischer Kriegsgefangenschaft, obligatorischer Internierung und zwischenzeitlicher Tätigkeit als Buchhalter im Herbst 1949 aufgrund seiner Initiativbewerbung gelangt. Dort war er zunächst vor allem für die Organisation der Polizeibegleitung des Bundespräsidenten, dann für die Ordenskanzlei zuständig; 1956 wechselte er zur neugegründeten Bundeswehr.[44]

Bloße Statistiken über die Zahl der vormaligen NSDAP-Mitglieder unter den Bediensteten des Präsidialamts sind von begrenzter Aussagekraft. Die wichtigere Frage lautet, ob und wie sich solche individuellen Belastungen in der dienstlichen Tätigkeit niederschlugen; sie wird uns im Verlauf der Darstellung noch begegnen. Schon an dieser Stelle jedoch ist festzuhalten, dass die vergangenheitspolitische Geschäftsgrundlage in der Villa Hammerschmidt keine andere war als überall sonst im bundesrepublikanischen Staatsaufbau: Eine Ex-Parteimitgliedschaft, im Amtsalltag üblicherweise «kommunikativ beschwiegen» (Hermann Lübbe) und allenfalls auf Druck von außen expliziert, bedeutete Anfang der fünfziger Jahre keinen Makel mehr – jedenfalls dort, wo sie sich als eine lediglich «formale», den einst angeblich regelhaften Anpassungszwängen geschuldete darstellen ließ. Wie hätte es aus Sicht der präsidialamtlichen Führungsebene auch anders sein können? Immerhin zählten neben Amtschef Klaiber und dessen Nachfolger Karl Theodor Bleek (seit Sommer 1957) vier von insgesamt zehn Referatsleitern in der ersten Amtszeit Heuss selbst zum Millionenheer der inzwischen weithin mit Nachsicht betrachteten «Ehemaligen». (In der zweiten Amtszeit waren es sechs von elf, die Fluktuation hielt sich also ziemlich in Grenzen.)

Nimmt man alle präsidialen Amtszeiten von Heuss bis Weizsäcker in den Blick, weitet und verändert sich natürlich das Bild: Unter den dann insgesamt 132 Angehörigen des höheren Dienstes waren 58 aus den Geburtsjahrgängen bis 1929, für die sich die Frage einer Parteimitgliedschaft allenfalls stellt. Von diesen Älteren hatten 20 der NSDAP angehört, davon vier überdies der SA; weitere acht waren Mitglieder der Hitler-Jugend gewesen.[45] Das ist im Vergleich zur generellen Situation auf Bundesebene, die mittlerweile als recht gut erforscht gelten kann,[46] ein eher unterdurchschnittlicher Anteil formal Belasteter, der sich aber typischerweise im Laufe der fünfziger Jahre erhöhte, um dann seit Mitte der sechziger Jahre leicht und in den siebziger Jahren aus generationellen Gründen deutlich zurückzugehen, sprich: in den Amtszeiten der vormaligen Parteimitglieder Walter Scheel und Karl Carstens.

Letztlich gilt auch für die Gesamtbelegschaft des Bundespräsidialamts, die ein Jahr nach den bemessenen Anfängen auf der Viktorshöhe 50 Beamte, Angestellte und Arbeiter umfasste und bis 1960 auf 77 Mitarbeiter anwachsen sollte,[47] was für die bisher untersuchten Bundesbehörden festgestellt wurde: Je höher der Dienstrang, desto dichter die Riege der Ex-Parteigenossen.

Im Gegensatz zum Auswärtigen Amt, aber auch im Unterschied zu anderen Bundesministerien und -behörden, waren direkte personelle Kontinuitäten im Präsidialamt kein großes Thema: In den erhalten gebliebenen Personalakten finden sich lediglich drei Mitarbeiter – allesamt ehemalige Parteimitglieder –, die bereits in der unter Hitler faktisch funktionslos gewordenen Präsidialkanzlei tätig gewesen waren, 1945 ihren «Dienstherren verloren» hatten und nach Zwischenstationen außerhalb des öffentlichen Dienstes 1951 beziehungsweise 1956 in der neugegründeten Ordenskanzlei unterkamen.[48] Im Zentrum aller Kontinuitätsfragen in der Villa Hammerschmidt standen insofern die neuen-alten Verbindungen, die Manfred Klaiber in die Reihen des 1945 aufgelösten diplomatischen Dienstes geknüpft hatte. Das änderte sich auch nach der Wiederbegründung des Auswärtigen Amts 1951 nicht, als dieser Konnex im Gegenteil institutionell ausgebaut und auf Dauer gestellt wurde.

Dass es, jedenfalls in der Frühzeit, beim Wechsel vom AA ins Präsidialamt (später auch in umgekehrter Richtung) keineswegs nur um Angehörige des höheren Dienstes ging, zeigt exemplarisch der Berufsweg von Anneliese Bockmann, die seit September 1949 Elly Heuss-Knapp als Sekretärin diente und nach deren Tod in das Vorzimmer des Bundespräsidenten kam, mit dem sie auch nach seinem Abschied aus Bonn in Verbindung blieb. Zwischen 1932 und 1945 hatte Bockmann für den jeweiligen Leiter der Politischen Abteilung des AA gearbeitet (mithin auch für Ernst von Weizsäcker) und war 1940 in die NSDAP aufgenommen worden. Da sie zunächst nur eine «untergeordnete Stellung» als Sekretärin bei der Reichsbankstelle Husum anstrebte, gelang es ihr, dort im März 1947 vorläufig, im Sommer 1948 dann in Stuttgart endgültig entnazifiziert zu werden.[49] Wie wenig Bockmanns Charakterisierung als Büromitarbeiterin der Realität entsprach, belegen spätere Zeugnisse zweier ihrer einstigen Chefs, die sie zu ihrer Personalakte nehmen ließ; sie loben nicht nur die «unbedingte Verschwiegenheit» der Sekretärin im Umgang mit «Geheimen Reichssachen», sondern auch den Eifer, mit dem sie «arbeitsmäßig einen Beamten ersetzt hat».[50]

Doch weibliche Mittäterschaft war in der Villa Hammerschmidt nicht allein in solcher, im Grunde kollegial willkommener und geschätzter Form präsent. Von der allgemeinen Diskretionsbereitschaft profitierte die ehemalige Führerin eines Reichsarbeitsdienstlagers im Warthegau, die nun als Telefonistin arbeitete, ebenso wie die Berliner Chefsekretärin des Reichsarbeitsdiensts, die im Rechtsreferat unterkam und später das Vorzimmer des Staatssekretärs organisierte; andere langjährige Sachbearbeiterinnen brachten Arbeitserfahrungen aus ihrer Zeit beim Militärbefehlshaber von Belgien und Nordfrankreich mit, beim Marinestab Kopenhagen oder beim Chef des Wehrwirtschafts- und Rüstungsamts, General Georg Thomas.[51]

In der Regel scheinen solche Vorgeschichten unbeachtet geblieben, bestenfalls als Indizien beruflicher Tüchtigkeit wahrgenommen worden zu sein – kaum anders als die Militärkarrieren der männlichen Belegschaft. Doch als sich herausstellte, dass beim Aufbau des Präsidialamts 1951 auch eine vormalige Mitarbeiterin des nationalsozialistischen Euthanasieprogramms zum Zuge gekommen war, sorgte dies zumindest vorübergehend für eine gewisse Nervosität in der Amtsspitze: Christel D. hatte seit 1940 im Zuchthaus Brandenburg und später in Bernburg (Saale) sogenannte Trostbriefe an Angehörige von Ermordeten geschrieben und tiefen Einblick in das Tötungsgeschehen erlangt, wohl auch aufgrund ihres Verhältnisses mit Irmfried Eberl, dem ärztlichen Leiter der Anstalten und späteren Lagerkommandanten von Treblinka. Bei ihrer Einstellung verschleierte die unverheiratete Mutter einer 1944 geborenen Tochter diesen Sachverhalt. Auch dass sie ihre Schwester – die nun dafür sorgte, dass D. eine Empfehlung aus dem Büro des Bundestagspräsidenten beibringen konnte –, seinerzeit zur «Aktion T4» nachgezogen hatte, blieb unbekannt. Das änderte sich erst, als D. 1965 im Rahmen neuer Ermittlungen zu den Euthanasieverbrechen vernommen wurde, die Generalstaatsanwalt Fritz Bauer in Frankfurt am Main veranlasst hatte. Gleichwohl beließ es Albert Einsiedler, inzwischen stellvertretender Amtschef, nach Vortrag bei Bundespräsident Lübke bei einer knappen Nachricht an den Untersuchungsrichter: Man bitte um Mitteilung, sofern sich aus dem Fortgang des Verfahrens «belastende Hinweise über das seinerzeitige Verhalten von Fräulein Christel D. ergeben sollten». In dem, was man bis dahin über die Vergangenheit der Untergebenen erfahren hatte, mochten folglich weder Einsiedler noch Lübke eine Belastung erkennen. Der Vorgang kam unter Verschluss – und wurde augenscheinlich auch nicht mehr hervorgeholt, als Christel D. im Sommer 1974 in Rente ging. Nachdem sie als hochgeschätzte Mitarbeiterin bereits im März 1969 das Verdienstkreuz am Bande erhalten hatte, erhielt sie anlässlich ihres Ausscheidens als Zeichen der Anerkennung – wie damals üblich – das Bundesverdienstkreuz 1. Klasse.[52]

Schuld und Scham, Vergessen und Vergegenwärtigung

Seinen frühesten und vergangenheitspolitisch wohl wirkungsmächtigsten Auftritt als Bundespräsident hatte Heuss bereits am 7. Dezember 1949 im Kurhaus zu Wiesbaden. «Mut zur Liebe» lautete der etwas seltsame Titel seiner weitgehend frei gehaltenen Rede vor den Honoratioren des soeben nach amerikanischem Vorbild und mit amerikanischem Geld aufs Gleis gesetzten Deutschen Koordinierungsrats der Gesellschaften für Christlich-Jüdische Zusammenarbeit. Während sich die vormalige Lizenzpresse, noch immer papierknapp, zumeist auf Meldungen über die nachmittägliche «Feierstunde» beschränkte, druckte die *Neue Zeitung,* das offiziöse Blatt der amerikanischen Besatzungsmacht, die Ausführungen des Präsidenten in voller Länge ab. Der Südwestfunk strahlte zwei Tage später einen Mitschnitt der Veranstaltung aus, der Koordinierungsrat schließlich brachte bald schon eine nobel aufgemachte Broschüre heraus, die drei Auflagen mit insgesamt mehr als 60 000 Exemplaren erreichte.[53]

«Mut zur Liebe» war einerseits ein Beispiel für Heuss' Fähigkeit, sich seiner Zuhörerschaft rhetorisch anzuschmiegen. Andererseits fällt noch im historischen Abstand auf, wie überraschend schnell und direkt der Bundespräsident vor den rund 600 handverlesenen Gästen, unter ihnen der amerikanische Hohe Kommissar John J. McCloy und Vertreter des Landes Hessen, dem er an diesem Tag seinen Antritts-

In seiner kurzlebigen Allgemeinen Jüdischen Illustrierten *druckt Karl Marx die Wiesbadener Rede des Bundespräsidenten nach.*

besuch abstattete, zum Kern seiner Botschaft kam: «Es hat keinen Sinn, um die Dinge herumzureden. Das teuflische Unrecht, das sich an dem jüdischen Volk vollzogen hat, muss zur Sprache gebracht werden und zur Sprache gebracht werden in dem Sinn: Sind wir, bin ich, bist du schuld, weil wir in Deutschland lebten, mitschuld an diesem teuflischen Unrecht? Das hat vor vier Jahren die Menschen, die Seelen, vor allem die Zeitungen bewegt und die Besatzungsmächte, als sie von der ‹Kollektivschuld› des deutschen Volkes gesprochen haben an dem, was geschah. Das Wort Kollektivschuld und was dahintersteht, ist eine zu simple Vereinfachung, eine Umdrehung, nämlich der Art, wie die Nazi gewohnt waren, die Juden anzusehen: dass die Tatsache, Jude zu sein, ein Schuldphänomen in sich geschlossen hat. Aber etwas wie Kollektiv*scham* ist aus dieser Zeit gewachsen und geblieben. Das Schlimmste, was der Hitler uns antat – und er hat uns viel angetan –, ist doch dies gewesen, dass er uns in die Scham gezwungen hat, mit ihm und seinen Gesellen den Namen Deutsche zu tragen.»[54]

Heuss wusste, dass ihm nach diesen Sätzen Kritik allein schon deshalb ins Haus stand, weil er die – von der postnationalsozialistischen Volksgemeinschaft bei Kriegsende selbst herbeiphantasierte[55] – These von der Kollektivschuld in den Mund genommen hatte. Dass er das Reizwort im Vortrag (anders als später in der Druckfassung) explizit mit den Besatzungsmächten verbunden hatte, änderte daran nichts, ebenso wenig wie die Zurückweisung vermittels einer durchaus heiklen Parallelisierung. Am Ende half auch nicht, dass er ein gleichsam täterloses Verbrechen, das «sich» vollzogen habe, beschrieb, und auch nicht, dass er, wenngleich in wohlgesetzten Worten, die ohnehin allgegenwärtige Selbstmitleidsformel von den Deutschen als Opfer Hitlers bediente. Seine Aufforderung, sich als Kollektiv zu «etwas wie» Scham zu bekennen und nicht zu vergessen, ging, wie er wusste, vielen seiner Landsleute auch viereinhalb Jahre nach Kriegsende zu weit (nicht zuletzt übrigens dem giftigen rechten Flügel der FDP, bei der seine Mitgliedschaft inzwischen ruhte).[56]

Fast trotzig benannte er deshalb im nächsten Schritt die «passive Berufsfunktion» seines Amtes, «anonyme Briefe, auch offene Briefe» zu empfangen – und insistierte: «Wir dürfen nicht vergessen Dinge, die Menschen gerne vergessen möchten, weil das so bequem ist. Wir dürfen nicht vergessen die Nürnberger Gesetze, den Judenstern, den Synagogenbrand, den Abtransport von jüdischen Menschen in die

Fremde, ins Unglück, in den Tod. Das sind Tatbestände, die wir nicht vergessen sollen, die wir nicht vergessen dürfen, weil wir es uns nicht bequem machen dürfen.»

Klarer hätte die präsidiale Forderung nach Empathie mit den vormals Verfolgten, den Überlebenden und der Minderheit derer, die auf das Ende des NS-Regimes gehofft und dafür im Innern wie von außen gekämpft hatten, kaum ausfallen können. Dabei nimmt es dem Moment nichts von seiner Bedeutung, dass Heuss diese Forderung vor Menschen erhob – darunter manche, die selbst verfolgt worden waren –, bei denen er dafür auf Sympathie rechnen durfte. Denn es waren unmissverständliche Worte in einer gesellschaftlichen Situation, in der die vergangenheitspolitischen Erwartungen der Mehrheit in eine ganz andere Richtung gingen: Keine Woche zuvor hatte der Bundestag in erster Lesung über eine allgemeine Amnestie beraten, die als eines der ersten Gesetze der jungen Republik – unter dem populistischen Beifall sogar der Kommunisten und gegen die Bedenken der Alliierten Hohen Kommission – zu Jahresende 1949 in Kraft trat; neben Kleinkriminellen aus der Schwarzmarktzeit profitierten davon Zehntausende NS-Täter, darunter vermutlich auch solche, an deren Händen Blut klebte. Und als sei das nicht schon genug, wirkte das Straffreiheitsgesetz darüber hinaus als ein verheerendes Signal an die Justiz – mit der Folge eines die fünfziger Jahre charakterisierenden fast völligen Stillstands bei der Ahndung nationalsozialistischer Verbrechen.[57]

Dass sich das deutsche Volk «kollektiv schämen» müsse, hatte Heuss bereits ein paar Tage vor der Wiesbadener Rede gegenüber einem Vertreter von United Press gesagt; auch dort, wie prompt der *New York Times* und der *Neuen Zeitung* zu entnehmen war, mit kritischer Wendung gegen den Begriff der Kollektivschuld.[58] Aber die Prägnanz der Formel «Kollektivscham» war ihm da wohl noch nicht zugeflogen. Als normative Setzung, die fortan immer wieder aufgegriffen werden sollte, war der Begriff jedenfalls der Versuch eines Spagats. Denn weder widersprach er der frühbundesrepublikanischen Schuldabwehr-Erzählung vom «Dämon Hitler» und seinem teuflischen Helferduo Himmler/Heydrich, noch dementierte er die Erwartungen und Ansprüche «des Auslands», die das Bonner Spitzenpersonal, allen voran der Kanzler und der Präsident, von Anfang an genau im Blick behielten. In diesem Sinne war die Kollektivscham-Rede nicht zuletzt Ausdruck von Heuss' Nähe zu «den Amerikanern», namentlich zu dem in Fragen des Antisemitismus hellwachen McCloy, aber auch zu etlichen, meist emigrierten deutschen Juden, mit denen er zum Teil schon seit den zwanziger Jahren in Verbindung stand und die nun den Kontakt zum neuen Staatsoberhaupt suchten.

Was Adenauer erst ein Jahrzehnt später wagte – im Kontext der weltweiten Empörung über die Hakenkreuzschmierereien an der Kölner Synagoge zu Weihnachten 1959 –, das legte Heuss in Wiesbaden vor einer Zuhörerschaft offen, die sich im Glauben an die Möglichkeit christlich-jüdischer Zusammenarbeit nach der «Endlösung» versammelt hatte: «Und wenn ich meine vier, fünf nächsten Freunde sehe, die mein Leben mit begleitet und aufgebaut haben, so waren zwei oder drei davon Juden. War ich mit ihnen befreundet, weil sie, trotzdem sie Juden waren? Ich war mit ihnen befreundet, weil der Funke der menschlichen Liebe zwischen uns sprang.» Heuss beließ es nicht bei dieser geradezu intimen Selbstauskunft (anders als Adenauer, der sich im Januar 1960 vor der Fernsehnation auf die Andeutung beschränkte, es seien Juden gewesen, die ihm in der Bedrängnis durch die Nationalsozialisten 1933 geholfen hätten[59]). Vielmehr setzte der Präsident, wohl als Ausweis seiner inneren Freiheit, hinzu: «Es hat auch Juden gegeben, denen ich in einem schlichten Bogen ausgewichen bin; nicht, weil sie Juden waren, sondern weil sie mir nicht lagen. Ich weiche auch heute noch manchen Leuten aus, die – also – ‹Arier› sind.»

Indem er von «Ariern» und Zionisten sprach, vor dem «wenig schönen Wort ‹Assimilationsjuden›» nicht zurückschreckte, schließlich auf die Leistungen deutsch-jüdischer Künstler und Nobelpreisträger seit dem Kaiserreich verwies, suchte sich Heuss auch hinsichtlich der «sozialen Strukturierung etwa des deutschen Judentums» als bewandert zu präsentieren – und geriet in ein Schwadronieren, das selbst für die Diskursverhältnisse der späten vierziger Jahre erstaunlich war: «Ich kenne das kleinbürgerliche jüdische Spießbürgertum aus dem Bilderbuch des deutschen Biedermeiers, neben dem, was – sehr scharfsinnig, manchmal verletzend, oft genug höchst interessant – als intellektualisiertes Judentum uns geschildert und dann verzerrt worden ist. Die geistige Fruchtbarkeit der Auseinandersetzung hat in diesen polaren Spannungen unendlich viel gewonnen, was man nicht vergessen darf, wenn man sich nicht selber belügen will.» Dazu passte, dass er Martin Buber und Victor Gollancz als Zeugen aufrief, letzteren als dezidierten Gegner der Kollektivschuldthese.[60] Und dazu passte, dass er die Schändungen jüdischer Friedhöfe, von denen «in der Zeitung» zu lesen sei, nicht als Ausdruck von Antisemitismus begreifen mochte, sondern – darin bis zum Ende seiner Amtszeit ganz im Einklang mit dem Kanzler, dem Innenminister und den Sicherheitsbehörden – als «bewusste politische Lausbüberei» von Menschen, die dem Ansehen der Bundesrepublik schaden wollten.

Golo Mann, der 1965, zwei Jahre nach Heuss' Tod, eine Sammlung der «großen Reden» des ersten Bundespräsidenten herausgab, stellte «Mut zur Liebe» mit dem knappen Hinweis vor, der Redner habe damit versucht, «die Unbefangenheit im Verhältnis Mensch zu Mensch zurückzugewinnen». Das traf gewiss zu, in aller Zeittypik und zugleich seiner Zeit voraus. Vor allem aber hatte Heuss, von heute aus gesehen, mit dieser Rede einen Rahmen gesetzt für das Verhältnis zwischen Juden und nichtjüdischen Deutschen, den wohl viele auf beiden Seiten, aus gegensätzlichen Gründen, damals nur als Herausforderung begreifen konnten. Denn die wenigsten der (deutschen) Juden, mit denen Heuss jetzt neue Gesprächsfäden zu knüpfen verstand, waren noch oder bereits wieder im Land.

Es wäre zu kurz gegriffen und historisch ungerecht, die Wiesbadener Rede als bloße Taktik zu deuten. Und doch stand die Erörterung der deutschen Schuld, auf die der höchste Repräsentant der jungen Republik seine Landsleute mit nuancierender Milde festzulegen suchte, in einem nicht nur engen zeitlichen, sondern auch kompensatorischen Zusammenhang mit einem anderen Thema, das damals viele bewegte: nämlich das Schicksal der noch auf mehrere Hunderttausend geschätzten deutschen Kriegsgefangenen vor allem in der Sowjetunion. Anlässlich einer Paketaktion zu deren Gunsten, die das Deutsche Rote Kreuz zu Weihnachten 1949 zusammen mit dem Nordwestdeutschen Rundfunk organisierte, bekundete Heuss sein Mitgefühl, vermengte das Thema aber sogleich mit der in Bonn inzwischen vielfach nur noch «sogenannten»[61] Kriegsverbrecherfrage: «Unser Denken», so der Bundespräsident, gelte «nicht nur jenen, die in den normalen Gefangenen- und Arbeitslagern zurückgehalten werden, sondern auch den Ungezählten, die durch irgendeine Art von Gerichtsverfahren, ohne eignes Recht der Verteidigungsmöglichkeit in allen Ländern verurteilt wurden und als Verbrecher behandelt werden oder in der Ungewissheit der sogenannten Untersuchungshaft auch in westlichen Ländern heute noch verderben. Sie haben in den meisten Fällen nun eben in den bösen Zwangslagen der Kriegshandlungen gesteckt oder sind Opfer von Denunziation geworden. Die Rechtlosigkeit, die ihnen auch die normale Verteidigungsmöglichkeit raubte, ist es, die uns sehr bedrückt.»[62]

Für jeden, der die sorgsam ziselierten Worte zu interpretieren wusste, war danach klar: Ebenso engagiert, wie sich der Bundespräsident öffentlich gegen das Vergessen der NS-Verbrechen positionierte, arbeitete er vor und hinter den Kulissen an der «Lösung der Kriegsverbrecherfrage» mit, auf die zu drängen die Bonner Regierungsparteien – in diesem Punkt durchaus unterstützt von der sozialdemokratischen Opposition – gegenüber den Alliierten begonnen hatten. Dabei ging es um Deutsche, die seit 1945 vor dem Internationalen Militärgerichtshof in Nürnberg und in den zwölf dort von den Amerikanern geführten sogenannten Nachfolgeprozessen, aber auch in einer großen Zahl von Militärgerichtsverfahren wegen Kriegs- und NS-Verbrechen verurteilt worden waren. Mehrere Tausend dieser Straftäter befanden sich bei Gründung der Bundesrepublik noch in Haft, zum Teil im Ausland; die Urteile in den beiden letzten Nürnberger Verfahren, dem Wilhelmstraßenprozess unter anderem gegen hochrangige Angehörige des Auswärtigen Amts und dem Prozess gegen das Oberkommando der Wehrmacht, waren sogar erst im April 1949 gefallen, also nur wenige Wochen vor Verkündung des Grundgesetzes.

Während Heuss mit allem Soldatischen bekanntlich eher fremdelte (insoweit auch mit den verurteilten Generälen), nahm er die Rolle des Fürsprechers von vermeintlichen Opfern der alliierten Nachkriegsjustiz, gegenüber denen er eine menschliche Nähe verspürte, oft recht umstandslos an. Einer der ersten, der davon profitierte, war Ernst von Weizsäcker. Der ehemalige Staatssekretär im Auswärtigen Amt war im Wilhelmstraßenprozess nicht zuletzt wegen eines von ihm abgezeichneten Dokuments über die Deportation von Juden aus Frankreich zu sieben Jahren Haft verurteilt worden und saß inzwischen im amerikanischen «War Criminal Prison No. I» in Landsberg am Lech. Heuss war kaum vier Wochen im Amt, als ihm die Causa Weizsäcker eindringlich vor Augen gestellt wurde: Protokollchef Hans von Herwarth hatte seinen vormaligen AA-Kollegen Erich Kordt im Nachtzug von Bonn nach München erspäht und zu einem «nightcap» in den angehängten Präsidentenwagen eingeladen. Kordt nutzte die Gelegenheit, das Staatsoberhaupt über die 1938/39 in Weizsäckers Umfeld (genauer gesagt: von ihm selbst und seinem Bruder Theo) unternommenen Bemühungen ins Bild zu setzen, den «großen Krieg» zu verhindern – und erfuhr zu seiner Freude, dass Heuss zugunsten des Freiherrn bereits bei John McCloy vorstellig geworden sei, ja sogar von einem «Fehlurteil» gesprochen haben wollte.

Tatsächlich blieb Heuss nicht nur in Sachen Weizsäcker am Ball. Kurz nach dem Gespräch mit Erich Kordt empfing der Bundespräsident ehemalige Nürnberger Verteidiger, die seit dem Frühjahr unter der Marke «Heidelberger Juristenkreis» auf allen politischen Ebenen für die Freilassung ihrer Klienten kämpften; er besprach sich mit Manfred Klaiber, seinem gut vernetzten Amtschef, und er drängte den freidemokratischen Justizminister Thomas Dehler, dem «amerikanischen Sachbearbeiter» nachzusteigen, um Ernst von Weizsäcker und anderen «Menschen zu helfen, die nach unserer Auffassung zu Unrecht verurteilt sind».[63] Seinem langjährigen Weinheimer Partei- und Fabrikantenfreund Richard Freudenberg berichtete er am 29. Dezember vertraulich, bereits mit Erfolg für einen in der Haft erkrankten Krupp-Direktor eingetreten zu sein; auch habe er André

François-Poncet, dem französischen Hohen Kommissar, eine «längere schriftliche Demarche» zugunsten des seit 1947 in Frankreich einsitzenden Saar-Industriellen Hermann Röchling geschickt. «Die Dinge werden also nicht vernachlässigt, aber sie müssen mit einiger Vorsicht behandelt werden, da in Amerika ja ein Dauerkampf in der öffentlichen Meinung geführt wird.»[64]

Zwei Tage später war es mit der Vorsicht allerdings ziemlich vorbei. Wie von Freudenberg angeregt (der dafür zwar kein Lob, drei Jahre später aber das Große Bundesverdienstkreuz bekam), griff Heuss das Thema in seiner über alle Rundfunksender ausgestrahlten Ansprache zu Silvester 1949 auf. Nach einer bedächtigen Tour d'Horizon durch die politisch-sozialen und wirtschaftlichen Problemlagen viereinhalb Jahre nach Kriegsende, bei der das Wort ausdrücklich auch den gerade kanonisch werdenden «Brüdern und Schwestern in den mittel- und ostdeutschen Bezirken» und den nicht nur in der Sowjetunion noch zurückgehaltenen Kriegsgefangenen galt, wechselte der Präsident im letzten Drittel seiner Rede in ein erstaunliches «Gespräch mit den *Besatzungsmächten*». Dessen Kern war nicht etwa der eher beiläufige Dank für die im zurückliegenden Jahr eröffnete «Chance zum Neubeginn einer gemeinsamen Staatlichkeit» der Westzonen; im Zentrum stand vielmehr die Forderung nach Freilassung der als Kriegsverbrecher verurteilten Deutschen.

Heuss selbst sprach jetzt nur noch von «Verurteilten» – und entdeckte «im amerikanischen Volk» angeblich miteinander ringende «Anschauungen über Deutschland», die er mit «manchem gestauten Ressentiment» der Deutschen parallelisierte. Über beides hinwegzukommen sei «eine seelische Aufgabe». In diesem Sinne, so der Präsident, hätten die Tage vor Weihnachten «einen tröstlichen Vorgang» gebracht: «aus dem Gefängnis von Landsberg sind einige Dutzend Verurteilte freigegeben worden. Dafür sind wir dankbar, ohne sagen zu wollen oder sagen zu können, dass es in jedem Fall gerade die waren, an die wir denken. Denn wir denken an sie und an Männer in den Kerkern anderer Staaten. Da ist irgendein Stachel in unserem Bewusstsein. Das Recht ist freilich eine harte Sache – es wird, tiefe Weisheit, dort nur richtig gefunden, wo der Richter selber in der

Lebensluft des Angeklagten stand. Ach, das wäre ein weites Kapitel, von der Beziehung zwischen Krieg und Recht und ihrem Wandel zu reden! Höher aber als das Recht steht die Gerechtigkeit, deren innigstes Vermögen ist die Gnade. Ist auch diese ein ‹Politikum›? Sie kann es sein, sie braucht es nicht zu sein – sie ist göttliche Kraft, in die Hand des Menschen gegeben.»[65]

Nicht alle, die Heuss an diesem Silvesterabend im Radio hörten, werden sein theologisierendes Pathos verstanden haben. Aber die Botschaft war eindeutig: Der erste Mann im Staat steht hinter denen, die als «Kriegsverurteilte» vermeintlich zu Unrecht noch immer in den «Kerkern der Alliierten» – so die bald häufig zu lesende Journalistenprosa – «schmachteten».

Es bleibt Heuss' Geheimnis, woher er nach dieser erneuten öffentlichen Desavouierung der alliierten Strafjustiz noch die Chuzpe nahm, sich in seiner Korrespondenz mit John McCloy weiterhin als persönlich detachiert zu betrachten. (Mit der Logik der «Lebensluft» in der Diktatur hatte er sich ja bereits als Leitartikler gegen den Nürnberger Prozess gewandt.) Doch exakt diese Pose nahm der Bundespräsident in den nächsten Jahren immer wieder ein, wenn er sich für verurteilte Kriegs- und NS-Verbrecher verwandte. So mit besonderer Verve im Spätsommer 1950 erneut zugunsten Ernst von Weizsäckers, als dieser nicht zu einer Gruppe gehörte, die vorzeitig aus Landsberg entlassen wurde: «Da ich persönlich von Rachegefühlen mich ziemlich frei weiß, gönne ich denen, die kürzlich zu ihren Familien zurückkehren durften, durchaus die Wendung ihres Schicksals. Aber die Überlegung, der Dr. Dietrich etwa ist ‹frei› und der Weizsäcker ‹sitzt› noch (zumal seine Inhaftierung später erfolgte), hat für jeden, der die Zeitgeschichte miterlebt hat und die Persönlichkeiten glaubt beurteilen zu können, etwas Paradoxes.»[66]

Allen gegenteiligen Bekundungen zum Trotz ließ Heuss sich gerade in der «Kriegsverbrecherfrage» sehr wohl von Emotionen leiten. Sein abschätziger Hinweis auf Otto Dietrich, den vormaligen Pressechef der Reichsregierung, war diesbezüglich aufschlussreich: Ausgerechnet dessen Mitarbeiter Werner Stephan, einst Geschäftsführer der DDP, hatte es während des Krieges zu arrangieren vermocht, dass sein alter Parteifreund Heuss unter Pseudonym weiterhin journalistisch arbeiten konnte.[67]

Heuss' Engagement für die «Landsberger» – ein Terminus, der zuweilen verdeckte, dass es anfangs auch um Häftlinge in Werl und Wittlich ging, den Kriegsverbrechergefängnissen der Briten und Franzosen – war und blieb selektiv. Auch pressierende Bitten aus seinem persönlichen Umfeld beschied er im Zweifel nicht politisch kalkulierend, sondern nach Gusto. Ein Beispiel dafür ist seine Reaktion auf die wortreiche Fürsprache für Gottlob Berger, die ihn im November 1950 aus dem «Sekretariat der Familie Bosch» erreichte. Für den General der Waffen-SS, der wie Weizsäcker im Wilhelmstraßenprozess verurteilt worden war, mochte sich der Bundespräsident nicht verwenden. Berger nämlich gehöre zu einem «Menschenkreis», der ihm «völlig fremd» sei und an dem er «direkt gelitten» habe, als er nach der Beisetzung von Robert Bosch 1942 neben ihm zu sitzen gekommen war. «Das klingt sehr roh, aber ich kann, um vor mir selber ehrlich zu bleiben, diese heute durch das Volk gehende Bereitschaft, nicht mehr zu differenzieren, nicht mitmachen. Auf jeden Fall will ich nicht das, was an möglicher von mir keineswegs sehr hoch eingeschätzter Einwirkungskraft vorhanden ist, so dosieren, dass ihr Verschleiß für Fälle unwirksam wird, die mir sachlich und seelisch wichtig erscheinen müssen.»[68]

Die emotionalen Worte gegenüber seinen drängenden Stuttgarter Bekannten waren wohl auch Ausdruck der Ahnung, dass solche Bitten auf absehbare Zeit nicht weniger werden würden. Denn natürlich machte in interessierten Kreisen die Runde – zum Beispiel unter protestantischen Kirchenoberen wie Theophil Wurm und Hans Stempel, die zu den schärfsten Kalibern der Kriegsverbrecher-Lobby zählten (und beide mit dem Bundesverdienstkreuz ausgezeichnet wurden) –, dass sich der Bundespräsident sogar in einem ethisch höchst fragwürdigen Fall schon früh hatte ansprechen lassen.

Dr. jur. Martin Sandberger hatte als Führer des Sonderkommandos 1a im Herbst/Winter 1941/42 Estland «judenfrei» gemacht und war 1948 im Nürnberger Einsatzgruppenprozess zum Tod durch den Strang verurteilt worden.[69] Seitdem organisierte der Vater des Todeskandidaten, ein in Stuttgart ansässiger ehemaliger Werksdirektor der I. G. Farben – Heuss erinnerte ihn als «sehr eifriges Mitglied der Demokratischen Partei» –, hochkarätigen politischen Beistand. Einen Brief von Sandbergers Mutter an Elly Heuss-Knapp gab der Bundespräsident Ende November 1949 denn auch persönlich an Justizminister Dehler weiter: «Ob das Gespräch mit den Amerikanern, das wohl bald einmal beginnen wird, sich auch auf Fälle dieser Art ausdehnen lässt und ausgedehnt werden soll, vermag ich nicht zu übersehen.»[70] Tatsächlich führte das «Gespräch», präziser gesagt: der massive, von allen Bundestagsparteien (außer von den Kommunisten) entfaltete Druck auf den amerikanischen Hohen Kommissar im Januar 1951 zu McCloys spektakulärer Entscheidung, unter anderem die Todesstrafen von neun Verurteilten aus dem Einsatzgruppenprozess, darunter Martin Sandberger, in lebenslängliche Haft umzuwandeln.

Danach übernahm Hellmut Becker den Fall, der vormalige Anwalt Ernst von Weizsäckers, der Heuss mit großbürgerlichem Selbstbewusstsein zu adressieren pflegte. Trotz aller Unterstützung von Fürsprechern wie Bundestagsvizepräsident Carlo Schmid (SPD), der Sandberger aus seiner Referendarzeit in Tübingen kannte, und trotz eines inzwischen ausgefeilten Begnadigungssystems, blieb Becker in diesem Fall aber jahrelang ohne Erfolg. Erst als sich Sandberger sen., von Becker offenkundig instruiert, 1955 erneut an den Bundespräsidenten wandte, ging es weiter: Auf dessen ausdrücklichen Wunsch entwickelte der Anwalt eine Argumentationslinie, die Heuss dann während seines Sommerurlaubs gegenüber McCloys Nachfolger James B. Conant in Briefform brachte: Entsprechend der Praxis in den USA, so die Empfehlung des Bundespräsidenten an den Botschafter, sollte «lebenslänglich» in eine Haftstrafe von 30 Jahren übersetzt und bei guter Führung nach einem Drittel ausgesetzt werden. Heuss scheute nicht einmal davor zurück, Zweifel an der Validität des Urteils wiederzugeben: «Man sagt mir, in der Angelegenheit Sandberger sei die Beurteilung nach den juristischen Grundthesen des alliierten und des deutschen Gerichtsverfahrens umstreitbar – dazu kann ich, Nicht-Jurist, aus eigenem nichts sagen.» Wie oft in solchen Fällen, verwob Heuss seinen Anspruch auf Laienstatus mit dem des moralisch Unangreifbaren: «Ich glaube, bei Ihnen vor dem Verdacht gesichert zu sein, das, was von deutschen Menschen an Untat und Unrecht geschah, bagatellisieren zu wollen, wenn ich mich in dieser Sache an Sie wende – aber zehn Jahre Freiheitsentziehung kann – ich sage nur: kann – Läuterung gebracht haben und Gnade ist der schönste Teil, der dem Recht beigeordnet ist.»[71]

Obwohl der Bundespräsident gegenüber dem US-Botschafter nichts ausgelassen hatte, um den ehemaligen Einsatzgruppenführer als einen jungen, bildungsbeflissenen Menschen «nicht unedlen Charakters» darzustellen, der «mit Rücksicht auf die familiäre Lage (Krankheit der alten Mutter)» darauf hoffe, «doch wieder ins bürgerliche Leben zurückkehren zu können», blieb der amerikanisch-deutsche Gemischte Ausschuss, der inzwischen über die Begnadigungssachen entschied, in diesem Fall hart. Sandberger gehörte zu den letzten, die 1958 das Landsberger Gefängnis verließen – auch, weil sich Bonn geweigert hatte, die Häftlinge in deutschen Gewahrsam zu übernehmen und damit die Nürnberger Urteile anzuerkennen.

Heuss' Modus Operandi in der Kriegsverbrecherfrage unterschied sich, ungeachtet der über die Jahre eher noch komplizierter werdenden juristischen Materie, erstaunlich wenig von seiner sonstigen Arbeitsweise: Was ihn persönlich interessierte, nahm er, wenn irgend möglich, selbst in die Hand. Ansonsten und darüber hinaus agierten gleich mehrere Mitarbeiter des Präsidialamts in seinem Sinn, und dies keineswegs nur nach Geschäftsverteilungsplan. Neben Amtschef Klaiber, der hauptsächlich Petenten aus dem Umkreis des alten AA und der Wehrmacht bediente,[72] und dem zuständigen Referatsleiter Werz, der vor allem schwierige Bittsteller abzuwimmeln hatte, kümmerte sich immer wieder auch Hans Bott um Fälle, in denen sein «Meister» oder er selbst als «Alt-Elsässer» eine persönlich-heimatliche Verpflichtung verspürte.[73] Wollte man mit einem Fall nicht in Verbindung gebracht werden, blieben Bittschreiben gelegentlich auch unbeantwortet. So wandte sich die Schwester von SS-Standartenführer Paul Blobel, der wegen des Massakers von Babyn Jar im

Einsatzgruppenprozess zum Tod verurteilt worden war, Anfang 1951 erfolglos an den Bundespräsidenten.[74] Fast zeitgleich allerdings wurde Heuss auf Drängen von Justizminister Dehler bei General Thomas Handy, dem Oberbefehlshaber der US-Armee in Europa, wegen zweier weiterer Todeskandidaten vorstellig: der SS-Männer Georg Schallermair («Prototyp des brutalen Schlägers»)[75] und Hans Schmidt, die zu den insgesamt sieben «Landsbergern» gehören sollten, die, wie Blobel, im Juni 1951 tatsächlich noch gehenkt wurden (nach Auffassung von Schmidts Ehefrau Margot, die noch einmal bei Heuss zu intervenieren versucht hatte, ein wissentlicher «Justizmord»).[76] In seinem Schreiben an Handy verstieg sich Heuss erneut zu einer Begründung, die sein Ressentiment gegenüber der alliierten Nachkriegsjustiz kaum verbarg: Nicht weil er «an diesen Personen, die einer scheußlichen Berufsfunktion gedient haben, ein sonderliches Interesse nehme», lenke er die Aufmerksamkeit auf die beiden, sondern weil «das Äußerste» geschehen sollte, «um das Gefühl für eine sorgfältige Rechtsfindung, das in Deutschland seit 1933 so grausam zerstört worden ist, und das nach 1945 nur langsam wieder sich festigten konnte, gesichert zu wissen».

Wenige Tage später, im vertraulichen Briefwechsel mit dem Stuttgarter Altbischof Wurm, der in der «heftigen Debatte um Landsberg» eine «gesunde Mitte» einzunehmen glaubte – tatsächlich gehörte er seit Jahren zu den entschiedensten Gegnern alles dessen, was mit «Nürnberg» und den politischen Säuberungsansprüchen der Besatzungsmächte zusammenhing –, fasste Heuss seine Beweggründe in Sachen «Kriegsverurteilte» noch einmal prägnant zusammen: Zunächst habe er sein Engagement «ganz aufs Individuelle abgestellt (Weizsäcker, Röchling, Loeser, Neurath)» und sich auf die nichtöffentliche Behandlung beschränkt, «da ich immer ein deutliches Gefühl dafür besaß, in welch komplizierter Situation die Herren sich befanden und befinden». Zwar habe er in einigen seiner früheren Ansprachen «den Landsberger Komplex angefasst, zumal die ersten Gnadenerweise ja durchaus den ‹Falschen› galten». Zuletzt aber sei er «trotz aller Bedrängnisse durch Briefe und Depeschen» aus einem «sehr überlegten Grunde» zurückhaltend gewesen: «Es ist uns einigermaßen geglückt, das Reden von der Kollektivschuld zum Schweigen zu bringen. Ich selber glaube einen kleinen Beitrag dabei geleistet zu haben, indem ich vor 1 ¼ Jahren das Wort von der Kollektivscham an die Stelle der Kollektivschuld setzte. Durch die böse Verschleppung der Dinge hat sich die merkwürdige Lage entwickelt, dass eine Art von globaler Solidarität für die Häftlinge von Landsberg in die Höhe wuchs, die bei der publizistischen Vereinfachung, die nun einmal alle solche Geschichten in der Weltpresse erfahren, so wirken kann, als ob sich die deutsche Öffentlichkeit in eine Ersatz-Kollektivschuld durch Solidaritätskundgebungen wieder hineinmanövriert.»[77]

Aus diesen Zeilen sprach, wieder einmal, der Journalist im Präsidentenamt. Mochte er in der Sache eng bei dem Bischof sein: Wo Wurm protestantischem Bekenntnisfuror frönte, kalkulierte Heuss die Medienwirkung seiner öffentlich gesprochenen Worte, gerade beim Thema NS-Vergangenheit. Wie nur wenige im Bonn der fünfziger Jahre sorgte er sich, darin Adenauer nicht unähnlich, aber von ganz anderer Eloquenz, um das Bild der «neuen Deutschen» in der Welt. Nicht zuletzt deshalb hatte er den inzwischen gesetzlich verankerten Volkstrauertag im November 1952 dafür genutzt, im Bundeshaus nicht nur der deutschen Kriegstoten, sondern ausdrücklich der ermordeten Juden und KZ-Opfer zu gedenken.[78] Auch die noch heute wohl bekannteste seiner Reden – zweifellos die bedeutendste neben jener in Wiesbaden drei Jahre zuvor – zeugte von diesem Willen zur Außenwirkung. Heuss hielt sie am ersten Adventssonntag 1952 in einer nunmehr von den Briten genutzten Kaserne nahe Bergen-Belsen.

Bergen-Belsen, das Mahnmal und die Juden

Der Ansprache voran ging an diesem 30. November die feierliche Einweihung eines neuerbauten Mahnmals auf dem Areal des vormaligen Kriegsgefangenen- und Konzentrationslagers, das in den letzten Kriegsmonaten faktisch zum Massengrab vor allem für jüdische Männer, Frauen und Kinder geworden war. Insgesamt waren in

Bergen-Belsen seit 1940 mehr als 70 000 Menschen aus ganz Europa zu Tode gekommen; die meisten waren verhungert oder an Seuchen gestorben, etwa 14 000 noch im ersten Friedenssommer.[79] Der Eindruck, den David Ben-Gurion gewann, der den Ort dann im Oktober 1945 als Chef der Jewish Agency besuchte – in zwei vormaligen Wehrmachtskasernen war inzwischen ein DP-Lager eingerichtet worden –, fand in gewisser Weise Bestätigung in der Begrifflichkeit, unter der Belsen schließlich in deutschen Verwaltungsakten, auch des Präsidialamts, firmierte: ein «jüdischer Friedhof».[80]

Nun, gut sieben Jahre später, bildeten einige Hundert Überlebende die Kulisse für den Staatsakt am Fuß des weithin sichtbaren, von einer Inschriftenwand gesäumten Obelisken, den das Land Niedersachsen auf Geheiß der britischen Militärregierung unter Mitsprache der internationalen Häftlingsverbände hatte errichten lassen. Bei Schnee und eisigem Wind, der über die offene Heidelandschaft fegte, erklang Händels Trauermarsch, wurden jüdische und christliche Gebete gesprochen und Kränze niedergelegt. Danach fuhren die Delegationen des schlechten Wetters wegen zum britischen Hohne Camp, wo Malcom Henderson, der gerade neu berufene Land Commissioner, an die Befreiung des Lagers durch die Truppen des Vereinigten Königreichs erinnerte. Auf Henderson folgte Nahum Goldmann, der Präsident des Jüdischen Weltkongresses, dem Theodor Heuss sein Kommen schon vor Monaten zugesagt hatte. Dass sich die beiden bereits vor dem Ersten Weltkrieg kennengelernt hatten und einander schätzten,[81] kam der Veranstaltung zugute; ursprünglich schon für August geplant, war ihr Vorlauf diplomatisch-politisch nicht unkompliziert gewesen – wie die Briten fanden: nicht zuletzt wegen der «touchy Jews».[82]

Was Henderson und Goldmann sagen würden, wusste der Bundespräsident vorab.[83] Und noch etwas war unter den wenigen Eingeweihten im Präsidialamt, im Auswärtigen Amt, auf britischer und auf jüdischer Seite – dort agierte vor allem Karl Marx, der Herausgeber der *Allgemeinen Wochenzeitung der Juden in Deutschland* – unausgesprochen klar: Die Zeremonie stand atmosphärisch noch ganz im Kontext des Wiedergutmachungsabkommens, das Konrad

Theodor Heuss mit Nahum Goldmann nach der Kranzniederlegung am neuerbauten Mahnmal in Bergen-Belsen am 30. November 1952.

Adenauer, der israelische Außenminister Moshe Sharett und Nahum Goldmann am 10. September in Luxemburg unterzeichnet hatten. Als Vorsitzender der Conference on Jewish Material Claims Against Germany, die die Interessen der außerhalb Israels lebenden Juden und ihrer Erben vertrat, hatte Goldmann schon im Vorfeld dieser Verhandlungen eine wichtige Rolle gespielt und ebenso wie Heuss von Anfang an zu den Befürwortern einer Vereinbarung gehört.[84]

Goldmann schien darauf gleich eingangs seiner Rede einen verdeckten Hinweis zu geben, als er nach ein paar Worten auf Hebräisch in ein temporeiches Deutsch wechselte und konstatierte, die Feier stelle «in einem gewissen Sinne den Abschluss dar einer der tragischsten und heroischsten Epochen sicherlich in der Geschichte des jüdischen Volkes, aber, ich darf wohl sagen, auch in der Geschichte der Menschheit».[85] Zur Verblüffung der Briten, die durch die Verlagerung nach Hohne entgegen ihrer Absicht zu de-facto-Gastgebern geworden waren und mit einer «more violent language» gerechnet hatten,[86] hielt Goldmann diesen staatsmännischen Grundton durch. Wohl richtete er an die Deutschen, «aus deren Mitte das nationalsozialistische Regime entstanden ist», die Mahnung, nicht zu vergessen. Aber er ergänzte diese «Lehre und Warnung» sogleich mit einer Anerkennung: Es gebe «viele Deutsche», die wie der Bundespräsident und der Bundeskanzler «alles tun wollen, um ihrem Volke eine zweite Erfahrung, wie es die Hitlerperiode war, zu ersparen».

Wiederholt nannte Goldmann die Zahl von sechs Millionen jüdischer Toten und betonte den «einzigartigen, grauenhaften Charakter» der «einmaligen Tragödie, auch in unserer Geschichte, in der Geschichte eines an Tragödien sehr reichen Volkes». Aber über dem Verlust, der «nie wieder gutgemacht» werden könne, vergaß er nicht das Leid der anderen und die Logik des Verbrechens: «Was Hitler den Juden angetan hat, tat er auch in minderem Maße anderen Völkern an. Und wäre seinem Regime Dauer und Bestand gegeben worden, so wären wahrscheinlich manche anderen Völker den Weg dieser jüdischen Opfer gegangen.» Ungewöhnlich war auch die Eindringlichkeit, mit der Goldmann – wie wohl noch niemand vor ihm im Nachkriegsdeutschland, jedenfalls nicht als jüdischer Repräsentant in öffentlicher Rede – die Schauplätze der «Ausrottung der Juden» benannte und wie er an die «heroischen Aufstände in den Ghettos von Warschau und Wilna und Bialstok und anderen Städten des Ostens» erinnerte. «Aber auch in den Lagern selbst, in den Gaskammern von Auschwitz und Treblinka, waren Tausende, die mit Stolz und großer, würdiger Haltung in den Tod gingen.»

Heuss trat im Militärkasino direkt nach Goldmann vor das Mikrophon, lenkte den Blick zurück auf den eigentlichen Ort des Gedenkens und thematisierte, wie man es von ihm inzwischen kannte, zunächst seine Sprechsituation: Ohne lange Überlegung habe er sich bereit erklärt, «hier, aus diesem Anlass, ein Wort zu sagen». Denn ein Nein «wäre mir als eine Feigheit erschienen, und wir Deutschen wollen, sollen und müssen, will mir scheinen, tapfer zu sein lernen gegenüber der Wahrheit».[87] Mit klarer Stoßrichtung gegen das postvolksgemeinschaftliche Vergessenwollen, noch langsamer artikulierend als sonst, fuhr er fort: «Wer hier als Deutscher spricht, muss sich die innere Freiheit zutrauen, die volle Grausamkeit der Verbrechen, die hier von Deutschen begangen wurden, zu erkennen.» Und weil er wusste, dass die gesamte Feierstunde vom NWDR übertragen wurde, didaktisierte Heuss weiter: «Aber nun will ich etwas sagen, das manchen von Ihnen hier erstaunen wird, das Sie mir aber, wie ich denke, glauben werden, das mancher, der es am Rundfunk hört, nicht glauben wird: Ich habe das Wort Belsen zum ersten Mal im Frühjahr 1945 aus dem BBC gehört und ich weiß, dass es vielen in diesem Lande ähnlich gegangen ist.» Wohl habe er von Dachau, Buchenwald und anderen Konzentrationslagern gewusst, auch von Mauthausen, «wo sie meinen alten Freund Otto Hirsch ‹liquidiert› hatten, den edlen und bedeutenden Leiter der Reichsvertretung deutscher Juden». Aber Belsen, so der Bundespräsident, «fehlte in diesem meinem Katalog des Schreckens und der Scham, auch Auschwitz».

Mit dem Hinweis auf den Stuttgarter Juristen Hirsch, der die Emigration zahlreicher deutscher Juden organisiert hatte und vier Monate nach seiner Inhaftierung im Februar 1941 in dem oberösterreichischen KZ zu Tode kam, suchte Heuss zum einen, gegenüber seinen jüdischen Zuhörern menschliche Verbundenheit zu signalisieren. Zum andern nahm er mit dieser persönlichen Erinnerung rhetorisch Anlauf für die Negation der populären Behauptung vieler seiner Landsleute, sie hätten «von alledem nichts gewusst». Das präsidiale Dementi dieser Lüge bildete den ersten der beiden Schlüsselsätze einer Rede, die ihm in den nächsten Wochen, wie er bereits ahnte, reichlich Post einbringen sollte: «Wir *haben* von den Dingen gewusst.»

Dieses «Wissen» der Deutschen verband sich für Heuss mit der Erkenntnis, wonach der «Durchbruch des biologischen Naturalismus der Halbbildung» zur «Pedanterie des Mordens als schier automatischen Vorgang» geführt hatte. Das war nicht nur eine bereits in «Hitlers Weg» (1932) angelegte Deutung, die in den nächsten Jahren als entlastende Beschreibung einer gleichsam täterlosen Tat diskursiv Karriere machen sollte, sondern auch eine bemerkenswerte Parallele zu Goldmanns gerade gehörtem Wort von der «mit kalter Gründlichkeit geplante(n) und durchgeführte(n) Ausrottungsaktion». Daraus folgte jene zweite präsidiale Kernbotschaft, die sich aus seiner Vorstellung von einer kollektiven Scham – bei letztlich abstrakt bleibender Schuld – ergab und die, nur leicht verkürzt, dann auch als Überschrift für den Abdruck seiner Rede im *Bulletin des Presse- und Informationsamts der Bundesregierung* diente: «Diese Scham nimmt uns niemand, niemand ab.»

Angesichts solcher Sentenzen (aus Sicht der britischen Beobachter: «always metaphysical and often obscure») ging in der Berichterstattung der nächsten Tage etwas im Grunde Wichtigeres unter – eine Bemerkung, mit der sich der Bundespräsident, dem Zeugnis von Karl Marx zufolge tief erschüttert nach einem Gang entlang der Massengräber,[88] wiederum auf Goldmann bezog. Auf dessen Hervorhebung der osteuropäischen Schauplätze des Judenmords reagierte Heuss nämlich mit einer Schilderung der lokalen Situation kurz vor Kriegsende: «Denn hier, in diesem Belsen, sollten gerade die Juden, die noch irgendwo greifbar waren, vollends verhungern oder Opfer der Seuchen bleiben.» Vielleicht war es die rhetorische Eindringlichkeit seines Vorredners, vielleicht auch die Konkretheit seiner eigenen Beschreibung – jedenfalls gelangte Heuss über die Imagination des Grauens in Belsen zu einer bedeutsamen Einsicht: «Dabei war etwas Neues geschehen.» Das nahm eine Formulierung Hannah Arendts in ihrem berühmt gewordenen Fernsehgespräch mit Günter Gaus nahezu vorweg: «Dies hätte nie geschehen dürfen, wie ich immer sage. Und damit meine ich nicht die Zahl der Opfer. Sondern ich meine die Fabrikation der Leichen und so weiter – ich brauche mich ja darauf nicht weiter einzulassen. Dieses hätte nicht geschehen dürfen. Da ist irgend etwas passiert, womit wir alle nicht mehr fertig werden.»[89]

Die Ansprachen von Heuss und Goldmann waren wichtige, aber eben auch recht frühe Schritte auf dem noch ungebahnten Weg zu einer öffentlichen Vergegenwärtigung jenes Geschehens, das bekanntlich erst Jahrzehnte später Holocaust genannt und auf den Begriff des «Zivilisationsbruchs» (Dan Diner) gebracht werden sollte. Wohl vor allem daraus erklärt sich das Kümmerliche und Sperrige der zeitgenössischen medialen Repräsentation: Zwar entstand im Nachgang eine Schallplattenaufnahme, aber abgesehen von der Live-Übertragung im Sendegebiet der ehemaligen britischen Zone und dem Abdruck der Heuss-Rede in der *Neuen Zeitung* sowie in der *Allgemeinen Wochenzeitung der Juden,* die beide nur begrenzte Leserkreise erreichten, blieb die publizistische Resonanz verhalten. Das Gros der deutschen Presse berichtete lediglich anhand von Agenturmeldungen, beschränkte sich auf ein oder zwei Zitate und durfte darauf hoffen, sein Publikum nicht zu provozieren.[90]

Anders dagegen Axel Springers erklärtermaßen israelfreundliches *Hamburger Abendblatt,* das die Mahnung des Bundespräsidenten als Teil der Überschrift präsentierte («Das Mahnmal von Belsen. Heuss: ‹Wir Deutschen dürfen nie vergessen›») und jene Passage zitierte, deren Empörungspotential Heuss selbst prognostiziert hatte («Wir *haben* von den Dingen gewusst»): Vielleicht auch, weil der Artikel durch ein Foto des flaggengeschmückten Obelisken zusätzliches Gewicht bekommen hatte, nahmen ihn mehr als zwei Dutzend Hamburger Bürger prompt zum Anlass einer polternden Gemeinschaftsbeschwerde. Expressis verbis unter der Prämisse, sie machten «von der uns im Grundgesetz verbrieften Freiheit der Meinungsäußerung Gebrauch», wiesen sie Heuss' Worte zurück: Zwar sei es richtig, dass «wohl jeder Deutsche von dem Bestehen der Konzentrationslager gewusst hat». «Was jedoch tatsächlich darin geschah, – davon haben wohl 90% des deutschen Volkes erst nach dem 8. Mai 1945 erfahren!» Warum also, so fragten sich die Hamburger («früher zum Teil Mitglieder der ehemaligen NSDAP oder einer ihrer Gliederungen», «heute zum Teil Mitglied der verschiedensten Parteien»), «erkennen Sie als deutsches Staatsoberhaupt eine Schuld an, die eine millionenfache Mehrheit unseres Volkes aufgrund der gegebenen Tatsachen nicht anerkennt und einfach nicht anerkennen *kann*?»

Die Replik des Präsidenten ließ nicht lange auf sich warten; Heuss hatte sie, wie etliche weitere Antworten auf die nun reichlich eintreffende Protestpost, selbst diktiert, aber von Hans Bott unterzeichnen lassen. Offenkundig, so also rüffelte vermeintlich der «persönliche Referent», hätten sich die Briefschreiber nicht die Mühe gemacht, im *Bulletin* der Bundesregierung (von dem Heuss selbst wusste, dass es kaum jemanden erreichte) den tatsächlichen Wortlaut der Rede zur Kenntnis zu nehmen. Ihre dem Bundespräsidenten in den Mund gelegten Worte seien «eine leichte Fälschung», wobei es diesem «persönlich völlig gleichgültig sei», ob das Falschzitat von den Absendern oder aus anderer Quelle stamme: «Dr. Heuss lässt Sie darauf aufmerksam machen, dass er in seiner Ansprache selber davon gesprochen hat, dass ihm die Namen wie Bergen-Belsen und Auschwitz bis zum Kriegsende völlig unbekannt gewesen sind und dass die Phantasie von uns nicht ausgereicht habe, das uns vorzustellen, was in den Konzentrationslagern geschehen ist.» Besonders verärgert reagierte Heuss schließlich auf die von fast allen, die ihm jetzt kritisch schrieben, in seine Worte hineingelesene Bestätigung der die Gemüter immer noch erregenden angeblichen Kollektivschuldthese: «Den Vorwurf, dass der Bundespräsident nun sozusagen die Kollektivschuld der Deutschen anerkannt oder ausgesprochen habe, weist er mit Schärfe zurück. Dr. Heuss hat schon vor über drei Jahren in einer damals viel beachteten Rede ausführlich zu dieser Sache Stellung genommen und sie in einer sehr deutlichen Weise zurückgewiesen, die vor allem auch im Ausland, soweit wir das verfolgen konnten, stark beachtet worden ist.»

Regelmäßig wurde nun, wer dem Präsidenten in diesen Wochen mit dem Thema Kollektivschuld kam – und es kamen Dutzende –, «mit Schärfe» zurechtgewiesen. Wer hingegen dementierte, von den Konzentrationslagern gewusst zu haben, dem begegnete Heuss (meist freilich per Unterschrift Bott) eher spöttisch; in solchen Fällen lautete sein Standardkommentar, der Schreiber oder die Schreiberin habe offenbar geglaubt, «sich in diesen bösen Jahren eine Idylle» gestatten zu können.[91]

Sogar gegenüber jenen, die ihn ob seiner Worte lobten, klang die eitle Empfindlichkeit des Präsidenten bisweilen durch. Wilhelm Kaisen etwa, der Heuss «rein zufällig» im Radio gehört hatte, «vom Anfang bis zum Schluss» gefesselt war, aber bedauerte, «dass die heutige Montag-Presse nur einen kleinen Auszug aus dieser wichtigen Rede bringt», bekam postwendend eine ausführliche Erläuterung: Natürlich, so Heuss an den sozialdemokratischen Bremer Senatspräsidenten, habe er die Ansprache «als eine politische Handlung gesehen und zugesagt und in ihrem Duktus vorbereitet». Er habe den Text zwar «nicht vorher völlig aufgeschrieben, aber doch so gut durchkomponiert, dass von hier aus der Presse die Anlage der Rede mitgeteilt war.» Nun aber habe Herbert Blankenhorn, der Adenauer in Belsen vertrat und «die politische Bedeutung der Rede sofort und in vollem Umfang begriff», einen Sonderdruck und eine Übersetzung ins Französische und Englische veranlasst, die an die «Missionen draußen» gehe. Als «alter Journalist» hielt Heuss gegenüber Kaisen schließlich auch nicht hinter dem Berg mit seinem Verdacht hinsichtlich der Gründe für die Zurückhaltung seiner Ex-Kollegen: «Ob sie Sorge haben, die Judenfrage stärker im Bewusstsein ihrer ‹Abonnenten› zu halten, vermag ich nicht zu beurteilen.»[92]

Von heute aus betrachtet mag die Unbekümmertheit erstaunen, mit der Heuss an dieser Stelle von der «Judenfrage» schrieb. Das war kein Lapsus, sondern noch ganz in der Begrifflichkeit der Weimarer Zeit formuliert, derer sich ebenso der Kanzler, aber auch jüdische Funktionäre bedienten. Dazu gehörte, dass der Bundespräsident meist unbekümmert von Juden sprach und nicht, wie es in der politischen Klasse bald üblich wurde, von «jüdischen Mitbürgern». Bei Heuss allerdings ging dieses hergebrachte Vokabular mit einer Art Volkspädagogik einher, die sein Biograph Radkau als Versuch einer «Entkrampfung der Deutschen» beschrieben hat – und die sich nicht nur in seinen Reden über die «bösen Jahre», sondern auch in den Formen spiegelte, in denen er den (deutschen) Juden in Wort und

Schrift begegnete. Gelegenheiten dazu eröffneten sich schon in den ersten Monaten seiner Amtszeit.

Mit Karl Marx, der dann im Vorfeld der Veranstaltung in Belsen innerjüdische Redner-Konkurrenzen ausbügeln und in der Nachbereitung für zusätzliche Publizität in Gestalt einer eigenständigen Broschüre sorgen sollte,[93] stand Heuss bereits seit Jahresanfang 1950 in Kontakt. Der gebürtige Saarländer, zu Beginn der dreißiger Jahre in Berlin Mitglied der DDP, mit Heuss aber wohl nur flüchtig bekannt, war 1946 als Remigrant aus England zurückgekehrt und als Zeitungsgründer in Düsseldorf, wo 1952 dann auch der Zentralrat der Juden seinen Sitz nahm, rasch zu einer Schlüsselfigur des jüdischen Lebens in Deutschland geworden.[94] In einem aufsehenerregenden Interview hatte Marx den Bundeskanzler Ende November 1949 in seiner *Allgemeinen Wochenzeitung der Juden* bewogen, sich zur Aufnahme von Entschädigungsverhandlungen zu bekennen.[95] Bald darauf weitete Marx seine Bonner Kontakte auf den Bundespräsidenten aus – wohl auch, weil er sich bei Heuss mehr Verständnis und Interesse für die jüdische Sache erhoffte als im Kanzleramt. Immerhin hatte Heuss sogleich nach seinem Amtsantritt in einem von Marx erbetenen Grußwort zum jüdischen Neujahrsfest am 24. September 1949 ein «starkes Gefühl» dafür bekundet, «dass noch viel Bitterkeit in den Seelen haftet, wenn die Erinnerung an die Schändung und Zerstörung der Gotteshäuser denkt, an all das unmenschliche Leid, von dem keine jüdische Familie in den Jahren der Verfolgung und des satanischen Vernichtungswillens verschont blieb».[96]

Bei seinem ersten Besuch auf der Viktorshöhe machte sich Marx zum Sprachrohr für «viele Juden, die mit starkem Heimatgefühl noch an Deutschland hängen, im Ausland nach der Beendigung des 3. Reiches sehnlichst auf eine deutsche Stellungnahme gewartet hätten, in welcher von Wiedergutmachung für das ihnen zugefügte Unrecht die Rede gewesen wäre». Die «ungünstige Reaktion auf das 10-Millionen-Angebot des Bundeskanzlers» in besagtem Interview, so fasste Referatsleiter Werz (ein Mann mit Vergangenheit, dem die Existenz des Staates Israel schon einmal entfiel) die Ausführungen des Besuchers zusammen, sei «auf die falsche und tendenziöse Wiedergabe durch jene jüdischen Kreise zurückzuführen, welche in Palästina gegen Deutschland hetzen». Marx hatte keinen Zweifel daran gelassen, dass das Angebot des Kanzlers auch nach seiner Auffassung viel zu niedrig ausgefallen war. Und er hatte, aus eigener Anschauung, «eindringlich die sehr schwierige Lage in Israel» geschildert: «Die meisten der dort lebenden Juden würden sich, wenn ihnen eine solche Möglichkeit geboten würde, sofort zur Rückkehr nach Deutschland einschiffen.»[97]

Heuss und Marx, das zeigte sich bereits in dieser Begegnung, fanden rasch einen Draht zueinander. Was sie einte und auf Dauer im Gespräch hielt, war das Interesse am Gedeihen jener kleinen, kaum 30 000 Menschen umfassenden jüdischen Gemeinschaft in der Bundesrepublik (etwa die Hälfte davon deutsch-jüdische Überlebende und Remigranten), die nach dem Exodus fast aller osteuropäisch-jüdischen DPs weiterbestand, die gegen die Vertreter eines konsequenten Zionismus verteidigt werden wollte – und deren Erfolg, wie John McCloy im Sommer 1949 erklärt hatte, «einer der wirklichen Prüfsteine für den Fortschritt Deutschlands» werde.[98]

Dass dieser Erfolg einstweilen über die Köpfe der Durchschnittsdeutschen hinweg – in der Wiedergutmachungsfrage letztlich sogar an ihnen vorbei – ermöglicht werden musste, darüber waren sich der Präsident und sein deutsch-jüdischer Gewährsmann im Grunde einig. Gleiches scheint für die von Adenauer im Interview mit Marx erwogene Idee gegolten zu haben, im Bundesinnenministerium ein besonderes «Referat» einzurichten, das «einem deutschen Juden übertragen werden» und das «den in Deutschland lebenden Juden die Gewissheit geben (solle), dass seitens der Bundesregierung alles geschieht, um ihre staatlichen Rechte in vollem Umfang zu wahren».[99] Offenbar war Heuss wie Marx der Meinung, dass der Ausdruck «unangenehme Erinnerungen heraufbeschwöre».[100] Jedenfalls wurde der Posten erst 2018 besetzt.

Vorsichtiger als gegenüber Marx, in dem Heuss zu Recht einen konzilianten Repräsentanten des zurückgekehrten beziehungsweise rückkehrwilligen deutschen Judentums erblickte, gestalteten sich die

Korrespondenzen mit vielen, die dem Präsidenten aus der Ferne schrieben. Das waren nicht selten anrührende, aber auch verzweifelte und zornige Briefe, die oft auf Presseberichte reagierten. So etwa auf Heuss' Wiesbadener Rede, die Enrique J. Kafka allerdings erst im November 1952, aus Anlass des Jahrestags der «Kristallnacht», im demokratisch-liberalen *Argentinischen Tageblatt* zu lesen bekam. Kafka war, wie er dem Präsidenten schrieb, 1936 als «jüdischer Mischling» nach Südamerika geflüchtet: «Es ist für mich, und sicher für viele andere auch, die wir im Ausland eine zweite Heimat gefunden haben, eine große Genugtuung, dass diese Worte von so hoher Warte kamen, aber mehr noch, dass das Deutschland, das wir lieben und verehren, das Deutschland der großen Dichter und Denker, den großen gegenteiligen Bemühungen des dritten Reiches zum Trotz, uns doch erhalten blieb, und ist dieses nicht zuletzt auch Ihr Werk.»

Bei Arno Herzberg in den USA rief dieselbe Rede im Dezember 1949 ganz andere Reaktionen hervor. Für den 1907 im Kaiserreich geborenen Publizisten, der Heuss ganz gut kannte, noch 1931 in der *Hilfe* publiziert hatte und nun in Newark, New Jersey als Wirtschaftsprüfer tätig war, konnte es kein Zugehen auf sein Herkunftsland geben: «Denn das Ausmaß der Katastrophe, die die Deutschen über die Welt gebracht haben, ist den Deutschen nie klar geworden. Eine dumme, einfältige und unmoralische Politik der Alliierten hat alles getan, um zu verhindern, dass es ihnen klar wird. Die Deutschen waren und sind viel zu sehr damit beschäftigt, mit sich selbst Mitleid zu haben, und alles deutet darauf hin, dass sie nichts vergessen und nichts dazugelernt haben. Aber wir haben nicht vergessen. Wer, Herr Heuss, hat meinen Vater im Konzentrationslager erfrieren lassen? Wer hat meine Mutter irgendwo nach Polen verschleppt, dort vergast, erwürgt, zerstückelt, und mit echter deutscher Gründlichkeit ihr Körperfett zu Seife verarbeitet? Hat sich das deutsche Volk mit diesem Menschenfett gewaschen?»

Eine Antwort auf diese bittere Anklage ersparte sich Heuss; die freundlichen Zeilen aus Buenos Aires hingegen bedachte er umgehend mit der Zusendung weiterer seiner Reden (deren gesonderte

Drucklegung ihm ja stets ein Anliegen blieb) und einer ebenso persönlichen wie nachdenklichen Antwort: «Es ist ganz gut, dass Sie den Begriff der Kollektivverantwortung herausarbeiten. Das Wort ist ja nichts anderes als eine Umschreibung des Sinnes der Demokratie.»[101]

Heuss' früh erkennbarer Ehrgeiz, mit den in aller Welt verstreuten deutschen Juden ins Gespräch zu kommen und gerade in deren Kreisen für das neue, demokratische Deutschland zu werben, entwickelte sich über die Jahre, meist allerdings abseits der Öffentlichkeit, zu einem Leitmotiv seiner Präsidentschaft. Dazu trug die enge Freundschaft mit Toni Stolper bei, die ihn mit Nachrichten aus der New Yorker Emigrantenszene versorgte und wohl auch manche seiner Urteile korrigierte. Aber es halfen dabei gleichermaßen Briefkontakte und persönliche Begegnungen, die er selbst aufrecht erhielt – etwa zu Leo Baeck, dem einstigen Berliner Rabbiner und Vorstand der 1933 gegründeten Reichsvertretung der Deutschen Juden, der nun, ebenso wie der Nationalökonom Moritz Julius Bonn, in London lebte, oder zu Leopold Goldschmidt, der nach Deutschland zurückgekehrt war und seit 1953 dem Koordinierungsrat für Christlich-Jüdische Zusammenarbeit als Generalsekretär diente.[102] Ähnlich wie der Kanzler, jedoch mit Talent zu wohlgefälliger Konversation, suchte der Präsident solche Kanäle zugunsten des Ansehens der Bundesrepublik zu nutzen.

Eine der wichtigsten dieser Verbindungen, ganz sicher aber eine besonders gepflegte, war jene zu Manfred George, dem jüdischen Chefredakteur der New Yorker Wochenzeitung *Aufbau*. Ende Mai 1951 bat der gebürtige Berliner – hochoffiziell über das deutsche Generalkonsulat – um einen Interviewtermin mit Heuss, in dessen Vorbereitung sich auch Karl Marx einschaltete: wie stets besorgt um die «einheitliche Vertretung der Juden in Deutschland» und ihr Bild in Amerika.[103] Doch entgegen allerlei auch amtsinterner Befürchtungen lief das Gespräch mit dem früheren Ullstein-Journalisten glänzend. Der Präsident beeindruckte mit empathischen Antworten auch auf heikle Fragen, etwa nach der Empfänglichkeit der deutschen Jugend für die Demokratie, nach «neonazistischen Erscheinungen» (die SRP hatte in Niedersachsen gerade elf Prozent der Stimmen geholt) oder nach den wiederholten Schändungen jüdischer Friedhöfe. Und er zeigte sich, wie George in der groß aufgemachten Druckfassung des Interviews am 20. Juli 1951 titelte, «Zur Aussprache bereit». Gemeint war damit das Gespräch zwischen Deutschen und Juden in einem «Augenblick, in dem die Außenpolitik der Vereinigten Staaten die Westdeutsche Bundesrepublik zu einem vollwertigen Mitglied der westlichen Welt zu machen bestrebt ist». Dass Heuss – «ein Mann von überragender Geistigkeit und gleichzeitig von außerordentlicher Popularität», dessen Stimme in Deutschland und in der Welt gehört werde – «in der Judenfrage in so positiver Weise Stellung» genommen habe, hielt George, der im (zweisprachigen) *Aufbau* durchaus mit deutschfeindlichen Stimmen konfrontiert war, ein bisschen auch sich selbst zugute: «Es wird vielleicht die historische Bedeutung dieses Interviews sein, dass sich in ihm die erste formelle Geste findet, die zu einer Aussprache deutscherseits sowohl mit den Juden im allgemeinen wie dem Staat Israel auffordert.»

Zwar hatte Heuss bei dem Gespräch in vielem nur wiederholt, was bereits seiner Wiesbadener Rede vom Dezember 1949 zu entnehmen gewesen war. Doch im Sommer 1951 war, wie George spürte und zu Recht hervorhob, die Zeit reif für ein deutliches Signal an die jüdische Welt. Als Adenauer am 27. September dann tatsächlich eine Regierungserklärung zum Thema Wiedergutmachung abgab, durften sich der Interviewer wie der Interviewte, dessen Rat der Kanzler in der «Judenfrage» immer wieder suchte und erhielt, bestätigt sehen.[104]

Kein Wunder also, dass Heuss seinen guten Draht nach New York nicht abreißen lassen wollte. Gleichwohl zögerte der Präsident, als 1953 aus Berliner Journalistenkreisen der Vorschlag kam, George zu seinem 60. Geburtstag im Oktober mit dem neugeschaffenen Bundesverdienstkreuz auszuzeichnen – nicht nur wegen fehlender Seniorität, wie Amtschef Klaiber resümierte, sondern auch, weil «über den *Aufbau* von einem Teil der Emigranten, die hier gewesen sind, eine Zeitlang recht böse Urteile abgegeben wurden».[105] Entsprechend tastend fiel der lange Gratulationsbrief aus, den Heuss stattdessen schrieb und den der Jubilar neben Glückwünschen unter anderem von Nahum Goldmann und Moshe Sharett im *Aufbau* veröffentlichen durfte, den aber auch Karl Marx für die *Allgemeine Wochenzeitung der Juden* bekam. Als einstiger Kollege würdigte der Bundespräsident die Leistung eines Publizisten, der, «in eine geschichtliche Verantwortung gestellt», das Richtige getan habe: «auf der einen Seite Menschen in ihren individuellen Bedürfnissen zu helfen, auf der anderen Seite aus den zerstreuten Individuen das Gefühl der Gemeinschaft nicht entweichen zu lassen. Und dieses Gefühl der Gemeinschaft war ja nun tragisch gespalten, weil es einmal jüdische Gemeinschaft, und das andere Mal Bindung an ein verlorenes deutsches Schicksal bedeutete.»[106]

Es waren solche ausdeutbaren Sätze, mit denen sich der Bundespräsident Schritt für Schritt eine gewisse Anerkennung auch bei manchen verschaffte, die weiterhin mit Deutschland und den Deutschen haderten. Das galt umso mehr, wenn er, wie gegenüber George (der vorsichtig blieb und freundlich ablehnte, als ihm Heuss kurz vor Ende seiner Amtszeit den Orden doch noch verleihen wollte),[107] hinzusetzte: «Wir wissen beide, dass die Wunden, die geschlagen worden sind, nicht mit wohlmeinenden Reden geheilt werden.»

Die Subjekte, die diese Wunden geschlagen hatten, blieben also weiter unbenannt. Gewiss, von «Nazis» oder «SS-Schergen» war hier und dort die Rede; im Kontext der Verbrechen aber von «den Deutschen» zu sprechen, war nach wie vor verpönt. Damit musste, wer als (deutscher) Jude mit den nichtjüdischen Deutschen im Gespräch sein wollte, in den fünfziger Jahren leben – und noch lange danach.

II. Souveränitätsgewinne

Wie rasch und wie sehr es Theodor Heuss verstanden hatte, als Bundespräsident von den Deutschen gemocht, ja verehrt zu werden, zeigten allerspätestens die tagelangen Feierlichkeiten zu seinem 70. Geburtstag am 31. Januar 1954.[1] Angesichts dieser stupenden Welle von Sympathiebekundungen und des nicht minder günstigen Umstands, dass die Adenauer-Koalition bei der Bundestagswahl im Jahr zuvor mit einer satten Mehrheit ausgestattet worden war, gab es für den Präsidenten eigentlich keinen Grund, sich um die «Liturgie» für seine im Sommer anstehende Wiederwahl zu sorgen. Und doch hatte Heuss, wie er Toni Stolper hinterher in einem langen diktierten Brief auseinandersetzte, ein bisschen die Luft angehalten: nicht etwa ob seiner Chancen auf ein schönes Ergebnis, sondern ob der in Bonn getroffenen Entscheidung, die Bundesversammlung im Zeichen eines wachsenden Souveränitätsbewusstseins für den 17. Juli 1954 in die ehemalige Reichshauptstadt einzuberufen. Er selbst habe sich, so Heuss zu seiner Vertrauten in New York, in dieser Frage bedeckt gehalten, «weil Berlin ja in einem seltsamen Schwebezustand gegenüber der Bundesrepublik ist».[2]

In der Ostpreußenhalle auf dem regennassen Messegelände war dann aber alles glatt gegangen: 871 der 1018 Wahlmänner und -frauen, mithin auch die meisten Delegierten der oppositionellen SPD, hatten Heuss in seinem Amt bestätigt, und als die Alliierten Hohen Kommissare bald darauf «gemeinsam mir ihre Aufwartung machten, um ihre Glückwünsche anzubringen, ist auf dieses Kapitel im Gespräch niemand mehr zurückgekommen». Sogar in Frankreich, wo die Nationalversammlung sechs Wochen später den Vertrag über die Europäische Verteidigungsgemeinschaft platzen ließ (und damit den seit langem laufenden Prozess der Westintegration der Bundesrepublik noch einmal für ein halbes Jahr aufhielt), war die ostentative Präsenz der Bundesspitzen in Berlin, die sich über mehrere Tage erstreckte, unbeanstandet geblieben. Auch André François-Poncet, der schon einmal, bis 1938, Botschafter in Deutschland gewesen war und nun als französischer Hoher Kommissar jedes Aufkeimen eines neuen Nationalismus seismographisch genau registrierte, gab sich danach zufrieden; in seinem Bericht nach Paris hob er besonders den Mut hervor, mit dem der Bundespräsident über den 20. Juli 1944 gesprochen hatte.[3]

Heuss' eigene Bilanz der Tage in Berlin – «einigermaßen bewegt und auch kontrastreich»[4] – kreiste letztlich ebenfalls um sein Bemühen, die Verschwörer gegen Hitler ins rechte Bild zu setzen. «Ich habe ziemlich viel zu reden gehabt: in der Hochschule für Politik etwas über Politik als Beruf und als Wissenschaft; in dem großen Olympia-Stadion vor etwa 80 000 Menschen über Sport und darüber, dass gutes Kicken noch nicht zuverlässige Politik bedeute (zur Dämpfung des übertriebenen Presserummels im Zusammenhang mit dem Fußballsieg in Bern).» Davor noch, in der «sozusagen programmatischen Rede vor der Bundesversammlung», habe er «auch Elly gedankt», berichtete er Toni Stolper – um dann direkt fortzufahren: «Wichtiger war die Rede zum 20. Juli, die vor allem auch den Kanzler sehr stark beeindruckt hat und die Ollenhauer mir gegenüber als eine ‹historische Tat› bezeichnete. Sie soll von der Regierung groß verbreitet werden. Nach der Rede in Bergen-Belsen ist sie wohl die wichtigste, die ich bisher gehalten habe. Dass ich sie halten würde, war seit Jahren mein Entschluss. Es gab viel Zustimmung, vor allem auch aus alten Offizierskreisen, daneben aber natürlich auch einige schmähende Proteste – diese aber meist anonym. Freilich ist nun die Affäre John dazu gekommen, der selber ein Mann des 20. Juli war. Das ist eine höchst unfrohe Begleiterscheinung, psychologisch mir bis jetzt vollkommen undeutlich.»

Das Staatsoberhaupt, noch ganz erfüllt von seiner selbstgestellten Aufgabe, nahm am Ende doch ein bisschen übel: Zum einen, weil die

Deutschen auch Wochen nach der Weltmeisterschaft nur Fußball im Sinn zu haben schienen, zum andern, weil ihn der Chef des Bundesamtes für Verfassungsschutz viel Aufmerksamkeit gekostet hatte: Morgens noch beim Erinnerungsgottesdienst in der Dahlemer Jesus-Christus-Kirche und anschließend bei den Gedenkfeiern in Plötzensee und am Bendler-Block zugegen, war Otto John am Abend des 20. Juli 1954 unter bis heute ungeklärten Umständen mit einem befreundeten Arzt nach Ost-Berlin gefahren und dann tagelang von der Bildfläche verschwunden. Die Vorbereitungen des Hitler-Attentats hatte der Mittvierziger zusammen mit seinem noch kurz vor Kriegsende hingerichteten Bruder Hans unterstützt; dass er nun bekundete, fortan aus der DDR für die deutsche Wiedervereinigung und gegen den Einfluss der alten Nazis in Bonn kämpfen zu wollen, empfand ein sichtlich irritierter Bundespräsident, der ja nicht für lautstarken Antikommunismus stand, als eine «große Treulosigkeit gegenüber den Leuten des 20. Juli» und «sehr peinlich» für das «Ansehen Deutschlands in der Welt». Denn John, so Heuss zu Toni Stolper, hätte «natürlich auch im Westen seine Meinung sagen können».[5] (Im Sommer 1958 entledigte sich Heuss einer «der stärksten Lasten in diesen acht Jahren», indem er – zum Ärger vor allem von Adenauer – einem Gnadengesuch Johns entsprach, der Ende 1955 in den Westen zurückgekehrt und wegen Landesverrats zu vier Jahren Zuchthaus verurteilt worden war.)[6]

Normsetzendes Gedenken: Der 20. Juli 1954

«Bekenntnis und Dank» hatte der Bundespräsident seine knapp dreiviertelstündige Rede betitelt, die er am frühen Abend des 19. Juli 1954 im nagelneuen Audimax der Freien Universität vortrug. Die «Feierstunde» im Beisein des Bundeskanzlers, weiterer Mitglieder der Bundesregierung, des Berliner Senats sowie von Überlebenden des Widerstands und Angehörigen der Ermordeten bildete den Auftakt einer Abfolge von Veranstaltungen, mit denen die politische Klasse der jungen Republik zum zehnten Jahrestag des gescheiterten

Im Audimax der Freien Universität Berlin hält Theodor Heuss am 19. Juli 1954 eine normsetzende Rede zu Ehren des Widerstands gegen Hitler.

Attentats Position bezog: zu Ehren der Verschwörer und gegen die noch immer beträchtlichen, demoskopisch nachgewiesenen Ressentiments vieler Deutscher hinsichtlich des 20. Juli wie überhaupt aller Opposition gegen Hitler.[7]

Zwar wirkte Heuss spürbar erschöpft, als er nach dem zweiten Satz von Beethovens «Eroica» ans Rednerpult trat – kein Wunder angesichts pausenloser öffentlicher Auftritte seit nun schon zwei Tagen. Aber das unterstrich eher die Würde und den Ernst des Augenblicks, den die vom Nordwestdeutschen Rundfunk übertragene Rede noch im Abstand eines Menschenlebens vermittelt.[8] Der junge Historiker Fritz Stern, erstmals seit seiner Emigration 1938 zurück in Deutschland, fühlte sich an eine «Beerdigung» erinnert.[9] Tatsächlich hatte Heuss bei der Planung des Termins, der bereits im Vorjahr mit Berlins Regierendem Bürgermeister Ernst Reuter vereinbart worden war, fast nichts dem Zufall überlassen: angefangen von Lektüren, Korrespondenzen und Gesprächen in den Wochen davor, etwa mit

Generalmajor a. D. Hans Speidel, damals Chef der deutschen EVG-Delegation in Paris, über die minutiöse handschriftliche Ausarbeitung der Rede bis hin zu Anweisungen an seinen Verleger Hermann Leins, dem das Manuskript zur Aufbereitung als «kleines Büchlein» in «anständigem, würdigem Druck» zuging, noch ehe es verlesen war.[10] Nur die Experten am Institut für Zeitgeschichte in München, dessen Beirat er angehörte, hatte der Bundespräsident bei seinem Kurzbesuch Anfang Mai offenbar nicht konsultiert.[11]

War die Rede wirklich so grundstürzend, wie Heuss in den Wochen und Monaten danach sich selbst und Dritte glauben machte? Immerhin hatte er bereits im November 1945 in Stuttgart «In Memoriam» gesprochen und eindringlich an die Geschwister Scholl und an den 20. Juli erinnert. Und zum achten Jahrestag des Umsturzversuchs im Sommer 1952, als sich der Bundeskanzler und mit diesem das Gros der Bonner Politik nach wie vor bedeckt hielten, hatte er im *Bulletin* der Bundesregierung im Modus eines Briefes «an die Witwe eines der Opfer des 20. Juli» klare Worte gefunden, «um das Gedächtnis jener Männer vor der Versudelung zu bewahren, der sie einmal in der frechen öffentlichen Rede des Demagogen, das andere Mal im weitergetragenen Geschwätz der Bierbank ausgesetzt sind».[12] (Mit dem «Demagogen» war Otto Ernst Remer gemeint, 1944 als Kommandeur des Wachbataillons «Großdeutschland» an der Niederschlagung des Umsturzversuchs beteiligt und 1951 Zugpferd der rechtsradikalen Sozialistischen Reichspartei in Niedersachsen, der inzwischen auf Initiative von Fritz Bauer in Braunschweig wegen übler Nachrede – «Eidbrecher» – und der Verunglimpfung des Andenkens Verstorbener zu einer dreimonatigen Gefängnisstrafe verurteilt worden war.)[13]

Wie schon 1952, als er bekundete, seinen – was damals nicht deutlich wurde: fiktiven[14] – Brief «nicht als ‹Bundespräsident›, sondern als ‹Überlebender›» zu schreiben, der «im Verfolg des 20. Juli viele Freunde und Verwandte verloren» habe, rückte sich Heuss auch 1954 in Berlin wieder in die Nähe der Akteure. So habe er «Ausgang 1943» im Gespräch mit Carl Goerdeler in Stuttgart Bedenken zerstreut, nach einem erfolgreichen Attentat könne es zu einer neuen Dolchstoßlegende kommen: «Ich meinte damals: damit wird man fertig werden, wenn erst die Ruchlosigkeit und Rechtlosigkeit dieser Zeit in ihren Dokumenten vorliegen – ach, ich muss heute sagen, ich kannte sie in ihrem Ausmaß gar nicht. Hab ich recht behalten in diesem Glauben? Ich möchte es hoffen dürfen, wenn freilich wir gelegentlich die Fingerübungen einer schmähenden Tonfolge schon zu hören bekommen.»

Wie eng Heuss' Verbindungen in die Kreise des Widerstands faktisch gewesen sind, wurde nie ganz klar.[15] Aber mit seinem Selbstbild, dem «anderen Deutschland» nahe gewesen zu sein, war Heuss natürlich nicht allein. Fast ein Jahrzehnt nach Kriegsende, mit wachsender gesellschaftlicher Einsicht in den verbrecherischen Grundcharakter der «bösen Zeit» (Heuss) und zunehmender Aussicht auf Wohlstand in der Demokratie, wuchs auch das Bedürfnis, wenigstens retrospektiv auf Seiten der Gegner des verflossenen Regimes zu stehen. Es war wohl diese sich verändernde sozialpsychische Konstellation, die überhaupt erst jene politisch-normative Verankerung, ja Kanonisierung des 20. Juli 1944 erlaubte, der bis dahin die Entschlossenheit wohl einer Mehrheit der einstigen Wehrmachtssoldaten entgegengestanden hatte, wenigstens gedanklich an der Sinnhaftigkeit ihres verlustreichen Kriegseinsatzes festzuhalten.

Die Rede des Bundespräsidenten ließ erkennen, dass sein gedenkpolitisches Manöver im Zeichen der zwar bevorstehenden, aber gesellschaftlich noch keineswegs allgemein akzeptierten Wiederbewaffnung einiges an Taktik erforderte. Ungeachtet aller persönlichen Distanz zum Militärischen fühlte sich Heuss dieser Aufgabe verpflichtet – und folgte als notorischer Zivilist seiner Neigung zur anekdotischen Evidenz: «Als ich kürzlich mit einem früheren Berufsoffizier zusammen war, ich kannte ihn vorher nicht, meinte er, ich möge aber doch in der Gedenkrede nicht die anklagen, die nach dem 20. Juli bis zur Schlusskatastrophe weiterkämpften. Ich konnte ihn nur bitten, mich nicht für so töricht und ungerecht zu halten. Ich müsste ja Freunde und geliebte Verwandte anklagen, die Hitler, die den Nationalsozialismus hassten, aber als sie starben, glauben mochten, glauben durften, dass ihr Kämpfen Deutschland vor dem Äußersten vielleicht doch rette.»

Bei aller Entschiedenheit, mit der Heuss das Widerstandsrecht der Männer des 20. Juli verteidigte, das «elementar Sittliche» ihrer Tat hervorhob, Hitlers Eidbefähigung verneinte und Gehorsamsverweigerungen pries, «die einen *historischen* Rang besitzen»: stets klang das Bemühen durch, nicht jene vor den Kopf zu stoßen, die zu solchen Einsichten bis jetzt auf Abstand geblieben waren. Der Preis dieser Taktik war beträchtlich, und historisch-politisch ging damit im Grunde ein Rückschritt gegenüber seinen Reden in Wiesbaden (1949) und Bergen-Belsen (1952) einher. Denn nicht nur meinte Heuss, das «Phänomen Hitler», einer nun gängigen theologischen Sprechweise folgend, «mit den Begriffen des Satanischen, des Diabolischen, zumal auch des Dämonischen» belegen zu müssen; auch glaubte er, das in der Appeasement-Politik angelegte Versagen «im kriegsgegnerischen Ausland» 1938/39, das die Warnungen der deutschen Hitler-Gegner ignoriert habe, nicht unausgesprochen lassen zu dürfen. Und schließlich hielt er gar dafür, seinen «Dank» an die Verschwörer mit dem praktisch-politischen Nutzen ihres Vermächtnisses zu begründen, welcher «durch das stolze Sterben dem Leben der Nation geschenkt wurde».

Von dort war es nur noch ein kleiner Schritt zu der Apotheose, die beinahe als Widerruf jenes Konzepts der gesellschaftlichen Verantwortungsübernahme verstanden werden konnte, das Heuss den Deutschen ein Jahrfünft zuvor mit dem Begriff der «Kollektivscham» vorgegeben hatte. Nun hieß es: «Die Scham, in die Hitler uns Deutsche gezwungen hatte, wurde durch ihr Blut vom besudelten deutschen Namen wieder weggewischt.» Lediglich ein kleiner Nachsatz trennte den Präsidenten in diesem Moment noch von der – nicht intendierten, aber naheliegenden – Deutung, alles sei wieder gut: «Das Vermächtnis ist noch in Wirksamkeit, die Verpflichtung noch nicht eingelöst.»

Mehr noch als seinerzeit die Belsen-Rede fanden Heuss' Berliner Ausführungen starken Widerhall. Neben dem auf Entlastung angelegten, fast schon Befreiung suggerierenden Schluss war es womöglich gerade sein Verzicht auf die Schilderung von Einzelheiten und die Nennung von Namen (selbst in der Anrede der Gäste im Audimax), der die Rezeption begünstigte. Aber natürlich half auch, dass der inzwischen routinierte Präsidialamts-Apparat die Presse präzise, ja geradezu generalstabsmäßig in die Planung einbezogen hatte: Die *Süddeutsche* und die *Neue Zeitung* veröffentlichten den mit Sperrfrist verteilten Wortlaut der Rede bereits in ihren Ausgaben vom 20. Juli 1954, jeweils sogar beginnend auf der Titelseite. Doch auch die *Frankfurter Allgemeine* und die *Welt* berichteten in großer Aufmachung. Gleichwohl fand der in Pressedingen selten zufriedene Ex-Journalist Heuss ein Haar in der Suppe: Die Regionalzeitungen hatten sich, so seine Beobachtung, zumeist mit einem «dpa-Auszug» begnügt.[16]

Allerdings gab es auch in den folgenden Wochen und Monaten noch etliche Nachdrucke, und nach der Sommerpause forderte der Bundestag, ganz nach dem Geschmack des Präsidenten, in einem fraktionsübergreifenden Antrag die Bundesregierung auf, die Rede kostenlos «an die Jugend» verteilen zu lassen; die Bundeszentrale für politische Bildung sorgte in Abstimmung mit Heuss-Verleger Leins dann dafür, dass die Broschüre in 3,2 Millionen Exemplaren aufgelegt wurde. Zwar nicht so sehr das konkrete Geschehen, wohl aber die ethische Bewertung des 20. Juli 1944 erreichte damit die Schulen der Republik, und im Kanon der Erinnerung an den Widerstand gegen Hitler hat Heuss seitdem einen festen Platz.

Bei den Briefen und Telegrammen, die den Bundespräsidenten nach seiner Rückkehr aus Berlin erwarteten, handelte es sich hauptsächlich um Glückwünsche zu seiner Wiederwahl. Aber in den Mappen waren auch etliche Schreiben zu seiner Rede im Audimax, die Heuss begierig studierte und, wie stets, in vielen Fällen selbst beantwortete, wenngleich auch jetzt wieder häufig unter dem Namen seines persönlichen Referenten. Einer der Fälle, in denen Heuss nicht selbst unterzeichnete, war seine Replik auf die Zuschrift der Witwe des «alten Kämpfers» Herbert Backe (Pg. seit 1925), der als geschäftsführender Reichsernährungsminister die deutsche Hungerpolitik im besetzten Osteuropa vorangetrieben und sich 1947 in Nürnberg, wohl aus Furcht vor einer Auslieferung an die Sowjetunion, das Leben genommen hatte. Heuss' Rede, so Ursula Backe, sei ein «Aufruf zu Hass und Zwietracht» gewesen und habe «aufs Grausamste» die «Zusammengehörigkeit aller deutschen Menschen» zerstört. Und weiter, ihr eigenes und das Los ihres Mannes nur leicht camouflierend: «Welchen Sinn hat es, Männer anzuklagen, die seit neun Jahren tot sind, dass sie die Sippenhaft angewendet haben, wenn im heutigen Bundesdeutschland neun Jahre lang schon Frauen und Kinder recht- und ehrelos leben, weil ihr Ernährer nach fremdem Gerichtsspruch gehängt wurde.» In seiner Antwort charakterisierte der Bundespräsident Ursula Backes Forderung, nicht länger nach Tätern und Opfern zu unterscheiden, «als eine etwas anmaßende und pharisäische Formulierung» – und setzte hinzu: «Dr. Heuss weiß, dass es auch unter den Nationalsozialisten Menschen reinen Wollens gegeben hat und denkt nicht daran, nun aus deren Verfolgung ein Gewerbe zu machen. Er kann aber eine solche Auffassung gegenüber Herrn Hitler und seiner näheren Umgebung nicht gelten lassen.»[17]

Seine Antwort an Luise Gürtner, Ehefrau von Hitlers erstem, 1941 im Amt gestorbenen Reichsjustizminister, unterschrieb Heuss selbst. Sie galt der Kritik der Witwe an seiner Feststellung in der Rede, «ein deutscher Justizminister» sei «seinem Auftraggeber gefügig» gewesen, indem er das Gesetz vorbereitete, das die Mordaktionen vom 30. Juni 1934 («Röhm-Putsch») für rechtens erklärte. Damit, so Heuss in Berlin, war zehn Jahre vor dem 20. Juli 1944 «die geschichtlich und staatsmoralisch entscheidende Peripetie des deutschen Schicksals» erfolgt. An dieser durchaus zugespitzten «Geschichtsbewertung» hielt der Präsident zwar fest, versuchte nun aber ein wenig zu beschwichtigen mit der Versicherung, er wisse, «dass Ihr Gatte kein Nationalsozialist gewesen ist. Aber ich weiß auch, dass seine Haltung Anfang Juli 1934 gerade Menschen, die ihn kannten, aufs tiefste erschüttert hat.» – Wieder einmal formulierte Heuss, der Gürtner nicht persönlich kannte, aus der Position des Zeitzeugen: «Ich wohnte damals in Lichterfelde – der Wind trug den Nachhall der Exekutionen zu uns. Die Menschen, um die es dabei ging, waren mir völlig fremd, aber immerhin, es waren Menschen .... Keiner hatte die Möglichkeit, über seine individuelle Schuld oder Unschuld in einem geregelten Verfahren zu handeln.»[18]

In gewisser Weise hatte Heuss mit seiner Berliner Rede vom 20. Juli 1954 bereits den Schlussstein unter die zwei Jahre zuvor begonnene politisch-normative Begründung des Widerstands gegen Hitler gesetzt. Indem er die Verschwörer aus dem moralischen Morast des «Dritten Reiches» heraushob und den sittlichen Rang ihrer Tat unterstrich, entzog der Bundespräsident dem bis dahin noch immer zu hörenden Geraune über die vermeintlichen «Eidbrecher» und «Verräter» den letzten Anschein von Legitimität. Der zehnte Jahrestag des Attentats auf den «Führer» bedeutete insoweit eine wichtige Setzung hinsichtlich der politischen Kultur der frühen Bundesrepublik. Zugleich aber beförderte die Feierstunde eine Engführung des staatlichen Gedenkens: im Sinne einer idealisierenden Traditionsbildung zugunsten des militärischen Widerstands und einzelner, meist dem Adel oder dem bürgerlich-konservativen Milieu entstammender Persönlichkeiten, die plötzlich als Vorväter des westdeutschen Verfassungsstaats erschienen. Zwar traten aufklärerisch gesonnene junge Zeitgeschichtsforscher solchen Verkürzungen bereits im folgenden Jahrzehnt entgegen;[19] bis zu einer Ausdifferenzierung und wirklichen Historisierung der «Deutschen Opposition gegen Hitler» (Hans Rothfels), die etwa den in Zeiten des Kalten Krieges verpönten kommunistischen Widerstand oder anderweitig unerwünschte Formen einbezog, war es jedoch noch ein weiter Weg.

Einstweilen bestimmten politisch-legitimatorische Interessen den Diskurs über den Widerstand gegen das NS-Regime – und zwar stets, wenngleich meist unausgesprochen, auch in der Absicht, das Ansehen der Bundesrepublik zu befördern. Gerade in diesem Punkt waren sich der Präsident und der Kanzler, der dann am 21. Juli 1954 ebenfalls noch das Wort ergriff (im Bonner Stadttheater, in Würdigung der Angehörigen des Auswärtigen Amts, «die damals ihr Leben gegeben haben»), sehr einig: Die bewusste, bemessene Erörterung der «jüngsten Geschichte» war ein Element der Selbstverortung einer neuen politischen und gesellschaftlichen Ordnung, die sich um Achtung und Anerkennung in der Welt bemühte. Bei Heuss und seinen Leuten lief das unter dem schillernden Begriff der «Entkrampfung»; regierungsnahe Propagandisten wie Otto Lenz, vormaliger

Chef des Bundeskanzleramts, der nach dem 20. Juli zu vier Jahren Zuchthaus verurteilt worden war, sprachen dagegen mittlerweile schon etwas derber von einer im Grunde abgeschlossenen «Liquidation der Vergangenheit».[20] Jenseits solcher Stilfragen markierte Heuss' Auftritt in Berlin aber tatsächlich bereits eine Art Endpunkt: Die wichtigsten vergangenheitspolitischen Weichen waren gestellt, an der Schwelle zur zweiten Amtszeit ging der Blick des Präsidenten nun vor allem nach außen und nach vorn.

Ordenspolitik

Ein einfaches, «ganz leicht stilisiertes, leicht gekrümmtes Lorbeerblatt» hatte Heuss im Sinn, als er im Sommer 1950 Rat bei Hermann Hesperus Erhard suchte, seines Zeichens Direktor einer Metallwarenfabrik in Schwäbisch-Gmünd. Er müsse zwar künftig, schrieb er seinem Duzfreund, an Vereine, Turner und Sportler einen «Ehrenpreis des Bundespräsidenten» vergeben können, wolle aber «aus der Geschichte keine große Sache machen» – schon, um seinen knappen Dispositionsfonds nicht übermäßig zu belasten.[21] Sein Prärogativ, Orden und Ehrenzeichen zu stiften und zu verleihen, das zeigen diese Überlegungen und das sollte sich auch in anderen Zusammenhängen erweisen, gedachte Heuss in dezidiert zivilistischem Gestus wahrzunehmen. Zu der Skepsis gegenüber jeder Art von staatlichem Pomp kam eine Sparsamkeit hinzu, die auch vor den deutschen Fußballweltmeistern nicht Halt machte, denen der Präsident im Juli 1954 je eines der inzwischen produzierten silbernen Lorbeerblätter verlieh.

Dass sich die «Helden von Bern» mit dem «Ersatzorden» (Heuss) begnügen mussten, obwohl es seit fast drei Jahren das Bundesverdienstkreuz gab, hatte womöglich damit zu tun, dass das bürokratische Verleihungsprozedere auf den Überraschungssieg nicht vorbereitet war. Gewiss sprach daraus aber auch jenes gepflegte Desinteresse, in dem sich das Staatsoberhaupt durch die nationalen Aufwallungen bei der Siegesfeier bestätigt sah. Hinzu kam, dass Heuss, der die eigene Auszeichnung mit dem Wilhelmskreuz für zivile Verdienste im Krieg 1916 ausgesprochen spöttisch kommentiert hatte – er fühle sich «schuld- und verdienstlos», schrieb er damals seinem Schwiegervater[22] –, in Ordenssachen von Beginn an andere Prioritäten gesetzt hatte: Vorrang hatte für ihn die Wiederbelebung der Friedensklasse des Ordens Pour le mérite gehabt.

Im Frühjahr 1942, anlässlich des 100. Gründungstags des Verdienstordens für Wissenschaften und Künste, der das Ende der preußischen Monarchie 1918 überstanden hatte, in der NS-Zeit aber unerwünscht und auf wenige Mitglieder zusammengeschrumpft war, hatte Heuss in der *Frankfurter Zeitung* immerhin noch eine Hymne auf den Berliner «Areopag des Geistes» unterbringen können;[23] acht Jahre später lag es nun in seiner Macht, die Erneuerung anzustoßen. Also schrieb er im Dezember 1950 einen ebenso langen wie freimütigen Brief an Friedrich Meinecke. Der möge ihn bitten, «eine würdige und bedeutende Tradition nicht untergehen zu lassen. Ich würde Ihnen dann antworten, dass ich von mir aus die Anregung begrüße, aber nicht als Neustifter auftrete (was eine geschichtliche Geschmacklosigkeit wäre), sondern ich würde an Sie Bitte und Auftrag richten, mit den noch vorhandenen Trägern des Ordens pour le mérite die Ergänzung auf die 30 Namen einzuleiten. Damit hätten wir die historische Kontinuität bewahrt und die geistige und sachliche Autonomie des Ordens neu gesichert.» Im selben Atemzug bekundete Heuss allerdings – Unabhängigkeit hin oder her –, bei dieser «Neuergänzung» mitreden zu wollen: wäre es doch «moralisch-psychologisch und geistig-politisch unzweifelhaft ein Gewinn», wenn es gelänge, «ganz wenige, aber wirkungsvolle Ausländer hereinzunehmen», um auf diese Weise «den deutschen Orden vor den Deutschen selbst und der Welt wieder zur Gestalt zu bringen».[24]

Noch ehe Meinecke antworten konnte, erfuhr der Bundespräsident, dass der Berliner Historiker, dessen Betrachtungen über «Die deutsche Katastrophe» (1946) große Resonanz gefunden hatten, dem Ordenskapitel gar nicht angehörte. Heuss entschuldigte sich bei dem 88-Jährigen mit der Bitte, den Irrtum als Zeugnis seiner Verehrung zu nehmen – und wandte sich mit gleicher Post und nahezu gleichen Worten an Enno Littmann, einen von insgesamt nur noch vier lebenden Mitgliedern des Ordens, wie er mittlerweile herausgefunden hatte.[25] In frappierender Offenheit setzte der Präsident dem Orientalisten auseinander, wie dringend es ihm war, nun von diesem «ersucht» zu werden: «Sie sind der einzige, der auch ‹optisch› recht eigentlich in Frage kommt. So verehrungswürdig der 93-jährige General v. Kuhl – wohl der bedeutendste Kriegshistoriker dieser letzten Generation – auch ist, könnte es einen falschen Eindruck machen, ihn um die Initiative zu bitten und Ähnliches müsste bei Wilhelm Furtwängler gefürchtet werden, so bedeutend und großartig seine Wirkung ist, dass deshalb die inner- und außerhalb noch beliebten Schießübungen neu einsetzen würden.»

Littmann scheint prompt reagiert zu haben, jedenfalls trieb Heuss die Sache gleich zu Anfang des neuen Jahres voran. Da die Ordenszugehörigkeit Furtwänglers, der ungeachtet seiner vormaligen Nähe zu Nazi-Größen längst wieder die Berliner Philharmoniker dirigierte, ebenso außer Frage stand wie jene Hermann von Kuhls, der 1916 mit dem militärischen Pour le mérite und 1924 für seine «historischen Studien» zusätzlich mit dem der zivilen Klasse ausgezeichnet worden war, blieb nur noch, bei Albert Einstein nachzufragen, der seinen Orden 1933 retourniert hatte. Dass diese Fühlungnahme heikel werden könnte, war Heuss klar. So begann er seinen Brief ins unvertraut-ferne «Princeton, New York» (das Institute for Advanced Study, dem Einstein seit seiner Emigration angehörte, liegt in New Jersey) mit Erinnerungen an einen vertrauten Ort: «Es mögen so um 35 Jahre her sein, dass wir in Heilbronn einige Male im kleinen Kreis beisammen waren, als Sie dort Ihre Frau Mutter besuchten und meine Frau und ich zu halb familiären kleinen Begegnungen in einem befreundeten Kreis hinzugeladen wurden.» Seitdem habe «die Weltgeschichte mit viel Turbulenz Schicksale hierhin und dorthin gewirbelt». Nun aber schreibe er «halb als Präsident der Bundesrepublik, halb als ein Mann, der auch in seiner politischen Tätigkeit den Fragen der Wissenschaften zugetan geblieben ist» – und nehme sich die Freiheit anzufragen, ob eine Einladung zum «Wiedereintritt» willkommen wäre: «Ich glaube, dass es einen für viele Menschen befriedigenden Eindruck machen würde, wenn dann ein Ja von Ihnen einträfe, aber wenn Sie meinen ganzen Gedanken ablehnen, dann würde ich Ihr Verständnis erwarten, dass der Versuch einer Anfrage unterbleibt, weil eine Ablehnung, die ja dann sicher nicht geheim bliebe, auf den Versuch von Anbeginn einen dunklen Schatten legen würde, und ich bin dessen gewiss, dass Sie solches nicht verursachen wollen».[26]

Spätestens als Heuss seine insgesamt nicht eben glückliche Erkundigung um den Hinweis ergänzte, sie «noch mit keinem einzigen der Herren aus dem Komplex der Naturwissenschaften» erörtert zu haben, konnte man meinen, er selbst hege einen Vorbehalt. Dass er überdies versuchte, Rücksicht auf die ihm unbekannte «Gefühlslage» des Adressaten zu nehmen, machte die Sache nicht besser. Einsteins Antwort jedenfalls ließ nicht lange auf sich warten: «Nach dem Massenmord, den die Deutschen an dem jüdischen Volke begangen haben», sei es «evident», schrieb der Nobelpreisträger dem Präsidenten Mitte Januar 1951, «dass ein selbstbewusster Jude nicht mehr mit irgendeiner deutschen offiziellen Veranstaltung oder Institution verbunden sein will.»[27]

Der Begründer der Relativitätstheorie gehörte folglich nicht zu der kleinen Runde, die den Pour le mérite fast eineinhalb Jahre später – in der Zwischenzeit waren in einzelnen Bundesländern die Bedenkenträger wach geworden[28] – durch Zuwahl von zunächst 15 neuen Mitgliedern am Leben hielt. Das Datum dieses scheinbar autonomen Akts, der 110. Gründungstag des Ordens am 31. Mai 1952, ging freilich auf Heuss' Sinn für Symbolik zurück, und auch die Namen etlicher der jetzt Hinzugewählten waren in den Monaten zuvor im engen Austausch zwischen Littmann und dem Bundespräsidenten gefallen.[29] Friedrich Meinecke, neues Mitglied der geisteswissenschaftlichen Abteilung, traf folglich den Punkt, als er sich danach bei Heuss meldete: «Deutsche Wissenschaft und Kunst schulden Ihnen einen ganz besonderen Dank für die Wiederherstellung der Friedensklasse des Ordens Pour le mérite, die auf Ihre Initiative erfolgt ist. Zugleich wurde der Welt damit gezeigt, dass es auch gute preußische Traditionen gibt, die es wert sind, wieder belebt zu werden.»[30]

Dass es in aller Regel Vertreter des Arrivierten und Etablierten waren – sowohl in den Wissenschaften wie in den Künsten –, die

Anfang der fünfziger Jahre das neue Ordenskapitel bildeten, konnte schwerlich überraschen. Pour le mérite stand für eine um Rekonsolidierung bemühte Bürgerlichkeit, die ihre – selten ganz und gar unkompromittiert gebliebenen – Gewährsmänner, beispielsweise auf dem Gebiet der Architektur, bei Traditionalisten der Stuttgarter Schule wie Paul Bonatz und Paul Schmitthenner fand, in den bildenden Künsten bei vormals «Entarteten» wie Karl Hofer und Gerhard Marcks (und Männern mit Verfolgten-Fama wie Emil Nolde), in der Philosophie bei «Erziehern» wie Theodor Litt und Eduard Spranger. Vor der von Heuss erstrebten Zuwahl von Albert Schweitzer, Niels Bohr und Carl J. Burckhardt (alle 1954) waren noch die Kautelen der Internationalisierung zu klären, und vor der Zuwahl von Thomas Mann (1955, nur wenige Monate vor seinem Tod) bedurfte es deutlicher Hinweise aus der Villa Hammerschmidt – wobei Heuss in diesem Fall gegenüber Ordensritter Rudolf Alexander Schröder auf fast schon aufreizende Weise den persönlich Detachierten gab: «Ich kenne nichts von seinen letzten Büchern, bin aber verpflichtet worden, um mein Bildungsniveau zu halten, den ‹Dr. Faustus› einmal zu lesen.»[31]

Verglichen mit dem enormen Gestaltungswillen, den Heuss bei der Erneuerung des Pour le mérite entwickelte, blieb er als Stifter des Bundesverdienstkreuzes letztlich blass. Das allerdings war nicht nur eine Frage seines eher punktuellen persönlichen Engagements, sondern auch Konsequenz eines von Anfang an sehr regulierten Prozederes: Für die Erfindung einer neuen Ordenstradition, in deren Fehlen nicht allein Heuss einen der Mängel der Weimarer Republik erblickte, bedurfte es zwar lediglich der Abstimmung mit dem Kanzler, aber in der späteren Praxis forderte der Föderalismus seinen Tribut. Und natürlich empfahl sich schon bei der Vorbereitung die Konsultation jener politischen und gesellschaftlichen Kräfte, von deren Wertschätzung die Auszeichnung einmal leben würde. Immerhin war es die erklärte Absicht des Präsidenten, wie er Adenauer schrieb, mit der Auszeichnung «einen gewissen Integrationseffekt, der auf den Staat ausgerichtet ist, zu erzielen». Entsprechend fleißig sondierte Heuss im Sommer 1951, wo immer sich eine Gelegenheit bot;

so etwa im Gespräch mit dem frischgewählten DGB-Chef Christian Fette oder bei Kurt Schumacher, der zwar seine Skepsis nicht verbarg, aber zusagte, die SPD werde gegen das Vorhaben nicht öffentlich «schießen».[32]

Am 2. August 1951 stand das Thema dann auf der Tagesordnung des Kabinetts. Mitten in der Urlaubszeit stieß Heuss' Idee, die Einführung des Verdienstkreuzes bereits in Kürze zu verkünden, nämlich am zweiten Jahrestag seiner Wahl zum Bundespräsidenten am 12. September, auf überwiegend lustlose Minister-Vertreter und wenig Begeisterung. Auffallend engagiert aber zeigten sich ausgerechnet die Liberalen: Im Zeichen der Wiederbewaffnungsdebatte und mit Rücksicht auf die «soldatischen Kreise», denen sich der nationale Flügel der FDP in besonderer Weise verpflichtet fühlte, erklärten Vizekanzler Blücher, Justizminister Dehler und Wohnungsbauminister Wildermuth den Plan für «verfrüht», solange das Tragen von «Tapferkeitsauszeichnungen» noch nicht geregelt sei. Und als sei das nicht deutlich genug, gaben Hans-Joachim von Merkatz und Hans-Christoph Seebohm, zwei hartgesottene Rechte von der Deutschen Partei, ultimativ zu Protokoll: Der Stiftung des Ordens müsse «die Zulassung zum Tragen aller Kriegsauszeichnungen beider Weltkriege vorausgehen».[33]

Es bedurfte zweier weiterer Kabinettssitzungen und einiger deutlicher Worte des Kanzlers, ehe der Bundespräsident prozedieren konnte. Dabei half, dass Heuss inzwischen den Vorschlag gemacht hatte, eine Kommission einzusetzen, die über den Umgang mit Orden aus der NS-Zeit befinden sollte.[34] Deren öffentliche Zurschaustellung war zwar einstweilen aufgrund alliierten Rechts verboten, aber für den – damals noch alsbald erwarteten – Fall der Wiedererlangung staatlicher Souveränität konnten sich weder Heuss noch Adenauer vorstellen, dass deutsche Soldaten mit Hakenkreuz-Emblemen vor die Augen ihrer neuen Verbündeten treten würden.[35] Es sollte aber noch bis in den Sommer 1957 dauern, ehe der Bundestag, wie von Heuss gewünscht und in der Vorbereitung kontinuierlich begleitet, ein Ordensgesetz verabschiedete, das die Abzeichen des «Dritten Reiches» einem «Museum der Geschmacksgreuel» (Heuss) überantwortete. Die Möglichkeit von Neuprägungen ohne Hakenkreuz schloss das Gesetz indes nicht aus.[36] Erich Mende, Vorsitzender der FDP-Bundestagsfraktion und ein begeisterter Ritterkreuzträger, trug die «entnazifizierte» Auszeichnung, angeblich auf Wunsch des Bundespräsidenten, beim Gegenbesuch des türkischen Staatspräsidenten im Mai 1958 als einer der ersten öffentlich.[37]

Im Spätsommer 1951 ging der präsidiale Zeitplan zwar nicht ganz auf, denn nach einigem Hin und Her nahm der von Kanzler und Innenminister mitgezeichnete Stiftungserlass Bezug auf den «2. Jahrestag der Bundesrepublik Deutschland», sprich: auf die Konstituierung von Bundestag und Bundesrat am 7. September 1949. Aber mit einer Einladung zum Journalistengespräch «am runden Tisch» sorgte Heuss dafür, dass erst am 12. September 1951 groß über die Ordensstiftung berichtet wurde, also an dem von ihm zunächst ins Auge gefassten zweiten Jahrestag seiner Wahl, den er als «Staatsfeiertag» bezeichnete («schon mit Rücksicht auf Mittel- und Ostdeutschland» allerdings nur provisorisch). Das sollte helfen, so Heuss, ein «Bundesstaatsgefühl» zu entwickeln und die «Abstraktion Bonn» mit Leben zu füllen.[38] Zufall oder nicht, war es auch der Tag, an dem der Stiftungserlass im Bundesgesetzblatt erschien.

Der Orden werde, so der knappe Text, «verdienten Männern und Frauen des deutschen Volkes und des Auslandes» verliehen. Bemerkenswert (und seinerzeit anscheinend unbemerkt geblieben) war eine Nuance in der Zeitenfolge: Anerkannt werden sollten nämlich «Leistungen, die im Bereich der politischen, der wirtschaftlich-sozialen und der geistigen Arbeit dem Wiederaufbau des Vaterlandes *dienten*». Zugleich sollte der Orden «eine Auszeichnung all derer bedeuten, deren Wirken zum friedlichen Aufstieg der Bundesrepublik Deutschland *beiträgt*».[39] Wortwörtlich genommen hieß das also: Der Wiederaufbau war bereits abgeschlossen, der Aufstieg hingegen noch nicht – eine redaktionelle Unachtsamkeit oder ein Ausdruck mehr oder weniger versteckter Souveränitätssehnsüchte?

Wesentlich umfangreicher als der Stiftungserlass war das Statut des Verdienstordens, das außer einer Abbildung auch dessen genaue Beschreibung umfasste: «Das Ordenszeichen ist ein rot-emailliertes, golden gefasstes schlankes Kreuz. In seiner Mitte ist der Bundesadler auf einem runden Schild aufgesetzt.»[40] Nebst den diversen Ordensstufen regelte das Statut das bis heute unveränderte Vorschlagsrecht, das bei den Leitern der Obersten Bundesbehörden, den Präsidenten von Bundestag und Bundesrat, dem Bundesaußenminister (in Bezug auf Ausländer und Deutsche in Ausland) sowie bei den Ministerpräsidenten der Länder liegt; vor allem von letzteren erhoffte sich Heuss, der ebenso wie der Bundeskanzler natürlich auch selbst initiativ werden konnte, Vorschläge hinsichtlich der Auszeichnung «einfacher» Bürgerinnen und Bürger.

Angesichts der Medailleninflation des «Dritten Reiches» und der ungelösten Frage der «Rehabilitierung» der militärischen Auszeichnungen scheint man im Präsidialamt ob der Akzeptanz des neuen Ordens anfangs ein wenig besorgt gewesen zu sein. Umso wichtiger waren rasche und klare Einstiegsgesten: Schon nach einer Woche heftete Heuss dem Bergmann Franz Brandl, der – angeblich ohne Begründung – in die Villa Hammerschmidt zitiert worden war, ein erstes Exemplar des Bundesverdienstkreuzes an die Brust.[41] Die Anregung dazu war aus Hessen gekommen, genauer gesagt von Adolf Arndt (SPD), in dessen Wahlkreis der 25-Jährige zwei Kumpel bei Wassereinbruch aus einer Kupfermine gerettet hatte. «Keinen besseren Mann hätte man auswählen können», jubelte Jan Molitor alias Josef Müller-Marein, vormals Kriegsschriftsteller («Hölle über Frankreich. Unsere Luftgeschwader im Angriff», 1940) und inzwischen eine wichtige Stimme bei der *Zeit*: «Die letzten deutschen Auszeichnungen haben vornehmlich den Soldaten gegolten: Soldat ist auch Brandl gewesen, Kriegsgefangener, Spätheimkehrer. Die erste deutsche Auszeichnung sechs Jahre nach dem Kriege erhielt der Angehörige eines Standes, auf den in der Zeit des mühevollsten Aufbaues das Volk ebenso vertraute wie zuvor auf die Soldaten». Auch dass Brandl aus dem Sudetenland stammte und sich als Vertriebener im Hessischen «keine leichte Arbeit» ausgesucht habe, fand Müller-Marein löblich: «Es ist ein Mann aus der Elite der Arbeiterschaft geehrt worden, ein Mensch, der heute wohl ebenso ein Vorbild sein kann, wie im Krieg ein Ritterkreuzträger.»[42]

Diesen nicht nur in der *Zeit* damals noch oft beschworenen Geist des Soldatisch-Volksgemeinschaftlichen atmeten einige der frühen, von Anfang an in knapper Listenform gehaltenen Ordensbegründungen, die das Präsidialamt aus den Ländern erreichten. Einen mutigen Sprengmeister aus Neuendettelsau und einen gleichfalls mit Bombenentschärfungen befassten Sicherheitsingenieur aus München auszuzeichnen,[43] den Vormann eines Rettungsbootes aus Cuxhaven oder einen weiteren Bergmann aus Clausthal-Zellerfeld[44] – das verwies mindestens so sehr auf typische Herausforderungen der Nachkriegszeit wie auf die Absicht, für die neue Demokratie zu werben.[45] Dass dabei vor allem die männlichen Helden in den Blick gerieten, zeigt die Statistik: Unter den bis Jahresende 1951 insgesamt 32 Ausgezeichneten war Mathilde Planck, eine 90-jährige Frauenrechtlerin und ehemalige Parteifreundin des Präsidenten aus Württemberg, die einzige Frau. Ein weiteres Manko, das erst 1975 durch die Stärkung des Prinzips des «Höherdienens» angegangen wurde,[46] betraf die soziale Ungleichverteilung: Das Gros der hohen Orden ging nicht an die vielbeschworenen «kleinen Leute», sondern an Direktoren und Fabrikanten, an emeritierte Professoren und pensionierte Ministerialbeamte – und bald schon quasi routinemäßig an Politiker, die ein gewisses Dienst- oder Lebensalter erreicht hatten.[47]

Und natürlich tat es bei Großkopferten der schlichte Verdienstorden nicht. Mit seinen ersten drei Initiativverleihungen griff der Bundespräsident sogleich zur damals höchsten Stufe: Per Urkunde vom 24. Dezember 1951 bedachte er den Alterspräsidenten des Bundestags Paul Löbe, den Münchner Kardinal Faulhaber und den Ehrenpräsidenten der Deutschen Forschungsgemeinschaft Friedrich Schmidt-Ott jeweils mit dem Großkreuz, das er sich mit Billigung des Bundeskabinetts beim nächsten Neujahrsempfang auch selbst ansteckte.[48]

Im Falle des bayerischen Kirchenfürsten gingen der Ehrung Komplikationen voraus, die der religiös nicht sonderlich interessierte Protestant Heuss gegenüber dem auf andere Weise ernüchterten Katholiken Adenauer in einem langen, aber ungewöhnlich aufschlussreichen Schreiben auseinandersetzte, als sich bereits die nächsten konfessionellen Eifersüchteleien auftaten. Aktueller Hintergrund war, dass dem Präsidenten «von hervorragender katholischer Seite nahe gelegt» worden war, was er beim Blick in seinen Terminkalender angeblich selbst schon bedacht hatte: dass nämlich der legendäre Kölner Kardinal Frings zu seinem 65. Geburtstag am 6. Februar 1952 das Großkreuz verdiene. «Nun haben ja alle solche Dinge in Deutschland, wegen der Kirchenspaltung, ihre ebenso interessante wie unbequeme Paradoxie», so Heuss an den Kanzler. Dass er ein paar Wochen zuvor bei einem Besuch in Stuttgart «den mir seit Jahrzehnten nahestehenden evangelischen Alt-Landesbischof D. Wurm mit dem Großen Verdienstkreuz auszeichnete, wurde in evangelisch-kirchlichen Kreisen dankbar empfunden, aber aus München kamen die Anmerkungen: schön, aber warum nicht zuerst oder gleichzeitig Faulhaber? Die Antwort war uns leicht: Ihr habt ihn ja nicht vorgeschlagen. Das ‹Versäumnis› wurde dann gerne nachgeholt. Ich selber wollte den Neujahrsempfang nicht als Solist des Groß-Kreuzes begehen – also regte ich Paul Löbe an. Gut – doch das sollte nicht isoliert sein. So ergab sich dann das für den Sinn des Ordens eindrucksvolle Weihnachts-Trifolium: Schmidt-Ott – Faulhaber – Löbe. Das freute dann die Altpreußen und Gelehrten, die Katholiken, den größeren Teil der Sozialdemokraten. Aber nicht jene Protestanten, die ordenskundig sind und entdeckten, dass Faulhaber eine Stufe höher lag als Wurm; dass ein Kardinal etwas mehr an geschichtlicher ‹Aura› besitzt als ein noch so verehrungswürdiger (und mir persönlich vertrauensvoll verbundener) evangelischer Landesbischof, kann ich einem Gebildeten klar machen, aber nicht dem ‹Mann auf der Straße› und den Konfessionsstatistikern.»[49]

Die wortreichen Erläuterungen des Bundespräsidenten gegenüber dem im Zweifelsfall wortkargen Kanzler (der aber hinter den Kulissen an einem ersten Großkreuz allein für den Sozialdemokraten Löbe Anstoß genommen hatte)[50] sind nicht nur wegen der Konfessionsfrage interessant, die über beide Amtszeiten hinweg virulent blieb und erst in den sechziger Jahren rasch an Bedeutung verlor. Unfreiwillig illustrierte das Schreiben auch, dass Heuss in dem von ihm direkt beeinflussbaren Teil der Ordenspolitik, also bei den Initiativverleihungen, ebenso nach persönlichen Neigungen (um nicht zu sagen: nach Gutdünken) agierte wie etwa hinsichtlich seines Einsatzes für verurteilte Kriegs- und NS-Verbrecher – trotz einer sich natürlich in der Ordenskanzlei entwickelnden Systematik und einer «Buchführung» in Form von Karteikarten.

Die Vorschlagslisten kamen mehrmals im Monat, «fortlaufend, ohne Bindung an feste Verleihungstermine»[51] aus den Bundesländern beziehungsweise von den Obersten Bundesbehörden und wurden von den Mitarbeitern der Ordenskanzlei nur auf Formalia überprüft; mehr war bei etwa 2000 Verdienstorden pro Jahr und weiteren durchschnittlich 3000 Auszeichnungen für Arbeitsjubilare nach 50-jähriger Betriebszugehörigkeit auch kaum möglich.[52]

Erklärtermaßen, wenn auch in einem gewissen Spannungsverhältnis zu seiner für sich selbst immer wieder postulierten ironischen Distanz gegenüber Orden und Ehrenzeichen, betrachtete Heuss die Stiftung des Bundesverdienstkreuzes als ein Element seiner Bemühungen um die «innere Staatswerdung», weniger pathetisch: um die politische Befestigung der jungen Demokratie. Aber war die Ordenspolitik darüber hinaus auch Teil einer spezifischen Integrationspolitik gegenüber den – einst größtenteils nationalsozialistisch engagierten – Funktionseliten? Sollten die Auszeichnungen gleichsam als Einladung zur Selbstverpflichtung auf die neue politische Ordnung verstanden werden? In den Quellen zu finden sind derartige Überlegungen nicht, und genauso wenig lassen sich entsprechende Wirkungen «beweisen». Gleichwohl spricht einiges dafür, manche herausgehobene Ordensverleihung aus den Anfangsjahren als dezidierte vergangenheitspolitische Geste zu verstehen: sei es als symbolische Aufforderung zum Engagement oder als Anerkennung bereits erfolgter Selbstkorrektur.

Ein frühes Beispiel für Letzteres scheint Otto A. Friedrich gewesen zu sein, Vorstandsvorsitzender des vormals kriegswichtigen Gummiwaren- und Reifenherstellers Phoenix AG, der auf Vorschlag des Bundeswirtschaftsministers noch vor Jahresende 1951 das Große Verdienstkreuz bekam. Formal geschah dies in Anerkennung seiner Tätigkeit als Berater der Bundesregierung «in Fragen der Rohstoffversorgung».[53] Zugleich aber war der Hamburger Manager, wie Ludwig Erhard wusste, einer der wenigen im Unternehmerlager, der das Scheitern der NS-Wirtschaft inzwischen gründlich reflektiert und sich von seinen früheren Überzeugungen konsequent gelöst hatte; im Ergebnis war Friedrich, der seit 1941 der NSDAP angehört hatte, zu einem auch von den Gewerkschaften anerkannten Vertreter der Sozialen Marktwirtschaft geworden.[54]

Friedrich wird nicht entgangen sein, dass Friedrich Flick, in dessen Konzern er 1966 als persönlich haftender Gesellschafter eintrat, im Unterschied zu ihm selbst bis 1963 auf einen Orden hatte warten müssen. Ministerpräsident Hans Ehard, mit dem Heuss wegen der vermeintlichen Benachteiligung Bayerns (vielleicht auch ob der nicht ganz aus der Luft gegriffenen Vorstellung einer Bevorzugung der Württemberger) ohnehin nicht die einfachsten Beziehungen pflegte,[55] hatte sich nämlich eine Abfuhr eingeholt, als er im Sommer 1953 «unter der Hand» vorfühlen ließ, ob ein Antrag auf Auszeichnung Flicks «Aussicht auf die Zustimmung des Herrn Bundespräsidenten hätte». Die knappe Antwort kam, in Vertretung von Amtschef Klaiber, von Hans Bott: «Professor Heuss bittet, von einer Auszeichnung des Herrn Dr. Flick mit dem Verdienstorden abzusehen, da dieser Hauptaktionär der Gesellschaft Maximilianshütte A. G. schon in der Weimarer Republik durch seine undurchsichtigen Wirtschaftsaktionen ein sehr umstrittener Mann war, ganz abgesehen von seinem Verhalten im 3. Reich.»

So einfach waren Flicks bayerische Fürsprecher im Vorfeld des 100. Jubiläums der oberpfälzischen Maxhütte jedoch nicht abzuwimmeln. Die Sache ging bis zu Adenauer, dessen Staatssekretär Otto Lenz seinen Amtskollegen Klaiber wissen ließ, dass der Bundeskanzler in einer Ablehnung eine «ungerechtfertigte Kränkung» des Herrn Flick sähe, zumal aus dessen Verurteilung in Nürnberg «keine Bedenken» hergeleitet werden könnten. Schließlich hatte Lenz Gelegenheit, die Sache mit dem Bundespräsidenten persönlich zu besprechen. Doch der blieb stur: Der Nürnberger Flick-Prozess (in dem der Hauptangeklagte 1947 zu sieben Jahren Haft verurteilt, im Sommer 1950 aber begnadigt worden war) sei ihm bei seiner Entscheidung gar nicht im Bewusstsein gewesen. Außerdem sei das Datum schlecht gewählt, denn Flick habe die Maxhütte erst in den zwanziger Jahren «aufgekauft», und in der Industrie werde er eben «allerseits» nicht als Vertreter des «wirklichen Unternehmertums» angesehen, sondern als «großer Finanzier und Spekulant». Daraufhin gab Lenz klein bei. Einen sich andeutenden weiteren Vorstoß zwei Jahre später ließ Heuss schon im Vorfeld abwehren, so dass Flick – gegen deutliche Bedenken des zuständigen nordrhein-westfälischen Ministerpräsidenten Franz Meyers (CDU) – erst anlässlich seines 80. Geburtstags 1963 durch Bundespräsident Lübke mit dem Großen Verdienstkreuz mit Stern und Schulterband ausgezeichnet wurde.[56]

Wie wenig konsistent und durch mitunter fragwürdige Vorschläge beeinflusst die präsidiale Ordenspolitik von Anfang an war, illustrierte ein Dreivierteljahr nach Heuss' Hartnäckigkeit gegenüber Flick (die der Öffentlichkeit freilich unbekannt blieb) das Große Verdienstkreuz für Werner Krauß. Die Ehrung des berühmten Schauspielers aus Anlass seines 70. Geburtstags ging auf Walther Schreiber zurück, den Regierenden Bürgermeister von Berlin (CDU, vormals DDP) – und löste gegenüber Krauß, wie der *Spiegel* mit ostentativer Nachsicht registrierte, «erneut Reminiszenzen an seine ihm von Goebbels seinerzeit zudiktierte ‹Jud-Süß›-Zwangsrolle aus». Ein «Presse-Stammtisch» habe bei Heuss Protest erhoben, doch seien daran, entgegen einer Meldung von United Press, weder ausländische Korrespondenten noch Redakteure «großer deutscher Zeitungen» beteiligt gewesen. Vielmehr sei das Telegramm ausschließlich von Mitarbeitern der amerikanischen *Neuen Zeitung* und «des amerikanischen Senders Rias» formuliert worden. Mit anderen Worten: Als guter Deutscher durfte man sich nach Meinung des *Spiegels* getrost mit Krauß freuen.[57]

Parallel zu dieser öffentlichen Apologie gingen in der Villa Hammerschmidt allerdings bittere Briefe ein, die Heuss schon deshalb nicht unbeeindruckt ließen, als sie eher zögernd und von erklärten Bewunderern kamen.[58] So hatten die Herren des Koordinierungsrats der Gesellschaften für Christlich-Jüdische Zusammenarbeit, ehe sie sich zu einem ausdrücklich als persönlich deklarierten Schreiben an den Bundespräsidenten entschlossen, zunächst überlegt, «ob die teilweise empörte oder sehr betrübte Reaktion zahlreicher Freunde – und keineswegs nur jüdischer – nicht auf einer ‹ewig gestrigen› Überempfindlichkeit beruhe». Doch habe Krauß' Ehrung «Unruhe und Unsicherheit» gerade bei jenen geweckt, «denen, wie Ihnen, daran liegt, die ‹kollektive Scham›, zu der Sie aufgerufen haben, wach zu halten und den noch keineswegs überwundenen antisemitischen Vorurteilen entgegenzutreten».

Deutlicher wurde, ebenfalls in einem persönlichen Schreiben, Heinrich von Brentano, Chef der Unionsfraktion im Bundestag: Er wisse wohl, dass Krauß «zu den wenigen großen Schauspielern gehört, die wir in Deutschland besitzen». Aber der Geehrte habe «seinen Namen und seine große Begabung verraten», indem er sich dazu hingegeben habe, «an einem der widerwärtigsten Machwerke mitzuwirken, die Goebbels und seine Spießgestellen dem deutschen Volk und der Welt präsentierten». Dass «ein solcher Mann den Verdienstorden trägt», bedrücke ihn, und er schreibe das nicht nur, weil er selbst eine «tiefe Verachtung» empfinde, sondern weil er die Sorgen und die Zweifel der «jungen Studenten an einer Universität» nicht verschweigen könne, die ihn nach einem Vortrag angesprochen hätten.

Brentanos Klage hatte Heuss vor den Veranstaltungen zum 20. Juli 1954 in Berlin erreicht, und dort tauschten sich die beiden kurz aus. Doch dabei mochte es Heuss nicht belassen. Offenkundig getroffen, suchte er die Fehlentscheidung einerseits Dritten zuzuschieben, um sich anderseits mit Darlegungen zu erklären, die wenig später ähnlich auch die Herren vom Koordinierungsrat zu lesen bekamen: «Da ich während der nationalsozialistischen Zeit nur sehr selten einmal ins Theater oder gar in ein Kino ging, habe ich den so heftig umstrittenen Film ‹Jud Süß› nie gesehen. Das musste ich vor einigen Jahren auch Herrn Veit Harlan mitteilen, der damals etwas wie einen Schutz von mir verlangte. Es fehlt mir also vom Subjektiven wie vom Objektiven her der Maßstab, ob die künstlerische Leistung, die vermutlich vorlag, durch die unzweifelhaft ebenso gegebene politisch diffamierende Art der Darstellung aufgewogen wurde oder nicht. Ich selber halte, obwohl ich kein großer Theaterbesucher bin, Werner Krauß für die stärkste schauspielerische Potenz, die es in Deutschland gibt.» Als sei das der schwachen Entschuldigungen noch nicht genug, erfuhr Brentano schließlich, dass der aus dem Exil zurückgekehrte Ernst Deutsch («eine auch menschlich ernsthafte und eindrucksvolle Erscheinung») dem Bundespräsidenten nach einer Aufführung von «Nathan der Weise» in Recklinghausen Absolution erteilt hatte: «Seine Meinung war, dass die Tatsache, ein paar Jahre nicht spielen zu dürfen, für eine Figur wie Krauß Strafe genug gewesen sei.»

Insgesamt stießen in der Ära Heuss nur sehr wenige Ordensverleihungen schon im Moment des Geschehens auf öffentlichen Unmut; in einigen Fällen kam aus Anlass von Höherstufungen in den sechziger Jahren Kritik auf. Ein Beispiel dafür ist die Lyrikerin Ina Seidel, Gründungsmitglied der Bayerischen Akademie der Schönen Künste,[59] die Heuss 1954 auf Vorschlag der Münchner Staatskanzlei mit dem Verdienstkreuz I. Klasse auszeichnete – im Unterschied zur ähnlich belasteten Agnes Miegel, der er vier Jahre später eine Ehrung verweigerte.[60] Als Heinrich Lübke 1966 Seidel das Große Bundesverdienstkreuz verlieh, lösten ihre einstigen Hitler-Huldigungen («Ewigen Deutschlands Sinnbild») Proteste aus.[61] Dagegen regte sich gegen die von Adenauer veranlasste Auszeichnung von Hans Globke anlässlich seines 60. Geburtstags im Sommer 1958 kein Widerspruch, obwohl die SPD schon mehrfach die Entlassung des Kommentators der Nürnberger Rassengesetze gefordert hatte; sogar das Großkreuz, das Lübke dem scheidenden Staatssekretär 1963 verlieh, blieb in der Öffentlichkeit weitgehend unbeanstandet.[62]

Heuss' häufige Behauptung, er nehme, schon weil er dazu «an sich ein geringes Talent» habe, nicht übel – etwa, wenn Politikerkollegen sich zierten, einen ihnen zugedachten Orden anzunehmen –, stand in Kontrast zu seiner vielfach zu beobachtenden (Autoren-)Eitelkeit und seiner Empfindlichkeit selbst gegenüber freundlich formulierter Kritik.[63] Umso mehr scheint es ihm gefallen zu haben, wenn er staatliche Auszeichnungen an Menschen vergeben konnte, bei denen er aufrichtige Dankbarkeit erwarten durfte oder denen er sich persönlich nahe fühlte.[64] Ersteres galt zum Beispiel für «Fräulein» Frieda Kroltzik, die als nichtjüdische Hausgehilfin vor dem Ersten Weltkrieg in den Dienst einer jüdischen Berliner Familie getreten war, bis zur Deportation verbotswidrig für die älteste Generation gesorgt hatte und später zu deren Enkelin nach Israel gezogen war; ihr verlieh der Bundespräsident 1955 auf Anregung der Tochter der Familie, einer Hamburger Landgerichtsrätin, trotz fehlender diplomatischer Beziehungen mit Israel das Verdienstkreuz am Bande, ließ es mit Billigung des Auswärtigen Amts per Post verschicken – und sorgte auch gleich dafür, dass Karl Marx in der *Allgemeinen Wochenzeitung der Juden* über die Ehrung berichtete.[65] Letzteres galt zum Beispiel für Leo Baeck, der nach seiner Befreiung aus Theresienstadt nach England gegangen war; ihn ehrte Heuss 1953 initiativ als «wohl neben Martin Buber, der ja nun immer Zionist war, die geistig führende Erscheinung des mit der deutschen philosophischen und religiösen Tradition verbundenen jüdischen Menschen». Dass der frühere Berliner Rabbiner darüber hinaus «völlig frei von allem Ressentiment» war, machte die Sache in Heuss' Augen nur noch dringender. Zwar hätte es eigentlich auch hier der Einschaltung des Auswärtigen Amts bedurft,[66] aber Heuss nahm direkt Kontakt mit dem britischen Hohen Kommissar auf, sodass Generalkonsul Hans Schlange-Schöningen in London das Große Verdienstkreuz mit Stern pünktlich zu Baecks 80. Geburtstag überreichen konnte.

Die Ehrungen von Leo Baeck und in gewisser Weise auch von Frieda Kroltzik stehen exemplarisch für «Wiedergutmachungsfälle», wie Ordensverleihungen an deutsche Emigranten im Hausjargon des Präsidialamts hießen; in der Ordenskanzlei firmierten sie unter dem Kürzel «Wg.». Heuss hatte diese Gruppe klarer im Blick als jeder seiner Nachfolger und interpretierte deshalb auch das Regelwerk ziemlich freihändig, wonach die Vorschlagsberechtigung für Verleihungen ins Ausland beim Auswärtigen Amt lag. Verleihungen an Ernst Toch, Josef Albers, Kurt Wolff, Moritz Julius Bonn und andere spiegelten seine Bemühungen um eine Würdigung der Emigration «von Rang».[67] Davon zu unterscheiden waren die Orden für ausländische Staatsgäste und Angehörige des diplomatischen Korps, die das AA als Zeichen wiedergewonnener Souveränität seit Mitte der fünfziger Jahre gern und großzügig verteilte.[68]

Ordenspolitik, das ließe sich an einer Vielzahl weiterer Verleihungen zeigen, hatte in der Ära Heuss – ungeachtet eines Stiftungszwecks, der allein auf die Nachkriegszeit abhob – fast immer eine vergangenheitspolitische Dimension. In abnehmendem Maße galt das noch bis in die siebziger Jahre, denn selbst die Jüngsten unter den bis dahin Geehrten waren in der NS-Zeit erwachsen geworden beziehungsweise emigriert. Damit aber waren diese Auszeichnungen, wenn auch meist unausgesprochen, zugleich Ausdruck der politisch-moralischen Anerkennung, mindestens jedoch der Akzeptanz von Lebens- und Karrierewegen, die nicht erst 1945 begonnen hatten. Und bemerkenswert oft waren sie Bausteine der «Wiedergutmachung», wie man damals nicht nur im Präsidialamt noch ganz umstandslos sagte: «Der Herr Bundespräsident hat sich bei zahlreichen früheren Gelegenheiten zu Ordensverleihungen an Emigranten und Remigranten auch unter dem Gesichtspunkt der moralischen Wiedergutmachung besonders gern bereit gefunden.»[69]

Traditionsstiftung: «Die großen Deutschen»

Eine Art Gegenstück zur präsidialen Praxis der Ehrung mehr oder weniger prominenter Zeitgenossen, und wie diese nicht zuletzt vergangenheitspolitisch relevant, war ein Projekt, dem sich Heuss zu Beginn seiner zweiten Amtszeit widmete, ja geradezu verschrieb: «Die großen Deutschen», eine auf fünf Bände angelegte Sammlung biographischer Essays, deren Erstausgabe zwischen 1935 und 1937 im vormals zu Ullstein, seit 1934 zum Medienimperium der NSDAP gehörenden Propyläen Verlag erschienen war. Zwei Jahrzehnte später, das Unternehmen war kurz zuvor an die jüdische Eigentümerfamilie zurückgegeben worden, schien aus verlegerischer Sicht die Zeit für eine revidierte Neuausgabe gekommen. Wer bei Ullstein die geniale Geschäftsidee hatte, das amtierende Staatsoberhaupt als neuen Herausgeber der repräsentativen Buchreihe einzuladen, ist nicht überliefert. Aber klar ist, dass sich Heuss nur zweimal bitten ließ: Nach einem ersten Zögern kurz nach seiner Wiederwahl sagte er im Frühjahr 1955 unter der Bedingung zu, dass nur «ein Minimum an technischer Arbeit bei mir und meinem Persönlichen Referenten hänge bliebe» und er «völlig frei» in der Wahl seiner Mitherausgeber sei. Das lief auf den Rauswurf des Mitherausgebers Wilhelm von Scholz hinaus, eines schon vor dem Ersten Weltkrieg recht erfolgreichen Schriftstellers, der sich 1933 ostentativ zum «Führer» bekannt hatte, vor allem aber auf die brachiale Demontage von Willy Andreas, dem vormaligen Spiritus Rector des Projekts, der als Geschichtsprofessor in Heidelberg ebenfalls nicht unkompromittiert durch die «große Zeit» gekommen war. Beseelt von seiner neuen Aufgabe und in der Erwartung, den «buchhändlerisch gesehen ganz netten Weg» seiner eigenen früheren Essay-Bände wiederholen zu können, schob Heuss die Urheberrechte von Andreas – seinem einstigen Studienfreund, der ihn seinerzeit über Friedrich List hatte schreiben lassen, den württembergischen Vordenker des Zollvereins – kalt beiseite: «Es ist möglich, dass Scholz und Sie diese Entscheidung als Unfreundlichkeit ansehen, was mir leid tun würde. Aber ich halte es für meine Pflicht, wenn ich schon dabei mitwirke, zu helfen, dass jüngere Namen im breiteren Raum sich bewähren.» Nicht einmal auf dem inneren Titelblatt durften die ursprünglichen Herausgeber erscheinen, weil es, so Heuss, «bei allem Sinn für Kontinuität nicht den Eindruck machen soll, als sei das neue Unternehmen nur die Fortsetzung oder Ergänzung des früheren». Am Ende standen die beiden Namen, wie Willy Andreas schon befürchtet hatte, lediglich in einem kleingedruckten Hinweis auf der Rückseite der Titelei.[70]

Doch wie neu waren die neuen «großen Deutschen», die künftig nicht mehr in Fraktur daherkommen sollten und an denen Heuss vier Jahre lang, oft in den Abendstunden, mit staunenswerter Energie und gestalterischem Ehrgeiz arbeitete?[71] Wiederholt traf er sich in der Villa Hammerschmidt zu langen Redaktionssitzungen mit seinen beiden «jüngeren» Mitherausgebern, dem geschmeidig-einflussreichen Göttinger Mediävisten Hermann Heimpel (Jahrgang 1901), der sich sowohl 1933 als auch nach 1945 anzupassen verstanden hatte, und dem Ex-Redakteur der 1943 verbotenen *Frankfurter Zeitung* Benno Reifenberg (Jahrgang 1892), seit 1945 Mitlizenzträger der Halbmonatsschrift *Die Gegenwart*. Rein numerisch unterschied sich das Ergebnis der Bemühungen, bei denen sich Heuss selbst wohl zu Recht als Antreiber sah, nicht sehr vom Original der dreißiger Jahre. Allerdings tauchte nun ein gutes Drittel der rund 200 Einträge aus der Originalausgabe, weil «bräunlich angefärbt»,[72] nicht mehr auf. Darunter waren, wenig überraschend, NS-Idole wie Horst Wessel und Albert Leo Schlageter und Heldenfiguren des Germanenkults wie Arminius und Theoderich, aber auch Antisemiten, Alldeutsch-Völkische und Rassisten wie Adolf Stöcker, Paul de Lagarde, Arthur Moeller van den Bruck und Carl Peters. Gestrichen wurden außerdem Militärführer des Ersten Weltkriegs, sogar Heuss' präsidialer Vorgänger Hindenburg; neu aufgenommen wurde General Ludwig Beck, nicht allerdings der Hitler-Attentäter Claus Schenk Graf von Stauffenberg.

Die Würdigung des politischen Personals der ersten deutschen Demokratie fiel – ähnlich wie das der Revolution von 1848 – bemessen aus. Zwar gab es in der Neuausgabe den zuvor undenkbaren Essay über Friedrich Ebert, aber Gustav Stresemann, Heuss' Lieblingsfeind («menschlich immer höchst konträr»), blieb auch jetzt, wie Rezensenten kritisch bemerkten, unberücksichtigt.[73] Walter Rathenau und Matthias Erzberger fanden sich auf Erwähnungen im Ebert-Eintrag beschränkt, und Otto Wels, der seinerzeit im Reichstag das klare Nein der Sozialdemokratie zum Ermächtigungsgesetz begründet hatte und 1939 im Pariser Exil gestorben war, fehlte ganz. Mehr Aufmerksamkeit widmete die Neuausgabe einer Vielzahl von Erfindern und Unternehmern, aber auch der Weimarer Kulturprominenz: Etablierte (und in der NS-Zeit verpönte) Namen wie Thomas Mann, Gustav Mahler, Paul Klee, Max Beckmann, Ernst Ludwig Kirchner, Franz Marc und Max Liebermann kamen hinzu, außerdem Käthe Kollwitz und Ricarda Huch, letztere gewürdigt – ausgerechnet! – von Ina Seidel. Schwach vertreten blieb die bisher völlig fehlende (linke) künstlerische Avantgarde; Bert Brecht immerhin fand Aufnahme, ebenso Arnold Schönberg in einem Text von Theodor W. Adorno, den der Bundespräsident, wie er dem Autor, nicht ganz zu Unrecht, auseinandersetzte, «zu schwer, zu wenig verständlich, zu hermetisch, zu fachmusikalisch» fand.[74] Dass bedeutende Juden wie Albert Einstein, Sigmund Freud, Heinrich Heine oder Felix Mendelssohn-Bartholdy, die in der Erstausgabe aus naheliegenden Gründen fehlten, nun unbedingt einbezogen werden mussten, scheint unter den Herausgebern unstrittig gewesen zu sein. Und, ganz Kinder ihrer Zeit, störte es sie offenbar nicht, dass sie am Ende lediglich acht Frauen in den fünf Bänden hatten.

Als Autor war Heuss in der «Walhalla» schließlich mit fünf Porträts präsent: Neben seinem so gut wie unveränderten Beitrag über den württembergischen Vordenker des Liberalismus Friedrich List (1789–1846) hatte er sich den sozialpolitisch engagierten Ruhr-Unternehmer Friedrich Harkort (1793–1880), sein väterliches Vorbild Friedrich Naumann sowie den Architekten Hans Poelzig aufgeladen, bei dem er auf seine 1939 erschienene Biographie zurückgreifen konnte. Und da er darauf bestanden hatte, Wilhelm Busch weiterhin unter die großen Deutschen zu zählen, schrieb er den ursprünglich von einem NS-Literaten verfassten Beitrag mangels anderer Autorenideen am Ende selbst. Für die Verlagswerbung wichtiger war, dass der fleißige Bundespräsident auch die Einleitung zur Neuausgabe verantwortete, und zwar als Alleinautor.

«Über Maßstäbe geschichtlicher Würdigung» war Heuss' Eröffnungstext betitelt, der sich naheliegenderweise an Jacob Burckhardts Reflexionen über «historische Größe» orientierte. Sogar ein bisschen Geschichtstheorie servierte der Autor: Die «Bewertung der Männer, der Taten, ist nicht systematisch gesichert, sie wechselt vielmehr unter Einflüssen, die von einem einzelnen, von einer Gruppe, von einer Zeitatmosphäre ausgehen können». Am Beispiel von Heinrich Heine wurde das dann praktisch – und in Maßen politisch: Bis zur Wende zum 20. Jahrhundert habe Heine «als der nach Goethe ‹größte Lyriker› des deutschen Sprachraums» gegolten, dann aber sei diese Wertung abgesunken, und dies «lange bevor der Nationalsozialismus mit seinen geistesgeschichtlichen Albernheiten oder Brutalitäten eingesetzt hatte». Zwar rief Heuss auch Burckhardts Wort von den «kräftigen Ruinierern» auf, aber das blieb seltsam folgenlos. Überhaupt war es nicht viel, was die Leser der repräsentativen, anfangs auch in Halbleder erhältlichen Reihe zur Begründung der Revision erfuhren. Erst im letzten Absatz seiner Einführung distanzierte sich der Präsident ausdrücklich von der «Tonlage» der Originalausgabe, die vor zwanzig Jahren «bereit schien, einem gewalttätigen Geschichtsvorgang, der eben angehoben hatte, ‹Größe› zuzuschreiben». Damals sei «zum Stolz ermuntert» worden, der heutigen Zeit sei «solches Froh-Sein» versagt: «Sie ist von Scham beschwert.» Weil ihm das als ein letztes Wort aber wohl zu düster war und dem Geschmack der erhofften Neukäufer schwerlich entsprochen hätte, setzte Heuss hinzu: «Der Stolz auf große Erscheinungen und ihre Leistung bleibt in seinem Recht».[75]

Natürlich war es dieses präsidiale Vorwort, auf das eine insgesamt recht freundliche Presse vor allem blickte, als der erste Band der «Großen Deutschen» im Frühjahr 1956 erschien. «Aus dem Munde eines solchen Mannes», so die ein bisschen tiefer schürfende Besprechung in der *Zeit*, «bekommen Worte über Größe und Nichtgröße dann unversehens Verbindlichkeit». Zwar hatte auch Paul Hühnerfeld viel Lob für Heuss' «bewundernswert tapferen» Versuch, aber dem Feuilletonchef der Hamburger Wochenzeitung entging nicht, dass über dem Sammelwerk mit kaum redigierten Beiträgen prominenter Autoren «ein wenig akademische Patina» lag.[76] Doch derart feindosierte Kritik war leicht zu verschmerzen, zumal angesichts des rasch sich abzeichnenden Verkaufserfolgs.

Anders verhielt es sich nach Meinung des Hauptherausgebers mit einer vor Sarkasmus triefenden, ressentimentgeladenen, aber keineswegs kenntnislosen Besprechung, die Anfang 1958 unter dem Titel «Heuß, Heimpel und Herostratos» in den *Klüter Blättern* erschien (offenbar auf Betreiben von Wilhelm von Scholz, der dort im gleichen Jahr unter dem Titel «Verirrt» ein etwas merkwürdiges Gedicht publizieren durfte). Auf acht engbedruckten Seiten nahm Hans W. Hagen die neue Großen-Auswahl auseinander, kaum dass die Reihe abgeschlossen war. Unter dem Rubrum «Auslese und Ausmerze» beklagte der Germanist und vormalige Referent für staatsfeindliches

Schrifttum im Goebbels-Ministerium vor allem die «Reihe der Gestrichenen» aus der preußischen Geschichte; damit hätten die Herausgeber die alliierte Kontrollratsverordnung über die Auflösung Preußens «brav und gehorsam nachgeholt». Heuss war hell empört, als er den Verriss zu sehen bekam – und in seinem Bedürfnis, «saugrob» zu antworten, von niemandem aufzuhalten. Selbst die Tatsache, dass es sich bei dem unbekannten Heftchen, wie das schlafmützige Bundespresseamt schließlich herausfand, um eine «Nazi-Zeitschrift» handelte, ließ ihn nicht zurückschrecken. «Man war sich im Hause nicht ganz klar, ob das Antworten überhaupt ‹unter meiner Würde› sei», schrieb Heuss an Toni Stolper. «Aber ich habe die These, dass man sich von den Burschen nichts gefallen lassen darf.»[77] Am Ende konnte der Präsident von Glück sagen, dass das Organ des rechtsradikalen «Deutschen Kulturwerks Europäischen Geistes» praktisch unter Ausschluss der Öffentlichkeit erschien, denn in ihrer zornigen Geschwätzigkeit war seine prompt und Wort für Wort veröffentlichte Replik einfach peinlich. Gut vorstellbar, dass der präsidiale Ausbruch unter abgehalfterten Kultur-Nazis wie eine Trophäe gehandelt wurde.[78]

Heuss' Engagement für «Die großen Deutschen», das auf den ersten Blick wie eine Verkennung seiner Rolle als Staatsoberhaupt erscheint, lag eine bewusste Entscheidung zu Grunde. So sehr er mit der Übernahme der Herausgeberschaft seinen publizistischen Neigungen frönte, so wenig wollte er das Unternehmen und die damit verbundenen Wirkungsabsichten als eitles Privatvergnügen verstanden wissen (auch wenn alle einschlägige Korrespondenz später in seinem persönlichen Nachlass landete). Der Bildungsbürger Heuss glaubte an die identitätspolitische Kraft eines Kanons historisch-kulturell bedeutsamer Gestalten, und gewiss war er überzeugt, mit dessen Erneuerung der Demokratieentwicklung zu dienen. Für ihn waren die «Großen Deutschen» eine bürgerlich-liberale Panoramaschau der hellen Linien in der deutschen Geschichte, zu denen es, gleichsam über die «dunklen Jahre» hinweg, einen Bogen der Vergegenwärtigung zu schlagen galt.

Reisen in die Vergangenheit

Seit dem 5. Mai 1955 konnte Theodor Heuss auf Staatsbesuch gehen. Mit dem Inkrafttreten der Pariser Verträge, genauer: des sogenannten Generalvertrags, der das Alliierte Besatzungsstatut ablöste und der Bundesrepublik zehn Jahre nach Kriegsende (fast) «die volle Macht eines souveränen Staates über ihre inneren und äußeren Angelegenheiten» zuerkannte, eröffnete sich dem Präsidenten die Bühne der internationalen Diplomatie. Doch Heuss ließ sich Zeit.[79] Im Unterschied zum Kanzler, der seit 1951 Auslandsreisen unternahm und damit nicht zuletzt die Bonner Souveränitätsambitionen unterstrich, musste das Staatsoberhaupt auch protokollgerecht eingeladen werden. Entsprechende Signale von Seiten der vormaligen Besatzungsmächte blieben zunächst aber aus. Wohl auch deshalb nahm Heuss, der gerne zuerst nach Frankreich, England und in die USA gereist wäre, für Mai 1956 eine Einladung Pauls I. von Griechenland an.[80] Auf deren Zustandekommen hatte wohl Königin Friederike Einfluss genommen, eine Enkelin des letzten deutschen Kaisers, in ihrer Jugend Hitler-Sympathisantin, aber aus welfischem Haus und, wie ihr Gast dann in Athen feststellte: «Sehr anti-bismärckisch, ja antipreußisch».[81]

Nahezu zwei Wochen war Heuss für diesen ersten Staatsbesuch unterwegs, vorbereitet mit dem Ehrgeiz des Neuanfangs von seinen eigenen Leuten und in überkommener Routine vom Auswärtigen Amt. Folgt man seiner minutiösen Privatberichterstattung an Toni Stolper, dann genoss er die tagelange An- und Abreise im neuen «Gliedertriebzug» durch Österreich und Jugoslawien kaum weniger als die Ausflüge jenseits der Pflichttermine und zum Teil entlang seiner Hellas-Tour von 1931. Schon am ersten Abend auf griechischem Boden, nach aufwendigem Begrüßungszeremoniell an der Grenze, notierte er in seinem Salonwagen erleichtert, «die Leute sind so freundlich, viel von dem vergessen zu haben, das die Deutschen ihnen antaten». Wieviel und was genau der Kenner des antiken Griechenland selbst über die Besatzungsverbrechen der Deutschen (und der Italiener) und über die Ermordung der griechischen Juden wusste, das blieb in solchen Formulierungen offen. Zwar hatte er zwischendurch «brav neuere griechische Geschichte gelesen» – nach der Lektüre aber, zur eigenen Beruhigung wie für seine Freundin in Amerika, nur eine (falsche) Relativierung parat, die beinahe wörtlich einer Vorlage des AA[82] entnommen war: «Aber die Ziffern sagen, dass die Jahre des Bürgerkriegs noch opferreicher waren und auch grausamer – das ist ja offenbar die schauerliche Eigenschaft von Bürgerkriegen.»

Entgegen der verbreiteten Wahrnehmung waren die deutsch-griechischen Beziehungen Mitte der fünfziger Jahre keineswegs allein auf Wirtschaftsfragen und die Zusammenarbeit im Rahmen der Nato gerichtet, der die Bundesrepublik inzwischen ebenfalls angehörte. Als Heuss in Athen eintraf, waren dort, wieder einmal, gerade die Emotionen hochgegangen angesichts der harten Politik der Briten auf Zypern; bei einer Protestkundgebung gegen die Hinrichtung zweier zypriotischer Widerstandskämpfer hatte es sogar Tote gegeben. Schon deshalb erhofften seine Gastgeber nun ein freundliches Zeichen zugunsten der griechischen Bevölkerungsmehrheit in der Kronkolonie. Aber nicht nur dieses Thema vermochte sich Heuss, den Wünschen der Bundesregierung folgend, mit wolkigen Worten vom Leibe zu halten. Es gelang ihm dies auch mit Blick auf die «leidige Frage der Kriegsbeschuldigten», deren Bereinigung noch vor dem Besuch Theo Kordt, Bonns Botschafter in Athen, voreilig in Aussicht gestellt hatte: im Sinne der vom Auswärtigen Amt seit Jahren angestrebten «Endlösung des sogenannten Kriegsverbrecherproblems».[83]

Die zynische Formulierung zielte auf die in Griechenland nach wie vor anhängigen Verfahren gegen Hunderte ehemalige Wehrmachts- und SS-Angehörige, denen Kriegsverbrechen während der brutalen deutschen Besatzungsherrschaft seit 1941 zur Last gelegt wurden und deren Auslieferung seit 1947/48 von der UN War Crimes Commission genehmigt war, ohne dass dies allerdings Konsequenzen gehabt hätte. Von dem Druck, den das Auswärtige Amt ausübte, um die Löschung entsprechender Fahndungsvermerke zu erreichen – bis hin zur Andeutung nachteiliger Folgen für die griechische Tourismuswirtschaft –, war in den Gesprächen des Bundespräsidenten natürlich nichts zu spüren. Im Gegenteil verstand es Heuss, beim Festbankett im Königlichen Schloss glaubhaft die eigene «seelische Bedrücktheit» über das «arge und tragische Zwischenspiel der Geschichte» zu artikulieren – und die Worte des Königs dankbar zu bekräftigen, «dass nach dem unseligen Krieg die Beziehungen der beiden Nationen ihren früher nie gestörten Charakter freundschaftlicher Festigkeit zurückgewonnen haben».[84]

Das war, auf beiden Seiten, in erheblichem Maße in die Zukunft gesprochen. Denn vor allem die griechische Linke, obzwar nach dem Ende des Bürgerkriegs (1946–1949) politisch in der Defensive, erinnerte mit großer Beharrlichkeit an die Verbrechen der Achsenmächte. Botschafter Kordt hatte deshalb auch schon im Januar bei einem Brainstorming mit dem Bundespräsidenten davon abgeraten, einen Termin in Kalavrita einzuplanen. Ein Besuch im «griechischen Oradour», wie ihn Ehrengard Schramm und deren Bruder Reinold von Thadden, der Präsident des Evangelischen Kirchentags, angeregt hatten, hätte sich während Heuss' halbprivater Anschlussreise auf dem Peloponnes leicht machen lassen. Aber Proteste gegen die Deutschen und gegen die Vergessensbereitschaft der konservativen Athener Regierung wären dort nicht auszuschließen gewesen.[85]

Im Dezember 1943 hatten griechische Partisanen bei dem Städtchen Kalavrita 81 deutsche Gefangene getötet, vermutlich um deren Befreiung durch eine anrückende Einheit der Wehrmacht zu verhindern. Obwohl die örtliche Bevölkerung, wie das AA in seinem für Heuss bestimmten Länderbericht betonte, «erwiesenermaßen mit den Partisanen nicht im Zusammenhang gestanden hatte», begannen die Deutschen eine Vergeltungsaktion. Nahezu alle Männer und alle Jungen im wehrfähigen Alter wurden «ausgerottet und der Ort angezündet»; wer die Frauen und Kinder aus der bereits brennenden Schule rettete, steht bis heute nicht fest. Unklar ist ebenso die Zahl der Opfer, auch in den umliegenden Dörfern und zwei Klöstern; laut ihrer Abschlussmeldung zu den «Sühnemaßnahmen beim Unternehmen ‹Kalavrita›» erschoss die 117. Jäger-Division 696 Personen.[86]

Kordts Empfehlung, den Namen des Schreckensortes während des Besuchs «von uns aus» nicht zu nennen (der verantwortliche Divisionskommandeur Karl von Le Suire war 1954 in sowjetischer Kriegsgefangenschaft gestorben), trug der Bundespräsident Rechnung. In Begleitung von Außenminister Brentano legte er auf einem deutschen Soldatenfriedhof in Athen – dort hatten sich die Griechen nach dem Urteil des AA schon bei Adenauers Besuch zwei Jahre zuvor «sehr ritterlich verhalten» – einen Kranz nieder, danach auf dem benachbarten Friedhof[87] «aber auch ein Blumengebinde an Gräbern erschossener griechischer Geiseln der Besatzungszeit». Diese Geste, so telegraphierte die Botschaft zufrieden nach Bonn, sei «von mehreren führenden Zeitungen im Bild festgehalten» worden.[88] In der bundesdeutschen Presse war davon nichts zu sehen; dort druckte man feierliche Fotos von Heuss mit dem Königspaar, vor allem aber Aufnahmen, die ihn mit Stock und Sonnenhut vor der Akropolis zeigten oder mit Kohle und Zeichenblock vor archäologischen Ausgrabungen. Die Mitarbeiterin der *Süddeutschen* immerhin erwähnte in ihrer Reportage den Besuch an den Gräbern der Geiseln und kam zu dem Schluss: «Mehr als einmal zeigte Heuss in seinen kleinen Ansprachen, dass er nicht gekommen ist, um die Vergangenheit totzuschweigen, sondern um sie offen zu bedauern. ‹Die Griechen haben sie nicht vergessen, aber vergeben›, sagte er.»[89]

Möglicherweise hing das vielfach konstatierte Wohlwollen gegenüber dem deutschen Gast auch damit zusammen, dass Heuss der Empfehlung Kordts, nur «schweigend etwas für Kalavryta zu tun», nicht ganz gefolgt war.[90] Zwei Monate vor seiner Abreise nämlich hatte er, ebenso wie der Bundeskanzler, die «33 Waisenjungen» von dort empfangen, die seit Oktober 1955 dank einer Initiative des Deutschen Frauenrings im oberfränkischen Kulmbach auf eine Lehre in deutschen Industrieunternehmen vorbereitet wurden. Weil die «Erinnerung an die Katastrophe» den «Deutschenhass immer wieder aufleben» lasse, unterstützte das von Ehrengard Schramm geleitete «Hilfswerk Kalavrita» bereits seit einigen Jahren die Witwen und Waisen des Städtchens; auch dass der Bundeskanzler 1954 «DM 50 000.– für Kalavrita der Königin» gebracht hatte, hielt sich der

Nicht in Kalavrita, aber auf einem Friedhof in Athen legt Heuss am 17. Mai 1956 Blumen für die von Deutschen exekutierten griechischen Geiseln nieder.

Frauenring zugute. «Mit diesem und anderem Gelde wurde ein Haus aufgestockt und darin eine Teppichknüpf- und Webschule für die arbeitslosen Frauen und Mädchen eingerichtet, die seit einigen Wochen in Betrieb ist.»[91]

Der paternalistische Ton gegenüber den Überlebenden des Massakers blieb nicht auf solche – keineswegs nur selbstlose, sondern auch der deutschen moralischen Selbstberuhigung dienende – Initiativen und eine oftmals arrogante amtsinterne Kommunikation beschränkt. Gleichsam zur Einstimmung auf den Staatsbesuch hatte das Präsidialamt für ein exakt choreographiertes Foto von den jungen Griechen beim Bundespräsidenten gesorgt: wie zur Bekräftigung jener Botschaft forcierter Versöhnung, auf die es Mitte der fünfziger Jahre anzukommen schien, um öffentlich überhaupt noch von den deutschen Verbrechen sprechen zu können. Die anerkannte Freundlichkeit des Präsidenten half in solchen Momenten, das Drängende und Berechnende der Adenauerschen Regierungspolitik, ja der westdeutschen Funktionseliten überhaupt, in einem milderen Licht erscheinen zu lassen.

«Ja, den Heuss, den kann man halt schicken!», resümierte die *Süddeutsche Zeitung*, die das Agenturbild gebracht hatte, noch während der Reise in ihrem «Streiflicht».[92] Und auch danach – zur Begrüßung des «Heimkehrers» war das Bundeskabinett am Bonner Bahnhof angetreten – erntete der Präsident allseits Lob und Dank. Er selbst bedankte sich reihum mit Drucken seiner hellenischen Kohleskizzen, die er sogleich hatte anfertigen lassen; Friederike von Griechenland erhielt sie mit Widmung, noch ehe das Königspaar schon im Herbst auf Gegenbesuch kam.

Dank der fast täglichen Notate für Toni Stolper ist Heuss' erster Staatsbesuch auf geradezu nacherlebbare Weise dokumentiert – inklusive halbironischer Beschwerden von der Art, dass eine Zeichnung «nicht sehr gelungen» war, weil «der Polizeichef und ein dolmetschender Ingenieur mir bei jedem Strich zusahen».

Aber was besagen solche Bemerkungen über das politische Kalkül des Präsidenten? Über sein Auftreten als großväterlicher Philhellene? Entsprach das einfach seinem Wesen? Oder war es ein bewusster Gegenentwurf zu den gefürchteten Deutschen in Uniform, die Griechenland erst zwölf Jahre zuvor verlassen hatten? Expressis verbis findet sich dazu nichts, und selbst sein Stöhnen über die im Fortgang der Reise viel zu oft intonierte deutsche Nationalhymne ist kein sonderlich tragfähiges Indiz angesichts seiner bekannten Aversion und seines vor Jahren gescheiterten Versuchs ihrer Auswechselung. So bleibt nur, das Offensichtliche zu konstatieren: Die Rolle, die ihn als deutsches Staatsoberhaupt in Griechenland erwartete, füllte Heuss mit dezidiertem Gestaltungswillen und ziemlichem Behagen aus. Persönlich bedeutete die Reise für ihn die Wiederbegegnung mit Arkadien; politisch lag der Reiz im Neubeginn auswärtiger Staatsrepräsentation, die der Bundespräsident gleichsam in actu als Antithese zur deutschen Großmannssucht vergangener Zeiten entwarf. Mit dem Aufenthalt in Griechenland war somit auch der Rahmen gesetzt für die sechs weiteren Staatsbesuche, die es bis zum Ende seiner zweiten Amtszeit noch geben sollte.

Nach einer Reise in die Türkei im Mai 1957, die vor allem der Logik folgte, zwei einander missgünstige Partner in der Nato nicht ungleich zu behandeln, machte sich Heuss in der zweiten Novemberhälfte nach Italien auf, wo im Frühjahr mit der Unterzeichnung der Römischen Verträge die Europäische Wirtschaftsgemeinschaft aus der Taufe gehoben worden war. Seit einer langwierigen Lungenentzündung im Februar/März etwas vorsichtiger geworden, nahm sich der bald 74-Jährige gleichwohl erneut viel Zeit für halbprivate Erkundungen, vor allem auf Sizilien, das er noch nie bereist hatte. Das politisch bedeutsamste Ereignis dieses Staatsbesuchs – auch im rückblickenden Urteil des Präsidenten selbst – spielte aber natürlich in der italienischen Hauptstadt, und wieder ging es dabei um deutsche Schuld.[93]

Manfred Klaiber, der langjährige Chef des Bundespräsidialamts, der zu Jahresbeginn 1957 in den diplomatischen Dienst zurückgekehrt und bald darauf als neuer Botschafter nach Rom gegangen war, hatte dem Bundespräsidenten im Licht der positiven Reaktionen, die dessen Kranzniederlegung an den Gräbern der Opfer deutscher Kriegsverbrechen in Athen ausgelöst hatte, zu einem ähnlichen Zeichen an den Fosse Ardeatine geraten. Dort hatte ein Kommando der Sicherheitspolizei und des SD am 24. März 1944 unter SS-Obersturmbannführer Herbert Kappler als «Sühnemaßnahme» für einen Partisanenanschlag in der Via Rasella, bei dem am Tag zuvor 33 Vorbeimarschierende einer deutschen Polizeikompanie umgekommen waren, 335 italienische Gefangene erschossen, darunter auch zur Deportation bestimmte Juden. Eine solche Tötung Unbeteiligter war zwar erst seit der Genfer Konvention von 1949 ausdrücklich verboten, widersprach aber, zumal mit einer «Repressalquote» von 1:10, auch schon während des Zweiten Weltkriegs dem Geist des geltenden Kriegs- und Völkerrechts.[94]

Die grausamen Hinrichtungen im Süden der Hauptstadt waren bei weitem nicht das schwerste deutsche Kriegsverbrechen gegenüber dem einstigen Verbündeten, wohl aber jenes, das in der italienischen Öffentlichkeit schon früh besonders wahrgenommen wurde; das Mausoleum mit den Sarkophagen der Ermordeten war 1949 eingeweiht worden. Am Vormittag seines zweiten Besuchstags fuhr Heuss zu den Ardeatinischen Höhlen. In Anwesenheit hoher Offiziere der italienischen Streitkräfte und zahlreicher Angehöriger der Opfer ließ er an der Gedenktafel vor dem Eingang einen Kranz niederlegen. «Theodor Heuss blieb für eine Minute unbewegt, mit unbedecktem Haupt», beobachtete *Il Messaggero*. «Seine Lippen bewegten sich für einen Moment im Gebet.»[95]

Für diesen würdigen Ablauf der Zeremonie hatte womöglich überhaupt erst der Umstand gesorgt, dass das traditionsreiche Blatt, vermittelt durch Klaiber, kurz vor der Ankunft des Präsidenten dessen Belsen-Rede von 1952 abgedruckt hatte. Zwischendurch nämlich war das Vorhaben fraglich geworden: «Die Regierung fand das nett von mir, wurde unsicher, kommunistische Demonstrationen befürchtend, bat den Punkt vom Programm zu streichen, was wir noch in Bonn erfuhren», notierte er für Toni Stolper bei einer Ruhepause im Quirinal. Doch dann erklärte ihm nicht nur Staatspräsident Gronchi schon zur Begrüßung, die Lektüre im *Messaggero* «habe mich ihm ‹noch sympathischer› gemacht»; auch nahmen nun «die Kommunisten sozusagen für mich ‹Partei›, griffen die Regierung an, dass sie sich gegen meine ‹edle Geste› gewehrt habe».[96]

Von derart durchgehender Freundlichkeit wie am Ende in Italien – auch beim anschließenden Staatsbesuch im Vatikan sei er «von einigen Kardinälen und Prälaten auf diesen Entschluss dankbar angesprochen» worden – waren die Reaktionen zuhause freilich nicht: «Dass bestimmte Kreise in Deutschland, die ‹Geiseln› und ‹Widerstandskämpfer› aus Dummheit oder Bosheit durcheinander brachten, diesen Akt missbilligen würden, war mir von vornherein so selbstverständlich wie gleichgültig», bemerkte Heuss in seiner Aufzeichnung für Adenauer. Ob er die zweifelhafte Unterscheidung selbst für bedeutsam hielt oder ob er dabei einer Argumentation seiner Umgebung folgte (denn die meisten der Exekutierten, die Kappler aus den Gefängnissen hatte holen lassen, waren im Widerstand gegen die Deutschen gewesen), ist schwer zu sagen. Klar hingegen ist, dass der Präsident, wie schon in Athen, die Würdigung der Opfer deutscher Kriegsverbrechen in einen engen Zusammenhang mit der

Il Messaggero di Roma

Giovedì 21 novembre 1957 — IL GIORNALE DEL MATTINO

SPECULAZIONE SUI PATTI AGRARI

LE GIORNATE ROMANE DEL CAPO DELLA REPUBBLICA FEDERALE TEDESCA

Solenne ricevimento in Campidoglio in onore del Presidente Theodor Heuss

In mattinata l'illustre ospite ha reso omaggio ai Caduti delle Fosse Ardeatine - La visita al Cimitero militare tedesco di Pomezia - Il sen. Tupini ha offerto allo Statista una copia in bronzo della Lupa Capitolina - Un pranzo del Presidente Zoli alla Galleria Borghese in onore del Capo della Repubblica Federale - Cordiale scambio di brindisi

LA VERTENZA PER L'INVIO DI ARMI ALLA TUNISIA

Attenuate le divergenze tra Francia e America dopo il colloquio tra Pineau e Foster Dulles

E' stato raggiunto un accordo per impedire che le armi fornite a Bourguiba cadano in mano agli algerini - Pressioni dell'esercito sul Governo perchè venga costruito entro il 1961 un missile antimissile

Die römische Tageszeitung berichtet am 21. November 1957 anerkennend über Heuss' Kranzniederlegung an den Ardeatinischen Höhlen.

Ehrung gefallener deutscher Soldaten brachte: «Man ist natürlich wehrlos, wenn dort oder dort, etwa ‹Soldatenzeitung›, unterschlagen wird, dass ich im Anschluss an diesen Vorgang den deutschen Krieger-Friedhof (27 000 Opfer!) aufsuchte.» Was Heuss zum Zeitpunkt seines Besuchs wohl nicht wusste, erfuhr er hinterher von Klaiber: Auf dem Soldatenfriedhof in Pomezia hatte man auch die von der Bombe in der Via Rasella Getöteten begraben. Damit, so Klaiber, sei «der Vorwurf der ‹Soldatenzeitung› gegenstandslos».[97]

Gleichwohl war der vergangenheitspolitische Spagat, den das Staatsoberhaupt zu vollbringen hatte, im Falle Italiens noch ein Stück komplizierter als ein Jahr zuvor in Griechenland. Denn anders als dort gab es in Rom mit Herbert Kappler einen deutschen «Kriegsgefangenen», dessen «Schicksal» sowohl in Italien als auch in der Bundesrepublik auf eine – selbstredend in konträre Richtung – mobilisierbare Öffentlichkeit traf. Kaum dass die Reisepläne bekannt geworden waren, hatten das Präsidialamt eindringliche Appelle aus den Reihen der Kriegsverbrecher-Lobby erreicht: Heuss möge sich in Rom für die Freilassung des SS-Mannes einsetzen.[98]

Da traf es sich gut, dass die Vorbereitung des Staatsbesuchs hauptsächlich bei Wilhelm Günther von Heyden lag, Ex-Parteigenosse, Karrierediplomat, seit 1953 in der Villa Hammerschmidt und dort als Referatsleiter ausdrücklich auch zuständig für «Angelegenheiten der sog. Kriegsverbrecher».[99] Und es traf sich, dass Heyden über eine gewisse Italienkenntnis verfügte, denn 1944/45 hatte er das Auswärtige Amt beim faschistischen Salò-Regime vertreten.[100] Im Austausch mit Manfred Klaiber, der entsprechenden Petenten schon vor seinem Wechsel nach Rom versprochen hatte, sich «mit allen Mitteln» für eine Amnestierung Kapplers einsetzen zu wollen,[101] kalkulierte Heyden das Für und Wider eines Vorstoßes des Bundespräsidenten – und kam zu einem negativen Schluss. Dies allerdings nicht, weil er Bedenken gegen Kapplers vorzeitige Freilassung gehabt hätte, sondern weil dem SS-Mann bei einem neuen Prozess in der Bundesrepublik, der überdies nur «Beunruhigung» brächte, eine womöglich längere Strafe drohte: «Dies ist, finde ich, ein Moment, das von den beteiligten Juristen so genau wie möglich durchdacht werden müsste», schrieb Heyden an seinen Ex-Chef Klaiber. «Ich meine fast, man sollte es auch Kappler selbst durch seinen Anwalt einmal nahebringen. Aber der arme Mann in seinem Gefängnis wird dadurch vielleicht in schreckliche Zweifel gestürzt.»[102]

Ganz so eloquent wie Klaiber bewegte sich Heyden in der Sache nicht. Denn während Heyden einen von Kapplers Fürsprechern mit dem – fraglos ernstgemeinten – Hinweis beschied, es gelte «zu verhindern, dass die Umstände der Geiselerschießungen neuerlich oder gar schädlich in der deutschen Öffentlichkeit erörtert werden», hatte Klaiber auf seinem neuen Posten für sich selbst und seine vormaligen Kollegen eine Argumentation entwickelt, die den Heuss-Besuch an den Fosse schon vorab zu einem antitotalitären Zeichen im Kalten Krieg stilisierte: «Indem der Herr Bundespräsident die Opfer ehrt, stellt er erneut klar, dass die damaligen Vorgänge von der Bundesrepublik genauso bedauert werden wie von den anderen westeuropäischen Staaten, die sich heute gemeinsam gegen eine neue Diktatur aus dem Osten schützen wollen. Die zuständigen italienischen Stellen werden durch solche Ehrung der Opfer wohl sogar leichter Argumente finden, um die Begnadigung Kapplers vor der hiesigen Öffentlichkeit zu rechtfertigen. Sie können darauf hinweisen, dass die Begnadigung nicht etwa der Billigung des Verhaltens von Kappler dient, sondern aus rein menschlichen Erwägungen und zur Bereinigung der Kriegsfolgen durchgeführt wird.»[103]

Tatsächlich sollte Kappler, den ein italienisches Militärgericht 1948 zu lebenslanger Haft verurteilt hatte, noch Gustav Heinemann beschäftigen und in den Beziehungen zwischen Bonn und Rom eine Rolle einnehmen, die mit den Jahren immer mehr an die Kontakte mit Moskau erinnerte, wenn es um Rudolf Heß in Spandau ging, für den sich die Spitzen der Bundespolitik ähnlich routinemäßig (und ebenso vergeblich) verwendeten. Im Unterschied allerdings zu Heß, der 1987 in hohem Alter Selbstmord beging, kam Kappler im Sommer 1977 doch noch frei – durch eine skandalumwitterte Flucht aus dem römischen Militärkrankenhaus, in das er wegen einer Krebserkrankung verlegt worden war; er starb ein halbes Jahr später in der Bundesrepublik. In den Dekaden davor hatten sich die Zentrale Rechtsschutzstelle im Auswärtigen Amt und die deutsche Botschaft in Rom eifrig um Kappler bemüht. Und dessen rechtsradikale Unterstützerszene hatte immer wieder darauf verwiesen, dass zwei ursprünglich zum Tode verurteilte ranghöhere Verantwortliche für das römische Massaker, Generalfeldmarschall Albert Kesselring und Generaloberst Eberhard von Mackensen, bereits 1952 aus britischer Haft in Werl entlassen worden waren; ein dritter, Stadtkommandant Kurt Mälzer, war dort wenige Monate zuvor gestorben.

Gemessen an den vergangenheitspolitischen Untiefen, die in Europa praktisch überall zu beachten waren, nahm sich Heuss' vierwöchiger Aufenthalt in der damals noch gerne so genannten «Neuen Welt», zu dem er in Begleitung von Außenminister Heinrich von Brentano, Hans Bott und AA-Protokollchef Sigismund von Braun Ende Mai 1958 aufbrach, recht unkompliziert aus. Wohl litt der einwöchige Staatsbesuch in Kanada aus der Perspektive ehrpusseliger deutscher Medienleute ein wenig an der begrenzten Aufmerksamkeit, die Heuss' Rede im halbleeren Parlament entgegengebracht wurde; während der anschließenden fast drei Wochen in den Vereinigten Staaten hingegen erntete der schwäbelnde Professor aus Bonn, den Eisenhower mit der Präsidentenmaschine in Ottawa hatte abholen lassen, viele Freundlichkeiten. Dass er in New York emigrierte Freunde und Bekannte traf (natürlich auch Toni Stolper), an der New School for Social Research eine Ehrendoktorwürde entgegennahm (ebenso wie, auf Vorschlag von Shepard Stone, am kleinen, feinen Dartmouth College in New Hampshire), dass er das Leo Baeck Institut besuchte, einem von Nahum Goldmann arrangierten informellen Treffen mit jüdischen Repräsentanten zustimmte und John McCloy zuliebe vor dem Council on Foreign Relations noch einmal seine Vorstellung von einer «Kollektivscham» erläuterte – all das machte ihn für die Amerikaner zu einem ebenso glaubwürdigen wie sympathischen Repräsentanten eines neuen Deutschland.[104] Entsprechend löste auch sein Treffen mit Wernher von Braun, dessen NS-Vergangenheit längst vom Glanz seiner Raketenbaukünste bei der NASA überstrahlt wurde, auf beiden Seiten des Atlantiks nur Bewunderung aus; im Sommer darauf heftete Heuss Hitlers einstigem Wunderwaffen-Entwickler in Bonn das Große Verdienstkreuz an.[105]

Noch länger als auf eine Einladung in die USA hatte der Bundespräsident auf jene nach Großbritannien warten müssen. (Frankreich, die dritte westliche Siegermacht, lag für ihn aufgrund der Intensivbeziehungen des Bundeskanzlers zu den linksrheinischen Nachbarn ohnehin praktisch außer Reichweite und sollte erst 1961 von Lübke besucht werden.) Umso enttäuschender fiel dieser letzte, vergleichsweise kurze Staatsbesuch im Oktober 1958 aus.

Auch wenn die Begegnungen mit der jungen Queen Elizabeth II. und der übliche royale Pomp ein solches Urteil nicht auf Anhieb nahelegten und Heuss selbst alle Fehler bei den «Rindviechern» von der Presse ablud, war ausgerechnet im traditionsbewussten Vereinigten Königreich deutlich geworden, dass ihm als Staatsoberhaupt einer sich dynamisch modernisierenden Exportnation inzwischen etwas Altbackenes anhaftete. Heuss' mangelhaftes Englisch, ihm durchaus ärgerlich bewusst,[106] unterstrich die im Grunde unübersetzbaren Eigenwilligkeiten seiner Rhetorik; seine Reden und An-

Wernher und Sigismund von Braun beim «Familientreffen» mit Heuss und Eisenhower in Washington, D. C. am 5. Juni 1958.

sprachen, allein neun während der vier Herbsttage in England, verfasste er ja weiterhin selbst. Dass er in Oxford, wo ihm mit einer schalen Ausrede die Ehrendoktorwürde verweigert wurde, auf Studenten traf, die seine Ankunft mit Händen in den Hosentaschen beobachteten, bliesen die deutschen Zeitungen zu einer Beleidigung auf. Umgekehrt polterten die ohnehin nicht gerade deutschfreundlichen englischen Blätter – doppelt gereizt, weil die Königin beim Staatsbankett so viel über ihre deutsche Verwandtschaft gesprochen hatte[107] – dagegen, dass der Bundespräsident in Coventry einen Scheck über 5000 Pfund überreicht hatte, der für die Kirchenfenster der 1940 von deutschen Bombern zerstörten Kathedrale gedacht war.[108] Die harschen Reaktionen servierte der *Spiegel,* der sich schon über die Kanada-Reise mokiert hatte, seinen Lesern prompt auf Deutsch: «Wir wünschen keine entschuldigenden Trinkgelder an unseren nationalen Grabstätten. Mit den Worten Winston Churchills: Für wen halten die uns eigentlich?»[109]

Heuss' Rezept, als Staatsbesucher nicht zuletzt den Auslandsdeutschen die Ehre zu geben, wirkte plötzlich wie aus der Zeit gefallen. Dabei war, was er in der Londoner County Hall vor 500 «Deutschen und Freunden Deutschlands» zu sagen hatte, darunter mehr als 300 Emigranten, mitnichten banal: «Ich sehe in diesem Saale manche alten Bekannten, ja Freunde, die aus politischen oder aus sogenannten ‹rassischen› Gründen aus dem Lande ihrer Eltern, aus der Heimat ihrer Jugend- und Mannesjahre vertrieben wurden. Wir sind England dankbar, dass es ihnen die Chance der Existenz, mochte und mag sie auch kümmerlich gewesen sein und noch sein, gewährt hat.» Dem Bürokraten-Vorschlag, die von der Bundesrepublik geleisteten Wiedergutmachungszahlungen haarklein aufzulisten, folgte Heuss nicht. Aber er bat um Geduld angesichts der «über 2 1/4 Millionen Anträge, die durch einen Rechtsgang geschleust werden müssen», und er zeigte sich darüber im Klaren, «dass noch sehr viel Bitterkeit den Weg dieser Arbeit begleitet». Einmal mehr berief er sich auf Victor Gollancz – und räumte ein, dass alle «Pflicht, Unrecht wieder gut zu machen», letztlich doch «im seelisch-familiären Bereich immer Notbehelf und im Materiellen mühsam erarbeitetes Stückwerk bleiben wird».[110]

Womöglich hatte Heuss in diesem Moment auch das Schicksal seiner Schwiegertochter Hanne im Sinn, die sich ein halbes Jahr zuvor das Leben genommen hatte; als Tochter seines zum Goerdeler-Kreis zählenden Freundes Fritz Elsas, der Anfang 1945 im Konzentrationslager Sachsenhausen erschossen worden war, hatte sie das Trauma offenbar nie überwunden, dass die gesamte Familie nach dem 20. Juli 1944 in «Sippenhaft» gekommen und sie selbst in das Frauenlager Ravensbrück verschleppt worden war.[111]

Es traf Heuss hart, dass ausgerechnet seine England-Reise wegen einiger Schroffheiten der britischen Medien in den Zusammenhang einer nun deutlich wachsenden öffentlichen Kritik an der «unbewältigten Vergangenheit» geriet. Dass seine präsidialen Bemühungen gerade auf diesem Feld im letzten Jahr seiner Amtszeit plötzlich nicht mehr hinreichen sollten – tatsächlich hatte der Ulmer Einsatzkommando-Prozess der westdeutschen Öffentlichkeit im Sommer

1958 vor Augen geführt, wie viele NS-Verbrechen noch ungesühnt waren –, nagte an ihm. So sehr, dass er in seiner Neujahrsansprache auf die Londoner Misstöne glaubte zurückkommen zu müssen: Ein Teil der deutschen Presse, «in unerbetener Stellvertretung für mich gekränkt», habe über ein paar «alberne Taktlosigkeiten» englischer Zeitungen «zu meiner Verblüffung völlig schiefe Kommentare geliefert».[112]

Die gemischte Resonanz auf seinen Staatsbesuch in Großbritannien scheint Heuss' innerlichen Abschied von seinem Amt beschleunigt zu haben. Ein paar Tage danach kam Adenauer zu Besuch – angeblich, um sich nach den Londoner Eindrücken zu erkundigen, in Wirklichkeit aber um zu horchen, ob der Bundespräsident tatsächlich nicht auf eine Grundgesetzänderung zugunsten einer dritten Amtszeit hoffte. (Heuss blieb in dieser Frage, wie er Toni Stolper berichtete, mit Bedacht ein bisschen vage, woraufhin der Kanzler prompt den «Witz» erzählte, in seinem Freundeskreis heiße es, «er wolle mein Nachfolger werden».)[113] Am selben Tag antwortete der Präsident spürbar melancholisch auch auf einen Brief von Hermann Heimpel, der erschrocken auf Gerüchte reagiert hatte, Heuss könne sich ihn als seinen Nachfolger vorstellen: «Es ist natürlich nicht so, wie es in den Zeitungen steht, dass ich nun *den* Stil für jeden kommenden Bundespräsidenten festgelegt habe. Es ist zu viel mein persönlicher Stil mit drin, und es ist gar nicht gesagt, dass ich damit *das* Maß festgelegt habe. Denn es gibt ja auch noch ganz andere Formen in der politischen Repräsentation und Wirkung, als sie in meiner Natur gegeben waren und wie ich sie redlich zum besten des Staates zu verwenden suchte.»[114] Das klang nicht eben, als habe der Präsident in den verbleibenden Monaten noch Grundstürzendes vor.

Zuhause im Amt

Sein letztes Jahr im Amt beginnt für Heuss am 13. September 1958 mit einer Übung, die in diesem Spätsommer ein bisschen zur Bonner Behördenmode avanciert: Betriebsausflug auf dem Rhein. Im Unterschied zu Adenauer, der bei der Bootsfahrt des Kanzleramts ein paar Tage später durch Globke vertreten wird, lässt es sich der Präsident, wie die *Süddeutsche Zeitung* artig formuliert, nicht nehmen, «die Damen und Herren seines Hauses auf einer ausgedehnten Tour zu begleiten». Ein paar Stunden lang geht es flussabwärts bis nach Duisburg, und studiert man die Aufnahme ein bisschen genauer, glaubt man sofort, dass den «Chef» nicht nur die Kabarett-Einlage der «Heusslichen» amüsierte, sondern auch, wie er «kräftig ‹durch den Cacao gezogen›» wurde: Fast alle auf dem offenen Deck tragen eine Nelke am Revers, winken fröhlich Richtung Ufer und wirken mit sich und der Welt im Reinen.[115]

Doch es wäre zu einfach, das Ausflugsfoto als Zeichen völliger Entspanntheit zu lesen. Gewiss, die Stimmung im Land ist gut, die Wirtschaft brummt und die nächste Wendung des Kalten Krieges (in Gestalt der zweiten Berlin-Krise) ist noch nicht in Sicht. Im Jahr zuvor hat Adenauer mit der Parole «Keine Experimente» zum ersten und bis heute einzigen Mal eine absolute Mehrheit für die Unionsparteien errungen. Aber der Triumph trägt dem Kanzler nichts als Probleme ein – und wird den dann 83-Jährigen im Frühjahr 1959 ein paar Wochen lang die Idee verfolgen lassen, die er ein halbes Jahr zuvor als «Witz» an Heuss getestet hatte: nämlich selbst die Nachfolge des dann 75-Jährigen anzutreten.

Während der ewige Alte im Palais Schaumburg sich also anschickt, eine formidable Präsidentschaftskrise auszulösen und darüber zum Gespött der Medien wird, bleibt Heuss, wie schon seit Jahren, der Liebling einer Öffentlichkeit, die mehrheitlich vor allem ihren wachsenden Wohlstand genießen und politisch nicht weiter behelligt werden möchte. Glaubt man den Allensbachern, haben sich die Zustimmungswerte des Präsidenten im Laufe der Jahre verdoppelt: Im Abendrot seiner zweiten Amtszeit sagen erstaunliche 84 Prozent der

«Rheinischer Betriebsausflug mit dem Chef», titelt die Süddeutsche Zeitung *Mitte September 1958 über die Bootstour des Bundespräsidialamts.*

Befragten, dass sie ihn «mögen» oder «sehr mögen».[116] Wenn nicht alles täuscht, gilt das so ähnlich auch präsidialamtsintern; jedenfalls sind aus der Villa Hammerschmidt keine Vorgänge überliefert, die den Eindruck nähren, als hätten die «Heusslichen» das Ende der Ära Heuss herbeigesehnt. Dafür spricht auch die über beide Amtszeiten hinweg geringe Personalfluktuation. Häufigere Wechsel auf Referentenebene gab es nur beim Protokoll, wo die Leitung regelmäßig bei Angehörigen des diplomatischen Dienstes lag, die nach einiger Zeit ins Auswärtige Amt zurückkehrten: so zunächst Hans von Herwarth, auf den mit Luitpold Werz, Wilhelm Günther von Heyden und Georg Röhrig drei Juristen und vormalige NS-Parteigenossen folgten (wobei letzterer seine SA- und Parteimitgliedschaft verschwieg und im Amt eine Zeitlang prompt für «Fragen des Judentums» zuständig wurde).[117] Darüber hinaus gab es in zehn Jahren nur eine Handvoll Veränderungen.

Personalpolitisch zweifellos am bedeutsamsten war der – zeitlich gestreckte – Wechsel an der Amtsspitze von Manfred Klaiber zu Karl Theodor Bleek. Klaibers Abschied Ende 1956 gingen monatelange Sondierungen voraus, bei denen der Präsident nicht zuletzt darauf achten musste, den ihm unentbehrlichen Hans Bott nicht zu sehr vor den Kopf zu stoßen, der sich als stellvertretender Amtschef zunächst

Hoffnungen auf die Nachfolge gemacht hatte. Ein inniges Wort des Bedauerns über Klaibers Weggang ist von Heuss nicht überliefert; wohl hatte er die Lautlosigkeit zu schätzen gewusst, mit der sein Staatssekretär das politische Alltagsgeschäft erledigte. Menschlich aber verband die beiden wenig, wie Heuss gegenüber Toni Stolper offenbarte, «denn Klaiber, formal gescheit und auch versiert, ist im Elementaren eine kalte Natur».[118] Hinzu kam, dass sich der Bundespräsident im Laufe der Jahre mehr als einmal vor Klaiber stellen, sich sogar für ihn rechtfertigen musste; dies nicht in dem Maße, wie das für Adenauer in Bezug auf Globke galt, aber doch in einer Weise, die dem kränkbaren Schöngeist nicht gefallen konnte.

Die erste öffentliche Attacke gegen Klaiber fand sich bereits im März 1950 im New Yorker *Aufbau*.[119] Dort wurde der Karrierediplomat beschuldigt, im Auswärtigen Amt in eine NS-Agentengeschichte verwickelt gewesen zu sein. Eigentlicher Anlass des Artikels war jedoch die Silvesteransprache des «westdeutschen Bundespräsidenten», in der sich Heuss «in höchst unglücklicher Weise» für «einige der übelsten» in Landsberg einsitzenden Kriegsverbrecher eingesetzt habe – das aber, weil ihm ehemalige AA-Leute wie Klaiber «ständig in den Ohren liegen». Wohl in der Erwartung, dies werde in Emigrantenkreisen dann schon die Runde machen, schrieb Heuss an seinen alten Freund Isy Kramer in Brooklyn, vormals Kantor in Heilbronn, der ihm den Artikel geschickt hatte: Die Leute, die ihn als Opfer einer «groß angelegten Kampagne» darstellten, «scheinen mich für einen etwas törichten und leicht manipulierbaren Mann zu halten».[120]

Zwei Jahre später posaunte die *Deutsche Woche* auf ihrer Titelseite: «Von Ribbentrop zu Heuss: Judenreferent als Bundespräsidialchef». Für das neue, offenkundig aus der DDR munitionierte und finanzierte Blatt war Klaiber zwar einerseits nur ein Beispiel für die «Infiltration von hohen Nazibeamten» in das «Netz der Bonner Bundesbürokratie» und für die «Refaschisierung des westdeutschen Diplomatencorps». Andererseits lief gerade in Nürnberg ein spektakulärer Schwurgerichtsprozess, der beste Angriffsmöglichkeiten bot: «Was ist das für eine Groteske, dass der eine Judenreferent des Herrn Ribbentrop, Dr. Rademacher, in Nürnberg auf der Anklagebank sitzt, während der andere, sein Amtsvorgänger Dr. Klaiber, genau zur gleichen Zeit Chef der Präsidialkanzlei des Bundespräsidenten Heuss ist. Niemand wird uns glauben machen wollen, man habe so etwas in Bonn mal wieder ‹nicht gewusst›». Und mit sicherem Gespür für die Empfindlichkeiten des Präsidenten setzten die Macher der *Deutschen Woche* hinzu: «Dass aber Professor Heuss sich dieses Kuckucksei im eigenen Nest gefallen lässt, das hätten selbst wir nicht für möglich gehalten.»[121]

Die Rechnung ging auf. Ohne abzuwarten, ob der Skandalisierungsversuch in der «bürgerlichen» Presse überhaupt Widerhall finden würden – die *Süddeutsche* hatte Klaiber in ihrer Prozessberichterstattung bereits als Rademachers Vorgänger erwähnt –, ließ sich Heuss zu einer von dem dubiosen Blättchen prompt veröffentlichten Antwort provozieren.[122] Besonders wurmte ihn augenscheinlich die erneute Unterstellung, in seinem Amt nicht Herr der Lage zu sein. Aber natürlich galt der Hauptteil des höchstpersönlichen, nicht eben leichthändigen Schreibens der Rechtfertigung seines Amtschefs: «Dr. Klaiber war mit wechselnden Posten in der ganzen Zeit des hitlerischen Regimes – übrigens ohne jede Beförderung – bei Auslandsmissionen tätig, aber bei einem Wechsel, wie das amtsüblich ist, bei einem Heimaufenthalt im Sommer 1938 – Urlaubszeit der ständigen Beamten – für eine vorübergehende zweimonatliche Vertretung in das sog. ‹Deutschland-Referat› des Auswärtigen Amtes eingewiesen.» Dort, so der offenkundig von Klaiber ins Bild gesetzte Bundespräsident, habe man «damals ganz andere Aufgaben und Zuständigkeiten» gehabt als während der «Vernichtungspraxis», die im November 1938 «einsetzte, um in den Kriegsjahren scheußlich zu kulminieren, von niemandem von uns aus denkbar».

Ausdenkbar waren für Heuss allerdings die «perfiden Folgerungen, die sich aus dieser Zeitungszeile entwickeln ließen» und die ihn zu der unpräsidialen Replik bewogen hatten. Wie richtig der gelernte Journalist mit dieser Prognose lag, sollte sich sieben Jahrzehnte später erweisen. Denn während der Angriff seinerzeit publizistisch ins Leere lief, hieß es in der *Jüdischen Allgemeinen* im Frühjahr 2022, Klaiber habe eine Dienstreise im AA mit der Begründung abgerechnet: «Liquidation von Juden in Belgrad». Das aber war eines jener Dokumente, die Franz Rademacher 1952 in seinem Nürnberger Verfahren vorgehalten worden waren. In der Personalakte Klaibers, der erst im Juli 1943 in Belgrad eintraf, findet sich nichts, was auf eine Beteiligung an der Ermordung der jüdischen Bevölkerung Serbiens im Sommer 1942 hindeutet.[123]

Als vormaliges NSDAP-Mitglied und Wilhelmstraßen-Diplomat blieb der Präsidialamtschef auch fortan ein festes Ziel der DDR-Propaganda, inklusive eines Eintrags im 1965 erschienenen «Braunbuch».[124] Bereits im März 1956 – in Westdeutschland war Klaibers Wechsel nach Rom bestenfalls eine Spekulation – wusste das *Neue Deutschland*: «Einer der berüchtigtsten, gegenwärtig in Bonns Diensten stehenden Judenmörder, Manfred Klaiber, soll jetzt Botschafter der Adenauer-Regierung in Italien werden.» Das Parteiorgan der SED bezog sich mit dieser Meldung auf angebliche Erkenntnisse des Ausschusses für Deutsche Einheit, der auf einer seiner ominösen «internationalen Pressekonferenzen» verkündet hatte, Klaiber habe als Gesandtschaftsrat an der Deutschen Botschaft in Ankara 1942 die Versenkung der *Struma* im Schwarzen Meer vor der Küste von Istanbul betrieben.[125] Beim Untergang des maroden Schiffs unter bulgarischer Flagge waren fast 800 Juden aus Rumänien ertrunken, die auf Zuflucht in Palästina gehofft hatten.[126] Anders als die Ost-Berliner Propagandisten behaupteten, hatte jedoch kein «deutsches Schnellboot», sondern ein sowjetisches U-Boot den Dreimaster torpediert. Aber das stand erst fest, als der Militärhistoriker Jürgen Rohwer 1962 im Rahmen eines Ermittlungsverfahrens in Frankfurt sein Gutachten vorlegte, das nicht zuletzt auf einer Bestätigung aus Moskau beruhte.[127] In den Jahren zuvor sah sich Botschafter Klaiber wiederholt mit staatsanwaltschaftlichen Ermittlungen konfrontiert,[128] über die aber nichts an die Öffentlichkeit drang; auch die mehrfach wiederholten Vorwürfe aus der DDR scheinen nur die Zeitungsbeobachter im Presse- und Informationsamt der Bundesregierung zur Kenntnis genommen zu haben. (Eine Ausnahme war *Avanti*, das Parteiorgan der italienischen Sozialisten, wie Ost-Berlin erfreut registrierte.)[129]

Noch eine weitere Affäre, die Klaibers Reputation zu gefährden drohte, blieb der Presse in den fünfziger Jahren verborgen: Als Gesandtschaftsrat an der Deutschen Botschaft in Ankara war Klaiber in Bestrebungen verwickelt gewesen, Herbert Melzig, einen ehemaligen Mitarbeiter des Propagandaministeriums, der sich in die Türkei abgesetzt hatte und dort als Informant mit den Briten ins Geschäft zu kommen suchte, zurück ins Reich zu locken, wo ihn Botschafter Franz von Papen «unschädlich» gemacht sehen wollte.[130] Anfang 1952 konfrontierte das Ehepaar Melzig den Bundespräsidenten mit Vorwürfen und Forderungen nach Entschädigung, woraufhin dieser eine interne Untersuchung anordnete. Damit beauftragt wurde Regierungsrat Albert Einsiedler, den Klaiber eineinhalb Jahre zuvor selbst ins Präsidialamt geholt hatte. Nach Erkundigungen im AA gab sich Einsiedler von Melzigs «kriminellen» Machenschaften überzeugt: Klaiber habe dem Ehepaar seinerzeit nicht schaden, sondern im Gegenteil helfen wollen, da ihm die beiden «dauernd mit Unterstützungsanträgen zur Last» fielen und «in für das dortige Deutschtum unwürdigen Verhältnissen lebten». Für den Fall, dass die Anschuldigungen aufrechterhalten würden, drohte Einsiedler Melzig, offensichtlich mit Erfolg, rechtliche Schritte an.[131]

Bei Klaibers Nachfolger im Präsidialamt standen vergleichbare Verwicklungen seinerzeit kaum zu befürchten. Karl Theodor Bleek (Jahrgang 1898), seit 1923 als Schwerkriegsbeschädigter in der preußischen Staatsverwaltung tätig, war 1933 kurzzeitig in den einstweiligen Ruhestand versetzt worden. Bis dahin Mitglied der DDP beziehungsweise der Deutschen Staatspartei, gelang es ihm jedoch bald, sich mit den neuen Verhältnissen zu arrangieren; als gutbezahlter Stadtkämmerer von Breslau trat der Jurist 1942 schließlich der NSDAP bei. Nach seiner Flucht vor der anrückenden Roten Armee wurde Bleek in Marburg, seinem einstigen Studienort, im Sommer 1946 als Kandidat der von ihm mitgegründeten LDP zum Oberbürgermeister gewählt; in seinem Entnazifizierungsverfahren, das zu diesem Zeitpunkt noch ausstand, gelang es ihm, seine NSDAP-Mitgliedschaft zu verschweigen (sie wurde erst Jahrzehnte nach seinem Tod bekannt).[132] Als Fraktionschef der Liberalen im Hessischen

Landtag machte Bleek in der Bundes-FDP Karriere und wurde 1951 Staatssekretär im Bonner Innenministerium. Heuss, der zu seinen Förderern gezählt hatte und dessen Ruf er dann im Sommer 1957 folgte, schätzte Bleek als zwar etwas umständlichen, aber erfahrenen Beamten («und dabei gescheit»). Dass sich sein neuer Amtschef 1958 für den spektakulären Prozess gegen Wilhelm Schubert und Gustav Sorge vor dem Bonner Landgericht interessierte, registrierte der Bundespräsident gegenüber Toni Stolper mit zufriedenem Erstaunen: «Bleek hat vor ein paar Tagen Kriminalstudent gespielt: indem er die hier seit Wochen laufenden, offenbar scheußlichen Prozesse gegen 2 Kapo-Leute aus Sachsenhausen besuchte. Er war sehr beeindruckt, auch von der Aussage eines (damals 15jährigen) jungen Juden, der aus Haifa gekommen war und einen Weinkrampf erlitt.»[133]

Womöglich hatte Heuss das Ende seiner Amtszeit noch nicht im Sinn, als er sich um Bleek bemühte. Doch als der Wechsel in der Villa Hammerschmidt dann bevorstand, erwies sich die Konstellation als ausgesprochen günstig: Mit Empfehlung von Heuss und zur großen Erleichterung von Heinrich Lübke blieb Bleek noch fast zwei Jahre auf seinem Posten, ehe er Ende August 1961 aus gesundheitlichen Gründen, die ihm schon seit Jahren zu schaffen machten, ein wenig vorzeitig in den Ruhestand ging. Diese Kontinuität an der Amtsspitze – zumal nach den Turbulenzen um Adenauers angekündigte und wieder abgesagte Kandidatur – trug nicht bloß zu einer geräuschlosen Übergabe bei. Bleeks Verbleiben führte auch dazu, dass der Altbundespräsident über den Gang der Geschäfte und die Stimmung unter Lübkes Mitarbeitern eine Zeitlang ziemlich auf dem Laufenden war. Ein halbes Jahr nach seinem Rückzug berichtete Heuss nach New York über seinen Nachfolger: «Sie haben ihn im Amt menschlich gerne, leiden aber darunter, dass er in den Entschlüssen zögerlich ist und nach vielem Hin und Her der Formulierungen eines team-works improvisiert und sich verheddert.»[134]

Die «Tagebuchbriefe» an Toni Stolper sind mit Blick auf die Imponderabilien des Präsidentenwechsels eine aufschlussreiche Quelle. Sie zeigen, wie sehr sich Lübke von seinem Vorgänger Orientierung und Unterstützung erhoffte. Schon in der zweiten Junihälfte 1959 –

sprich: zwischen seiner überstürzten Nominierung aufgrund von Adenauers Rückzieher und seiner Wahl am 1. Juli – suchte Lübke im Präsidialamt Rat, und in den beiden folgenden Wochen war er dort gleich dreimal zu Gast. Lübkes größte Sorge reflektierte Heuss' einschüchterndstes Talent: Wer würde wohl die Reden für den zweiten Bundespräsidenten schreiben, nachdem der erste dafür zehn Jahre lang praktisch keinerlei Unterstützung in Anspruch genommen hatte? Fast flehentlich bat der Noch-Bundesernährungsminister darum, dass Bleek und Heuss ihm «den ghostwriter besorgen» – während die beiden überhaupt froh waren, dass sie dafür «vorsichtig eine Etat-Stellung freigemacht» hatten. Und als Lübke bekannte, wie «schwer im Magen» ihm seine am 15. September zu haltende Ansprache lag, gab ihm Heuss, wie er seiner Vertrauten verriet, sogar «Stichworte für *seine* Rede nach der Vereidigung» mit. Spätestens in diesem Moment war für Heuss aus einer Ahnung eine Befürchtung geworden: dass «dieses Amt von seiner Frische verlieren» werde, wenn «das ‹Motorische›, das Bott und ein bisschen auch ich haben, jetzt im Amt eigentlich nur durch den gescheiten und schnellen Ehrgeiz (der Sachbewältigung) Einsiedlers repräsentiert wird».[135]

Von der journalistisch-intellektuellen «Frische», die sich Heuss selbst noch immer zugute hielt und die er bei seinen Beamten regelmäßig vermisst hatte, war allerdings nicht viel zu spüren, als er drei Tage vor Lübkes Amtseinführung ein letztes Mal «über alle deutschen Rundfunksender» sprach.[136] Schon, dass er seine Zuhörer in der zweiten Person Plural adressierte, gemeint natürlich als ein nettes Zeichen der Nähe, wirkte unpassend; mehr aber noch das reichlich eingestreute Selbstlob, wie üblich verbunden mit einem Dementi jeglicher Eitelkeit. Bei dem ihm einst so bedeutsamen Thema der NS-Vergangenheit beschränkte sich Heuss auf eine Bemerkung über die geleistete «Wiedergutmachung an dem schmachvollen Widerrecht, das so viele, zumal auch jüdische Menschen im ganzen hitlerischen Machtbereich erleiden mussten». Augenscheinlich wichtiger war es ihm, die 1955 gelungene «Statuierung der staatlichen Souveränität» hervorzuheben und – eingedenk der «in das Gefängnis des Verkümmerns» eingesperrten Deutschen – das Selbstbestimmungsrecht der Völker. Das vermeintliche «Wunder» namens Bundesrepublik erklärte der scheidende Bundespräsident zum einen aus dem schöpferischen «Selbsterhaltungstrieb des deutschen Menschen», zum andern aus der gewachsenen Einsicht «bei einem Teil der Sieger des Krieges» und ihrem Verzicht auf die «Formeln der Rache».

Das alles lag auf jener Linie der Rückgewinnung staatlicher Souveränität, die sich Heuss, gleichsam Hand in Hand mit Adenauer, in seiner zweiten Amtszeit zur Aufgabe gemacht hatte – und es war zugleich ein ganzes Stück entfernt von seinen historisch-politischen Ermahnungen aus der Anfangszeit. Statt um «Mut zur Liebe» und um das Bekenntnis zur «Kollektivscham» ging es vor allem darum, die Bundesrepublik nicht länger als ein «Provisorium» zu verstehen (ein Begriff, der Heuss, wie er noch zum Abschied bekannte, «immer etwas weh» tat). Viel lieber mochte er von einem stabilen «Transitorium» sprechen, von dem niemand sagen konnte, wann und wie es in einen freiheitlichen deutschen Nationalstaat münden würde.

Seinem Vorgänger in solchen Fußstapfen zu folgen, konnte für Lübke eigentlich kein Problem sein.

III. Systemkonkurrenz

Gemessen an den Peinlichkeiten im Vorfeld der dritten Bundesversammlung hatte Heinrich Lübke einen ordentlichen Start. Wohl waren auf ihn am 1. Juli 1959 im ersten Wahlgang nur die Stimmen der Unionsparteien entfallen – drei zu wenig für die absolute Mehrheit, doch immerhin exakt so viele, wie CDU und CSU Delegierte stellten. Im zweiten Anlauf aber setzte er sich gegen Carlo Schmid, den die SPD nominiert hatte, und Max Becker, den Kandidaten der FDP, durch.[1] Seine Antrittsrede am 15. September, vor der ihm so bange gewesen war, absolvierte Lübke letztlich ziemlich selbstbewusst. Auf ein paar Allgemeinplätze zu den Erfahrungen von Weimar und den darum begrenzten Machtbefugnissen des Bundespräsidenten folgten der Dank an Heuss für die «ritterliche Art seines Beistandes in den Tagen der Überleitung» und ein Lob seiner «vorbildlichen Amtsführung». Sodann nahm Lübke Gelegenheit zu einer ausführlichen Selbstvorstellung. Darin bekannte sich der 64-Jährige zu dem «einfachen, vielfach schweren Leben» im dörflichen Sauerland seiner Kindheit, aber auch zu dessen «Schönheiten»; er schilderte seine Zeit als Gymnasiast, als Kriegsfreiwilliger seit dem 1. August 1914 («in der irrigen Annahme, ich würde sonst zu spät an die Front kommen») und schließlich als Geschäftsführer der Deutschen Bauernschaft – ein Weg, der ihn 1932 für das Zentrum in den Preußischen Landtag führte. Das «Dritte Reich» durchlebte Lübke nach dieser Lesart als politisch Verfolgter: «Am 1. April 1933 wurden alle landwirtschaftlichen Organisationen, natürlich auch unsere, aufgelöst und ich am gleichen Tage verhaftet und wieder freigelassen. Nach etwa zehn Monaten erfolgte die zweite Verhaftung, die mir mehr als 20 Monate Zeit gab, darüber nachzudenken, was Freiheit und Menschenwürde bedeuten. Im August 1944 sollte ich erneut verhaftet werden; aber man hat mich dann glücklicherweise vergeblich gesucht. Nach meiner Entlassung aus der Haft im Herbst 1935 war ich bis nach dem zweiten Weltkrieg im Bauwesen tätig.»

An dieser Schilderung einer Laufbahn, die ihn im Januar 1947 mit einer gewissen Logik in das Amt des Ministers für Ernährung, Landwirtschaft und Forsten im neugegründeten Nordrhein-Westfalen und 1953 an die Spitze des gleichnamigen Bundesministeriums geführt hatte, nahm damals niemand in der Presse Anstoß. Die Darstellung wirkte im Gegenteil so stimmig, dass sogar die einzige pointierte Botschaft seiner Rede kein Echo hervorrief: Als Lübke nämlich «die Eingliederung der Entwicklungsländer in unsere geistige und ökonomische Welt» zur «Sicherung unseres Lebens» für unumgänglich erklärte und kühn hinzusetzte: «Dafür Opfer zu bringen ist leicht, wenn man bedenkt, welche Summen allein in der Bundesrepublik jährlich für Tabak und alkoholische Getränke ausgegeben werden – ich nenne das nur als Beispiel –, während aus weiten Teilen der Welt der Jammer der Mütter um ihre hungernden Kinder zu uns dringt. Wollen wir uns diesem Ruf verschließen? Was wird sich ereignen, wenn die hungernden Massen, organisiert durch zerstörerische Ideologien, aufstehen und die wohlhabenden Völker zum Kampf um das Brot zwingen!»[2]

Das war, exemplifiziert an einem ihm wichtigen Thema, schon gleich zum Auftakt nicht nur ein Hinweis auf Lübkes politischen Gestaltungswillen (mit dem der Frischgewählte letztlich so wenig durchdringen sollte wie sein Vorgänger), sondern auch eine für ihn typische Sentenz: in der noch oft zu hörenden Mischung aus christlicher Barmherzigkeit und nüchtern kalkulierender Rechtschaffenheit, aus kleinbäuerlichem Biedersinn und antikommunistischem Eintreten für das Wohl der Nation. Und das schien in einer spezifischen Spannung zu Erwartungen zu stehen, wie sie etwa der Heuss-Verehrer und Mitherausgeber der «Großen Deutschen» Benno Reifenberg formulierte. Dessen staatstragender Leitartikel in der *Frankfurter Allgemeinen* («Dem zweiten Präsidenten zum Geleit») riet Lübke im

Grunde zu bravem Epigonentum: «Das Amt, das er übernimmt, steht ihm und der deutschen Öffentlichkeit in deutlichen Umrissen vor Augen. Er braucht an diesen Umrissen nichts zu ergänzen». Schon gar nicht aber solle der Neue versuchen, von Heuss die Rolle des Intellektuellen zu übernehmen: «Es gibt keine Spezialkenntnisse, die besonders zur Präsidentschaft legitimieren. Es wird nichts mehr und nichts weniger verlangt als das Standfeste, das im rechtlichen Denken beschlossen ist. Wir nehmen an, ein Mann, der einmal in miserabler Zeit zwanzig Monate Schutzhaft hinter sich hat, werde es an Selbstvertrauen nicht fehlen lassen.»[3]

Wer wie Heuss und Reifenberg mit einem Nachfolger vom Schlage eines Hermann Heimpel geliebäugelt hatte, für den war Lübke natürlich eine Enttäuschung. Walter Henkels hingegen, selbsternannter Hofporträtist der «Bonner Köpfe», vermochte dem «Mann aus dem Volke» einiges abzugewinnen. Neben Lübkes Liebe zum Sauerland und seiner präsidialen Erscheinung (mittelgroß, kerzengerade, schneeweißes Haar, «Gesichtszüge sind nicht bedeutend, aber Mund und Auge sind ausdrucksvoll») beeindruckte den FAZ-Korrespondenten vor allem dessen plastische Schilderung seiner Zeit in Plötzensee, Moabit und im Gefängnis Alexanderplatz. Über die Gründe für Lübkes Verhaftung schwieg Henkels sich freilich aus – und folgte der Erzählung seines Protagonisten, dem man nach seiner Entlassung geraten habe, «aus Berlin zu verschwinden». Deshalb sei der ausgebootete Agrarfunktionär zunächst auf den Bauernhof seines Bruders Friedrich (des späteren Ministerpräsidenten von Schleswig-Holstein) gegangen. «Von 1937 an ‹überwinterte› er bei einer privaten Baugesellschaft und wurde 1938 bei der Wehrmacht zum Hauptmann befördert.»[4]

Die Diskretion, mit der in den fünfziger und sechziger Jahren öffentlich über politische Lebensläufe im «Dritten Reich» gesprochen wurde, erstreckte sich nicht nur auf jene, die eine mehr oder weniger lange Mitgliedschaft in der NSDAP oder Schlimmeres zu verbergen suchten. Sie hatte auch zur Folge, dass über Nichtmitgliedschaften geschwiegen wurde: Dass sich einer wie Lübke selbst in späteren Jahren nicht zu einem Parteibeitritt verstanden hatte, fand eher keine Erwähnung – schon deshalb, weil es jene herabgesetzt hätte, die schließlich doch irgendeiner Aufforderung, opportunistischen Erwägungen oder der eigenen Bequemlichkeit nachgegeben hatten. Andererseits galt eine Inhaftierung in der Anfangszeit des Regimes oft, aber nicht immer zu Recht, als Ausweis politischer Untadeligkeit über dessen gesamte Dauer hinweg, wobei über den Kriegsjahren ohnehin ein fast allseits dankbar akzeptierter Schleier des Ungefähren und Nichtwissenwollens lag. Für den damals vielzitierten «Otto Normalverbraucher» waren solch ungeschriebene Diskursregeln angenehm; für einen Bundespräsidenten, der auf deren zeitlich unbegrenzte Gültigkeit vertraute, sollten sich daraus noch Schwierigkeiten ergeben – zumal vor dem Hintergrund einer deutsch-deutschen Systemauseinandersetzung, in der die DDR das Thema einer angeblich nur im Westen «unbewältigten Vergangenheit» seit Ende der fünfziger Jahre mit wachsender Perfektion auszumünzen verstand.

Heinrich Lübke und die präsidiale Kontinuität

Wie sehr sich der zweite Bundespräsident bemühte, im Umgang mit der NS-Vergangenheit in den Spuren seines Vorgängers zu bleiben, zeigte zwei Wochen nach seinem Amtsantritt sein in der *Allgemeinen Wochenzeitung der Juden* veröffentlichtes Glückwunschschreiben zum jüdischen Neujahrsfest. Knapp, ein wenig steif und nicht so inhaltsreich, wie Heuss sich dort eine Dekade lang Jahr um Jahr geäußert hatte, aber doch auf Seite eins, mit faksimilierter Unterschrift und in einer Weise, die keinen Zweifel an seiner Empathie erlaubte, erklärte Lübke: «Es ist mein aufrichtiger Wunsch, dass die erfreulichen Ansätze zur Wiederherstellung ungetrübten Zusammenlebens im gemeinsamen Vaterlande sich auch in dem neuen jüdischen Jahr günstig entwickeln mögen.»[5]

Drei Monate später war das fest geknüpfte «Vertrauensband», das Lübke von Heuss übernommen zu haben glaubte, einer harten Zerreißprobe ausgesetzt. In der Nacht vom 24. auf den 25. Dezember 1959 hatten zwei junge Rechtsradikale das Portal der erst im September feierlich wiedereingeweihten Kölner Synagoge mit Hakenkreuzen und antisemitischen Parolen beschmiert. Es handelte sich beileibe nicht um die erste Schändung jüdischer Einrichtungen oder Friedhöfe im Nachkriegsdeutschland, und bereits im Vorjahr hatte es einen ganz ähnlichen Vorfall an der Düsseldorfer Synagoge gegeben. Aber die Welle der Empörung, die nun um den Globus ging, war präzedenzlos. Wie der Kanzler, hatte auch der Bundespräsident sogleich reagiert. Am Montag nach den Feiertagen zitierten die Zeitungen aus Lübkes Telegramm an die Kölner jüdische Gemeinde, in dem er «in tiefster Empörung über die verwerfliche Schändung» versicherte, «dass das deutsche Volk, auf dessen Namen Verbrechen schon einmal Schmach und Schande gehäuft haben, sich durch das Gebot der Nächstenliebe verpflichtet fühlt, in friedvoller Gesinnung und gegenseitiger Achtung mit allen Menschen zusammenzuleben. Wo immer ewig Gestrige in Unbelehrbarkeit und Verstörtheit die sich anbahnende Versöhnung zu zerstören versuchen, wird alles geschehen, sie der gerechten Strafe zuzuführen.»[6] Der Zentralrat der Juden reagierte weniger gestelzt: Die beiden Täter (sie hatten noch an Weihnachten dingfest gemacht werden können und standen bereits Anfang Januar vor Gericht) hätten das höchste christliche Fest dazu benutzt, um Hass und Missachtung der Menschenwürde zum Ausdruck zu bringen. Es sei, so fasste die *Süddeutsche* die Stellungnahme zusammen, «verhängnisvoll, im Jahre 1959 Bilder zu beschwören, die an die Novembertage des Jahres 1938 erinnerten».

Tatsächlich meldeten Polizei und Verfassungsschutz in den nächsten Tagen und Wochen eine Vielzahl weiterer Straftaten, sodass in den Medien sehr schnell von einer antisemitischen «Schmierwelle» die Rede war und Fragen nach dem Zustand der bundesdeutschen Demokratie die Runde machten.[7] Die weltweite Berichterstattung traf die Bonner Politik gänzlich unvorbereitet, obwohl es seit geraumer Zeit Anzeichen eines sich reorganisierenden Rechtsradikalismus und einer damit verbundenen Judenfeindlichkeit gegeben hatte – sicherlich auch als Reaktion auf neue NS-Prozesse nach Jahren des Ahndungsstillstands, die Gründung der Zentralen Stelle der Landesjustizverwaltungen in Ludwigsburg und angesichts von Forderungen nach einem Mehr an «Aufklärung» und Vergangenheitskritik, die auf der Linken und in Teilen der Flakhelfer-Generation inzwischen lauter wurden. Der kritische Blick der pädagogischen Experten galt dabei weniger den einstigen nationalsozialistischen Funktionseliten als vielmehr den Einstellungen von Jugendlichen und jungen Erwachsenen zum «Dritten Reich». Manche deuteten den offenbar gerade bei jungen Leuten überraschend großen Erfolg des «Tagebuchs der Anne Frank» – die Bühnenfassung war Ende der fünfziger Jahre im Osten wie im Westen Deutschlands das meistinszenierte Theaterstück – als Indiz für Versäumnisse in den Schulen und in der politischen Bildung. Nicht von ungefähr hatten die Christlich-Jüdischen Gesellschaften keine zwei Monate vor der Kölner Synagogenschändung in Wiesbaden zu einer «Erzieherkonferenz» geladen, auf der Theodor Adorno seinen bald berühmten Vortrag hielt: «Was bedeutet Aufarbeitung der Vergangenheit?»[8]

Heinrich Lübke war also durchaus auf der Höhe der Debatte, als er in den Wochen und Monaten nach dem Kölner Skandal (zu dessen bundespolitischen Weiterungen Mitte Januar 1960 eine eindrückliche Fernsehansprache Adenauers und Mitte Februar ein von Bundesinnenminister Gerhard Schröder vorgestelltes «Weißbuch» zählten) mit Vertretern des Deutschen Jugendrings sprach und begann, Schulklassen zu besuchen. Offenbar waren es nicht zuletzt solche eigenen Erkundungen, die ihn bewogen, bei einem Berlin-Aufenthalt Anfang Februar vor dem dortigen Schülerparlament «Versäumnisse» in der historischen Bildungsarbeit einzuräumen. Zugleich aber verneinte der Präsident, «dass die jungen Menschen nur sehr wenig oder gar nichts von der jüngsten Vergangenheit Deutschlands wüssten». Auch sei es nicht richtig zu behaupten, dass sie «nicht den unschätzbaren Wert unserer freiheitlichen Staatsordnung erkennen und ebenso wenig den ungeheuren Schaden, den die unselige Diktatur angerichtet hat». Die antisemitischen Ausschreitungen seien «Einzelfälle». Daraus dürfe man (wie es Lübkes Lieblingsgegner Schröder in seinem «Weißbuch» kurz darauf tat) «Schlussfolgerungen auf die Haltung der Jugend zum demokratischen Staat nicht ziehen».[9] An der Freien Universität ging Lübke sogar noch einen Schritt weiter und wiederholte fast wörtlich, was er ein paar Tage zuvor auf das alarmierte Telegramm von Siegfried Moses aus Jerusalem geantwortet hatte, des Präsidenten des Council of Jews from Germany: «Wenn die Weltpresse unsere geschlossene öffentliche Meinung gegen die Schändungen ebenso breit behandelt hätte wie die einzelnen Untaten, so wäre das Gesamtbild für Deutschland günstiger.»[10]

Ziemlich aus dem Stegreif, dem verzeichneten Applaus zufolge jedoch nicht ohne Wirkung, belehrte er am selben Tag in Berlin auch die Bewohner eines jüdischen Altenheims: Es seien nur ganz kleine Gruppen Jugendlicher «von drei, fünf, zehn Mann», die von alten nationalsozialistischen «Einzelgängern» beeinflusst würden. Derer aber würden die staatlichen Behörden Herr. Sogar David Ben-Gurion, der israelische Premierminister, habe «vor seinem eigenen Parlament draußen Deutschland in Schutz genommen gegen Angriffe». Und unter Berufung auf Nahum Goldmann, Heinz Galinski, Hendrik van Dam und Karl Marx – alles Leute, die «sprechen und schreiben, hören und sehen» –, pries Lübke die «Energie» und die «vereinte Kraft» der deutschen Politik, die «unsere jüdischen Mitbürger so schützen kann, dass Sie keinerlei Sorge zu haben brauchen».[11]

Im Unterschied zu Altbundespräsident Heuss, der ein halbes Jahr nach der «Schmierwelle» gemeinsam mit Toni Stolper zu einem Besuch in Israel aufbrach (und dort sogar mit der überraschenden, für weltweites Aufsehen sorgenden Nachricht von der Entführung Adolf Eichmann aus Argentinien umzugehen wusste),[12] hatte Lübke schon aufgrund der noch bis 1965 ausbleibenden diplomatischen Beziehungen kaum Möglichkeiten zu Gesten gegenüber der Regierung in Jerusalem. Dass seine Worte an die Juden oft etwas dürr und unbeholfen wirkten, war Ausdruck jener allgemeinen Befangenheit, die er mit den meisten nichtjüdischen Deutschen seiner Generation teilte – aber wohl auch des Umstands, dass es ihm, anders als Heuss, an persönlichen Kontakten in die jüdische Welt und ihre intellektuellen Netzwerke mangelte.

Mitte März 1960 stand die alljährliche «Woche der Brüderlichkeit» im Terminkalender des Präsidenten. Wiederum der von Heuss begründeten Tradition folgend, hatte sich Lübke ein Vierteljahr zuvor zu einer Ansprache vor der Gesellschaft für Christlich-Jüdische Zusammenarbeit in Wuppertal bereit erklärt – und war dann nur mit Mühe zu einer Umplanung zu bewegen, um besser dorthin zu gehen, wo, wie Referatsleiter Welchert konstatierte, «die Zwischenfälle ihren Ausgang nahmen».[13] Wer allerdings erwartete, dass der Präsident in Köln klare Worte zu der Synagogenschändung finden, seine Rede gar damit eröffnen würde, sah sich getäuscht. Unter dem Motto «Menschlichkeit unter allen Menschen» warf Lübke, als sei nichts geschehen, die reichlich allgemeine Frage auf, was dem «Zueinanderfinden» von Juden und Christen im Wege stehe, «zu dem wir uns heute alle bekennen und um das wir uns ernstlich bemühen». Und statt eine konkrete, womöglich gar aktuelle Antwort zu versuchen, bog er erneut auf jene Linie des Floskelhaften und Exkulpatorischen ein, die er zu Beginn der «Schmierwelle» eingeschlagen hatte: «Da ist zunächst das ungeheure Ausmaß von Schuld und Verbrechen, das die Machthaber des nationalsozialistischen Regimes dem jüdischen Volke gegenüber auf sich geladen haben. Dass sie es unter Missbrauch des deutschen Namens taten, belastet uns alle, obwohl wir nicht in der Lage waren, diese Verbrechen zu verhindern, weil uns ja damals auch selbst die notwendigen Möglichkeiten dafür nicht zu Gebote standen. Aber viele von uns – ich habe die damalige Zeit größtenteils in Berlin verbracht – werden sich erinnern an all' die vielen Versuche, zu helfen, an all' die vielen Aktionen, die auch geglückt sind, aber die doch nur ein viel zu Weniges darstellen gegenüber der Katastrophe im Ganzen.»[14]

Gut die Hälfte seiner Redezeit beanspruchte ein historisches Referat über die «älteste jüdische Synagogengemeinde in Deutschland», ehe Lübke bei der aus seiner Sicht jetzt anstehenden «Aufgabe der Christen und Juden» ankam: einer «Normalisierung der Beziehungen». Die Christen hätten dabei die «größere und schwierigere Aufgabe zu bewältigen, weil wir nach all dem Leid, das in der Vergangenheit dem jüdischen Volk zugefügt wurde, unsere aufrichtige

Bereitschaft zur Achtung und zur brüderlichen Liebe immer von Neuem unter Beweis stellen müssen».

Wieder war es ein täterloses Leid, das die Juden irgendwie ereilt hatte, wieder kam die stereotype Wendung vom «Missbrauch des deutschen Namens», und noch einmal formulierte das Staatsoberhaupt als Ziel, «auf allen Seiten die Anti-Gefühle» abzubauen und den – an keiner Stelle so benannten – Judenmord «allmählich vergessen zu machen». Dem in der bundesdeutschen Gesellschaft inzwischen doch deutlicher werdenden Trend in Richtung einer selbstkritischen «Vergangenheitsbewältigung», wie er etwa 1959 in der spektakulären, im Umkreis des Sozialistischen Deutschen Studentenbunds organisierten Ausstellung «Ungesühnte Nazijustiz» seinen Ausdruck gefunden hatte, stand diese Rhetorik teils hilflos gegenüber, teils sogar entgegen.

Konkreter und direkter wurde der Bundespräsident erst, als er im letzten Teil seiner Rede das Thema aufgriff, bei dem er sich offenbar am Puls der Zeit und, ungeachtet der eigenen Kinderlosigkeit, besonders kundig fühlte: «Erziehung der Jugend». Die Aufgabe bestehe darin, so Lübke, dass Elternhäuser und Schulen «in ernsterer Form, als das bisher geschehen ist», dahin wirken müssten, «dass die Kinder die jüdische Geschichte kennenlernen und auch die neuere Zeitgeschichte in diesem Punkte richtig vorgetragen bekommen». Die verquere Logik des Erlebnisses, von dem er dann berichtete, lief darauf hinaus, die gesellschaftliche Aufgabe der Auseinandersetzung mit dem Judenmord gleichsam generationell weiterzureichen – nämlich von dessen Zeitgenossen an die nach dem Krieg Geborenen: «Ein Vater erzählte mir vor kurzem, dass ein zehnjähriger Junge plötzlich mittags beim Essen sein Besteck weggelegt hat. Es schmeckte ihm nicht mehr; es fiel ihm ein, dass der Lehrer in der Schule über die Verfolgung der Juden erzählt hatte. Das Kind hatte vor Entsetzen weit aufgerissene Augen, als es fragte, ob das wahr wäre.»

Als Lübke im Jahr darauf die «Woche der Brüderlichkeit» erneut eröffnete, diesmal in der Frankfurter Paulskirche, hatte an seiner Rede ein ebenso versierter wie ambitionierter Zeithistoriker mitgeschrieben: Hans Buchheim, Jahrgang 1922 und Autor einer kleinen

Gesamtdarstellung über «Das Dritte Reich» (1958), war Anfang November 1960 aus dem Münchner Institut für Zeitgeschichte in die Villa Hammerschmidt gekommen.[15] Obgleich ein Vierteljahr später schon wieder auf dem Sprung zurück – offenkundig frustriert von einem Präsidenten, über dessen Beratungsresistenz und sturen Eigensinn in Bonn längst gemunkelt wurde –, war es dem anerkannten Forscher gelungen, die Ansprache mit ein paar zeitgeschichtlichen Fakten aufzuladen. So ging Lübke im März 1961 zwar erneut bis in die Antike zurück und lieferte einen Exkurs über das «kleine selbstbewusste und wehrhafte hebräische Bauernvolk». Aber er lobte auch, wohl von Buchheim angeregt, die im Nachgang zum Ulmer Einsatzkommando-Prozess gegründete Zentrale Stelle der Landesjustizverwaltungen in Ludwigsburg. Deren «Verfolgung der Mörder» sei ein «nicht unwesentlicher Teil unserer Wiedergutmachung».[16]

War schon Letzteres die höchst eigenwillige Auslegung eines problematischen, damals aber weithin akzeptierten Begriffs für die nach wie vor umstrittene Politik der Entschädigung und Restitution, so irritiert im Rückblick mehr noch Lübkes Nachsatz, die Deutschen erhofften sich als «Beitrag der Juden zur Wiedergutmachung, dass sie unseren guten Willen nicht ohne Antwort lassen». In letzter Minute gestrichen hatte er immerhin die fast wie eine Drohung wirkende Überlegung, besagter guter Wille würde mit der Zeit erlahmen, «wenn wir nicht fühlen, dass auch auf der anderen Seite das Vertrauen wächst. An die Stelle von Begegnung und Zusammenarbeit könnte wieder neuer Argwohn treten.»

Nur ein paar Absätze zuvor war dem Präsidenten einer jener Lapsus Linguae unterlaufen, die in den nächsten Jahren, verstärkt noch durch seine bald berüchtigte Neigung, von den ausformulierten Vorlagen abzuweichen, notorisch werden sollten. Manchem seiner Zuhörer wird es allerdings wie ein Freud'scher Versprecher vorgekommen sein, als er von der «Vernichtung des deutschen Volkes in Europa» sprach, wo es hatte heißen sollen: «Die Vernichtung des jüdischen Volkes in Europa ist zwar nur von wenigen Tausend Rädelsführern bewusst gewollt und organisiert, aber doch unter

Missbrauch des Namens des ganzen deutschen Volkes betrieben worden.»

In der Druckfassung im *Bulletin* des Bundespresseamts folgt an dieser Stelle ein Nachsatz, den Lübke ebenfalls im Typoskript gestrichen und in Frankfurt nicht vorgetragen hatte: «Leider findet man auch heute noch im Ausland eine entsprechende verallgemeinernde Darstellung.» Das dürfte als verklausulierte Kritik an den frühen, fast ausschließlich von Überlebenden verfassten Untersuchungen über den Judenmord gedacht gewesen sein und ging vermutlich auf Hans Buchheim zurück, dessen zeitgeschichtliches Deutungsangebot im Übrigen ganz gut mit der antikommunistischen Vorstellungswelt des Präsidenten zusammenpasste. Der Sohn des sächsischen Historikers und Hitler-Gegners Karl Buchheim war nämlich ein prononcierter Anhänger der Totalitarismustheorie und wie der Präsident ein gläubiger Katholik. Entsprechend hieß es in Lübkes Vortrag, «totalitäre Herrschaft, die ihre Ausprägung im ‹Dritten Reich› ebenso wie im Bolschewismus gefunden hat», leugne die Existenz Gottes und stelle damit gerade das in Frage, was Juden und Christen vereine. «Der totalitäre Machthaber will das menschliche Dasein an seinen Wurzeln in den Griff bekommen und die Menschen zu seinen Kreaturen erniedrigen, so dass sie ihm bis in ihr Gewissen hinein verfügbar werden. So nimmt er den Platz Gottes für sich in Anspruch und lässt seine eigene Heilslehre verkünden.»

Aus dieser dezidiert christlichen Perspektive meinten Lübke und sein Redenschreiber die «gemeinsamen Züge» erkennen zu können, «die trotz allem das Schicksal des deutschen und des jüdischen Volkes unter der totalitären Herrschaft Hitlers aufweisen». Im weiteren Argumentationsgang verbanden sich die ins Abstrakt-Politologische tendierenden Erkenntnisse des Zeithistorikers dann in nicht mehr unterscheidbarer Weise mit den apologetischen Bedürfnissen des Präsidenten: «Das deutsche Volk hatte in nationalsozialistischer Zeit eine Doppelrolle zu tragen: es nahm einerseits an der Gewaltherrschaft teil und war ihr andererseits unterworfen. Deutsche waren unter den Verfolgern, aber auch unter den Verfolgten, unter den Mördern, aber auch unter den Gemordeten, unter den Schändern, aber auch unter den Geschändeten. Das volle Bild der historischen Wirklichkeit gewinnen wir aber erst, wenn wir uns klarmachen, dass diese Verbrechen, von denen ich spreche, die uns in dieser Zeit eine Schande auf das Volk gehäuft haben wie nie, solange es eine deutsche Geschichte gibt, dass die in Wirklichkeit, wenn man es näher prüft, von einer Minderheit, und zwar von einer kleinen Minderheit ausgeführt und organisiert worden sind. Man darf dabei nicht diejenigen mitzählen, die aus Angst oder Furcht oder aus Sorge um ihr Brot die Augen zugemacht haben. Die rechne ich dabei nicht mit.»

Mit diesen Ausführungen, die es zu Teilen wörtlich – in der sprachlich klareren Fassung des Manuskripts – auf die Titelseite der *Frankfurter Allgemeinen* schafften,[17] hatte der Präsident demonstriert, wie perfekt sich die um 1960 rezente Totalitarismustheorie eignete, die Verbrechen der Deutschen anzusprechen und sie im selben Atemzug zu relativieren: Wenn Deutsche lediglich «unter» den Verfolgern und Mördern gewesen waren – dann waren die Nationalsozialisten entweder keine Deutschen gewesen oder die Verantwortung für den Judenmord lag noch bei anderen. Dieser Logik der Externalisierung folgte auch Lübkes sorgsam ziselierter Schluss, der die gängige Nabelschau auf die Deutschen als Opfer aufgriff und ihnen – weil nach Erstem Weltkrieg und Weltwirtschaftskrise «so geschwächt und so ratlos» geworden – sogar noch eine «tragische Rolle» beizumessen verstand: «So wurde das deutsche Volk als schuldig-unschuldiges Werkzeug der totalitären Herrschaft zusammen mit deren Opfern in ein gemeinsames grausames Schicksal verstrickt.»

Nicht allen Beobachtern wird die wortklauberische Scheinheiligkeit dieser sonntagnachmittäglichen «Feierstunde» entgangen sein. Das weitere Programm der «Woche der Brüderlichkeit» jedenfalls las sich wie ein Kommentar zu der Präsidentenrede: Für Dienstag waren im Frankfurter Studentenhaus gleich drei Aufführungen von Wolfgang Staudtes justizkritischem Spielfilm «Rosen für den Staatsanwalt» (1959) angesetzt, und am Mittwochabend sprach Hans Buchheim auf Einladung des Stadtelternbeirats zum Thema «Warum Zeitgeschichte im Unterricht». Der Programmpunkt ging wohl auf

Buchheim selbst zurück, der bereits Monate zuvor bei Lübke angeregt hatte, die Christlich-Jüdischen Gesellschaften zu ermahnen, «ihre Esoterik zu überwinden» und die Jugend zur Mitarbeit aufzurufen. In vielen Städten, so der sendungsbewusste Wissenschaftler, seien diese nämlich bloße «Zirkel einiger wohlmeinender Honoratioren, die bei der Bevölkerung kaum bekannt sind, geschweige denn Widerhall finden».[18]

Tatsächlich blieb die Resonanz auf Lübkes Rede begrenzt. Im Unterschied zur FAZ, die ihre lokale Leserschaft im Blick behalten musste, begnügte sich etwa die *Süddeutsche Zeitung* mit einem Agenturbericht; an einen wörtlichen Abdruck des Manuskripts, wie ihn Heuss angesichts der Aura des Ortes womöglich bekommen hätte, scheint niemand gedacht zu haben. Das mochte mit der Alljährlichkeit des Ereignisses zusammenhängen, vielleicht auch mit dem Faktum, dass es Lübkes zweiter Paulskirchen-Auftritt binnen eines halben Jahres war. Mehr aber noch war es wohl auf die begrenzten Fähigkeiten des Redners zurückzuführen, über die inzwischen öffentlich gelästert wurde. Benno Reifenbergs Kommentar zu Lübkes – ansonsten gleichfalls wenig wahrgenommene – Laudatio auf Victor Gollancz, der im September 1960 den Friedenspreis des Deutschen Buchhandels erhalten hatte, war dafür ein frühes und brutales Beispiel: «Der Herr Bundespräsident hat in der Paulskirche mit seiner Lobpreisung einfach und deutlich die Persönlichkeit eines außergewöhnlichen Menschen dargestellt, verständlich für jedermann.»[19]

Die Würdigung des englischen Verlegers, der in den frühen Nachkriegsjahren als Humanist einer kollektiven Schuld der Deutschen widersprochen und auf den sich Heuss deshalb bereits 1949 in seiner Wiesbadener Rede bezogen hatte, war Lübke wichtig genug gewesen, um Buchheim noch vor dessen Dienstantritt um Mithilfe zu bitten (von der allerdings, wie so oft bei diesem Präsidenten, praktisch nichts übrig blieb).[20] Zu seinen Zweifeln, ob er dem Preisträger gerecht werden könnte («von meinem beruflichen Werdegang her»), bekannte sich Lübke sogar noch im Vortrag. Aber die Verlockung, den schon von Heuss Geehrten im Sinne einer Exkulpation der Deutschen in Anspruch zu nehmen, war offenbar jede Anstrengung wert – weshalb die Druckfassung am Ende auch zu den stilistisch anspruchsvolleren Texten zählte, die im regierungsamtlichen *Bulletin* unter dem Namen des Präsidenten erschienen: «Victor Gollancz, der Feind, der uns wie unser bester Freund begegnete, der Brite, der nicht Unterwerfung verlangte, sondern um unser Vertrauen warb, der Jude, der uns nicht als Mörder ansah, sondern als ‹Mitglieder der allumfassenden Bruderschaft der Menschen›», hat damals einen Sieg über uns errungen, der im menschlichen Bereich viel schwerer wiegt als ein Sieg der Waffen. Er hat die Menschen gewonnen, zueinander geführt und damit den Frieden bereitet.»[21]

Dass zu Lübkes Rede auf Gollancz auch der Altbundespräsident erschien, war zweifellos als Geste gegenüber dem Geehrten gemeint. Aber es demonstrierte auch, dass die Unterschiede zwischen Heuss und Lübke, wenn es um die Deutung der «jüngsten Vergangenheit» ging, längst nicht so bedeutend waren, wie schon zeitgenössisch das sich bald eintrübende Bild des zweiten Bundespräsidenten suggerierte. Die rhetorische Verpackung wirkte bei Heuss meist freundlicher als bei seinem Nachfolger, der entweder an seinen – auf Mündlichkeit nicht recht angelegten – Manuskripten klebte oder in freier Rede gefährlich mäanderte. Doch die vergangenheitspolitische Botschaft war bei beiden sehr ähnlich. Ihr Tenor in Stichworten: keine Kollektivschuld, wohl aber gemeinsame Verantwortung aller Deutschen; kein Schlussstrich, wohl aber Versöhnungserwartungen gegenüber den Juden als Gegenleistung für die «Wiedergutmachung»; Hitler und seine «Schergen» waren eine kleine Minderheit, die große Mehrheit der Deutschen deren Opfer.

Lübkes Bedürfnis, im Umgang mit der Vergangenheit die Kontinuität zu Heuss zu betonen, zeigte sich auch bei seiner ersten offiziellen Auslandsreise, die ihn im Juni 1961 nach Frankreich führte. Doch Präsident de Gaulle, der für das Glamourpaar John F. und Jacqueline Kennedy gerade erst einen gloriosen Empfang in Versailles gegeben hatte und gegenüber den rechtsrheinischen Nachbarn ganz auf Adenauer setzte, hielt Lübke, wie der *Spiegel* beobachtete, dezidiert auf Distanz.[22] Da half es weder, dass der Gast aus

Bonn gar nicht erst den Versuch machte, zugunsten der drei verbliebenen deutschen «Kriegsverurteilten» in Frankreich zu intervenieren – darunter zwei SS-Führer, die, wie er fand, «so viel auf dem Gewissen» hatten[23] –, noch, dass es dem neuen Redenschreiber in der Villa Hammerschmidt gelungen war, den nervösen Präsidenten vor zu langen Reden zu bewahren. Alois Mertes (den es, wie Buchheim, nur kurz in Lübkes Diensten halten sollte) lag sicherlich nicht falsch mit seiner Einschätzung: «Ein Satz oder auch nur ein Gedanke wie ‹Nächst den Juden haben die Deutschen am meisten unter dem Nationalsozialismus gelitten› gehen in Frankreich haargenau daneben.»[24]

Aber bei allem Bemühen, in den Fußstapfen von Heuss zu bleiben, wagte Lübke auch Neues. Im Sommer 1963 begleitete er Italiens Staatspräsident Antonio Segni nach Dachau, wo oberhalb des Lagerfriedhofs auf Initiative italienischer Widerstandskämpfer eine Gedenkkapelle entstanden war. Zusammen mit seinem Staatsgast gedachte Lübke dort der Italiener, «die in den verschiedenen nationalsozialistischen Konzentrationslagern umgekommen sind».[25] Segni, katholisch und konservativ wie Lübke, jedoch von großagrarischer Herkunft, machte es seinem Kollegen leicht, indem er nicht nur den italienischen, sondern auch den deutschen Widerstand gegen Hitler würdigte, die Zukunft Europas beschwor und mit der Bemerkung schloss: «Wir wollen im Lichte der gemeinsamen Ideale vergessen, was uns trennte, und, gestärkt durch die Macht der christlichen Vergebung, der Nächstenliebe und der Gemeinsamkeit unseres Wollens, nur dessen gedenken, was uns für immer eint.» Den Hinweis auf den 20. Juli 1944 griff Lübke natürlich dankbar auf. Aber er bekannte auch, klarer als bisher und «voll Trauer, dass es Deutsche waren, die diese Verbrechen damals begingen». Und er versicherte seinem Gast – «ähnlich wie mein verehrter Vorgänger im Amt, Professor Theodor Heuss, dies im November des Jahres 1957 am Mahnmal in den Fosse Ardeatine getan hat» –, «dass wir allen Opfern der Tyrannei stets ein ehrendes Andenken bewahren werden».

Gemessen an diesem glaubensformelhaften Sprechen war die

Bundespräsident Heinrich Lübke und (zu dessen Rechter) Staatspräsident Antonio Segni am 31. Juli 1963 vor der italienischen Gedenkkapelle in Dachau.

letzte große Rede zum Thema «Drittes Reich» und NS-Verbrechen, die Heinrich Lübke zwei Wochen vor dem 20. Jahrestag des Kriegsendes in Bergen-Belsen hielt, von geradezu literarischer Qualität.

In deutlichem Kontrast zu Adenauers seit eineinhalb Jahren amtierendem Nachfolger Ludwig Erhard, der am Vorabend des 8. Mai 1965 zur besten Sendezeit den westlichen Alliierten dankte, den Bundesbürgern Aufbaustolz und Selbstbewusstsein nahelegte, den Mord an den europäischen Juden aber mit keinem Wort erwähnte,[26] zeigte sich der Bundespräsident bei dem mittäglichen Staatsakt in Belsen am 25. April 1965 von großer Nachdenklichkeit.[27] Wenn es eine Gemeinsamkeit gab zwischen den lediglich im Nachtprogramm des ZDF gesendeten Worten Lübkes an einer «der Stätten, deren Namen ein Gefühl abgrundtiefer Scham in uns aufkommen lassen», und der über alle Hörfunk- und Fernsehkanäle verbreiteten Ansprache des Bundeskanzlers, dann war es der bei beiden fehlende, mit den rhetorischen Routinen des Kalten Krieges nach wie vor für unvereinbar erachtete Hinweis auf die zentrale Rolle der Sowjetunion im Kampf gegen Hitler-Deutschland und auf das Leid der Völker im Osten Europas.

Vor allem im ersten Drittel seiner langen Rede war Lübke in Belsen von erstaunlicher Direktheit und Aktualität, im Grunde mehr noch als zwölf Jahre zuvor der unterdessen verstorbene Theodor Heuss. Gegen die «da und dort» zu hörende Meinung, «dass die ununterbrochen laufenden Untersuchungen und Prozesse, die Veröffentlichungen und Sendungen in Rundfunk und Fernsehen geeignet seien, unser mühsam wiedergewonnenes Ansehen in der Welt erneut zu untergraben», setzte der Präsident auf die versöhnende Kraft der Erinnerung. Im Kern formulierte er bereits das Argument, das ähnlich dann auch bei Heinemann und Scheel auftauchte, im Grunde aber erst seit der Rede Richard von Weizsäckers 1985 breite Akzeptanz fand: «Dabei wird außer Acht gelassen, dass uns kein Vertuschen der Wahrheit, nicht das Schweigen oder Verdrängen der Erinnerung das Vertrauen der anderen in unsere Redlichkeit und Rechtlichkeit zurückgebracht haben. Nur weil wir mit unserer Politik bewiesen haben, dass es uns ernst war mit der Bereitschaft, in deutschem Namen verübtes Unrecht nach Kräften wiedergutzumachen, fanden wir wieder Vertrauen in der Welt.» Und offenkundig unter dem Eindruck des noch laufenden Frankfurter Auschwitz-Prozesses fügte Lübke hinzu: «Wer heute die geschichtliche und politische Auseinandersetzung mit dem Nationalsozialismus und seinen Untaten abbrechen will, breitet lediglich eine Decke über den Schmutz, die es aber nicht verhindern wird, dass der Fäulnisprozess unter ihr weitergeht und nach und nach die ganze Atmosphäre vergiftet.»

Jenseits dieses ungewöhnlich scharfen Widerspruchs gegenüber denen, die «unser Schuldbuch schließen» wollen – sogar das gesellschaftskritische Modewort des «Verdrängens» nahm Lübke in den Mund –, blieb seine Deutung der NS-Zeit allerdings in den bekannten und bequemeren Bahnen: Die Täter entstammten dem von Hitler magnetisch angezogenen «trüben Bodensatz», die Wehrmacht war an den Verbrechen nicht beteiligt, viele Deutsche hatten den Juden geholfen, solange es ging, und letztlich war die Maßlosigkeit des Versailler Vertrags die Wurzel allen Übels. In seiner Würdigung «aller Kämpfer gegen Unrecht und Gewaltherrschaft» löckte der Präsident aber noch einmal ein wenig wider den Stachel, indem er nun auch «Frauen und Männer» einbezog, «die aus der kommunistischen Bewegung kamen» – sofern sie in der unmittelbaren «Begegnung mit der totalitären Herrschaft zum Nachdenken gebracht und geläutert» worden waren.

Auch wenn das damals eher wenige so gesehen haben dürften, war Lübkes Belsen-Rede – im Kern wohl verfasst von Franz Schürholz, einem Aktivisten der deutsch-jüdischen Aussöhnung und alten persönlichen Freund des Präsidenten[28] – Teil und Ausdruck eines paradigmatischen Wandels im Umgang mit der nationalsozialistischen Vergangenheit und ihrer strafrechtlichen Ahndung: Der Vorstellung, zwei Jahrzehnte nach Hitlers Selbstmord mit dieser Bürde zu einem Ende kommen zu können, ja an diesem Ende angekommen zu sein, hatte der Bundestag (ganz im Sinne Lübkes, der sich hinter den Kulissen eingeschaltet hatte)[29] am 10. März 1965 eine zwar nur vorläufige, aber wegweisende Absage erteilt: mit der Verlängerung des Zeitraums, in dem die Strafverfolgung «geruht» hatte. Vier Jahre später kam es dann zu einer weiteren Fristverlängerung und 1979 schließlich zur Aufhebung der Mordverjährung.

Vor diesem noch aktuellen Hintergrund (aber ohne ihn zu erwähnen) hatte Lübke am 25. April 1965 in Bergen-Belsen eine, wie die *Süddeutsche Zeitung* befand, «bemerkenswerte» Rede gehalten, für deren Nachdruck das liberale, besonderer Sympathien für den Präsidenten unverdächtige Blatt eine ganze Seite freiräumte.[30] Doch auch andere Organe, soweit sie nicht schon jenem verächtlichen Intellektuellengespött folgten, dessen sich der *Spiegel* und der *Stern* seit Lübkes Wiederwahl im Sommer 1964 befleißigten, würdigten die Worte. Sie waren eigentlich auf der Höhe der Zeit – wie ansonsten Weniges, was der inzwischen aus der DDR ob seiner eigenen Vergangenheit attackierte Bundespräsident zu sagen hatte. Aber sie trafen auf eine sich rasch verändernde Öffentlichkeit, in der die Generation der um das Kriegsende Geborenen (die späteren «Achtundsechziger») den einstigen Funktionseliten der NS-Zeit, zu denen auch

Lübke zählte, nun immer öfter jene kritischen Fragen stellte, die sich die skeptische Generation der vormaligen Flakhelfer in den fünfziger Jahren meist noch versagt hatte.

Bütefisch und andere «kritische» Orden

Heinrich Lübke, der sich zeitlebens als NS-Gegner begriff, als ein aufrechter, sozial denkender Katholik, der zu Anfang des «Dritten Reiches» zu emigrieren erwogen und der bei Kriegsbeginn Anstellung in einem für die Rüstungsindustrie dienstverpflichteten Ingenieurbüro gefunden hatte, war auch als Bundespräsident kein Mann der Nachsicht gegenüber Nationalsozialisten. Die Frage freilich war, was dies in einer Gesellschaft der «Ehemaligen» bedeuten konnte – denn in einer solchen befand sich, wer sich in den fünfziger, sechziger und auch noch in den siebziger Jahren unverstellten Blicks durch die Führungsetagen von Politik, Wirtschaft und Gesellschaft bewegte. Wer von diesen Ex-Parteigenossen hatte glaubhaft abgeschworen? Wer hatte sich nur oberflächlich angepasst? Wer von den vielen, die ihre 1945 unterbrochene Karriere – nach mehr oder weniger kurzer Karenz – fortsetzen konnten, hatte es politisch und moralisch verdient, für besondere «Leistungen im Wiederaufbau» geehrt zu werden? Letzteres war die Frage, die Lübke seit 1959 qua Amt beschäftigte. Aber es war natürlich auch eine Frage in Bezug auf (und an) all jene, die, wie er selbst, unter dem NS-Regime funktioniert hatten, ohne je Mitglied der Partei oder überhaupt für Hitler gewesen zu sein.

In der Ära Heuss hatten derartige Erwägungen keine große Rolle gespielt. Wer nicht zur politischen Prominenz oder zu den ganz unmittelbaren Profiteuren des «Dritten Reiches» gehört hatte, dessen Ordenswürdigkeit wurde prinzipiell vorausgesetzt. Er oder (viel seltener) sie wurde nach Verdiensten in den Jahren seit 1945 beurteilt, Ältere gegebenenfalls auch nach ihren Leistungen aus der Weimarer Zeit; dass berufliche und wirtschaftliche Erfolge nach 1933 weitergegangen waren, galt für sich genommen nicht als Problem. Diesen größtenteils informellen, seit 1951 eingespielten Grundsätzen für die

Vergabe des Bundesverdienstkreuzes folgten das Präsidialamt und die Vorschlagsberechtigten in Bund und Ländern auch unter Lübke. Und genau daraus resultierte gegen Ende von dessen erster Amtszeit ein handfester Skandal.

«Lübke widerruft Ordensverleihung. Ehemaliger SS-Führer zur Rückgabe des Großen Verdienstkreuzes aufgefordert», lautete am Gründonnerstag 1964 eine Überschrift auf der Titelseite der *Süddeutschen Zeitung*.[31] Heinrich Bütefisch, stellvertretender Aufsichtsratsvorsitzender der Ruhrchemie AG in Oberhausen, war anlässlich seines 70. Geburtstags am 24. Februar 1964 ausgezeichnet worden.[32] Dafür eingesetzt hatte sich eine Phalanx einflussreicher Industriemanager, unter ihnen Karl Winnacker, Vorstandsvorsitzender der Farbwerke Hoechst AG und Vorsitzender des Aufsichtsrats der Ruhrchemie, nicht zuletzt aber ehemaliger Kollege des zu Ehrenden bei der IG Farben und wie dieser seit 1937 Mitglied der NSDAP. Über Bütefischs Tätigkeit vor Kriegsende hatte sich Winnacker, selbst seit 1962 Träger des Großen Verdienstkreuzes mit Stern und Schulterband,[33] gegenüber dem nordrhein-westfälischen Wirtschaftsminister Gerhard Kienbaum (FDP), der die eilige Sache auf den Weg bringen sollte und dies auch umstandslos tat, keineswegs völlig ausgeschwiegen. Vielmehr hatte Winnacker «Dr. Bütefisch, der nahezu erblindet ist» ob seiner damaligen Zuständigkeit «für große technische Bereiche, insbesondere für die Leunawerke» gepriesen, außerdem für seine großen Verdienste «bei der Entflechtung und bei dem Wiederaufbau der Nachfolge-Gesellschaften» nach dem «Zusammenbruch».[34] Nur davon, dass Bütefisch als Vorstandsmitglied der IG im Frühjahr 1941 maßgeblich am Zustandekommen der Kooperation zwischen dem Chemiekonzern und der SS beim Aufbau der Buna-Werke in Auschwitz-Monowitz beteiligt gewesen und im Nürnberger IG-Farben-Prozess 1948 zu sechs Jahren Haft wegen des Einsatzes von Häftlingen zur Zwangsarbeit verurteilt worden war, fand sich in der Laudatio kein Wort. Winnacker und all den anderen Wirtschaftsgrößen, die sich für Bütefisch aussprachen, war entweder entfallen, dass der Jubilar zu jenen «industriellen Kriegsverbrechern» (Heuss)[35] gehörte, die 1951 lediglich auf Druck der deutschen Gnadenlobby vorzeitig aus der Haft in Landsberg entlassen worden waren – oder sie genossen schon einmal im Stillen das in der kommenden Ehrung sichtbar werdende große Vergessen und die Aussicht auf weitere Orden für kompromittierte Kollegen.

Sollte Letzteres der Fall gewesen sein, währte die Genugtuung allerdings nur kurz. Denn nur acht Tage, nachdem Kienbaum den Orden überreicht hatte, referierte der Ost-Berliner Wirtschaftshistoriker Jürgen Kuczynski in dem seit Dezember 1963 laufenden Frankfurter Auschwitz-Prozess über das Engagement der IG Farben in der Nähe des Lagers. Dabei fiel mit ziemlicher Sicherheit auch der Name Bütefisch, denn Regie im Sinne der DDR führte Friedrich Karl Kaul, der, jüdischer Remigrant und Kommunist wie Kuczynski, bereits kurz nach Kriegsende beim Berliner Kammergericht zugelassen worden war und als Nebenkläger den Beschluss des ZK der SED beherzigte, «den Auschwitz-Prozess in ein Tribunal gegen den IG-Farben-Kriegsverbrecherkonzern zu verwandeln».[36]

Die Nachricht, dass der Bundespräsident einen von den Amerikanern rechtskräftig verurteilten SS-Obersturmbannführer ausgezeichnet hatte, erreichte die Villa Hammerschmidt aber wohl nicht direkt aus Frankfurt, sondern durch einen Anruf «aus dem Ausland», vielleicht auch aus «Süddeutschland», wie der *Spiegel* berichtete (ergänzt um ein Foto, das Bütefisch als Angeklagten in Nürnberg zeigte). Kurz darauf soll Reinhard Strecker, als Hauptorganisator der mit Dokumenten aus Ost-Berlin bestückten Ausstellung «Ungesühnte Nazijustiz» in Bonn längst kein Unbekannter mehr, Lübkes Pressereferenten Raederscheidt mit genaueren Informationen versorgt haben.[37]

Parallel dazu begannen auf Geheiß des Präsidialamts die Recherchen in der Düsseldorfer Staatskanzlei, die sich in einer sechsseitigen Rechtfertigung niederschlugen. Mittels Lektüre der «in der hiesigen Bibliothek vorhandenen Unterlagen über die Kriegsverbrecherprozesse der ersten Nachkriegsjahre» – es klang wie nach einem Fund verbotener Schriften aus dem Mittelalter – fand Walter Sebbel, Referatsleiter für Gnadensachen, nun heraus, dass das Nürnberger Gericht Bütefisch zwar von den meisten Anklagepunkten freigesprochen, hinsichtlich der Behandlung der KZ-Häftlinge aber «teilweise als schuldig angesehen» hatte: «Herr Dr. Bütefisch habe den Aufbau dieses Werkes maßgeblich beeinflusst; er habe sich häufig im Werk aufgehalten, Konzentrationslagerhäftlinge bei der Arbeit gesehen und auch sehen können, wie sie von ihren SS-Wachen misshandelt wurden. Auch habe er das Konzentrationslager Auschwitz selbst mehrfach besichtigt. Das I. G.-Farben-Werk in Auschwitz habe Konzentrationslagerhäftlinge nicht nur unter Bedingungen arbeiten lassen, die als ‹Sklavenarbeit› zu bezeichnen seien; die Errichtung dieses Werkes in unmittelbarer Nachbarschaft des Konzentrationslagers gehe auch darauf zurück, dass die Leitung der I. G.-Farben – und mit ihr Herr Dr. Bütefisch – den Standort dieses Werkes bewusst und ohne Zwang durch die nationalsozialistischen Machthaber im Hinblick auf die billigen und fast unbeschränkt zur Verfügung stehenden Konzentrationslagerhäftlinge gewählt habe.»

Geradezu dankbar referierte Sebbel (einst selbst SA- und Parteimitglied und eine knappe Dekade später Verdienstkreuzträger),[38] dass Bütefisch nach eigener Aussage im Prozess ohne eigenes Zutun zum «Ehrenmitglied» der SS ernannt und automatisch befördert worden war; auch habe er «niemals einen SS-Eid geleistet». Die routinemäßige Erkundigung beim nordrhein-westfälischen Landesamt für Verfassungsschutz habe bestätigt, «dass keine Erkenntnisse gegen Herrn Dr. Bütefisch aus der Zeit nach 1945 vorliegen». Und für den fehlenden Eintrag im deutschen Strafregister, das ebenfalls «ordnungsgemäß überprüft» worden sei, identifizierte die Staatskanzlei beziehungsweise das von ihr befragte Landesjustizministerium einen Schuldigen außerhalb der deutschen Bürokratie: Das amerikanische Militärgericht hatte «wahrscheinlich» keine «Mitteilung von der Bestrafung übersandt». Kurzum, niemand in Düsseldorf hatte etwas falsch gemacht. Sollte der «Herr Bundespräsident» gleichwohl der Auffassung sein, dass ein Ordensentziehungsverfahren durchzuführen sei, so «wäre es erforderlich, dass sich die Verurteilung von Herrn Dr. Bütefisch als ‹entehrende Straftat› darstellt». Davon offenkundig nicht überzeugt, regte Sebbel im übrigen die Einschaltung des Bundesjustizministeriums an: Das könne klären, wie Bütefischs Verurteilung «nach deutscher Rechtsauffassung zu beurteilen ist».[39]

Nimmt man die Selbstpositionierung der Staatskanzlei als repräsentativ oder jedenfalls als nicht untypisch für die vergangenheitspolitische Stimmungslage in der westdeutschen Ministerialbürokratie Mitte der sechziger Jahre, dann erscheint Lübkes Einschreiten als geradezu mutig. Denn während die Zeitungen über seine Entscheidung bereits berichteten, gingen die Telefonate zwischen Düsseldorf, Bonn und Frankfurt-Höchst noch hin und her. Schließlich versprach Winnacker gegenüber einem Beamten in der Staatskanzlei, persönlich dafür zu sorgen, «dass der Orden zurückgegeben werde». Und der Vorstandsvorsitzende der Ruhrchemie sagte sogar zu, die Auszeichnung noch am gleichen Tag bei Bütefisch, der sich auf der Rückreise von einem Urlaub befand, in Essen-Bredeney abzuholen.[40]

Im Unterschied zur FAZ, die es bei einer kryptischen dpa-Meldung beließ (ein paar Tage später aber einer Leserin das Wort erteilte, die Bütefisch bedauerte), war der *Süddeutschen* die Sache eine fast melancholische Nachbetrachtung wert. An denkbar prominentester Stelle, im ausnahmsweise zweispaltig und kursiv gesetzten «Streiflicht» auf der Titelseite ihrer Osterausgabe, hieß es, die Verantwortung für das «blamable Schauspiel» werde nun «von Mann zu Mann weitergereicht». Letztlich sei aber «kein einzelnes Individuum» schuld, «sondern eine anonyme Macht: das allzu früh und allzu konventionell wiederhergestellte Geltungsbedürfnis einer nach obrigkeitlicher Ehrung lugenden Gesellschaft. Heuss wird gewusst haben, warum er schon am zweiten Jahrestag der Bundesrepublik den Orden stiftete. Wahrscheinlich, um Geltungsbedürfnissen, die gefährlichere Bahnen einschlagen konnten, einen harmlosen Auspuff zu öffnen. Daher auch die verwaschene Formel vom ‹Wiederaufbau›, die mehr und mehr den Funktionären der wirtschaftlichen und politischen Administration einen Vorrang verschaffen musste.»[41]

Man mag darüber spekulieren, inwieweit Lübkes demonstrierte Härte in dieser Affäre, die hinter den Kulissen abgemildert und rechtlich «als das Einvernehmen des Beliehenen zum Widerruf der Verleihungsaktes» gewertet wurde, mit der seit Monaten innerhalb der Unionsparteien (anders als in der SPD) umstrittenen Frage seiner Wiederwahl zu tun hatte.[42] Vielleicht schwang insgeheim sogar das Bedürfnis mit, sich von einer Person abzugrenzen, die – wie er selbst (und wie bald deutlich werden sollte) – zwei Jahrzehnte zuvor für den Einsatz von Zwangsarbeitern verantwortlich gewesen war.

Für das weitere Ordensgeschäft jedenfalls sollte die Causa Bütefisch nach dem Willen des Präsidenten Konsequenzen haben: Intern wurde festgelegt, dass neben der schon bisher üblichen Beiziehung von Strafregisterauszügen und Auskünften der Verfassungsschutzämter künftig stets beim Berlin Document Center nachzufragen sei.[43] Die Regelanfrage bei diesem personenbezogenen Spezialarchiv, das die Amerikaner unmittelbar nach Kriegsende angelegt hatten (und noch lange betreiben sollten, weil die Bonner Politik bis in die neunziger Jahre vor einer Übernahme zurückscheute), empfahl sich allein schon wegen der nur dort möglichen systematischen Überprüfung aller Kandidaten auf NSDAP- und SS-Mitgliedschaften. Darüber hinaus reagierte das neue Verfahren auf die Tatsache, dass der Fall Bütefisch nicht nur die DDR in ihrer Agitation ermutigt, sondern, wieder einmal, auch das westliche Ausland hellhörig gemacht hatte. So konstatierte die international vielgelesene *New York Herald Tribune*, ebenso pointiert wie zu Recht empört: «The West German government, embarrassed by the disclosure that it had awarded a high civilian medal to a convicted Nazi war criminal, suggested today that the Americans were really at fault.» Und weiter hieß es, mit Blick auf Bütefischs Bekanntheit ein wenig übertreibend: Obwohl dessen Vergangenheit «in numerous books about the Hitler period» erwähnt sei, habe das Präsidialamt den Orden erst entzogen, «after the East German Communists pointed out his record».[44]

Während Fritz Köble, seit November 1962 Leiter der Bonner Ordenskanzlei, offenkundig rasch zum Routinegeschäft zurückwollte, nahm sein nordrhein-westfälischer Amtskollege Hans Wolfgang Rombach den «Donnerschlag in der Ordenssache Bütefisch» zum Anlass einer etwas gründlicheren «Nachwäsche». Rombach, zugleich rechte Hand von Ministerpräsident Franz Meyers (CDU), recherchierte, «was die übrigen ehemaligen Angeklagten des I. G.-Farben-Prozesses zurzeit betreiben» – und konnte immerhin sieben der seinerzeit dreizehn Verurteilten (zehn weitere Angeklagte waren freigesprochen worden) ausfindig machen. Zwei davon, Fritz ter Meer und Walther Dürrfeld, der gerade erst zu den Lobrednern auf Bütefisch gehört hatte, waren in Nordrhein-Westfalen ansässig, weshalb sich Rombach vom Landesverband des BDI umgehend zusichern ließ, dass zugunsten der beiden von dort künftig «keine Ordensanregungen kommen würden». Außerdem empfahl er, die Zuständigen in Rheinland-Pfalz und Hessen vorzuwarnen. Denn mit Otto Ambros in Mannheim (Jg. 1901) und Hans Kugler in Bad Homburg (Jg. 1900) hatte er zwei weitere einstige IG-Manager identifiziert, deren 65. Geburtstage näher rückten, sprich: für die «Ordensanträge also noch theoretisch möglich» seien.[45] Nebenbei zeigte Rombachs Liste, wie weit nach oben es ein Großteil der 1948 Verurteilten längst wieder geschafft hatte: Wer nicht sowieso im Vorstand eines Nachfolgeunternehmens der IG Farben saß, hatte doch mindestens einen, wenn nicht mehrere Aufsichtsratsposten inne.

Die Frage nach der Legitimität der Nürnberger Urteile beziehungsweise der Strafbarkeit nach «deutschem Recht», wie sie von den düpierten Düsseldorfern aufgeworfen worden war, reichte Albert Einsiedler, Vize-Chef des Präsidialamts, umgehend an das Bundesinnenministerium weiter. Sie passte nicht schlecht zu der bereits in der Villa Hammerschmidt eintreffenden Bürgerpost: Ein Graf Schwerin zum Beispiel überlegte, ob die amerikanischen Urteile «nicht so fragwürdig wie die des Volksgerichtshofes oder der Spruchkammern» seien, und ein anonymer «anständiger Deutscher» sprach gar vom «Nürnberger Terror-Urteil».[46] Doch nicht etwa, weil derlei Zuschriften beantwortet werden sollten, bat Einsiedler die Kollegen im Innenministerium um Klärung, sondern weil es Anlass zu der Befürchtung gab, die Affäre könnte noch nicht ausgestanden sein. Denn unterdessen war das Präsidialamt durch «Informationen englischer Journalisten» auf einen praktisch gleichgelagerten Fall gestoßen worden: Unmittelbar nach seinem Amtsantritt im September 1959 hatte Lübke, einem Vorschlag des bayerischen Ministerpräsidenten folgend, Friedrich Jähne ausgezeichnet (Großes Verdienstkreuz mit Stern), damals Vorsitzender des Aufsichtsrats der Farbwerke Hoechst. Wie Bütefisch war Jähne seinerzeit Mitglied im Vorstand der IG Farben und in Nürnberg ebenfalls zu einer Gefängnisstrafe verurteilt worden.[47]

Zwar blieb es um die Auszeichnung des inzwischen 85-jährigen Jähne erst einmal ruhig, so dass der Bundespräsident nach ein paar Tagen – vielleicht auch unter dem Eindruck des ostentativen Lobs seiner Entschlossenheit aus den Reihen der Bonner Sozialdemokratie – entschied, vorläufig nichts weiter zu unternehmen.[48] Dass der *Spiegel* den Fall Jähne am Ende einer langen Bütefisch-Geschichte doch noch erwähnte, änderte daran nichts.[49] In der Grundsatzfrage allerdings ließ Lübke gegenüber der Exekutive nicht locker: «Der Herr Bundespräsident will wissen, ob – wenn Bütefisch seinen Orden nicht zurückgegeben hätte – die Voraussetzungen für die Entziehung nach § 4 des Ordensgesetzes vorgelegen hätten oder nicht.»[50]

Die Auskunft, zu der sich, vom Innenressort aufgefordert, das Bundesjustizministerium nach Monaten schließlich herbeiließ, konnte dem Präsidenten nicht gefallen: Über die Rechtmäßigkeit von Ordensentziehungen müssten letztlich Verwaltungsgerichte entscheiden. «Den Feststellungen des besatzungsgerichtlichen Urteils, das im Rahmen der Beweiswürdigung zu berücksichtigen wäre», käme dabei aber «keine entscheidende Bedeutung» mehr zu angesichts einer «Fülle neuen Beweismaterials», das wohl vorgelegt würde. Als das Präsidialamt noch einmal nachfasste, war das Ressentiment der Bonner Justizjuristen gegenüber den Richtern von Nürnberg mit Händen zu greifen: Dass sich Bütefisch wegen Tötungsdelikten strafbar gemacht habe, könne anhand des Urteils «nicht eindeutig bejaht werden», und dass er von der Misshandlung von KZ-Häftlingen in den Betrieben der IG Farben gewusst und diese gebilligt habe, dürfte «nicht nachzuweisen sein»; unzweifelhaft schuldig sei er allein der Körperverletzung, Freiheitsberaubung und Nötigung.[51]

Gewiss erreichten solche amtsinternen Erwägungen nur selten direkt das Licht der Öffentlichkeit. Doch ebenso gewiss sprach sich unter den Belasteten in den westdeutschen Funktionseliten vieles herum; zumal die abschätzige Rede über die «Nürnberger Siegerjustiz» blieb in diesen Kreisen jahrzehntelang Usus (und wich, gerade unter Juristen, erst einen Epochenbruch später, seit den neunziger Jahren, einer zunehmenden Anerkennung der «Nürnberger Prinzipien»). Vor diesem Hintergrund führte die Causa Bütefisch letztlich nicht zu einer grundlegenden Revision der geschriebenen und ungeschriebenen Regeln der Ordensvergabe. Zwar konsultierten die jeweils Vorschlagsberechtigten seit Februar 1965 routinemäßig das Berlin Document Center, aber die Feststellung einer «bloßen» NSDAP-Mitgliedschaft bildete auch künftig keinen Ausschlussgrund. Zwar blieben die bisher noch undekorierten IG Farben-Leute fortan ausgeschlossen, ansonsten aber durften potentiell alle, die sich als «Entnazifizierungsgeschädigte» beziehungsweise als «Opfer» der alliierten Nachkriegsjustiz betrachteten, weiterhin auf ein Verdienstkreuz hoffen.

Das galt für «Ostforscher» aus dem Umfeld der Wannseekonferenz wie Karl Stumpp (Verdienstkreuz I. Klasse 1966), deren Rolle als Vordenker der nationalsozialistischen Bevölkerungspolitik und Mithelfer beim Massenmord die Geschichtswissenschaft erst seit den achtziger Jahren diskutierte.[52] Das galt sogar für seinerzeit rechtskräftig verurteilte Kriegsverbrecher wie Friedrich Flick, den Lübke, Heuss' Veto von 1953 damit überrollend, ein Dreivierteljahr vor Bütefisch geehrt hatte. Oder für Alfried Krupp von Bohlen und Halbach, dessen Auszeichnung Heinrich Lübke seit seinem Amtsantritt wiederholt erwogen, dafür jedoch aus Nordrhein-Westfalen kein Signal der Unterstützung erhalten hatte; immerhin war der Konzernchef 1948 in Nürnberg wegen des Einsatzes von Zwangsarbeitern und Plünderung in den besetzten Gebieten zu zwölf Jahren Haft verurteilt, aber 1951, nicht zuletzt nach Fürsprache von Theodor Heuss,[53] vorzeitig aus der Haft in Landsberg entlassen worden. Doch auch 1967 scheiterte die Initiative, die Krupps Generalbevollmächtigter Berthold Beitz sechs Jahre zuvor mit Unterstützung von Hans Bott, neuerdings freiberuflicher Berater des Unternehmens,[54] schon einmal lanciert hatte: Nur wenige Tage vor seinem Tod ließ

Krupp das Präsidialamt wissen, er werde keinen Orden annehmen.[55]

Wenn seit Lübkes Entscheidung in Sachen Bütefisch manche Beteiligten – Vorschlagende, Prüfende, aber auch prospektive Ordensträger – ein wenig defensiver agierten, dann wohl weniger aus neugewonnener Einsicht als aufgrund des Drucks einer kritischer gewordenen Öffentlichkeit. So glaubte etwa Pressereferent Raederscheidt der Redaktion des Fernsehmagazins «Panorama» kurz vor Beginn der Affäre auffallend wortreich erklären zu müssen, weshalb die Listen neuer Ordensträger schon seit längerem nicht mehr, wie noch in der Anfangszeit unter Heuss, im Bundesanzeiger standen. Den dafür geltend gemachten Gründen (schwäbische Sparsamkeit und Entlastung der Bürokratie) begegnete Bernt Engelmann, der Autor des Filmbeitrags, auf den ersten Blick mit sanftem Spott. Auf den zweiten – die Sendung lief, Zufall oder nicht, am 20. April 1964, Hitlers 75. Geburtstag – bediente der mittlerweile schon recht bekannte Enthüllungsjournalist («Meine Freunde, die Millionäre», 1963; «Meine Freunde, die Waffenhändler», 1964) die Erwartungen seines Publikums, indem er einen feist lachenden Hans Globke (seit Adenauers Abschied in Pension) unter den Ordensträgern aufzählte. «Ohne die Arbeitsjubilare werden nur drei Orden von hundert an Männer verliehen, die nicht aus Politik, Wirtschaft oder Verwaltung stammen», lautete Engelmanns sarkastisches Fazit. «So ist es erklärlich, dass in der Elite noch mancher fehlt. Etwa Propst Grüber, Bischof Niemöller oder auch jüngere Nobelpreisträger. Indessen, die große Zahl der Dekorierten gibt jedem Hoffnung. In der Bonner Society überwiegen jedenfalls die Ordensträger.»[56]

Tatsächlich waren, wie «Panorama» berichtete, bis 1964 ungefähr 65 000 Orden vergeben worden (die Ordenskanzlei sprach zu diesem Zeitpunkt von 68 000 Auszeichnungen, von denen 35 000 an «Arbeitsjubilare» und 7000 an «Ausländer» gegangen seien).[57] Bis zum Ende von Lübkes Präsidentschaft sollten etwa 15 000 weitere Auszeichnungen hinzukommen, wobei jene für eine 50-jährige Betriebszugehörigkeit, die Ende 1966 gestrichen wurden, etwa zwei Drittel ausmachten. Während der Amtszeiten von Gustav Heinemann und Walter Scheel blieben diese hohen Zahlen ziemlich stabil (5000 bis 7000 Auszeichnungen pro Jahr); erst in der zweiten Amtszeit Richard von Weizsäckers war ein leichter Rückgang auf etwa 4000 pro Jahr zu verzeichnen.[58] Gerade weil also von besonderer Exklusivität nicht die Rede sein konnte, eine frühere NSDAP-Mitgliedschaft aber auch schwerlich zu einem formalen Ausschlusskriterium zu machen war – wie hätte man das rückwirkend ohne erneutes Gezeter über die verhasste Entnazifizierung bewerkstelligen wollen? –, stellten die Auszeichnungen ein Dauerrisiko da, bei dem die Verfahrensbeteiligten über einen nahezu beliebig auszukostenden Ermessensspielraum verfügten. Fast jeder Blick in einzelne Fallakten – beileibe nicht nur in solche, für die Ordensreferent Ottinger das Adjektiv «kritische» fand[59] – zeigt, wie hermetisch dabei die individuellen Biographien gegenüber der Vergangenheit abgedichtet, wie systematisch auch weiterhin die Zeit vor 1945 ausgeblendet wurde. Wer nur lang genug in den Laudationes liest, könnte versucht sein zu glauben, die vielzitierte «Stunde Null» habe es wirklich gegeben.

Für Otto Wolff von Amerongen zum Beispiel war es im Januar 1964 gar keine Frage, dass einem nützlichen Mann aus seinem Umfeld, seines Zeichens Generalsekretär der Deutschen Gruppe der Internationalen Handelskammer und Geschäftsführer des Arbeitskreises «Europäische Ostblockstaaten» im Ost-Ausschuss der Deutschen Wirtschaft, aus Anlass der Pensionierung im 70. Lebensjahr das Große Verdienstkreuz des Verdienstordens der Bundesrepublik Deutschland gebührte. Wenn der Kölner Großunternehmer nicht ganz umhin kam, seinem Kandidaten Dr. Günther Altenburg auch eine berufliche Tätigkeit vor 1945 zuzuweisen, so offenkundig deshalb, weil dieser den Titel «Gesandter a. D.» wie einen Namensbestandteil zu tragen pflegte. Folglich hieß es in der Laudatio, Altenburg habe seit 1920 dem Auswärtigen Amt angehört und sei «über die Hälfte dieser Zeit an diplomatischen Missionen des Reichs im Ausland (Rom, Sofia, Wien und Athen)» tätig gewesen. Dass Altenburg seit Frühjahr 1941 als Reichsbevollmächtigter im besetzten Griechenland fungiert und dort 1943 die Deportation von fast 44 000 Juden aus Thessaloniki unterstützt hatte, ließ Wolffs ansonsten überaus genaue Darlegung natürlich unerwähnt. Gleichwohl zog sich das Verfahren hin. Dies jedoch nicht, weil die Affäre Bütefisch dazwischenkam, sondern weil in der Düsseldorfer Landesregierung Bedenken hinsichtlich der hohen Ordensstufe entstanden, die in einem vergleichbaren Fall nicht gewährt worden war. Dieses Argument vermochte nicht einmal Otto Wolff von Amerongen auszuräumen, obwohl er ein Gespräch mit Hans von Herwarth ankündigte, dem Chef des Bundespräsidialamts. Im Januar 1965 ließ Altenburg den nordrhein-westfälischen Wirtschaftsminister schließlich indigniert bitten, «von der Verleihung des für ihn vorgesehenen Verdienstkreuzes I. Klasse abzusehen».[60]

Andere kämpften schwer, um ihre Auszeichnung zu behalten. Ein Fall wie jener des Hermann Conring scheint allerdings die Ausnahme gewesen zu sein, zumindest war er es hinsichtlich der damit einhergehenden Publizität.[61] Der ostfriesische CDU-Politiker hatte das Große Verdienstkreuz zum Verfassungstag 1965 als einer von etwa 30 Abgeordneten erhalten, die «das 65. Lebensjahr vollendet haben und dem Bundestag mindestens 8 Jahre angehören». Was wie sichere Routine aussah, war schon deshalb leichtfertig, als es an Warnungen und Bedenken im Vorfeld nicht gefehlt hatte: Die Regelanfrage beim Berlin Document Center hatte ergeben, dass der langjährige Landrat in Leer entgegen eigener Behauptung seit 1937 der NSDAP angehört und überdies als Vorsteher der Ostfriesischen Landschaft 1943 die Aufnahme seines Verbands in das SS-Ahnenerbe beantragt hatte. Auch konnte Lübkes Mitarbeitern nicht entfallen sein, dass es ein halbes Jahr zuvor, als der Bundespräsident dem Abgeordneten schriftlich zum 70. Geburtstag gratulierte, Proteste in der holländischen Presse gegeben hatte. Jedenfalls enthält die dicke Fallakte einen unscheinbaren Zettel, auf dem die Ordenskanzlei noch am 18. Mai 1965, mithin eine Woche vor dem geplanten Verleihungstermin, sechs der Parlamentarier «nicht für tragbar» erklärte, darunter Conring. Gleichwohl nahm die Serien-Ehrung ihren Lauf.

Ein paar Wochen später setzte Conring Bundestagspräsident Gerstenmaier über die «riesige verleumderische Presse-Kampagne» ins

Bild, die ihn unterdessen «wegen meiner Tätigkeit in den Niederlanden vor 25 Jahren» überrollt hatte. Konkret ging es um sein Verhalten als Beauftragter von Reichskommissar Arthur Seyß-Inquart für die Provinz Groningen. Die Vorwürfe, er habe für die Entfernung der Juden aus seinem Rayon und für eine harte Hand gegenüber deutschfeindlichen «Hetzern» plädiert, waren im Grunde nicht neu. Aber während es dem erfahrenen Verwaltungsjuristen jahrelang gelungen war, die Beschuldigungen als kommunistische Agitation abzutun, fanden sie nun in ziemlicher Breite ihren Weg auch in die westdeutsche Öffentlichkeit, sogar ins Fernsehen. Wiederum war es die «Panorama»-Redaktion, die den Fall aufgriff. Deren Leiter Joachim Fest sah sich von Conring daraufhin in exakt denselben Worten bezichtigt wie fünf Jahre zuvor der niederländische Schriftsteller Nico Rost, dessen schon länger vorliegende Rechercheergebnisse damals auf Deutsch – in der tatsächlich wohl aus Ost-Berlin finanzierten linkssozialistischen *Anderen Zeitung* – erschienen waren: Man habe an ihm, Conring, den «Versuch eines Rufmordes» begangen.

Im Sommer 1965 war mit diesem Mix aus Gegenattacke, Selbstmitleid und Antikommunismus jedoch nicht mehr viel zu erreichen. Grund dafür war auch eine Demarche der niederländischen Regierung, die schließlich sogar ihren Botschafter mit der Kopie eines bislang unbekannten, von Conring eigenhändig unterschriebenen Dokuments in die Villa Hammerschmidt schickte. Darin forderte der Beauftragte des Reichskommissars unter dem Datum des 31. Juli 1943 Sühnemaßnahmen für den Fall neuer Anschläge der niederländischen «Widerstandskräfte» auch dann, «wenn man der Täter nicht habhaft werden kann».[62] Mit anderen Worten: Conring verlangte Geiselerschießungen.

Das war offensichtlich ein Beweisstück, das dem Präsidenten Eindruck machte. Geschlagene vier Stunden hatte er am Tag zuvor mit Conring zusammengesessen und sich dessen in eineinhalb Jahrzehnten aufgehäufte Rechtfertigungsschriften erläutern lassen. Parallel dazu trafen etliche Protestbriefe ein, in denen sich zum Beispiel ein «alter christlicher Demokrat» vom linken Zentrumsflügel (in Sütterlin, jedoch mit Kugelschreiber) fragte, wie Conring «überhaupt in der CDU Fuß fassen konnte». Und aus Zürich schrieb Helmuth Plessner («Die verspätete Nation»), der nach seiner Entlassung in Köln 1934 an der Universität Groningen untergekommen war, wie «schmerzlich» es ihm wäre, müsste er aus Solidarität mit den Holländern das ihm 1963 in New York verliehene Bundesverdienstkreuz «in Ihre Hände zurückgeben».

Während Hans Berger, der neue Chef des Präsidialamts (Hans von Herwarth hatte sich Lübke als Botschafter nach Rom entwunden), die Sache noch mit Unionspolitikern erörterte und abgewogene Vermerke verfasste, war Lübke wohl innerlich bereits entschieden. Vier Tage nach seinem ersten Besuch sprach Conring noch einmal bei ihm vor, nun jedoch mit einem dreisten Briefentwurf in der Hand, den er «für den Fall der freiwilligen Rückgabe» zu veröffentlichen gedachte. Bergers Aufzeichnung über den abendlichen Termin war dem Präsidenten anderntags zu milde: Wo ihn der Staatssekretär mit den Worten zitierte, durch Conrings Maßnahmen «sei die Bevölkerung von Groningen schwer getroffen worden», setzte Lübke handschriftlich noch hinzu: «Conring war nicht nur ausführendes Organ sondern Antreiber!»[63]

Inzwischen waren Wochen vergangen, in denen der Bundespräsident und seine Mitarbeiter an den unionsinternen Verwerfungen und internationalen Verwicklungen dieses aus eigener Unvorsichtigkeit schiefgelaufenen Routineakts laborierten. Schon Mitte Juli hatte der *Spiegel* berichtet: «Das Staatsoberhaupt studiert nun persönlich holländische Buchauszüge und Zeitungsausschnitte. Lübke ist entschlossen, dem CDU-Volksvertreter und ehemaligen NS-Statthalter das große Kreuz wieder abzunehmen, falls er bei seiner Lektüre auf gravierende Verfehlungen des Parteifreundes stoßen sollte.»[64] Am 16. August 1965, zwei Tage nach Lübkes erneutem Gespräch mit Conring (und nur Tage vor Verkündung der Urteile im Auschwitz-Prozess) meldete AP, der Abgeordnete habe das Große Bundesverdienstkreuz zurückgegeben. Mit der Rückgabe sei freilich «nicht das geringste Schuldeingeständnis» verbunden. In einem von der CDU in Bonn verbreiteten Schreiben verwob Conring höchst raffiniert die Vorwürfe an ihn selbst mit der «Kritik am Staatsoberhaupt» – und sprach Lübke mit atemverschlagender Kaltschnäuzigkeit direkt an: «Ich möchte vielmehr nun, ohne Sie, Herr Bundespräsident, meinerseits in den Streit hineinzuziehen, den erneuten haltlosen Verleumdungen ungehindert entgegentreten.» Geradezu hilflos wirkte dagegen, was Lübkes Sprecher laut UPI anderntags hinterherschob: Die vom Präsidenten «angeordnete Untersuchung» der Vorwürfe gegen Conring werde eingestellt. Durch die «freiwillige Rückgabe» der Auszeichnung sei die weitere Prüfung «gegenstandslos geworden».[65]

Nicht ganz so gegenstandslos waren, wie sich einen Monat später zeigen sollte, die Befürchtungen von Unions-Fraktionschef Rainer Barzel, der versucht hatte, Lübke für einen Entscheidungsaufschub bis nach der Bundestagswahl zu gewinnen: Zwar schaffte es Conring im September 1965 noch einmal ins Parlament, nicht mehr aber per Direktmandat. Möglicherweise hatte sein SPD-Konkurrent allein aufgrund des veränderten Wahlkreiszuschnitts obsiegt; denkbar aber auch, dass es die erneute Debatte um seine NS-Vergangenheit war, die Conring in Ostfriesland Stimmen gekostet hatte.

So relativ reibungsfrei und vergangenheitspolitisch unauffällig wie in der Ära Heuss, das dürften die Fälle Bütefisch und Conring verdeutlicht haben, ging es mit den Ordenssachen unter Lübke nicht weiter. Dazu trug bei, dass die hohe Zahl der bereits Ausgezeichneten den Erwartungsdruck aus den Reihen der noch Undekorierten verstärkte, während sich gleichzeitig in den vorschlagenden Obersten Behörden ein gewisses Laisser-faire einzustellen schien. Aber dass die «Ordensangelegenheiten» komplizierter wurden, war auch Folge einer, wie in der Bütefisch-Affäre gesehen, insgesamt kritischer werdenden Öffentlichkeit – und der seitdem noch gewachsenen Kontrollansprüche eines ohnehin misstrauischen Präsidenten. Entsprechend zog Lübke im Sommer 1964 die bereits erteilte Zustimmung zum Vorschlag des baden-württembergischen Ministerpräsidenten Kiesinger zurück, den Direktor der Chirurgischen Universitätsklinik Freiburg auszuzeichnen, der im Vorjahr den schwer erkrankten Theodor Heuss behandelt hatte: «Eine solche Entscheidung», so die Überlegungen der Ordenskanzlei, «dürfte auch im Interesse von Professor K. selbst liegen, da die Gefahr besteht, dass irgendwer den früheren SS-Angleichungsgrad ‹auskramt› und ihn zum Gegenstand einer Pressepolemik macht.»[66]

Von einer anderen Vorschlagsliste gingen zwei ehemalige Amtsträger im besetzten Polen leer aus, weil Lübkes Vize-Amtschef Einsiedler sicherheitshalber Rücksprache mit einem Ex-Kollegen nahm: «Nach Beurteilung von Herrn Dr. Buchheim ist bei allen früheren leitenden Angehörigen der Dienststelle des Generalgouverneurs in Polen äußerste Zurückhaltung geboten.»[67] Und als 1966 die Ehrung von Heinz Rühmann anstand, gab sich der Bundespräsident erst zufrieden, als auf seine Frage, unter welchen Umständen sich der UFA-Star 1938 von seiner jüdischen Ehefrau Maria Bernheim getrennt hatte, aus der Ordenskanzlei die euphemistische Antwort kam, das sei eine der üblichen «Künstlerscheidungen» gewesen.[68]

Lübkes Reserven gegenüber politisch Belasteten zeigten sich aber keineswegs nur, wenn es um Orden ging. Seine Prüfrechte bei der Besetzung hoher Positionen in Justiz und Verwaltung nahm er ernst – und fand dafür wiederholt öffentliche Zustimmung. So im Sommer 1962, als er den kaum ins Amt berufenen Generalbundesanwalt Wolfgang Fränkel unverzüglich in den Ruhestand versetzte, nachdem dieser von Ost-Berlin als NS-Jurist enttarnt worden war, der wegen Nichtigkeiten die Todesstrafe gefordert hatte.[69] Knapp drei Jahre später, im Vorfeld der Verjährungsdebatte, erntete er im *Spiegel* ausdrückliches Lob von Karl Jaspers und Rudolf Augstein ob seiner Weigerung, den Ex-Parteigenossen Carl Creifelds zum Richter am Bundesgerichtshof zu ernennen, der – entgegen seiner Selbstauskunft – 1944 als Staatsanwalt im Reichsjustizministerium für die sogenannte Polenstrafrechtsverordnung zuständig gewesen war. Selbst nach zweistündiger Vorsprache einer Delegation des Richterwahlausschusses war Lübke nicht zu erweichen, woraufhin sich der Mittfünfziger schließlich in den Ruhestand versetzen ließ.[70]

Auch die Bestätigung von Botschaftern und wichtigen Ministerialbeamten erachtete Lübke nicht als eine Formalität. Als er Ende 1965 der Ernennung Gebhardt von Walthers zum Botschafter in Moskau zustimmen sollte, bat er seinen ungeliebten Parteifreund Schröder, inzwischen Außenminister, in die Villa Hammerschmidt. Grund der präsidialen Bedenken war offenbar weniger die vormalige NSDAP-Mitgliedschaft des Karrierediplomaten (seit 1939) als vielmehr dessen Berichterstattung als deutscher Konsul in Tripolis zum Thema «Judenfrage in Libyen». Schröder (NSDAP-Mitglied von 1933 bis zum Beginn seines Kriegseinsatzes 1941) wollte diese Berichte, wie Staatssekretär Berger notierte, «vor dem Hintergrund der damaligen Zeit verstanden und gedeutet» wissen und lehnte eine «zweite Entnazifizierung» ab. Daraufhin wandte sich der Bundespräsident an den Kanzler: «Ich fühle mich verpflichtet», so Lübke an den nicht weniger ungeliebten Erhard, «Ihnen diese Berichte wegen ihres belastenden Inhaltes zur Kenntnis zu bringen. Gleichwohl bin ich in diesem besonderen Fall bereit, unter Zurückstellung meiner Bedenken der Einholung des Agréments für Herrn Dr. von Walther zuzustimmen, sofern Sie unter Kenntnis der beiden Berichte die politisch-parlamentarische Verantwortung für diese Maßnahme übernehmen.» Die Antwort aus dem Kanzleramt kam fast postwendend: Erhard übernahm die Verantwortung – und Lübke stimmte der Ernennung zu.[71]

Ähnlich lief es wenige Wochen später mit dem Agrément von Herbert Müller-Roschach als neuer Botschafter in Portugal. In diesem Fall genügten Lübke Beschwichtigungen, die Karl Carstens, Staatssekretär im Auswärtigen Amt, seinem Kollegen Berger geliefert hatte: Müller (der Namenszusatz war eine Nachkriegsverschönerung) sei lediglich «vier Monate lang im Deutschland-Referat des Auswärtigen Amtes vertretungsweise mit der Erteilung von Auswanderungsgenehmigungen für Juden befasst gewesen» und habe keine «eigene Entscheidungsbefugnis» besessen.[72] Zwei Jahre später allerdings geriet der einstige Mitarbeiter in der für «Judenfragen» zuständigen AA-Abteilung wegen seiner Teilnahme an einer Nachbesprechung zur Wannsee-Konferenz in den Fokus staatsanwaltschaftlicher Ermittlungen – und Willy Brandt, Schröders Nachfolger an der Spitze des Auswärtigen Amts, in die Bredouille. Als an Müllers Ruhestandsversetzung kein Weg mehr vorbeiführte, war erneut Lübkes Unterschrift nötig. Der jedoch lehnte es ab, eine Urkunde zu unterschreiben, die dem schwer Belasteten für seine «dem Deutschen

Volk geleisteten treuen Dienste» dankte. In einer Neuausfertigung verzichtete das Auswärtige Amt auf die Dankesformel – und Lübke unterzeichnete.[73]

Tatsächlich verhindern konnte der Präsident im Oktober 1966 die Ernennung von Bundesratsdirektor Albert Pfitzer zum Staatssekretär im Kanzleramt. Nachdem Erhard, längst «Kanzler auf Abruf»,[74] Hinweise auf eine vormalige SS-Mitgliedschaft Pfitzers abzutun gedachte, forderte das Präsidialamt via Verfassungsschutz selbst Auskunft beim Berlin Document Center an. Im Ergebnis ließ Lübke seinen Staatssekretär mitteilen, «er halte es unter diesen Umständen für das Zweckmäßigste, dass Herr Dr. Pfitzer von sich aus den Herrn Bundeskanzler um Entbindung von seiner Verpflichtung bitte. Letzten Endes gehöre die SS zu den für verbrecherisch erklärten Organisationen. Werde Herr Dr. Pfitzer ernannt, so würde das eine Kette nicht endender Angriffe zur Folge haben.» Der Versuch, «die Angelegenheit so lautlos wie möglich über die Bühne» zu bringen, ging allerdings schief: Zwar erklärte Pfitzer gegenüber Berger, er sei es gewohnt, sich «der Staatsräson zu beugen», aber da hatte der *Spiegel* bereits von dem Fall erfahren.[75]

Lübkes Skepsis gegenüber vormaligen Parteigenossen, SS-Mitgliedern und Profiteuren des «Dritten Reiches» war zweifellos echt. Aber auch bei ihm endete jedes Misstrauen schnell, wenn eine persönliche Bekanntschaft vorlag. In solchen Fällen war der zweite Bundespräsident, kaum anders als der erste, nicht nur nicht konsequent, sondern zu gleichsam aktiver Inkonsequenz bereit. Ein letztes Beispiel mag dies illustrieren.

Karl Maria Hettlage (Jg. 1902) hatte wie Lübke 1932/33 der Zentrumsfraktion im Preußischen Landtag angehört, war aber im Unterschied zu dem acht Jahre älteren Kollegen als habilitierter Jurist schon früh erfolgreich dabei, sich den neuen politischen Verhältnissen anzuverwandeln.[76] Ein bedeutsamer Schritt auf diesem Weg war seine Gründungsmitgliedschaft in der im Juni 1933 in München entstandenen NS-Akademie für Deutsches Recht. Im Jahr darauf war Hettlage bereits Stadtkämmerer von Berlin, außerplanmäßiger Professor an der dortigen Wirtschaftshochschule und seit 1939 Vorstandsmitglied der Commerzbank. Anfang April 1940 übernahm er eine herausgehobene Position beim Generalbauinspektor für die Reichshauptstadt Albert Speer. Mitglied der NSDAP wurde Hettlage nie, wohl auch aufgrund seiner offenbar besonders von Joseph Goebbels, dem Berliner Gauleiter, kritisch beäugten (gemeinsamen) katholischen Herkunft und seiner Zentrums-Vergangenheit. Einen «Ehrenrang» bei der SS bekleidete er über einige Jahre gleichwohl, und 1941 organisierte er in Berlin mit großem Elan die Zwangsräumung sogenannter Judenwohnungen. Mit Speers Aufstieg zum Rüstungsminister avancierte Hettlage dann zu einem der wichtigsten Organisatoren der deutschen Kriegswirtschaft, vermochte dies aber bei seinen Verhören in Internierungshaft sowie bei seiner Entnazifizierung geschickt zu verschleiern; sogar als Unterstützer des 20. Juli 1944 wusste er sich darzustellen.

Zu denen, die Hettlages Nachkriegslegende stützten, gehörte Heinrich Lübke. Denn mittlerweile blickten die beiden nicht mehr nur auf eine kurze gemeinsame Zeit im Preußischen Landtag zurück, sondern auch auf eine ertragreiche Arbeitsbeziehung auf der Raketenversuchsstation in Peenemünde. Als Anerkennung für den erfolgreichen Abschluss eines dortigen Bauprojekts hatte Hettlage der «Baugruppe Schlempp» 1944 ein Sonderhonorar in Höhe von 200 000 Reichsmark überweisen lassen, die Hälfte davon zur Verteilung an Schlempps Mitarbeiter, zu denen an führender Stelle Lübke zählte. Vor diesem Hintergrund wäre es wohl grober Undank gewesen, hätte der nordrhein-westfälische Ernährungsminister Lübke im Frühjahr 1948 den von Hettlage erbetenen Persilschein verweigert.

Fast drei Jahrzehnte später – Hettlage, seit 1951 Professor für Öffentliches Recht in Mainz, hatte als beamteter Staatssekretär im Bundesfinanzministerium erfolgreich für möglichst geringe Wiedergutmachungszahlungen gekämpft, war dann aber zur Montanunion-Behörde abgeschoben worden – schlug der neue Bundesfinanzminister Franz Josef Strauß seinen aus Brüssel zurückkehrenden Staatssekretär für das Großkreuz vor. Fritz Köble, als Leiter der Ordenskanzlei seit fünf Jahren im Amt und entsprechend routiniert, hielt daraufhin zwar pflichtgemäß fest, dass bei vorangegangenen Prüfungen «Bedenken bestanden vor allem im Hinblick auf das Wirken von Prof. H. in der Zeit vor 1945». Aber noch ehe er die Sache dem Bundespräsidenten zu Jahresanfang 1967 vorlegte, hatte er bei Hans Buchheim nachgefragt – und von diesem eine beruhigende Auskunft erhalten: «Der Fall zeigt viel Verwandtschaft mit dem von StS Globke: beide Herren waren ausgesprochene Leute der Zentrumspartei, die sich dafür entschieden hatten, trotz der nationalsozialistischen Machtergreifung in der Verwaltung zu bleiben. In beiden Fällen konnte es nicht ausbleiben, dass sich im Laufe der Jahre des Dritten Reiches Tatbestände ergaben, die heute bei oberflächlicher Betrachtungsweise belastend wirken, es jedoch bei näherer Kenntnisnahme der wirklichen Zusammenhänge nicht sind.»[77]

Mit einer solchen Argumentation konnte Lübke nicht nur leben; er erkannte darin vielleicht sogar ein Stück seines eigenen Wegs, für den er erstmals kurz vor seiner Wiederwahl im Sommer 1964 aus der DDR ins Visier genommen worden war. Was damals noch ohne Folgen blieb – nicht zuletzt dank des strategischen Vorpreschens von SPD-Fraktionsvize Herbert Wehner, der seiner Partei mit dem Einsatz für Lübkes zweite Amtszeit den Weg in die Große Koalition ebnete –, das sorgte inzwischen seit fast zwei Jahren für Gesprächsstoff. Gleichwohl oder gerade deshalb griff der Bundespräsident nach Durchsicht des Ordensvorschlags zum grünem Stift: «Einverstanden Lü 27.I.67».

Die DDR-Kampagne gegen den «KZ-Baumeister»

Bereits vor dem Krieg und bis in die ersten Nachkriegsjahre, so hatte es der diplomierte Vermessungs- und Kulturingenieur Heinrich Lübke in seiner Antrittsrede im September 1959 formuliert, sei er «im Bauwesen» tätig gewesen. Bezogen auf eine ganze Dekade seines Lebens war das eine etwas dürre Auskunft. Ähnlich knapp waren seine Andeutungen hinsichtlich der Anfangszeit des «Dritten Reiches» geblieben, die ihn auf Seiten der Gegner und Verfolgten des Regimes platzierten. Wenn damals weder das eine noch das andere öffentlich groß kommentiert wurde, so auch deshalb, weil der neue Bundespräsident mit seiner in Stil und Ton gemessenen Selbstvorstellung nahezu perfekt jenes (auto-)biographische Diskretionsbedürfnis wahrte, dem die Westdeutschen in ihrer Mehrheit weiterhin anhingen und das zu stören oft sogar jene sich scheuten, die politisch unkorrumpiert durch die Hitler-Jahre gekommen waren. Zu dieser Minderheit gehörte Lübke allerdings nicht.

Die politischen Motive hinter Lübkes Verhaftung im Januar 1934, der nicht weniger als 20 Monate in Untersuchungshaft gefolgt waren und erst im November 1935 die Einstellung des Ermittlungsverfahren wegen angeblicher Veruntreuung und sachfremder Verwendung öffentlicher Gelder, hat sein Biograph Rudolf Morsey in den neunziger Jahren minutiös herausgearbeitet.[78] Zu recht betrachtete sich der aus seinen Ämtern gedrängte Kleinbauern-Funktionär («roter Lübke») als Opfer der nationalsozialistischen Gleichschaltungspolitik; seine endlosen Verhöre und seine Odyssee durch Berliner Gefängnisse waren Ausdruck der Tatsache, dass er als Gegner der neuen Machthaber gesehen wurde. Doch wahr ist auch, dass es Lübke in den Jahren nach seiner Haft – eine ihn selbst wie seine Ehefrau Wilhelmine traumatisierende Erfahrung – schließlich gelungen war, in ein unauffällig-angepasstes Leben hineinzufinden. «Wer einmal bei den Nationalsozialisten eine Haft im Gefängnis, im Zuchthaus oder im Konzentrationslager durchgemacht hat, der war still, wenn er nach Hause kam», meinte Lübke Jahrzehnte später.[79] Wie so oft, nahm er dabei die Autorität des Zeitgenossen in Anspruch, ohne die eigenen Erfahrungen aufzurufen.

Seit Sommer 1937, nach einer Phase der körperlichen und seelischen Erholung im sauerländischen Elternhaus zurück in Berlin, arbeitete Lübke in leitender Stellung für die Niedersächsische Wohnungsbau- und Siedlungsgesellschaft. Von dort wechselte er im September 1939, unmittelbar nach Kriegsbeginn, zum Architekturbüro Walter Schlempp, das durch den Generalbauinspekteur für die Reichshauptstadt, Albert Speer, zu Bauaufgaben für die Rüstungsindustrie dienstverpflichtet worden war. Als künftiger Hauptmann der Reserve hatte er, wie in den beiden Jahren zuvor, gerade erst an einer vierwöchigen Wehrübung in Hinterpommern teilgenommen; nun wurde er bei seinem neuen Arbeitgeber alsbald «unabkömmlich» gestellt und 1943 schließlich bei der Wehrmacht «ausgemustert».

Lübke, einer von drei angestellten Bauleitern der «Baugruppe Schlempp», war fortan viel unterwegs. Im Frühjahr 1940 überwachte er in Westböhmen den Bau einer Fabrikhalle. Danach ging es zur Heeresversuchsstation Peenemünde, wo mit größter Dringlichkeit die Anlagen für die später sogenannten V2-Raketen errichtet wurden, außerdem Baracken für die Unterbringung der dort eingesetzten Zwangsarbeiter. Bis Februar 1945 pendelte Lübke, häufig mit Fahrer und Sekretärin, zwischen Berlin und der Ostseeinsel Usedom: nach Peenemünde beziehungsweise ins benachbarte Karlshagen, wo die Endmontage der Raketen auch nach einem verheerenden Luftangriff der Royal Air Force im August 1943 weiterging, während die eigentliche Produktion in die von KZ-Häftlingen unter katastrophalen Arbeitsbedingungen hergerichteten Stollen des Konzentrationslagers Mittelbau-Dora bei Nordhausen am Harz verlegt wurde. Nachdem Speer, mittlerweile seit zwei Jahren Rüstungsminister, im Frühjahr 1944 auch die Untertageverlagerung der Jagdflugzeug-Fertigung angeordnet und dafür ein eigenes Gremium («Jägerstab») geschaffen hatte, war Lübke zusammen mit Firmeninhaber Schlempp zunächst als «Werksbeauftragter» für die Verlagerung eines Teilbetriebs der Junkerwerke in Leipzig zuständig. Weitere Bauaufträge in Mitteldeutschland folgten, und spätestens, als aus dem «Jägerstab» im August 1944 der «Rüstungsstab» hervorging, befand sich Lübke, wie Jens-Christian Wagner es formuliert hat, in einem «Machtzentrum des NS-Staates».[80] Die Mitwirkung in diesem Gremium, das die Fortführung des Krieges nicht zuletzt durch den rücksichtslosen «Verbrauch» von Zwangsarbeitern und KZ-Häftlingen ermöglichte, machte aus Lübke keinen zentralen Akteur der deutschen Kriegswirtschaft, aber doch zu deutlich mehr als einem Rädchen im Getriebe.

In Peenemünde war Lübke nicht nur für den Fortgang der Bauarbeiten und für deren Abrechnung gegenüber den staatlichen Stellen zuständig, sondern auch für den Einsatz des Personals, das aufgrund steigender Einberufungen zur Wehrmacht zusehends rarer wurde. Aus einem von Wagner ermittelten Dokument geht hervor, dass sich Bauleiter Lübke im Sommer 1942 persönlich um die Zuführung von 500 holländischen Zivilarbeitern bemühte. Nachweislich waren auf den Baustellen der Gruppe Schlempp mehrere Tausend Zwangsarbeiter und Kriegsgefangene vor allem aus Polen und der Sowjetunion tätig – und 1943 mindestens ein Kommando von KZ-Häftlingen aus Buchenwald. Alle diese Menschen arbeiteten unter der Gesamtverantwortung Lübkes, und bei seinen Ortsterminen zweifellos auch unter seinen Augen. Die Behauptung seines Biographen, wonach die Bauleitung auf deren «Einsatz und Behandlung» keinen Einfluss gehabt habe, führt deshalb, wie Wagner hervorgehoben hat, in die Irre, sowohl hinsichtlich der Situation auf Usedom wie auf den anderen von Lübke betreuten Baustellen.[81] Sie passt auch nicht zu den freimütigen Erzählungen, mit denen der Bundespräsident Ende März 1965 in der Villa Hammerschmidt eine Delegation des Comité International des Camps und dessen Sekretär Hermann Langbein überraschte, die aus Anlass des 20. Jahrestags der Befreiung der Konzentrationslager durch die Bundesrepublik reisten: «Ich habe mich in jeder Form und auf jede Gefahr hin für diese Menschen eingesetzt, wo ich Gelegenheit dazu hatte.»[82]

Ganz ähnlich hatte es bereits in dem von Lübke autorisierten biographischen Traktat geheißen, das ein Mitarbeiter des Landwirtschaftsministeriums aus Anlass seiner Wahl zum Bundespräsidenten verfertigt und aus dem der *Spiegel* im September 1959 noch höchst wohlwollend zitiert hatte (obwohl der Redaktion die vermutlich schon damals aus der DDR lancierte Beschwerde eines ehemaligen Lübke-Untergebenen aus der Baugruppe Schlempp vorlag): «Anschließend arbeitete Heinrich Lübke bis 1946 in einem großen Berliner Baubüro, das später in den Baustab Speer eingegliedert und dann unter anderem mit der Durchführung des Bauvorhabens Peenemünde beauftragt wurde; dort bot sich Lübke Gelegenheit, zahlreiche politisch Verfolgte untertauchen zu lassen und sie vor dem Zugriff der Gestapo zu bewahren.»[83]

Zum Zeitpunkt seiner Begegnung mit der Delegation ehemaliger KZ-Häftlinge war der Bundespräsident bereits zum wiederholten Mal im Visier der, wie er zu sagen pflegte, «Herren aus Pankow». Nach einem erfolglosen Vorstoß unmittelbar vor Lübkes Wiederwahl Ende Juni 1964, als die Ost-Berliner Anschuldigungen gegen den angeblichen «Vertrauensmann der Gestapo» in Peenemünde von der bundesdeutschen Presse weitgehend ignoriert worden waren, hatte Politbüro-Mitglied Albert Norden am 29. Januar 1965 mit Billigung von Walter Ulbricht erneut Anlauf genommen.[84] Die Plattform dafür bildete eine jener aufwendig inszenierten «internationalen Pressekonferenzen», auf denen der ZK-Sekretär für Agitation und Propaganda vor Journalisten aus dem Ostblock und gern auch aus afrikanischen «Bruderstaaten» seit Jahren seine Attacken gegen die «faschistische Führerclique» in der Bundesrepublik ritt.

Vor diesen Presseleuten erklärte Norden nun, in den Archiven der DDR seien zahlreiche Dokumente entdeckt worden, «die beweisen, dass Lübke gerade in der letzten Phase des Hitlerkrieges, in den Jahren 1944/45, zu einer Schlüsselfigur bei der Planung und Durchführung der geheimsten kriegswichtigen Rüstungsvorhaben der faschistischen Führung wurde und dass er dabei maßgeblich den massenweisen Einsatz von Konzentrationslager-Häftlingen unter den unmenschlichsten Bedingungen organisierte, die den Tod von Hunderten der Unglücklichen zur Folge hatten».[85] Den Vorwurf, Lübke habe während seiner Tätigkeit beim «Jägerstab» mit der Errichtung eines Konzentrationslagers in der Nähe von Bernburg (Leau) zu tun gehabt, verband Norden mit einem Angriff auf dessen Selbstbild und Image als NS-Gegner: Unter Berufung auf den Einstellungsbeschluss des Landgerichts Berlin vom November 1935 erklärte er, Lübke sei damals nicht aus politischen Gründen, sondern «wegen Veruntreuung und Unterschlagung von Geldern und wegen Urkundenbeseitigung» inhaftiert gewesen; eine logische Begründung, weshalb der Untersuchungshäftling gleichzeitig ein «Nutznießer der faschistischen Machtergreifung» gewesen sei, blieb Norden schuldig. Aber natürlich ging es in diesem Moment – wie bei allen Anschuldigungen, die noch folgen sollten – letztlich nicht um die Vergangenheit (in der sich

Norden 1935 als Emigrant in Paris an einer Solidaritätskampagne der Exil-KPD für Lübke beteiligt hatte),[86] sondern um die Gegenwart. Und in der war Lübke für Norden nicht nur ein «Vollstrecker der Wünsche und Aufträge der größten kapitalistischen Konzerne» (das waren andere auch), sondern als unentwegter Mahner in Sachen Selbstbestimmungsrecht der Deutschen ein besonders «aggressiver Störenfried» und Gegner der DDR: «Eine gerade Linie zieht sich von Lübkes verbrecherischer Kriegsrolle 1940 und 1944/45 bis zum Jahre 1965.»

Ein halbes Jahr nach diesem Angriff, auf den das Bundespräsidialamt lediglich mit einer knappen Zurückweisung und die westdeutschen Medien mit Berichten auf den hinteren Nachrichtenseiten reagierten,[87] erschien im «Staatsverlag der Deutschen Demokratischen Republik» das «Braunbuch». Das bald berühmt-berüchtigte Kompendium versammelte so ziemlich alles, was die Spezialisten der Stasi aus den Archiven der DDR an Erkenntnissen über die – so der Untertitel – «Kriegs- und Naziverbrecher in der Bundesrepublik» in «Staat, Wirtschaft, Armee, Verwaltung, Justiz, Wissenschaft» zusammengetragen hatten. In den lexikalischen Angaben meist korrekt, zumal in Bezug auf Partei- und SS-Mitgliedschaften, waren die breiter dargestellten prominenten Fälle auf agitatorischen Effekt getrimmt. So boten die eineinhalb Seiten über Lübke die Essenz dessen, was Norden schon auf seiner Pressekonferenz ausgeführt hatte: «Lübke hieß die mörderischen Arbeits- und Lebensbedingungen gut, denen Hunderte Polen, Franzosen, Italiener, Sowjetbürger und Deutsche zum Opfer fielen.» Er sei für deren Tod «in hohem Maße verantwortlich». Neu war lediglich die Bezeichnung «KZ-Bauführer».[88]

Während sich die Resonanz auf das «Braunbuch» im Westen einstweilen noch in engen Grenzen hielt,[89] brüteten die Ost-Berliner Agitatoren bereits über neuen Möglichkeiten, die Reputation des, wie Norden gerne formulierte, «Präsidenten der westdeutschen Bundesrepublik» zu ruinieren und damit in der Systemkonkurrenz Punkte zu machen. Selbstredend hatten sie dabei auch das westliche Ausland im Blick, mehr aber noch die «Entwicklungsländer», in denen der reisefreudige Lübke viel unterwegs war und wegen seines aufrichtigen Interesses oft sehr wohlwollend empfangen wurde. So war das Ost-Berliner Propagandamaterial, fein säuberlich übersetzt, häufig schon verteilt, noch bevor der Bundespräsident auf seiner zweiten großen Afrika-Fahrt im Februar/März 1966 eine neue Station erreichte; ehe Lübke im November nach Mexiko reiste, bemühte sich Amtschef Berger deshalb, die dortige Regierung über das Auswärtige Amt vorab zu sensibilisieren.[90] Hingegen ließ Ost-Berlin den zwischenzeitlich ventilierten Plan fallen, auf Nordens nächster «internationaler Pressekonferenz» die Eröffnung eines Ermittlungsverfahrens gegen Lübke «wegen des Verdachts von Verbrechen gegen die Menschlichkeit, begangen im Objekt Leau usw.» bekanntzugeben: Die «bisher vorliegenden Fakten» reichten nach Auffassung der Generalstaatsanwaltschaft der DDR dafür nicht aus.[91]

Gleichwohl trat Norden am 24. Januar 1966, fast auf den Tag genau ein Jahr nach der ersten Großattacke, erneut vor die Presse. Bleibt man in der Zählung des *Spiegels,* dann war dies bereits die vierte «Salve». Über die dritte nämlich hatte das Nachrichtenmagazin im November 1965 berichtet, nachdem die Moskauer *Prawda* den Bundespräsidenten aufgefordert hatte, die Gräber von 266 Zwangsarbeitern suchen zu lassen, die unter seiner persönlichen Verantwortung gestanden hätten und die «allein von Januar bis März 1945 in den Gewölben unter Bernburg umgekommen sind». Das bezog sich, wie freilich nur Eingeweihte verstehen konnten, auf die von Norden schon im Vorjahr erwähnten Bauarbeiten für das KZ-Außenlager Leau bei Bernburg, für die Lübke 1944 tatsächlich zuständig gewesen war.[92] Zwar referierte der *Spiegel* Lübkes halbherzige Entgegnung, er kenne die «Gewölbe» nicht und der Einsatz der Arbeitskräfte sei Sache der ausführenden Baufirmen gewesen, nicht der Bauplaner von Schlempp. Dazu aber stellte die Redaktion – und das deutete auf einen einsetzenden Kurswechsel – ein fortan noch oft gedrucktes Foto, das Lübke im Frühjahr 1941 freundlich lächelnd in Peenemünde zeigt: zwar nur in dritter Reihe, dafür jedoch im Kreis von NS-Größen wie Fritz Todt, Walter Dornberger und einer Anzahl weiterer Generäle.[93]

Als direkte Replik auf Lübkes Dementi im *Spiegel* erneuerte Nor-

Lübke (halbverdeckt, Bildmitte) als Mitarbeiter der «Baugruppe Schlempp» im Frühjahr 1941 auf der Raketenversuchsstation Peenemünde.

den gleich zu Beginn der minutiös choreographierten Pressekonferenz die Vorwürfe in Bezug auf Leau, verpackt in die seit Jahren eingeübten Formeln von den Bonner «Ultras» auf dem «alten Weg des deutschen Imperialismus». Danach ließ er vor laufender Kamera fünf Wandvorhänge öffnen. Zum Vorschein kamen Reproduktionen von Bauplänen für weitere in Mitteldeutschland errichtete Barackenanlagen, abgezeichnet und in einem Fall sogar unterschrieben von Lübke. Nun also schien der Stasi-internen «Arbeitsgruppe Lübke», nach lange nur mäßig erfolgreicher Suche, der entscheidende Fund gelungen zu sein. Nachträglich hinzugefügte Überschriften identifizierten die Pläne nämlich als Grundrisse des «KZ-Lagers Neu-Staßfurt» und des «Arbeitslagers Wolmirsleben» – mithin als Dokumente, die es aus Nordens Perspektive erlaubten, den Bundespräsidenten nicht mehr nur vage als «KZ-Bauführer», sondern als «KZ-Baumeister» zu titulieren.[94] Damit aber war der von keiner Gegenrede mehr zu tilgende Begriff in der Welt, der in den nächsten Jahren seine toxische Wirkung entfalten sollte.

Begleitet wurde Nordens Inszenierung unter anderem durch eine vom «Nationalrat der Nationalen Front des demokratischen Deutschland» herausgegebene, in 70 000 Exemplaren gedruckte Dokumentation, die gezielt an westdeutsche und, in mehrere Sprachen übersetzt, auch an ausländische Redaktionen und Multiplikatoren ging. Parallel dazu übergaben Vertreter der Generalstaatsanwaltschaft der DDR bei zwei Besuchen in Bonn «Fotokopien von Originaldokumenten» an die dortige Oberstaatsanwaltschaft und boten «Einsichtnahme in die Originale oder sogar die Übergabe des Verfahrens» an.[95]

Gemessen an dem Aufwand, den die DDR-Führung betrieb, um Lübke als Akteur im nationalsozialistischen KZ-System darzustellen, nahmen sich die Bonner Bemühungen zu seiner Verteidigung anfangs naiv und später hilflos aus. Vor allem schien in der Bundeshauptstadt kaum jemand zu begreifen, wieviel Sprengstoff in den Attacken steckte und dass es nicht mehr genügte, sie als «kommunistische Propaganda» abzutun. Oder sie gar, wie noch in der Bundesrepublik der fünfziger Jahre, als antikommunistische Auszeichnungen vor sich herzutragen. Einmal mehr zeigte sich, wie sich das politische Sensorium, zumal der Jüngeren, verändert hatte: Zwei Jahrzehnte nach Kriegsende war der Blick auf die NS-Vergangenheit kritischer, jener auf die DDR entspannter und die Bereitschaft zur Nachsicht mit den politisch kompromittierten Älteren geringer geworden.

Am empfänglichsten für die Anschuldigungen gegen Lübke erwies sich das rasch wachsende linke Milieu. Vor allem die florierenden politischen Kabaretts griffen dankbar zu: im Frühjahr 1966 das Düsseldorfer «Kommödchen» im ZDF, danach die Münchner «Lach- und Schießgesellschaft» in der ARD. Und seit Juli gab das ebenfalls in Schwabing ansässige «Rationaltheater», wie der *Spiegel* berichtete, allabendlich eine sarkastische «Ehrenerklärung» für den Bundespräsidenten ab: Man distanziere sich von den aus dem Osten gegen Heinrich Lübke erhobenen Vorwürfen, denn der habe nur getan, was andere auch taten. Als das Ensemble dann auch noch den Schau-

Albert Norden (mit Zeigestock) erläutert am 24. Januar 1966 vor der Presse Reproduktionen der von Lübke abgezeichneten Barackenbaupläne.

kasten seines Theaters mit selbst aus Ost-Berlin herbeigeschafften Plankopien und spöttischen Sprüchen dekorierte («So schlicht wie Lübke spricht und schaut, genauso hat er auch gebaut.»), kam die Polizei. Zweimal wurden die Faksimiles auf Antrag der Münchner Staatsanwaltschaft beschlagnahmt. Die rechtliche Grundlage dafür bildete eine Erklärung des Präsidialamts, der zufolge der Bundespräsident «zu keiner Zeit an der Planung und am Bau von Konzentrationslagern mitgewirkt» hatte und es sich bei der Unterschrift um eine «Fälschung» handelte. Kurz darauf fiel die staatsanwaltschaftliche Aktion allerdings in sich zusammen, denn weder gab Lübke seine Zustimmung zu einer Strafverfolgung nach Paragraph 95 StGB («Verunglimpfung des Bundespräsidenten»), noch erwirkte er eine Einstweilige Verfügung gegen das Kabarett – mit der Begründung, es sei zu klein und «in München nicht sehr bekannt».[96] Auch gegen den *Stern* unternahm man nichts – dort hatte Kolumnist Sebastian Haffner mit der Klarheit und inneren Freiheit des Remigranten geurteilt: «nur das normale Verhalten des kleinen Mannes im Dritten Reich, der weder zum Nazi noch zum Märtyrer werden wollte».[97]

Soweit zu diesem Zeitpunkt im Umkreis des Staatsoberhaupts taktische Erwägungen angestellt wurden, liefen sie bei Staatssekretär Berger zusammen, den das Thema seit Monaten okkupierte.[98] Immerhin hatte Lübke schon im Februar 1966, kurz vor seiner Afrikareise, den Vorsitzenden aller im Bundestag vertretenen Parteien bei einem Treffen in der Villa Hammerschmidt versichert, dass die Vorwürfe der «sowjetzonalen Seite» nicht berechtigt seien, er aber auf Rat von Bundesinnenminister Lücke (CDU) keine Strafanträge stellen oder Strafverfolgungsermächtigungen erteilen werde. Denn damit würde man die Sache nur unnötig lange in der Diskussion halten. Parallel zu dem eineinhalbstündigen Treffen in ungewöhnlicher Runde (Adenauer, Brandt, Strauß, Mende), dessen Thema nach außen vernebelt wurde,[99] unterrichtete das Auswärtige Amt seine Vertretungen, es sei «unter der Würde des Bundespräsidenten», auf die «sowjetzonalen Verleumdungen» einzugehen; gegen deren Verbreitung könnten die Missionschefs allerdings nach eigenem Ermessen «Protest bei der Regierung des Gastlands» einlegen. Dafür bekamen die Diplomaten ein Argument mit auf den Weg, das bis dahin noch nirgendwo geäußert worden war und auch später öffentlich nicht vorgebracht werden sollte: Lübke sei seinerzeit bei der Baugruppe Schlempp angestellt worden, «um ihm einen gewissen Schutz gegenüber dem Regime zu geben».

Für die einstweilen ausbleibende Resonanz auf Nordens Pressekonferenz, aber auch auf den Bonn-Besuch der DDR-Emissäre, wird ausschlaggebend sein, was zum Beispiel die *Süddeutsche* bereits am Tag nach dem Treffen im Präsidialamt berichtete: «Das von der Sowjetzone der Bonner Staatsanwaltschaft übergebene Dokumenten-Material über die Tätigkeit Bundespräsident Lübkes während des Krieges hat nach Mitteilung der Bonner Justizpressestelle nicht die geringsten Anhaltspunkte für eine strafbare Handlung Lübkes ergeben.»[100] Im April 1966 legte der Leitende Oberstaatsanwalt beim Bonner Landgericht das Verfahren schließlich zu den Akten, seien dem Material aus der DDR doch «nicht die geringsten Anhaltspunkte zu entnehmen, dass Dr. h. c. Lübke oder andere Mitarbeiter des Baubüros Schlempp für die auch in diesen KL bestehenden unmenschlichen Zustände die zum Tod zahlreicher Häftlinge führten, mitverantwortlich waren». Die Unterlagen ließen «insgesamt auch hinsichtlich des Zeitraums März 1944 bis Kriegsende keine Anhaltspunkte dafür erkennen, dass Dr. h. c. Lübke im Rahmen der Verlagerung der Jäger-Fertigung in Salzbergwerke im Raum südlich Magdeburg an vorsätzlichen Straftaten gegen das Leben von Schutzhäftlingen und Zwangsarbeitern, die zu den Bauvorhaben als Arbeitskräfte herangezogen worden waren, in irgendeiner Form beteiligt war.»[101]

Im Unterschied zu den damit abgeschlossenen Bonner Ermittlungen verfolgte die Münchner Beschlagnahmeaktion den Bundespräsidenten bis in seinen Urlaubsort Bad Kissingen, wo er sich Ende August in einer Runde mit dem stellvertretenden bayerischen Ministerpräsidenten Alois Hundhammer, dem Vizechef des Bundesverfassungsschutzes Günther Nollau und seinem vormaligen Arbeitgeber Walter Schlempp besprach, mit dessen Familie die Lübkes eine Freundschaft pflegten. Doch auch danach hielt man es in der Villa Hammerschmidt für richtig, am Defensivkurs festzuhalten; Hans Berger wusste sich dabei einig mit Heinrich Meyer, dem Justiziar des Präsidialamts, aber auch mit Lübkes persönlichem Referenten Hermann Sehrbrock.[102]

Anders hingegen die Stimmung vier Wochen später im Bundeskabinett: Dort hatte Berger Mühe, das zwischen Lübke und Lücke vereinbarte Stillhalten gegenüber Justizminister Richard Jaeger (CSU) und einer Reihe weiterer Bundesminister zu verteidigen. Die kontroverse Aussprache in der schwarz-gelben Koalition, an deren Demontage Lübke seit Monaten Interesse nahm (sein Ziel war ein Zusammengehen von Union und SPD), endete mit «allseitiger Zustimmung» zu Kanzler Erhards kraftloser Feststellung, es sei «eine Selbstverständlichkeit, dass sich die Regierung und die Parteien vor das angegriffene Staatsoberhaupt stellen».[103] Folglich erging sich die Erklärung der Bundesregierung tags darauf ausschließlich in Klagen über die «üblen Methoden» Ost-Berlins und die westdeutschen

«Kolporteure der Verleumdungsaktion»; dass letztere ihr beschlagnahmtes Material zurückbekamen, wie Regierungssprecher Karl-Günther von Hase einräumen musste, machte seinen Auftritt nicht überzeugender.[104]

Mit Halbherzigkeiten war der dynamischen Entwicklung der Affäre nun jedoch nicht mehr beizukommen. Denn tatsächlich lancierten Nordens Leute inzwischen gezielt Informationen an westdeutsche Pressevertreter. So durfte etwa «Panorama»-Mitarbeiter Lutz Lehmann bei der Generalstaatsanwaltschaft der DDR nicht nur einen «Satz beglaubigter Fotokopien in Sachen Lübke» abholen; es wurde ihm sogar gestattet, «in die Originale Einsicht zu nehmen».[105]

Ende Oktober 1966, mitten in der zur Großen Koalition führenden Krise um den «Kanzler auf Abruf», breitete der *Spiegel* auf fünf Seiten die bis dahin bekannten Fakten und Behauptungen über die Vergangenheit des Staatsoberhaupts aus. Die Überschrift «Wie alle» erinnerte an die Argumentation von Sebastian Haffner, griff aber faktisch nur die Worte auf, die Innenminister Lücke im Interview zu der vom Bundeskriminalamt erarbeiteten und von ihm vorgestellten Dokumentation gefunden hatte: «Bundespräsident Lübke war während des Krieges in der gleichen Situation wie alle Deutschen, die in dieser Zeit in Deutschland leben und arbeiten mussten. Obschon stets Gegner des Nationalsozialismus, wurde er in die Kriegsanstrengungen des damaligen Reiches einbezogen.»[106] Drei Wochen später nahm sich Rudolf Augstein die Darstellung aus dem Innenministerium allerdings noch einmal vor – und griff nun sowohl Lübke als auch Lücke an: Unter Verweis auf die argumentationsschwache Erklärung zu Lübkes Untersuchungshaft in den Jahren 1934/35 (die Akten dazu lagen in West-Berlin, waren von den BKA-Beamten jedoch nicht eingesehen worden) befand der *Spiegel*-Herausgeber, Lücke habe «den Bundespräsidenten und die Bundesrepublik (und sich selbst) leichtfertig diskreditiert».[107]

Nicht nur präsidialamtsintern wurde Augsteins Kommentar zu einem Wendepunkt.[108] Schon ein paar Tage vor dessen Veröffentlichung hatte Amtschef Berger, augenscheinlich nichts Gutes ahnend, in seinem Tagebuch notiert: «Bundespräsident hat heute Genehmigung zur Einsicht in seine Strafakten in Berlin trotz meines Rates zurückgenommen.» Als der Staatssekretär dann von *Spiegel*-Vize Conrad Ahlers den Text vorab erhielt, versuchte Lübke noch vergeblich, Augstein zu treffen, «um ihn aufzuklären». Nach der Veröffentlichung – Berger erblickte darin eine «Art politischer Brunnenvergiftung» – brodelte es in Bonn. In der sich auflösenden Bundesregierung waren viele alarmiert, und hinter vorgehaltener Hand verlangten erste Abgeordnete, wie Bergers Stellvertreter Albert Einsiedler erfuhr, den Rücktritt des Präsidenten.

Doch auch das neue Kabinett Kiesinger/Brandt, in dem Paul Lücke weiterhin das Innenministerium führte, vermochte sich von dem bisherigen Kurs nicht zu lösen, der auf fortgesetzte öffentliche Auseinandersetzungen um die Frage der Echtheit von Dokumenten und Unterschriften hinauslief. So entstanden immer neue Schriftsätze und Expertisen, wurden Gutachten und Gegengutachten über tatsächliche und vermeintliche Fälschungen oder Verfälschungen erstellt, Zeugenaussagen angefordert und Erklärungen abgegeben. Das basale, schon frühzeitig erkennbare Faktum rückte darüber immer weiter in den Hintergrund: Im System der deutschen Kriegs- und Rüstungswirtschaft, das Hunderttausenden den Tod gebracht hatte und Millionen entsetzliches Leid, hatte Heinrich Lübke umstandslos funktioniert. Dies jedoch keineswegs «wie alle» Deutschen, sondern als Angehöriger jener Funktionseliten, die das «Dritte Reich» und die deutsche Kriegführung am Laufen gehalten hatten. Er hatte Verantwortung getragen und über Handlungsspielräume verfügt – wenn auch nicht in einem Maße wie etwa Albert Speer, sein indirekter Vorgesetzter, der soeben aus dem Spandauer Kriegsverbrechergefängnis entlassen worden war und demnächst zum Lieblings-Nazi nicht nur der bundesrepublikanischen Medien avancieren sollte.

Abschiedsqualen

Die verbleibenden immerhin zweieinhalb Jahre von Lübkes zweiter Amtszeit fielen mit der Hochphase der studentischen Protestbewegung zusammen, und nicht zuletzt deshalb ging es, je länger sich der Abschied hinzog, desto weniger um den realen Bundespräsidenten und dessen persönliche Vergangenheit und umso mehr um die Kritik des politischen «Establishments» und des Systems insgesamt. Was in dem schier unaufhörlichen Strom der Meinungen, Kommentare und Polemiken über den «KZ-Baumeister» verhandelt wurde, war kaum noch Lübkes konkretes Verhalten im «Faschismus», wie jetzt auch im Westen sagte, wer sich auf der Höhe des kritischen Bewusstseins wähnte; mehr stand bald schon, wie in den meisten Affären und Skandalen, das aktuelle Agieren des Beschuldigten in Rede. Den Hintergrund der aufgeheizten Debatte freilich bildete die mittlerweile als «verdrängt» erkannte Geschichte und Nachgeschichte der deutschen Gesellschaft im Nationalsozialismus: die «unbewältigte Vergangenheit».

Angesichts der, wie Berger im Februar 1967 in seinem Tagebuch notierte, «rapide abnehmenden Kräfte» des Bundespräsidenten, der an einer (einstweilen wohl noch undiagnostizierten) Zerebralsklerose litt, wurde die kommende Zeit für Lübke und alle in seinem Umkreis zu einer Tortur.[109] Rudolf Morsey, sein Biograph, hat diese Phase eingehend geschildert, und es verlohnt nicht, hier noch einmal sämtlichen Windungen und Wendungen und den sie begleitenden medialen Aufgeregtheiten nachzugehen (etwa um ein teures Entlastungsgutachten oder um das lange Zeit falsch angegebene Geburtsalter von Wilhelmine Lübke). Festzuhalten bleibt, dass der nicht nachlassende Druck aus Ost-Berlin, der zu fortwährenden Vorwürfen und – wie Lübke es empfand – Verleumdungen auch in bundesdeutschen Medien führte, den Präsidenten psychisch hochgradig belastete. Gegenüber einzelnen Gesprächspartnern gestand er gelegentlich resignative Anwandlungen ein; ja sogar, dass er sich mit Rücktrittsgedanken trug, die er dann aber auch wieder verwarf.

Nach den Ausschreitungen anlässlich des Staatsbesuchs von Schah

Reza Pahlewi am 2. Juni 1967 in Berlin und dem Tod des Studenten Benno Ohnesorg (ihn hatte ein dubioser Polizist in Zivil erschossen, der Jahrzehnte später auch noch als Stasi-Spitzel enttarnt wurde) entschuldigte sich Lübke bei seinem Gast für die «höchst unerfreulichen» Demonstrationen, und seinem römischen Vertrauten Carlo Bayer schrieb er, die Tage in der ehemaligen Hauptstadt hätten ihn «an die Zeit erinnert, als Hitler unter Missbrauch der demokratischen Freiheit die Weimarer Republik zerschlug».[110] In Lübkes Wahrnehmung fügten sich die Aktionen der «zweifellos von kommunistischer Seite» gelenkten und finanzierten Gruppen und ihrer «Rädelsführer» nahtlos mit Nordens Aktivitäten zusammen. Und es passte in sein Bild, wenn zum Beispiel ein Mitglied des Sozialistischen Deutschen Studentenbunds im «Ehrenbuch» der Universität Bonn den Namen des Bundespräsidenten mit dem Zusatz «KZ-Baumeister» versah.[111] Ein paar Tage vor diesem Zwischenfall, der Lübke aufs Höchste erregte, hatte Henri Nannen im *Stern* die «große Verlogenheit unserer Staatsführung» für den «Aufstand der Studenten» verantwortlich gemacht. Zwar hätten die Tumulte inzwischen das «erträgliche Maß überschritten». Aber «unerträglich» sei, dass dieser Staat einen «greisen Bundespräsidenten» habe, «der in seinen Mannesjahren am Bau von Unterkünften für KZ-Häftlinge beteiligt war», diese Vergangenheit ableugne, Beweisdokumente als Fälschungen bezeichne und im Bundesminister des Inneren auch noch einen Helfer finde, um «das Volk zu belügen».[112] Mit Letzterem bezog sich Nannen auf das Gutachten eines renommierten New Yorker Schriftexperten, das er den Lesern seiner den Zeitgeist höchst erfolgreich bedienenden Illustrierten (Auflage: fast zwei Millionen Exemplare) in der Vorwoche präsentiert hatte und das der Fälschungsbehauptung des Bundeskriminalamts eindeutig widersprach.[113]

Angesichts dieser neuen Zuspitzung verdüsterte sich die Stimmung in der Villa Hammerschmidt weiter. Aus dem von Willy Brandt geführten Außenamt drang an Bergers Ohr, Staatssekretär Duckwitz befürchte sogar «Schwierigkeiten bei dem bevorstehenden Besuch des Bundespräsidenten in Paris».[114] Gleichwohl blieben die Sozialdemokraten gegenüber Lübke aufs Ganze gesehen länger loyal als viele seiner Unionsfreunde. Vor allem von Kanzler Kiesinger fühlte sich der Präsident nicht angemessen unterstützt, wobei gewiss auf beiden Seiten eine Rolle spielte, dass Lübke anlässlich von Kiesingers Nominierung Erkundigungen wegen dessen NSDAP-Mitgliedschaft eingeholt hatte (bei Hans Buchheim).[115]

In den letzten Jahren noch eigensinniger und misstrauischer geworden, entschloss sich Lübke nun – gegen den Rat seiner Umgebung und einer Reihe von Kabinettsmitgliedern – zu einer Fernsehansprache «zum deutschen Volk». In einem ausführlichen Brief an den Kanzler begründete er diesen Schritt und gab dabei einen Einblick in seine Seelenlage: «Wenn ich gehört hätte, dass KZ-Häftlinge und Sträflinge in menschenunwürdigen Unterkünften von der SS untergebracht worden wären und ich hätte durch den Bau von Baracken ihnen ihr schweres Los erleichtern können, hätte ich es ganz sicher getan. Denn in diesem Falle würde es sich ausschließlich um ein Gebot der Menschenliebe gehandelt haben. Die Illustrierte ‹Stern› behauptet durch Veröffentlichung eines fotokopierten Sitzungsprotokolls, ich hätte an einer Besprechung teilgenommen, in der die Unterbringung von KZ-Häftlingen aus Zelten in Baracken erörtert worden wäre. Ich kann mich nicht daran erinnern, je an einer derartigen Besprechung teilgenommen zu haben. Hätte ich aber durch meine Teilnahme den beklagenswerten Opfern der SS durch die Unterbringung in Wohnbaracken helfen können, so würde ich es heute als ein Versäumnis ansehen, wenn ich diese Baracken nicht geliefert hätte.»[116]

Der fünfminütige Fernsehauftritt des Präsidenten am 1. März 1968, basierend auf einem vom halben Kabinett redigierten Text und zusammengeschnitten aus einer fast einstündigen Aufnahme, wurde ein kompletter Fehlschlag.[117] Viel zu pauschal bestritt Lübke in der auch im Hörfunk übertragenen Rede die gegen ihn erhobenen Vorwürfe, sowohl mit Blick auf die Ermittlungen von 1934/35 als auch auf die Kriegszeit. Und indem er nun öffentlich eingestand, sich nicht erinnern zu können, unter «Zeichnungen für Baracken», die seit zwei Jahren die Runde machten, «je solche Unterschriften geleistet zu haben», räumte er zwar den längst unhaltbar gewordenen allgemeinen Fälschungsvorwurf ab, blieb aber dabei, «dass schon einmal versucht worden ist, mit plumpen Fälschungen den Nachweis zu erbringen, ich hätte bestimmte Schriftstücke unterschrieben».

Mit Letzterem allerdings kam der Präsident, wie ehemalige Stasi-Mitarbeiter in den frühen neunziger Jahren einräumen sollten,[118] der Wahrheit ziemlich nahe: Die Ost-Berliner Spezialisten hatten authentische, von Lübke abgezeichnete Bauakten in nachträglich gefertigten beziehungsweise manipulierten Aktendeckeln mit der Aufschrift «Erstellung eines KZ-Lagers» präsentiert – und dabei übersehen oder ignoriert, dass das übliche Kürzel der NS-Bürokratie «KL» gelautet hatte.

«Die Gutwilligen waren bereits vorher überzeugt oder leicht zu überzeugen; die Böswilligen sind in ihrer Haltung nicht zu ändern», schrieb Lübke ein paar Tage nach seiner freitagabendlichen Fernsehansprache an Titularerzbischof Bruno Wüstenberg, mit dem ihn und seine Frau seit einer Reise nach Rom im «Heiligen Jahr» 1950 ein Vertrauensverhältnis verband.[119] Dass es gelingen könnte, mit dem Auftritt in eigener Sache das Blatt noch einmal gänzlich zu wenden, hatte Lübke selbst nicht geglaubt. Gleichwohl notierte Staatssekretär Berger über ein Gespräch mit dem Präsidenten unmittelbar nach der Aufzeichnung: «Tiefe Enttäuschung über den Bundeskanzler. Sage ihm, dass er in Regierung keine Stütze mehr habe. Dass man ihn nur gestützt hat wegen der Welle aus Sowjetzone. Innenpolitische Angriffe aber werde man sicher zu seinem Sturz benutzen, wenn es CDU/CSU und SPD für zweckmäßig hielten. Sehrbrock sagt mir, Bundespräsident habe sich dahin geäußert, er sei einige Zeit vor Ablauf seiner Amtsperiode zum Rücktritt bereit.»[120]

Die Krise um das Staatsoberhaupt konnte nun niemand mehr leugnen. Umso erstaunlicher war, dass sie sich weitere 15 Monate hinziehen sollte, mit fortgesetzten Peinlichkeiten und Protesten. Am Tag nach Ausstrahlung der Ansprache – in der Villa Hammerschmidt lief die Auswertung der selbst in der konservativen Presse überwiegend kritischen Reaktionen gerade erst an –, enthüllten Redakteure des Frankfurter Satireblatts *Pardon* vor der Paulskirche die Gipsstatue eines nackten, nur mit einer schwarz-rot-goldenen Schärpe geschmückten Bundespräsidenten, der als Zeichen seiner ins Ironische gezogenen NS-Gegnerschaft ein zerbrochenes Hakenkreuz in Händen hielt.[121] Weitere 24 Stunden später drohte Werner Höfers sonntagvormittäglicher Fernseh-«Frühschoppen» zu scheitern, weil eine Einladung an Henri Nannen ergangen war, der, zeitlich parallel zu Lübkes Rede, im *Stern* dessen Rücktritt gefordert und dies, rabiat wie kein Zweiter, mit Invektiven («bedauernswerte Figur», «kleinkariert», «trottelhafte Reden») untermauert hatte.[122] (Im Nachhinein mutet es natürlich seltsam an, dass Höfers journalistische NS-Vergangenheit in der Hitze des Studiogefechts mit dem konservativen Herbert Kremp von der *Rheinischen Post*, anders als jene Nannens, unerwähnt blieb.)

Tags darauf behauptete der *Spiegel* («Soll denn der Blamage kein Ende sein?»), Lübke sei es mit Hilfe seines Staatssekretärs gelungen, Forderungen aus der CDU nach einem Rücktritt zum Jahresende abzuwehren. Tatsächlich notierte Berger vier Wochen später in seinem Tagebuch, der Bundespräsident habe ihm auf seine «ausdrückliche Frage» erklärt, «er sei bereit, zum 1. April 1969 und allenfalls, wenn auch nur sehr ungern, zum 1. Januar 1969 zurückzutreten».[123] Kurz danach schien aber auch das wieder nicht mehr zu gelten, und Lübkes engste Umgebung spekulierte, «dass ihn finanzielle Erwägungen (Aufwandsentschädigung) einen Rücktritt ablehnen ließen».[124] So ging es den ganzen «heißen» Mai 1968 über hin und her – teils öffentlich, teils hinter den Kulissen, wo politische Sendboten wie persönliche Freunde vergeblich versuchten, den in jeder Hinsicht schwer angeschlagenen Bundespräsidenten zum Amtsverzicht zu bewegen. In Frankreich brannten derweil die Barrikaden und in der Bundesrepublik strebten, nur Wochen nach dem Attentat auf Rudi Dutschke in Berlin, die Demonstrationen gegen die Verabschiedung der Notstandsgesetze ihrem Höhepunkt entgegen.

Wenn Lübkes sechstägiger Staatsbesuch in Tunesien Ende April einigermaßen pannenfrei verlaufen war, so wohl auch deshalb, weil er von Außenminister Brandt begleitet wurde, der an einem vorzeitigen Rückzug des Präsidenten zu diesem Zeitpunkt kein Interesse hatte und dessen Staatssekretär Paul Frank sich in der Residenz des deutschen Botschafters ein sarkastisches Dankeswort Lübkes dafür verdiente, dass er bereit sei «mit einem Verbrecher wie mir an einem Tisch zu sitzen und ein Glas Wein zu trinken».[125] Aber natürlich gab es in den Reihen der Sozialdemokratie auch andere Stimmen. Etwa jene des Münchner Bundestagsabgeordneten Franz Marx, der 1933 in Dachau inhaftiert gewesen war und sich nun mit Aplomb geweigert hatte, von einem Bundespräsidenten, dessen «Beteiligung an den KZ-Bauten» nicht geklärt sei, einen Verdienstorden entgegenzunehmen. Auch dass es Lübke vor Jahren abgelehnt hatte, den französischen Orde des Palmes Académiques an die Claudel-Übersetzerin Klara Maria Faßbinder auszureichen, die im Unionslager als katholische Frauenrechtlerin oder gleich als kommunistisches «Friedensklärchen» galt, nahm Marx übel – woraufhin sich Willy Brandt und Bundestagspräsident Gerstenmaier bei Lübke für die Entgleisungen des Abgeordneten entschuldigten.

Obgleich sich die Stimmung jetzt auch in der bürgerlichen Mitte drehte – eine repräsentative Allensbach-Umfrage ergab, dass Lübkes Fernsehansprache bei weniger als einem Fünftel der Deutschen auf Zustimmung, bei mehr als zwei Fünftel hingegen auf Ablehnung gestoßen war –, sollte sich doch erst im Spätsommer 1968 ein Rückzugstermin abzeichnen, mithin etliche hässliche Texte im *Stern* und im *Spiegel* später.[126] Was am Ende Lübkes Gehör fand, war ein schon seit Monaten ventiliertes Hilfsargument: nämlich dass es sinnvoll wäre, einen größeren zeitlichen Abstand vorzusehen zwischen dem regulären Wechsel in der Villa Hammerschmidt im Spätsommer 1969 und der kurz danach fälligen Bundestagswahl. Doch auch das durfte erst offiziell werden, als ein aus der Sicht des Präsidenten würdiger Umstand gefunden war. Bei einem Empfang zu seinem 74. Geburtstag am 14. Oktober gab er bekannt, er werde am 30. Juni 1969 seinen Abschied nehmen: am Vorabend seiner ersten Wahl vor zehn Jahren und zweieinhalb Monate vor Ablauf seiner Amtszeit.

Obwohl von einem vorzeitigen Rücktritt also kaum mehr die Rede sein konnte, war die Erleichterung groß. Heinrich Krone, vormals Chef der Unionsfraktion im Bundestag und langjähriger Weggefährte des Präsidenten, notierte in seinem Tagebuch: «Das Kapitel Heinrich

Lübke wird zugeschlagen. Es war mühselig.»[127] Und es blieb quälend bis zuletzt: In Göttingen kam es, zwei Wochen vor dem Amtsverzicht, nach einer Festversammlung der Max-Planck-Gesellschaft vor der Stadthalle zu Handgreiflichkeiten, als etwa 2000 vorwiegend studentische Demonstranten den Konvoi des Bundespräsidenten an der Abfahrt zu hindern versuchten. «Die Beamten mussten den Ehrengästen mit dem Gummiknüppel eine Gasse bahnen», meldete AP. Als sich Lübke eine Woche später bei der Kieler Woche verabschieden wollte, wurde er laut dpa auf dem Rathausbalkon mit «Pfiffen, Buh- und ‹Ho-Tschi-Minh›-Rufen» empfangen.[128]

Gewiss hatte das Staatsoberhaupt seit Jahren Übung darin, solche Situationen stur und standhaft über sich ergehen zu lassen. Doch diese letzten Tage im Amt verdeutlichten noch einmal, dass große Teile der bundesdeutschen Öffentlichkeit in Heinrich Lübke längst nicht mehr nur einen Mann mit Vergangenheit sahen, sondern auch, und mittlerweile vielleicht sogar vor allem, einen Mann der Vergangenheit: einen Bundespräsidenten, dessen Amtsauffassung und Politikverständnis aus der Zeit gefallen war. Diesen Anachronismus hatte womöglich auch Gustav Heinemann ein wenig im Sinn – und nicht nur, wie es später oft hieß, die sich umstellende innenpolitische Großwetterlage –, als er nach seiner knappen Wahl am 5. März 1969 von einem «Stück Machtwechsel» sprach. Seinen Einstieg ins Amt des dritten Bundespräsidenten erleichterte die Bemerkung freilich nicht.

IV. Machtwechsel

Verglichen mit seinem direkten Vorgänger, aber auch mit Theodor Heuss, war Gustav Heinemann für seine neue Aufgabe eigentlich bestens präpariert. Sein Amt als Bundesminister der Justiz im Kabinett Kiesinger/Brandt, aus dem heraus der Sozialdemokrat am 5. März 1969 im dritten Wahlgang mit der einfachen Mehrheit von 512 Stimmen zum Staatsoberhaupt der Bundesrepublik Deutschland gewählt worden war (bei 506 Stimmen für seinen Gegenkandidaten und Kabinettskollegen von der Union, Verteidigungsminister Gerhard Schröder), gab er drei Wochen später ab. Danach blieben dem vormaligen Mitgründer der CDU in Essen, dortigen Oberbürgermeister (1946–1949) und nachmaligen ersten Bundesinnenminister noch volle drei Monate bis zum Umzug in die Villa Hammerschmidt. Heinemann, vom Naturell her nicht gerade ein Charmeur, aber auch kein Selbstdarsteller, sah sich in dieser Übergangszeit mit einem gewiss erwarteten, gleichwohl ungewohnt großen Interesse der Medien konfrontiert. Dass es dabei nicht mehr nur um Sachpolitik, sondern um seine Person und seinen Stil der künftigen Amtsführung gehen würde, konnte den politischen Profi nicht überraschen. Und trotzdem scheinen ihn der Unmut, ja der Zorn erstaunt zu haben, den er drei Tage nach seiner Wahl durch ein Gespräch mit dem Bonner Korrespondenten der *Stuttgarter Zeitung* auslöste. Auf die Frage von Reinhard Appel, wie er selbst seinen Sieg einschätze, den Freunde wie Gegner «als eine Zäsur, wenn nicht gar als eine Wende in der Nachkriegsgeschichte der Bundesrepublik» bewertet hätten, meinte Heinemann: «Ich würde dieser Bewertung zustimmen. Es hat sich jetzt ein Stück Machtwechsel vollzogen, und zwar nach den Regeln einer parlamentarischen Demokratie. Man hat oft, und ich glaube mehr aus gutem Grund, gesagt, dass eine solche Demokratie ihre Bewährungsprobe erst dann bestanden habe, wenn eben nach ihren Regeln auch einmal ein Machtwechsel zustande gekommen sei. Das ist hier nicht in breiter Front der Fall, das wird sich erst bei den Bundestagswahlen ergeben, aber immerhin doch in einem beachtlichen Stück.»[1]

Dass Heinemann in seinem protestantischen Drang zu Klarheit und Wahrheit sogar noch nachlegte, als Appel die «Vokabel Macht» erstaunt aufgriff, machte die Sache hinterher nicht einfacher. Denn so sehr sich der doppelt promovierte Volkswirt und Jurist der verfassungsmäßigen Grenzen der «Macht» des Bundespräsidenten natürlich bewusst zeigte, so sehr blieb er dabei: «Es ist doch eine wesentliche Position unter all unseren staatlichen Organen erstmalig auf die bisherige Opposition übergegangen.»

Für die frustrierten Unionsparteien, die in der Bundesversammlung bis zuletzt auf genügend Abweichler aus der FDP gehofft hatten (und mit den 22 Stimmen der seit 1966 in mehreren Bundesländern erfolgreichen NPD rechnen konnten), war das ein Stoß zu viel: Nicht nur, weil die Sozialdemokraten seit mittlerweile zweieinhalb Jahren an der Regierung beteiligt waren, sondern weil diesen Dolch nun ausgerechnet einer führte, der das erste Kabinett Adenauer aus Protest gegen die Wiederbewaffnung nach nur einem Jahr verlassen, mit seiner neuen, von Berührungsängsten gegenüber «Pankow» unbeleckten Gesamtdeutschen Volkspartei nichts als Unruhe gestiftet und sich nach deren Misserfolg 1957 schließlich auch noch der SPD angeschlossen hatte. Kein Wunder eigentlich, dass Franz Josef Strauß, seines Zeichens Finanzminister der Großen Koalition, tags darauf in die Vollen ging: Mitnichten sei er «von der Besessenheit erfüllt, dass an der Spitze dieses Staates als Bundespräsident auf keinen Fall ein Sozialdemokrat stehen dürfte», erklärte der CSU-Vorsitzende auf dem Landesparteitag der niedersächsischen CDU. «Aber, meine Damen und Herren, wir in Deutschland sind gegen das Wort Machtergreifung und Machtwechsel mit Recht sehr empfindlich. Wir hören das Wort nicht gern.»

Die Heinemann unterstellte Nähe zur NS-Terminologie war freilich eher ein Anlass als der Grund für die Empörung im bürgerlich-konservativen Lager; was man ihm dort vor allem übelnahm, war sein erklärtermaßen distanziertes Verhältnis zum Staat, zur Nato und zur Bundeswehr, sein in den letzten Jahren wiederholt bekundetes Verständnis für die rebellierende Jugend – und dass er seinen einstigen Widerspruch gegen Adenauers Kurs in Sachen Westintegration und Stalin-Note weiterhin für «wohlbegründet» hielt: «Ich stelle mir immer noch vor, was man in Bonn für Gesichter machen würde, wenn der Kreml auf den Gedanken käme, seine damaligen Offerten heute noch einmal zu wiederholen.»

Im Gespräch mit dpa zwei Tage später versuchte Heinemann diesem ersten großen Nachwahl-Interview etwas von seiner Schroffheit zu nehmen («Ich bin kein Gegner der Bundeswehr, aber ein Gegner eines jeden Hurra-Patriotismus.»). Aufschlussreich waren und blieben die Auskünfte des President-elect gleichwohl, ordnete der fast Siebzigjährige darin doch die eigene Biographie wie im Vorbeigehen in die Geschichte eines Staates ein, den er «in fünf verschiedenen Gewandungen» erlebt hatte: «Ich war Soldat unter dem König von Preußen bis zum Ende des ersten Weltkrieges. Ich war Student, ich habe meine Familie gegründet, mein Berufsleben angefangen in der Weimarer Zeit; in der Weimarer Republik, die zusammengequetscht wurde von rechts und links. Ich habe das ‹Dritte Reich› erlebt, kontra oder abseits. Ich habe das Besatzungsregime erlebt, wo mir zum Beispiel in meinem Kampf als Essener Oberbürgermeister gegen die Demontagen der englische Hochkommissar gesagt hat: Es gibt keine andere rechtliche Grenze dessen, was wir tun dürfen, als die, die wir uns selber setzen. War das ein Rechtsstaat? Und jetzt erleben wir die Bundesrepublik mit ihrer wirklich freiheitlichen demokratischen Ordnung. Die möchte ich erhalten wissen.»

«Kontra oder abseits»: Hatte nicht sein Vorgänger ganz Ähnliches von sich gesagt? Und hatte der fünf Jahre ältere Lübke nicht sogar mit größerem Recht darauf verweisen können, von den Nationalsozialisten 1933 mit Ingrimm betrachtet worden zu sein? Gewiss, als entschiedener Gegner der Deutschen Christen stand Heinemann früh in Opposition zur Kirchenpolitik des «Dritten Reiches», und sein Engagement in der Bekennenden Kirche sprach für sich.[2] Aber wie Wilhelm Röpke, sein emigrierter Studienfreund aus Marburger Tagen, kritisch registrierte, teilte Heinemann eine im nationalprotestantischen Bürgertum vor allem in den ersten Jahren des NS-Regimes vielfach anzutreffende Sympathie für dessen außenpolitischen Revisionismus und Antibolschewismus; dass er durch die Erfahrung des Ersten Weltkriegs zu einem überzeugten Verfechter von Demokratie und Republik, später dann vom «religiös unmusikalischen Menschen» und Mitglied des Monistenbundes auch zu einem gläubigen Christen geworden war, stand dem nicht entgegen. Und sein Berufsleben als erfolgreicher junger Rechtsanwalt in Essen, seit 1928 dort zugleich als Justitiar der Rheinischen Stahlwerke, lief geradezu darauf hinaus, dass er sich arrangierte. Nachdem es ihm und ein paar Gleichgesinnten im Frühjahr 1933 nicht gelungen war, gegen die Überzahl der Opportunisten und NS-Parteigänger im örtlichen Anwaltsverein den Ausschluss jüdischer Mitglieder zu verhindern, stimmte auch Heinemann der politisch erwarteten Selbstauflösung zu Jahresende zu. An die Stelle des Vereins trat der Bund Nationalsozialistischer Deutscher Juristen, dem er sich fortan als Beiratsmitglied der Essener Ortsgruppe zur Verfügung stellte. Mitglied der NSDAP wurde Heinemann nie, und wie manche, die Distanz zu wahren suchten, wird er seine Mitgliedsbeiträge für den Reichsluftschutzbund und die Nationalsozialistische Volkswohlfahrt (seit 1936) als unverfänglichen Tribut betrachtet haben, der sich zur Not auch einmal als Zeichen seines guten Willens deuten ließe. Er hatte sich arrangiert – nicht mehr, aber auch nicht weniger.

Über Gustav Heinemann als Mann der Kirche und als Homo politicus ist oft und viel Empathisches geschrieben worden; Heinrich Böll, Günter Grass und Siegfried Lenz haben ihm zeitgenössisch Kränze geflochten, ebenso wie Carlo Schmid und natürlich seine engen Vertrauten Brigitte und Helmut Gollwitzer.[3] Wirklich geforscht wurde zu seiner Person lange Zeit jedoch wenig, zumal nicht mit Blick auf seinen beruflichen Weg im «Dritten Reich»; «unbelastet nach 1945» lautete noch 1984 das allzu glatte Fazit von Ingeborg

Drewitz (die 1973 aus der Hand von Heinemann das Verdienstkreuz entgegennahm, dem sie sich zu Lübkes Amtszeit 1968 noch verweigert hatte).[4] Erst drei Jahrzehnte später hat die Monographie von Thomas Flemming einigen Aufschluss über Heinemanns Karriere bei der Rheinstahl AG (Mehrheitseigner: IG Farben) und seinen Aufstieg zum stellvertretenden Vorstandsmitglied im Sommer 1936 erbracht. Danach ist deutlich, dass der Konzernjurist und Bergwerksdirektor wegen seiner Arbeit in der Bekennenden Kirche auf einen noch lukrativeren Posten beim Rheinisch-Westfälischen Kohlensyndikat verzichtet hat. Zugleich besteht kein Zweifel, dass er im System der deutschen Rüstungswirtschaft funktionierte, dafür später uk-gestellt wurde und über den Einsatz von Zwangsarbeitern jederzeit im Bilde war.[5] Spätestens seit März 1940 war der kriegsbedingte Arbeitskräftemangel regelmäßig Thema in den Sitzungen des Rheinstahl-Vorstands, und bereits im Mai hoffte man dort auf die «Zuweisung von 20 polnischen Kriegsgefangenen». Dabei sollte es nicht bleiben: Im März 1944 waren auf den Zechen des Konzerns ein Fünftel der rund 17 000 Beschäftigten Ausländer, davon fast 3000 sowjetische Kriegsgefangene, von denen viele erst, so hieß es intern, «hochgepäppelt» werden mussten, ehe sie zum Einsatz kommen konnten. Wie Heinemann über diese Praktiken im Ruhrbergbau mit seinen rund 350 000 Fremdarbeitern dachte, ist nur in Ansätzen erkennbar (der Forschung sind lediglich Teile seiner Tagebücher zugänglich). Aber dass es sich um Unrecht handelte, an dessen verwaltungsmäßig «korrekter» Abwicklung er mitwirkte, war ihm offenkundig bewusst. Ende Dezember 1943 jedenfalls beobachtete er auf dem Weg von seiner Dienstvilla ins Büro eine Kolonne von Zwangsarbeitern und einen «Sklavenmarkt vor dem Arenberghaus» (dem Sitz einer Tochterfirma von Rheinstahl).

Anders als sein Amtsvorgänger wurde Heinemann als Bundespräsident mit seiner beruflichen Tätigkeit im «Dritten Reich» nie konfrontiert. Davor bewahrte ihn zum einen sicherlich sein politischer Eigensinn, den er mit seinem Austritt aus der CDU 1952 unterstrichen hatte und der zum aufmüpfigen Zeitgeist der späten sechziger Jahre bestens zu passen schien. Zum andern fand er Anerkennung und Respekt für seine zwar stets knappen, aber moralische Klarheit suggerierenden Worte im Geist des Stuttgarter Schuldbekenntnisses der EKD, das er als Präses der Synode im Oktober 1945 mitgezeichnet[6] hatte: Erneut zu bedauern, dass man «nicht mutiger bekannt, nicht treuer gebetet, nicht fröhlicher geglaubt und nicht brennender geliebt» habe – das kostete nicht viel, klang aber auch 1969 noch frischer als die Floskeln, mit denen sich die Funktionseliten der NS-Zeit, zu denen Heinemann faktisch gehört hatte, in aller Regel herauszureden suchten.[7]

Gustav Heinemann und die deutsche Geschichte

Eine erste offizielle Kostprobe der neuen, schnörkellosen Sprache, die mit ihm und seiner Ehefrau Hilda Einzug in die Villa Hammerschmidt nahm, gab Heinemann in seiner Antrittsrede am 1. Juli 1969.[8] Manches davon war schon in den Wochen zuvor angeklungen, in denen der kommende Bundespräsident laut Allensbach eine klare Mehrheit der Deutschen für sich eingenommen, im breiter gewordenen linksliberalen Teil der Medien eine Menge Vorschusslorbeeren geerntet und dem *Stern* sogar eine Homestory aus seinem Urlaub auf Spiekeroog gestattet hatte, «den letzten Tagen halber Freiheit».[9] Nun aber, im vollbesetzten Plenarsaal anlässlich seiner Vereidigung vor Bundestag, Bundesrat und zahlreichen Ehrengästen, verwandelten sich etliche dieser Gedanken in die Leitmotive einer Präsidentschaft. Heinemann sprach von der Aufgabe, «uns auch mit den östlichen Nachbarn zu verständigen». Er mahnte erneut, die Bundeswehr sei kein «Selbstzweck» und verband seine Zweifel am Militärischen mit einem pointierten Plädoyer für Friedensforschung: Nicht der Krieg sei der Ernstfall, «sondern der Frieden ist der Ernstfall, in dem wir alle uns zu bewähren haben». Er warb für den «mündig mitbestimmenden Bürger» in einer sozial gerechten demokratischen Gesellschaft und bezog Stellung gegen jene, die «immer noch» am Obrigkeitsstaat hingen: «Er war lange genug unser Unglück und hat uns zuletzt in das Verhängnis des Dritten Reiches geführt.»

An dieser Stelle klangen bereits geschichtspolitische Thesen durch, die Heinemann bald forcieren sollte. Die Hauptsache aber war jetzt das sozialliberale Projekt, das der neue Bundespräsident als bekennender Gegner der Großen Koalition bis hin zu Willy Brandts berühmt gewordener Formulierung («mehr Demokratie wagen») vorwegnahm. Fast aufreizend ruhig, stellenweise sogar monoton, doch mit einer Entschlossenheit, die im konservativen Lager manche unruhig werden ließ, rief Heinemann der Versammlung zu: «Meine Damen und Herren, wir stehen erst am Anfang der ersten wirklich freiheitlichen Periode unserer Geschichte». Und fast schon am Schluss der Antrittsrede dann noch einmal mit Nachdruck: «Nicht weniger, sondern mehr Demokratie – das ist die Forderung, das ist das große Ziel, dem wir uns alle und zumal die Jugend zu verschreiben haben.»

Ganz ans Ende schließlich setzte Heinemann eine für seine Verhältnisse hochpathetische, fast ein wenig melancholische Bemerkung, die linksnational grundierte Vergangenheitskritik und emanzipatorischen Fortschrittsglauben zu einer für das kommende Jahrzehnt außerordentlich attraktiven Rezeptur verband und rasch zum geflügelten Wort werden sollte: «Es gibt schwierige Vaterländer. Eines davon ist Deutschland. Aber es ist *unser* Vaterland.» Für sich genommen war ein solches Diktum anschlussfähig natürlich auch nach rechts; die FAZ jedenfalls übte sich ob dieser Worte in gemessenem Lob.[10]

Überraschend pflichtschuldig, konventionell und in den zweckrationalen Spuren seiner Vorgänger war geblieben, was der dritte Bundespräsident im Verlauf seiner Antrittsrede als Gründe für eine fortgesetzte Beschäftigung mit der Geschichte des «Dritten Reiches» benannt hatte: «Es ist nicht wenig, was wir zur Bereicherung der Menschheit beigetragen haben. Aber unter Missbrauch des Namens unseres Volkes ist auch das Unheil des Zweiten Weltkriegs entfesselt worden. Nur wenn wir uns selber nicht aus der Frage entlassen, wie es zu dem schreckensvollen Kapitel des Nationalsozialismus kommen konnte, werden andere Völker dieses Kapitel nicht länger gegen uns hervorkehren können.»

«Eichen gibt's genug in Deutschland», kommentiert Karikaturist Ernst Maria Lang die Antrittsrede Gustav Heinemanns in der SZ vom 2. Juli 1969.

Drei Wochen später bereits hatte Heinemann Gelegenheit, an diesem Punkt nachzulegen, als er in Berlin zu einem seit Heuss und Lübke etablierten Geschichtsdatum sprach, das sich nun zum 25. Mal jährte.[11] Doch auch in der Gedenkstätte Plötzensee stachen Heinemanns Worte nicht dadurch heraus, dass er neue Akzente in der Würdigung der Männer des 20. Juli 1944 gesetzt hätte; selbst dass er alle Widerstandskämpfer «in Deutschland und außerhalb Deutschlands aus welcher Nation und an welchen Orten auch immer» einschloss, war kein gänzlich unbekannter Gedanke. Ungewöhnlich war jedoch die Strenge, mit der er entlastenden Geschichtserzählungen entgegentrat: Dass das «Dritte Reich» kein «Betriebsunfall» war, «also etwa nur durch die Arbeitslosigkeit um 1930 oder durch Reparationslasten des Versailler Vertrages von 1919 verursacht worden ist», war ihm ebenso wichtig wie der kühle Blick auf die Folgen eines etwa gelungenen Tyrannenmords: «Der Hitler-Mythos und der nationalistische Wahn wären 1944 mit dem Tode Hitlers noch nicht zerbrochen gewesen. Geblieben wäre eine wütende Anklage, dass die Attentäter uns um den Sieg und um die Herrlichkeit des Großdeutschen Reiches gebracht hätten.»

«Ein guter Deutscher kann kein Nationalist sein. Ein nationalbewusster Deutscher kann heute nur Europäer sein.» – Das war die Botschaft, die am Ende in der Presse (die gerade sehr mit der Mondlandung der Amerikaner beschäftigt war) von der Rede vom Vorabend des Jahrestags übrigblieb.[12] Angesichts des befürchteten Erfolgs der NPD bei der kommenden Bundestagswahl und rechtsradikaler Schmierereien in Plötzensee am Morgen des 20. Juli war das nicht erstaunlich. Überraschend aber war, dass weitgehend unterging, was der Präsident seinen Pressesprecher noch vor der Reinschrift des Manuskripts hatte hinzusetzen lassen (in der Formulierung ganz ähnlich wie schon in einem Rundfunkinterview im «Wahlkampf» um das Präsidentenamt): «Ich schließe mit einem persönlichen Wort. Mich lässt die Frage nicht los, warum ich im Dritten Reich nicht mehr widerstanden habe.»[13]

Dass das Staatsoberhaupt zu einem solchen Anlass kritisch über sein eigenes Verhalten räsonierte, das hatte es noch nicht gegeben, das wirkte auf Anhieb modern. Heinemanns Antwort auf die an sich selbst gerichtete Frage beschränkte sich dann allerdings darauf, die bekannte Passage aus der Stuttgarter Schulderklärung zu wiederholen. Abgesichert, wenn nicht konterkariert, war das präsidiale Bekenntnis überdies durch eine etwa in der Mitte des Manuskripts eingefügte Bemerkung, die in einer gewissen Spannung zu der Selbstbefragung stand, was aber Heinemann mit der ihm eigenen Apodiktik überdeckte: «Ich habe jene Jahre bewusst miterlebt. Mich hat der Nationalsozialismus nie angefochten.»

Zweifellos hatte es mit diesem Selbstbild des neuen Bundespräsidenten zu tun, dass von keiner Seite Nachfragen kamen, auch nicht von den gegenüber seinem Vorgänger eben noch so kritischen Blättern. Die Aura des klaren NS-Gegners, ja des Widerständlers, umgab Heinemann, von ihm selbst bekräftigt, seit seinem Eintritt in die Politik. Sie blieb unangefochten nicht trotz, sondern wohl gerade wegen solcher Sätze: «Dass auch der Widerstand vielleicht doch hätte ausgedehnt werden müssen auf das rein Politische. Da haben wir viel zu viel geschehen lassen an Unrecht, an Gewalttat, an Verschleppung von Menschen, an Misshandlung der Juden, ohne uns dagegen so gewehrt zu haben, wie sich's gehört hätte. Dieser Vorwurf bleibt.»[14]

Solche Reflexionen über verpassten Widerstand wirkten sympathisch und aktuell, zumal die Zeiten bereits wieder ziemlich vorbei waren, in denen sich die rebellierende Jugend für individuelle Biographien interessierte. Die APO war im Zerfall begriffen, und an den Universitäten, wo es inzwischen eher um die «Große Weigerung» ging, sahen die meisten in Heinemann gerade keinen typischen Vertreter des «Systems». Seine besonnenen Worte von vor einem Jahr, gesprochen als Justizminister angesichts der Osterunruhen nach dem Attentat auf Rudi Dutschke, hatten viele noch dankbar im Ohr: «Wer mit dem Zeigefinger allgemeiner Vorwürfe auf den oder die vermeintlichen Anstifter oder Drahtzieher zeigt, sollte daran denken, dass in der Hand mit dem ausgestreckten Zeigefinger zugleich drei andere Finger auf ihn selbst zurückweisen.»[15]

Die Logik des Gedenkkalenders wollte es, dass Heinemann schon bald nach dem 20. Juli erneut zu einem Thema der Zeitgeschichte gefordert war. Doch ins Zentrum seiner kaum zehnminütigen Fernsehansprache am Abend des 1. September 1969 stellte der Präsident nicht die historische Reflexion über den deutschen Überfall auf Polen vor 30 Jahren, sondern – vier Wochen vor der Bundestagswahl – seine Überlegungen zu den Notwendigkeiten künftiger deutscher Außenpolitik. «Es ist nicht mehr nötig, der Entstehungsgeschichte des Zweiten Weltkrieges nachzugehen. Sie liegt klar zutage», erklärte er. Hingegen sei das «letzte Ende des nationalsozialistischen Abenteuers nicht abzusehen», das über 55 Millionen Menschen in aller Welt das Leben und noch mehr ihre Heimat gekostet habe, darunter 17 Millionen Deutsche. Europa sei weiterhin geteilt, Berlin eine «zerschnittene Stadt», die Frage nach einer «Ordnung des Friedens» und einer eigenständigen Funktion Europas in der Welt ungeklärt. Nötig sei deshalb die «wissenschaftliche Erforschung des

Friedens». Und dann, geradezu ultimativ: «Was immer die Verantwortlichen in Polen 1939 an Argumenten für Hitlers Handeln beigetragen haben mögen und wie schwer das Los unserer Landsleute gewesen ist, die 1945 das Opfer des Verlusts ihrer Heimat jenseits von Oder und Neiße bringen mussten, so kann doch nichts daran vorbeiführen, dass es zwischen uns nicht so bleiben kann, wie es ist.» Den Begriff «neue Ostpolitik» nahm Heinemann an diesem Abend nicht in den Mund, doch genau darauf lief sein Schluss hinaus: «Wir müssen einen neuen Anfang zwischen uns und unseren östlichen Nachbarn, zumal mit Polen, setzen. Wir müssen der Geißel neuer Kriege entschlossen begegnen.»[16]

Die voraufgezeichnete Rede war kein rhetorischer Höhenflug, und zu Recht bemängelte Fernsehprofi Werner Höfer ihre Sterilität.[17] Aber sie war – abgesehen von den wohl eher taktisch zu verstehenden Bemerkungen in Richtung Vertriebenenverbände über polnische Fehler 1939 und deutsches Leid 1945 – bereits das zweite Beispiel für die Abneigung des Präsidenten, sich auf die Kommemorationsbedürfnisse der Zeitgenossen der NS-Zeit einzulassen, von denen inzwischen ganze Kohorten, darunter seine eigene, das Rentenalter erreicht hatten. Zu einem Zeitpunkt, da die Vorstellung von einer auf die Verbrechen des «Dritten Reiches» bezogenen «Erinnerungskultur» noch längst nicht geboren war, ging es Heinemann, das wurde jetzt deutlich, im Grunde nicht (mehr) um die nationalsozialistische Vergangenheit, sondern um Politik für die Zukunft.

Letztlich galt das auch hinsichtlich jener historischen Thematik, die dem Bundespräsidenten tatsächlich am Herzen lag: die langen und verästelten Linien der deutschen Demokratiegeschichte.

Gewiss, auf die 1848er hatte schon Theodor Heuss gern verwiesen, und wie dieser reklamierte auch Heinemann nicht ohne Stolz verwandtschaftliche Bezüge. Aber Heinemann agierte auf diesem Feld nicht als bildungsbürgerlicher Schöngeist, sondern aus unmittelbar politischen Motiven. So setzte er den Gästen der Bremer Schaffermahlzeit im Februar 1970 – Willy Brandt war seit knapp vier Monaten Kanzler, die Vertragssondierungen mit Moskau hatten begonnen – detailliert auseinander, wie es die DDR seit dem vielfachen Jubiläumsjahr 1967 (450. Jahrestag von Luthers Thesenanschlag, 150. Wiederkehr des Wartburgfestes, 100 Jahre Marx' «Kapital», 50 Jahre Oktoberrevolution) darauf anlegte, «sich selbst als ein abschließendes Ergebnis langfristiger historischer Entwicklungen in Deutschland zu fundieren und ein eigenes Nationalbewusstsein für ihre Menschen zu fördern, das sie vom reaktionären Westen unseres Vaterlandes abheben soll». Dem galt es etwas entgegenzusetzen, und das konnte, so Heinemann, nur die lange vor 1848 zurückreichende Geschichte freiheitlich und sozial gesonnener Männer und Frauen, aber auch ganzer «Gruppen und Stände» sein, «die sich mit der Bevormundung der Herrschenden nicht abfinden wollten». Auch einen Thomas Müntzer wollte er nicht den Bannerträgern des historischen Materialismus «im anderen Teil Deutschlands» überlassen. Deshalb sei es an der Zeit, «dass ein freiheitlich-demokratisches Deutschland unsere Geschichte bis in die Schulbücher hinein anders schreibt».[18]

Heinemann, der «Bürgerpräsident», hatte ein zentrales Thema seiner Amtszeit gefunden. Und die linksliberale Boulevardpresse hatte eine nette Überschrift: «Bundespräsident Heinemann lobt deutsche Revolutionäre».[19]

In der sich zusehends polarisierenden Öffentlichkeit – die Unionsparteien litten schwer an ihrem Machtverlust in Bonn und drifteten im Kampf gegen den linken Zeitgeist in Richtung Fundamentalopposition – blieb das freilich nicht unwidersprochen. Noch vor den kulturpessimistischen Konservativen in der Historikerzunft, die mit Alfred Heuß den «Verlust der Geschichte» beklagten, reagierte die FAZ: «Viel besser wäre es, wir kümmerten uns überhaupt nicht um Geschichtsbilder oder Geschichtsbewusstsein, sondern trieben etwas viel Schwierigeres: einfach Geschichte ohne politische Teleologie.»[20]

Doch der Bundespräsident fand auch viel Zuspruch. Nach einer zweitägigen Exkursion im September 1970 nach Rastatt und an weitere Orte der Badischen Revolution begann er für eine «Erinnerungsstätte für die Freiheitsbewegungen in der deutschen Geschichte» zu werben, die er im Juni 1974, kurz vor Ende seiner Amtszeit, im ehemaligen Residenzschloss eröffnen konnte.[21] In Rastatt zeichnete er außerdem die Träger des erstmals vergebenen «Gustav-Heinemann-Preises für die Schuljugend zum Verständnis deutscher Freiheitsbewegungen» aus, den der Hamburger Industrielle Kurt A. Körber im Jahr zuvor gestiftet hatte und der – obwohl Scheel von einer Fortführung zunächst nichts wissen wollte, schon gar nicht unter dem Namen seines Vorgängers – als Schülerwettbewerb «Deutsche Geschichte um den Preis des Bundespräsidenten» bis heute existiert.[22] Angesichts der mit 4500 Teilnehmern auf Anhieb gelungenen Ausschreibung «Deutsche Revolution 1848/49» ging es in den nächsten Jahren auf Heinemanns Wunsch – und unter seiner keineswegs nur nominell verstandenen Schirmherrschaft – mit den demokratischen Umbrüchen 1918/19 und 1945/46 weiter.

Gemessen an seinem Engagement in Sachen Demokratiegeschichte, aber etwa auch an seiner Gedenkrede zum 100. Geburtstag von Reichspräsident Friedrich Ebert am 4. Februar 1971 – oder, drei Wochen zuvor, an seiner Ansprache zum 100. Jahrestag der Reichsgründung, die er meinungsstark auseinandergenommen hatte («nicht nach einer Hundertjahrfeier zumute») –, scheint die öffentliche Reflexion über die NS-Vergangenheit für Gustav Heinemann eine geradezu lästige Pflicht gewesen zu sein. Entsprechend hatte er schon im März 1970 seine Rede zur «Woche der Brüderlichkeit» gegen den Strich gebürstet: Wo seine Vorgänger betulich Fortschritte im christlich-jüdischen Verhältnis erörtert und den Mord an den Juden im «Dritten Reich» mindestens erwähnt hatten, sprach Heinemann – drei Wochen nach dem bis heute ungeklärten Brandanschlag auf das jüdische Altersheim in München, bei dem sieben Menschen ums Leben gekommen waren – im Kölner Gürzenich mit empathischer Strenge über das notwendige «Mehr an Menschlichkeit» gegenüber Gastarbeitern, Strafgefangenen, ledigen Müttern und den «Minderheiten der Andersdenkenden und Andersgearteten». Und als er im Oktober 1972 in der Frankfurter Paulskirche eine Rede anlässlich der posthumen Verleihung des Friedenspreises des deutschen Buchhandels an den Arzt und Pädagogen Janusz Korczak hielt, der 1942 die Kinder seines Waisenhauses ins Vernichtungslager Treblinka begleitet hatte, ging er mit keinem Wort auf dessen Leben und Sterben ein,

Heinemann auf dem Weg zum Trauerakt für die Opfer des Brandanschlags auf das jüdische Altersheim in München vom 13. Februar 1970.

sondern stellte, angelehnt an den soeben erschienenen Bericht des «Club of Rome», Überlegungen zur Zukunft der Menschheit an.[23]

Seine Teilnahme an der Gedenkveranstaltung in Bergen-Belsen im April 1970 hatte Heinemann angesichts des bevorstehenden 25. Jahrestag des Kriegsendes schon frühzeitig abgesagt und damit eine von Heuss begründete und von Lübke fortgeführte Praxis kurzerhand beendet.[24] Doch sein Plan einer Rede am 8. Mai 1970 ging nicht auf: Die Regierungsparteien hatten eine Gedenkstunde im Bundestag durchgesetzt, die der Bundeskanzler zur Bekräftigung seiner Politik der Friedenssicherung und der Aussöhnung gegenüber dem Osten nutzte, während für die Union der im Jahr zuvor als Präsidentschaftskandidat gehandelte Richard von Weizsäcker erklärte: «Der 8. Mai ist für uns kein Feiertag.»[25] Heinemann sprach schließlich bereits am 6. Mai und reiste tags darauf zu einem Staatsbesuch nach Japan ab. Wie zwei Tage später dann auch Brandt, der sich ostentativ auf Heinemanns Wort vom «schwierigen Vaterland» beziehen sollte, blieb der Präsident über weite Strecken fest in der Gegenwart, als er den ausländischen Missionschefs in der Godesberger Redoute versicherte: «Unser in dieser Welt der Spannungen und Gefahren gewachsener Staat, die Bundesrepublik Deutschland, wirkt heute mit aller Kraft und Entschlossenheit für den Frieden und für allseitige Verständigung, um einer besseren Zukunft den Weg zu bereiten.»[26] Erneut warb Heinemann für Friedens- und Konfliktforschung. Dafür werde sich die Bundesregierung international auch deshalb einsetzen, weil die Überzeugung, dass «nie wieder Krieg von deutschem Boden ausgehen darf», zu den «fortbestehenden Gemeinsamkeiten zwischen den Menschen in ganz Deutschland» gehöre.

So entschlossen diese Bekundungen auf die versammelten Botschafter gewirkt haben mochten, so anachronistisch nahmen sich die zwei Absätze aus, die dem Anlass der Rede galten. Darauf schien sich sogar eine kleine Spitze in der Erwiderung von Erzbischof Bafile zu beziehen, der als Doyen des diplomatischen Corps bemerkte, der Bundespräsident habe «unseren Blick von einem bloßen Verweilen bei der bitteren Vergangenheit sich erheben lassen». Tatsächlich hatte sich Heinemann mit Versatzstücken aus dem rhetorischen Arsenal des deutschen Selbstmitleids der fünfziger Jahre begnügt: «Wir hatten ungezählte dunkle Stunden zu ertragen, ehe die verbrecherische Gewaltherrschaft der Nationalsozialisten von uns genommen wurde. Sichtbar wurde dabei das ganze Ausmaß der Untaten, die von den Nationalsozialisten begangen worden waren und die Elend, Schmerzen und sinnlosen Tod über viele Millionen Menschen aus zahlreichen Nationen gebracht hatten. Mit dieser Erkenntnis hatten wir seitdem zu leben und einen neuen Anfang zu suchen.»

Geradezu genervt konstatierte Heinemann dann noch, «die Forscher» hätten inzwischen ein Vierteljahrhundert Zeit gehabt, «den Gang unserer eigenen Geschichte zwischen 1933 und 1945 und das Vorspiel zu diesen Jahren zu untersuchen». Nun seien die Zusammenhänge größtenteils aufgeklärt, «und damit auch die Unmenschlichkeiten des Hitler-Regimes, das so viele in unserem Volke mit teuflischer Demagogie verblendete». Das alles klang nicht so, als habe sich der Bundespräsident je für die Forschung interessiert (auch wenn er, wie alle Präsidenten vor und nach ihm außer Carstens, das Institut für Zeitgeschichte einmal kurz besuchte)[27] und als läge ihm neben einer Popularisierung der «hellen» doch auch die Auseinandersetzung mit den «dunklen» Seiten der deutschen Geschichte am Herzen. Dabei bedurfte es in der Redoute nur eines Blicks in die Runde, um sich daran zu erinnern, dass die Bundesrepublik nicht nur im Osten von Nachbarländern umgeben war, in denen die deutsche Besatzungsherrschaft ein Vierteljahrhundert nach Kriegsende noch keineswegs vergessen war. Auf seinen Auslandsreisen zeigte sich Heinemann dessen bewusst.

«Versöhnungsbesuche» des «Bürgerpräsidenten»

So sehr sich Gustav Heinemann als Wegbereiter der neuen Ostpolitik verstand, so klar war doch, dass Reisen hinter den Eisernen Vorhang in seiner Amtszeit Sache der Bundesregierung bleiben würden; sein Besuch im Mai 1971 in Rumänien – dem einzigen Ostblockstaat neben der Sowjetunion, mit dem die Bundesrepublik diplomatische Beziehungen unterhielt –, konnte in diesem Sinne nur eine Ausnahme von der Regel sein. Aber klar war auch, dass der Bundespräsident die ostpolitischen Anstrengungen der sozialliberalen Bundesregierung durch eine geschickte Politik der Staatsvisiten im Westen flankieren, vielleicht sogar ein wenig austarieren könnte. In dieser Perspektive (noch hieß der Kanzler ja Kiesinger, nicht Brandt) erneuerte Heinemann bereits in den Wochen zwischen seiner Wahl und seinem Amtsantritt die unter seinem reisefreudigen Vorgänger unternommenen, aber erfolglos geblieben Bemühungen um eine Einladung aus Den Haag; sogar ein Kurzurlaub in Holland im Juni 1969 diente offenbar diesem Zweck.[28] Tatsächlich kam die erhoffte offizielle Einladung von Königin Juliana dann schon im August – auch in der Absicht, den Besuch noch vor Jahresende zu terminieren, sprich: in gebührender zeitlicher Distanz zu den im folgenden Frühjahr anstehenden Gedenkfeiern anlässlich des 25. Jahrestags der Befreiung der

Niederlande von der deutschen Besatzung. Man einigte sich auf die letzte Novemberwoche.

Eine gewisse Nervosität im Vorfeld war auf beiden Seiten zu spüren. Gut zwei Wochen bevor Gustav und Hilda Heinemann am 24. November per Sonderzug in Amsterdam Centraal eintrafen, präsentierte Winfried Scharlau im *Weltspiegel* der ARD einen Filmbeitrag, der ganz auf die Frage zielte, deren Prüfung tatsächlich im Zentrum des Besuchs stehen sollte: Sind die Holländer, mit denen man supranational, via Nato und EWG, ja längst eng verbunden war, von denen viele aber auf Distanz zu ihren direkten Nachbarn im Westen lebten und manche sogar eher mit der DDR sympathisierten, zur «Versöhnung» bereit? Scharlaus Resümee nach einem Bericht, der die prominente Judenhelferin Truus Wijsmuller-Meijer zu Wort kommen ließ, in dem ein Mann des Widerstands über deutsche Geiselerschießungen berichtete, in dem aber auch die Bombardierung von Rotterdam und die «Drei von Breda» zur Sprache kamen: «Bundespräsident Heinemann darf auf persönliche Sympathien rechnen, so wie Heuss seinerzeit in England, was jedoch auch damals nicht ausschloss, dass Missklänge und Proteste den Staatsbesuch begleiteten.»[29]

Am Ende blieben die Missklänge weitestgehend aus. Dazu trug zum einen der Ruf des politisch gänzlich Unbelasteten bei, der Heinemann vorauseilte und den er, etwa in einem Vorab-Interview mit dem holländischen Fernsehen, großzügig nährte.[30] Zum anderen halfen die richtigen Zeichen, die der protestantische «Bürgerpräsident» bei den calvinistischen Nachbarn setzte: Das heikle Thema der ursprünglich zum Tode verurteilten, später zu lebenslanger Zuchthaushaft begnadigten deutschen Kriegsverbrecher, von denen drei immer noch in Breda einsaßen, sparte er aus. Hingegen besichtigte Heinemann gleich nach der Kranzniederlegung am Denkmal für die Kriegsopfer vor dem Königlichen Palast die Gedenkstätte Hollandsche Schouwburg, einst ein Theater im jüdischen Viertel, von dem aus 1942/43 die Deportationen zehntausender Juden nach Westerbork und weiter «nach dem Osten» abgegangen waren. Anschließend traf er den Bürgermeister von Amsterdam, Ivo Samkalden, einen Juden, der 1966 als Justizminister die umstrittene Begnadigung eines deutschen Breda-Häftlings verfügt und der Deutschen Botschaft schon vorab signalisiert hatte, kein Bundesverdienstkreuz annehmen zu wollen. In Gegenwart des Stadtoberhaupts und des Königspaares erklärte Heinemann: «Das Leid, das die Ausrottung des größten Teils der jüdischen Mitbürger über diese Stadt gebracht hat, lässt sich nicht in Worte fassen.» Das Mahnmal erinnere daran «in einer uns erschütternden Weise». Und ungewöhnlich offen sprach er bei dieser ersten Gelegenheit an, für wie wenig selbstverständlich er seinen Besuch erachtete: «Alle denkenden Menschen in Deutschland sind sich dessen bewusst, wie schwer es für Ihr Volk war und noch ist, nach den Schreckensjahren des Krieges und der Besetzung wieder ein unbefangenes Verhältnis zu uns Deutschen zu finden.»

Beim abendlichen Galadiner im Königlichen Palast bemerkte der Präsident – ohne seine Dienstreisen als Rheinstahl-Manager in den Kriegsjahren zu erwähnen[31] –, «privat schon sehr oft» in den Niederlanden gewesen zu sein, und sprach bewundernd über den «Hort freiheitlichen Denkens und demokratischer Tradition», der «auch uns ein Vorbild» gebe. Danach wurde es etwas verhaltener: «Wir haben das Hitler-Regime nicht zu verhindern gewusst und auch nicht aus eigener Kraft abgeschüttelt. Um so mehr haben viele Menschen auch in Deutschland seinen Zusammenbruch als Befreiung empfunden. Inzwischen ist eine neue Generation aufgewachsen. Über die Hälfte der heute in Deutschland lebenden Menschen hat die Hitlerzeit nicht mehr bewusst miterlebt.»[32]

Das waren Sätze für die Öffentlichkeit des Königreichs, die nicht nur Politik und Medien beeindruckten, sondern offenbar auch die republikanisch gesonnenen Amsterdamer, die den hochzeremoniellen Empfang des Bundespräsidenten durch die Königin eher lässig genommen hatten. Und Absicht oder nicht: Heinemann erreichte damit sogar die jungen Leute in der hippen Stadt, von denen manche womöglich dabei gewesen waren, als vor ein paar Jahren die «Provos» den Festzug gestört hatten, der nach der Hochzeit von Kronprinzessin Beatrix mit dem Deutschen Claus von Amsberg durch das jüdische Viertel gezogen war.

Gustav und Hilda Heinemann gedenken am 24. November 1969 an der Hollandsche Schouwburg der deportierten Juden aus Amsterdam.

Ein praktisch ungetrübter Erfolg in den Niederlanden bedeutete natürlich noch nicht, dass Heinemanns erster Auslandsauftritt auch zuhause nur Lob finden würde. Vor allem für Konservative war es gewöhnungsbedürftig, dass das Staatsoberhaupt, wie der *Spiegel* zu zitieren wusste, als «Sühnedeutscher» auftrat. Herbert Kremp, der neue Chefredakteur der *Welt*, die sich gerade auf die sozialliberale Ostpolitik einzuschießen begann, behauptete gar, Heinemann habe beim Anblick eines Dammes bemerkt: «Endlich ein Bauwerk, das nicht von Deutschen zerstört worden ist.» Noch ein halbes Jahr später glaubte der Präsident darauf eingehen zu müssen: «Ich bestreite mit Haut und Haaren, etwas Derartiges gesagt zu haben», ließ er sich im Gespräch mit dem *Spiegel* zitieren, der den Besuch in den Niederlanden zum Anlass einer seltsamen Eloge genommen hatte: «Gustav Heinemann aber ist und bleibt Gustav Heinemann – zu Hause, auf Reisen, als Bürger und als Präsident. Und das heißt in diesem Zusammenhang, dass wir einen Bundespräsidenten haben, der auch auf Staatsreisen seine Wirkung niemals der Brillanz der Worte oder der Eleganz des Auftretens verdanken kann, sondern einzig und allein seiner unbehauenen, manchmal sogar unbeholfenen, zu Herzen gehenden oder doch mindestens beschämenden, noch in der kleinsten Handbewegung sich ausdrückenden Ehrlichkeit.»[33]

Ganz ähnlich klang es in der *Süddeutschen*, die über die vier Tage im Korsett des Protokolls wiederholt in großer Aufmachung berichtet und nicht mehr zu bekritteln hatte, als dass Heinemann den Holländern «eher hölzern als herzlich» erschienen sei («eine Überbetonung der lakonischen Seite seines Naturells»). Selbst die *Frankfurter Allgemeine*, die sich deutlich knapper fasste, anerkannte den «stillen Respekt», den der Bundespräsident gefunden habe und der «für Deutschland heutzutage das beste Ergebnis eines solchen ‹Staatsbesuchs›» sei.[34]

Dass man in der Villa Hammerschmidt weitere «solche» Staatsbesuche in Planung genommen hatte, sollte bald ersichtlich werden. Im Sommer und Herbst 1970 standen Dänemark, Schweden und Norwegen an, doch erst nach Luxemburg (1973) und Belgien (1974) war der Kreis der vergangenheitspolitisch anspruchsvollen Erstbesuche bei den westeuropäischen Nachbarn geschlossen; Heinemanns Reisen in die Schweiz und ins Vereinigte Königreich (1972) sowie nach Rom (1973) knüpften an Staatsbesuche seiner Vorgänger an, jene nach Südamerika (Venezuela, Kolumbien und Ecuador, 1971) verfolgten andere Ziele, ebenso der schon erwähnte Besuch in Ceauşescus Rumänien.

Im Namen der Deutschen, so erscheint es in der Rückschau, machte sich der dritte Bundespräsident ein Vierteljahrhundert nach Kriegsende auf den Weg zu komplettieren, was der erste Bundeskanzler mit seiner Politik der Westbindung und der Aussöhnung mit Frankreich begonnen hatte. Das war, bedenkt man Heinemanns Zerwürfnis mit Adenauer, nicht ohne ein Quäntchen Ironie. Doch es war kein unmögliches Ansinnen mehr, zumal nach dem auch im Ausland vielbeachteten «Machtwechsel», der das Funktionieren der Bonner Demokratie noch einmal beglaubigt und anstelle eines ehemaligen NS-Parteigenossen den Remigranten Willy Brandt ins Kanzleramt gebracht hatte. Eine Aufgabe blieb es trotzdem. Sie wollte im Windschatten einer Ostpolitik bewältigt werden, die innenpolitisch alle Aufmerksamkeit band, die aber auch in Europa – jenseits des jeweils besuchtes Landes – nur wenig Raum für Beachtung ließ.

In den drei nordischen Staaten verfehlten Heinemanns Gesten ihre Wirkung freilich nicht, obgleich sie jener Rhetorik der Entschuldigung entbehrten, die Jahrzehnte später in solchen Situationen üblich und erwartet werden sollte. Nicht anders als ein halbes Jahr zuvor in Amsterdam sprach der Bundespräsident beim Abendessen mit König Frederik IX. im Juni 1970 in Kopenhagen die Vergangenheit sofort und sehr direkt an: Er sei dankbar für die Begegnung in einer Zeit, «in der das dänische Volk gerade des 25. Jahrestags der Befreiung von deutscher Besatzung gedacht hat. Ich verstehe und würdige die Gefühle und die Gedanken, die Dänemark in der Erinnerung an das Unrecht bewegen, das ihm in den schweren Jahren des letzten Krieges von Deutschland zugeführt wurde.» Die Chance, danach sogleich auf Georg Ferdinand Duckwitz hinzuweisen – einen jener Deutschen, «die in jenen schrecklichen Jahren einen gefährlichen Weg gingen, weil sie ihrem Gewissen gehorchten» –, ließ sich Heinemann nicht entgehen: Dessen Name stehe «für alle, die während der dunklen Jahre für Menschlichkeit gewirkt haben».

Duckwitz' Geschichte war nach dem Krieg in Dänemark bekanntgeworden und seit vielen Jahren anerkannt. Der gebürtige Bremer hatte als Schifffahrtsexperte in der deutschen Vertretung in Kopenhagen im September 1943 durch den Reichsbevollmächtigten Werner Best von der bevorstehenden Deportation der jüdischen Bevölkerung erfahren und diese Information an die Führung der dänischen Sozialdemokraten weitergegeben. Dadurch konnten fast 8000 Menschen über den Öresund nach Schweden in Sicherheit gebracht werden. Nach Kriegsende war Duckwitz in Kopenhagen geblieben, dort in den fünfziger Jahren sogar deutscher Botschafter geworden und nach seiner selbstgewählten vorzeitigen Pensionierung 1966 auf Wunsch von Willy Brandt als Staatssekretär ins Auswärtige Amt zurückgekehrt, wo er inzwischen mit der Vorbereitung des Warschauer Vertrags befasst war. Auch wenn ein Teil der späteren Forschung

Duckwitz' Rolle relativierte, galt der Diplomat, den Yad Vashem 1971 als einen «Gerechten unter den Völkern» ehren sollte, nicht nur Heinemann als Exempel des «guten Deutschen».[35] Und dennoch hätte man es für ein wenig vereinnahmend halten können, dass der Bundespräsident dem dänischen König – der Duckwitz in seiner auf Deutsch gehaltenen Begrüßung mit keinem Wort erwähnt hatte – nicht nur versprach, die Deutschen würden das Leid nicht vergessen, welches «Angehörige unseres Volkes damals über Ihr friedliebendes Land gebracht haben», sondern hinzusetzte: «Dass auch Sie, wenn sie sich an diese Zeit erinnern, nicht nur an solches Leid, sondern auch an Menschen aus unserem Land denken können, die ein wenig Licht in das schreckliche Dunkel gebracht haben, ist uns ein Trost.» Allem Anschein nach blieb dieser unsensible deutsche Selbsttrost in der dänischen Öffentlichkeit unbemerkt; vielleicht aber mochte auch nur niemand einem Bundespräsidenten widersprechen, dessen Würdigung des dänischen Widerstands in Kopenhagen als «historisches Ereignis» und der selbst als ein «guter Deutscher» galt.[36]

Sein großes Ansehen half Heinemann auch zwei Wochen später, bei seinem Staatsbesuch in Schweden, von dem die FAZ schon im Vorhinein zu wissen glaubte, es sei ein «normaler Staatsbesuch, der keine Wunden berührt, die zu heilen wären».[37] Tatsächlich gab es in Stockholm, mehr als zuvor in Amsterdam und Kopenhagen, Möglichkeiten für aktuelle politische Gespräche, besonders mit Ministerpräsident Olof Palme. Am Anfang stand freilich auch hier das Galadiner im Königlichen Schloss, bei dem sich Heinemann in seiner Antwort auf König Gustav VI. Adolf für die «Zuflucht und Hilfe» bedankte, die Schweden während des Zweiten Weltkriegs «bedrängten Menschen aus seinen Nachbarländern» gewährt hatte. Manchem seiner Zuhörer mag an dieser Stelle in den Sinn gekommen sein, dass darunter Sozialdemokraten wie Willy Brandt gewesen waren und, in der Rettungsaktion über den Öresund, auch der zwei Jahre zuvor verstorbene Fritz Bauer; aber darauf hinzuweisen hätte wohl die Form gesprengt. «Die Schatten jener Zeit lagen lange auch auf dem Verhältnis zwischen unseren beiden Völkern», konstatierte Heinemann, sehr im Allgemeinen bleibend, und sah in seiner Einladung folglich «ein Anzeichen dafür, dass der Weg wieder frei geworden ist für eine enge und vertrauensvolle Zusammenarbeit unserer Länder». Ganz plastisch dann aber die Erinnerung an eine aus Schweden kommende Kinderspeisungs-Aktion während seiner Zeit als Oberbürgermeister von Essen, die Heinemann als Beispiel dafür nahm, dass das Land nach 1945 nicht gezögert hatte, «auch uns die helfende Hand zu reichen».[38]

Sein Renommee als Mann des Friedens und der Entspannung unterstrich Heinemann durch einen Besuch im Stockholm International Peace Research Institute (SIPRI), dessen charismatisches Gründerpaar Alva und Gunnar Myrdal – erstere damals Ministerin für Abrüstung und religiöse Angelegenheiten im Kabinett Palme – wenige Monate später in Gegenwart des Bundespräsidenten den Friedenspreis des deutschen Buchhandels erhielt.[39] Ein Zeichen war natürlich auch, dass Heinemann auf dem jüdischen Friedhof der Hauptstadt einen Kranz am noch frischen Grab von Nelly Sachs niederlegte, der in Berlin geborenen Literaturnobelpreisträgerin, die im Frühjahr 1940 nur mit Mühe nach Schweden entkommen war.[40] Vor dem Hintergrund all dieser Reden und Gesten bilanzierte sogar *Dagens Nyheter*, Schwedens wichtigste und um kritische Worte gegenüber Bonn selten verlegene Tageszeitung: «Die reservierte Haltung, die es seit dem Krieg gab, ist von einem natürlichen Zusammenarbeitswillen und gegenseitiger Wertschätzung überwunden und abgelöst worden.» Und weiter, gleichsam als Sprachrohr für ganz Skandinavien: «Mit Heinemanns, Brandts und Scheels Westdeutschland haben die nordischen Länder viel Gemeinsames in Betrachtungsweise und Wertungen.»[41]

Am Ende bestätigte auch der Besuch in Norwegen drei Monate später, im September 1970, diese Einschätzung. Im Unterschied allerdings zu Frederik IX. und Gustav VI. Adolf, die es ihrem Gast überlassen hatten, auf die deutschen Verbrechen während des Krieges einzugehen, sprach König Olav V. in seiner auf Deutsch gehaltenen Tischrede die fast fünfjährige Besetzung seines Landes selbst an: «Die Vergangenheit hat tiefe und dunkle Furchen in unserem Bewusstsein hinterlassen, und das, was geschehen ist, darf sich niemals wiederholen.» Darauf Heinemann, in der Wortwahl noch um einiges direkter als in Kopenhagen und Stockholm, aber dennoch bemüht, nicht alle Deutschen in die Schuld zu stellen: «Der nationalsozialistische Angriff auf Ihr friedliches Land im Jahre 1940 leitete dunkle Jahre ein, in denen vielen Norwegern großes Leid zugefügt worden ist. Dieses Unrecht hat nicht nur in der ganzen Welt, sondern auch bei vielen Deutschen Erschütterung hervorgerufen, die sich trotz der nationalsozialistischen Propaganda bewusst blieben, dass die Überfälle auf unsere Nachbarvölker das deutsche Ansehen in der Welt zerstörten.» Die Einladung des Königs habe er deshalb «mit besonderer Freude und Dankbarkeit» angenommen». Er sehe darin «ein Anzeichen dafür, dass wir auf dem Weg der Versöhnung und der Wiederherstellung der alten freundschaftlichen Beziehungen zwischen Deutschland und Norwegen ein gutes Stück vorangekommen sind».[42]

Im Vorfeld der Norwegenreise hatte Heinemann der Bonner Presse – wohl als Reaktion auf anhaltende Kritik von rechts – noch einmal auseinandergesetzt, was ihn zu der Serie von Staatsbesuchen seit Beginn seiner Amtszeit bewogen hatte. Eine gewisse Schärfe war jetzt unüberhörbar: Es sei darum gegangen, «dass zunächst einmal Klarheit geschaffen wird mit unseren Nachbarn, die wir überfallen, misshandelt und malträtiert haben». In Amsterdam habe sich der Erfolg der Reise in der Gedenkstätte Schouwburg entschieden, und deshalb werde er in Oslo auch das Museum des norwegischen Widerstands besuchen. «Heinemann in Norwegen auf Brandts Spur», überschrieb die SZ folglich ihren Vorbericht; dass der Austausch zwischen Präsident und Kanzler (der gerade noch auf Urlaub in Norwegen gewesen war) inzwischen eher Seltenheitswert hatte, blieb unbemerkt – vielleicht auch wegen Heinemanns charmant gemeinter Bemerkung, in Brandts norwegischer Ehefrau Rut habe das Land einen «ständigen Sonderbotschafter» in Bonn.[43] Was hingegen erst nach Rückkehr des Präsidenten durchsickerte, war seine Fehlbitte gegenüber Verteidigungsminister Helmut Schmidt, der sich glatt geweigert hatte, das Eiserne Kreuz und die Aufschrift «Luftwaffe» auf der großen Boeing 707 übermalen zu lassen, die das Präsidentenpaar nach Oslo brachte: «Heinemann hielt die Überpinselung für eine

Taktfrage gegenüber den Norwegern; Schmidt hielt seine Ablehnung für eine Taktfrage gegenüber seinen ‹Luftwaffen-Soldaten›. Schmidt siegte.»[44]

Wahrscheinlich war die Episode längst vergessen, als der Bundespräsident Ende November 1973 zu einem zweitägigen Aufenthalt nach Luxemburg flog; vielleicht aber war die aktuelle Ölpreiskrise mit ihren «autofreien Sonntagen» auch ein willkommener Anlass, sich statt des Bundeswehr-Jets einer sparsamen Propellermaschine zu bedienen. Jedenfalls bildete die Reise, zusammen mit jener nach Belgien vier Monate später, den Abschluss jener «Versöhnungsbesuche», die ihrerseits die (ein Jahrzehnt zuvor geschlossenen) Globalabkommen der Bundesrepublik mit den einst von Deutschland überfallenen Nachbarn diesseits des Eisernen Vorhangs zum Hintergrund hatten.[45] Weil aber mit diesen sogenannten Westverträgen (im Umfang von insgesamt knapp einer Milliarde D-Mark) im Fall von Luxemburg keine individuelle Entschädigung verbunden war, fand sich zu Heinemanns Besuch im Großherzogtum ein Sprechchor ein, der Leistungen für die etwa 12 000 Zwangsrekrutierten verlangte, die in der Wehrmacht gekämpft hatten.[46] In Belgien blieb dem Bundespräsidenten eine solche Szene erspart. Vielmehr begleiteten ihn sogar Mitglieder des Königshauses zu seiner Kranzniederlegung nach Fort Breendonk, wo die deutschen Besatzer zwischen 1940 und 1944 mehrere Tausend Widerstandskämpfer inhaftiert und viele ermordet hatten. Zu seinem Empfang im Rathaus von Antwerpen schließlich erschien selbst der Oberrabbiner der Stadt; wie es hieß, «zum ersten Mal seit dem Krieg bei einer Veranstaltung mit Deutschen».[47]

Heinemann, das zeigte sich bei diesen letzten beiden Staatsbesuchen ein weiteres Mal, war der international anerkannte Repräsentant eines «anderen Deutschlands», überstrahlt nur noch von Willy Brandt, dem Friedensnobelpreisträger des Jahres 1971. Während dessen Denkmal allerdings, befördert durch ein legendäres Titelbild des *Spiegels*,[48] inzwischen bröckelte, blieb der Bundespräsident über das Ende seiner Amtszeit hinaus in der Außenwahrnehmung unangefochten. Seine persönliche Bilanz nach fünf Jahren in der Villa Hammerschmidt sah wohl gemischter aus.

«Kahlschlag in der Villa Hammerschmidt»

Der Einzug der Heinemanns in die Präsidentenvilla im Sommer 1969 war in Etappen verlaufen: Wegen einer nach zwanzig Jahren notwendigen Renovierung hatte sich das Ehepaar zunächst mit einer kleinen Wohnung im Seitenflügel begnügen müssen (nicht etwa wegen gestiegener Repräsentationsbedürfnisse, denn in dieser Hinsicht war der neue Hausherr schwerlich zu unterbieten). Aber auch die Neubesetzung der Amtsspitze – Staatssekretär Berger war bereits Ende Mai ausgeschieden, um als Botschafter an den Vatikan zu gehen[49] – hatte sich nicht ganz einfach gestaltet. Zunächst hatte Heinemann seinen Freund Diether Posser holen wollen, Weggefährte schon seit den Zeiten der Gesamtdeutschen Volkspartei und Sozius in seiner Essener Anwaltskanzlei. Doch der nordrhein-westfälische Minister für Bundesangelegenheiten winkte ab.[50] Die nächste Idee, gemeint auch als Geste der Überparteilichkeit, einen Mann aus den Reihen der Union zu berufen, scheiterte an den Absagen von Paul Mikat und Heinrich Köppler.[51] Dietrich Spangenberg, der es schließlich wurde, war mithin nicht Heinemanns erste Wahl. Aber der 47-jährige Berliner Sozialdemokrat und Senator für Bundesangelegenheiten kam auf Empfehlung von Willy Brandt. Als evangelischer Christ und NS-Gegner, der von sich sagte, nach dem 20. Juli 1944 ins berüchtigte Strafbataillon 999 gesteckt worden zu sein und der 1945 für einige Monate in sowjetische Kriegsgefangenschaft geraten war, schien er ziemlich perfekt zu einem Präsidenten zu passen, der, wie seine Leute verlauten ließen, in seiner Umgebung weder Ex-Pgs. noch Kriegsordensträger sehen mochte und der das Präsidialamt auf eine gewisse Distanz zum Auswärtigen Amt zu bringen trachtete.[52]

Doch nicht nur politisch wirkte der abgebrochene Mediziner, Nicht-Jurist und Nicht-Diplomat Spangenberg wie eine Idealbesetzung, sondern auch in seiner – zumal im Kontrast zu dem oft mürrischen Heinemann – Gesprächigkeit gegenüber ihm wohlgesonnenen Journalisten. Die wurden dann zum Beispiel en détail darüber ins Bild gesetzt, wie der Bundespräsident beim Staatsbesuch in Amsterdam und erneut in Kopenhagen Anstoß am Brustschmuck des deutschen Militärattachés genommen hatte – und wie sich sein tüchtiger Amtschef um Abhilfe bemühte: «Staatssekretär Spangenberg will nun bei seinen Kollegen vom Verteidigungsministerium die Frage klären, ob Kriegsveteranen nicht eine Art Miniaturorden anstelle der großformatigen Originalabzeichen tragen könnten.»[53] Dass seine eigene Kriegsvita (Fahnenjunker mit Deutschem Kreuz in Gold) kräftig geschönt und er als 18-jähriger der NSDAP beigetreten war, musste Spangenberg, nach Heinemanns Abschied zunächst Bevollmächtigter der Bundesregierung in Berlin, erst auf seinem neuen Posten als Staatssekretär in Egon Frankes Bundesministerium für innerdeutsche Beziehungen einräumen: in zwei harten Befragungen durch Verfassungsschutzpräsident Richard Meier im Frühjahr 1978.[54] Öffentlich bekannt wurden Spangenbergs jugendliche Parteimitgliedschaft und der Verdacht (entstanden offenbar wegen seines in der DDR lebenden, als IM angeworbenen Halbbruders), er könnte in der Sowjetunion oder 1947/48 während seines Studiums an der Ost-Berliner Universität als Spion angeworben worden sein, sogar erst 1993, drei Jahre nach seinem Tod.[55]

Dass die Ankunft des Juristen Heinemann in der Villa Hammerschmidt personalpolitische Akzentsetzungen zur Folge hatte, zeigte sich, letztlich mehr als in der unabweisbaren Berufung eines neuen Amtschefs, auf der Ebene der Referenten: An die Stelle des langgedienten, infolge seiner Kriegsgefangenschaft jedoch kränkelnden und bald nach seinem Rückzug verstorbenen Albert Einsiedler trat der Historiker und Philologe Fritz Caspari, der nach einem Studium in Heidelberg und Oxford und dem Abschluss seiner Promotion in Hamburg Anfang 1939 in die USA gegangen und erst 1954 mit seiner amerikanischen Familie nach Deutschland zurückgekehrt war. Als politisch völlig Unbelasteter sollte der Vierzigjährige auf Empfehlung gleich dreier prominenter Emigranten – Arnold Bergstraesser, Hans Rothfels und Heinrich Brüning – eine Position im Auswärtigen Amt übernehmen; im Anschluss an seine Zeit als stellvertretender Amtschef unter Heinemann ging Caspari noch für fünf Jahre als Botschafter nach Portugal.[56] Erich Raederscheidt, Leiter des Pressereferats schon unter Heuss, wurde gegen den 31-jährigen Journalisten Geert Müller-Gerbes ausgetauscht, dem es sehr darum zu tun war, seinen bewunderten Chef mit modernen Themen ins Bild zu rücken. So etwa im Vorfeld der Staatsbesuche in der Schweiz und in Großbritannien, wo sich Heinemann, wie der junge Sozialdemokrat dem *Spiegel* erklärte, über «Gastarbeiter-Probleme» und – was ihm schon früh nicht minder wichtig war – über Umweltschutz unterrichten lassen wolle: seien doch in diesen Ländern «die Themen Bewältigung deutscher Vergangenheit und Verbesserung diplomatischer Beziehungen nicht mehr gegeben».[57]

Den Gegenpol zu dieser Arg- und Ahnungslosigkeit bildete der eine Generation ältere Günter Markscheffel, ebenfalls gelernter Journalist, aber als Saar-Emigrant und späterer Kontaktmann des Londoner Exilvorstands der SPD in Paris einer jener unerschütterlichen NS-Gegner, deren Lebenswege weder den Schemata der Wiedergutmachung noch den Einstellungsvoraussetzungen des öffentlichen Dienstes entsprachen.[58] Letztere, möglicherweise aber auch interne Widerstände im Amt, waren offenbar der Grund, dass Markscheffel erst elf Monate nach Heinemanns Vereidigung als Angestellter in dessen persönlichem Büro tätig werden konnte; die Leitung dort lag zunächst bei Johann Sebastian Buhrow, den Heinemann aus dem Justizministerium mitgebracht hatte, seit Frühjahr 1972 dann bei Peter Popitz, einem jungen sozialdemokratischen Juristen aus dem Umfeld des Berliner Regierenden Bürgermeisters Klaus Schütz.[59]

Trotz dieser politisch profilierten Neuzugänge war die Parole «Kahlschlag in der Villa Hammerschmidt», die das konservative Wochenblatt *Christ und Welt* im Sommer 1969 ausgegeben hatte, eine ziemliche Übertreibung.[60] Von den insgesamt 18 Mitarbeitern im höheren Dienst kamen unter Heinemann sieben neu ins Präsidialamt, davon einer, Spangenberg, mit sozialdemokratischem Parteibuch. Die Zahl ehemaliger NSDAP-Mitglieder auf diesen herausgehobenen Beamtenpositionen sank von fünf auf drei. Grund dafür war jedoch nicht Heinemanns erklärte Absicht, keine politisch Belasteten einstellen zu wollen – was, wie die unbemerkt gebliebene Causa Spangenberg zeigt, eine Anfrage beim Berlin Document Center zur Voraussetzung gehabt hätte –, sondern der durch reguläre

Pensionierungen sich einstellende Generationswechsel, mit dem die Zeit der NS-Funktionseliten auch in der bundesdeutschen Beamtenschaft ihrem Ende entgegenging. Einstweilen aber waren, neben der Position des Amtschefs, ausgerechnet zwei der drei neugeschaffenen Gruppenleiterstellen mit ehemaligen NS-Parteigenossen besetzt: den beiden Endvierzigern Paul Döring und Johannes Ottinger, die unter Lübke ins Amt gekommen waren.[61]

Was auch in der Amtszeit des dritten Bundespräsidenten unverändert blieb, war die Aufgabenverteilung zwischen Männern und Frauen in der Villa Hammerschmidt. Letztere waren und blieben weiterhin auf untergeordnete Tätigkeiten festgelegt: als Sekretärinnen, Stenotypistinnen, als Service- und Reinigungspersonal. Hätte Wilhelmine Lübke nicht die Einrichtung eines eigenen Büros für die «First Lady» durchgesetzt, wäre wohl auch die Ebene der persönlichen Referenten eine reine Männerdomäne geblieben; mit der Einstellung der jüdischen Remigrantin Ruth Bahn-Flessburg, die als Journalistin von Inter Nationes kam, knüpfte Hilda Heinemann daran an.[62]

Als erste Frau im höheren Dienst hatte in Lübkes zweiter Amtszeit die «ledige Regierungsrätin» Hannelore Schmidt-Brunschede den Weg vom Hamburger Senat ins Präsidialamt gefunden.[63] Die Volljuristin war seit Sommer 1965 im Petitionsreferat tätig und avancierte dort mit der Ankunft Heinemanns zur stellvertretenden Leiterin. Ihr unglücklicher Umgang mit der antisemitischen Einsendung eines rechtsradikalen Lehrers aus der Nähe von Bad Kreuznach, dem sie mit einem Standardbrief gedankt hatte, beendete 1973 allerdings ihre Karriere. Da der Fauxpas durch eine triumphierende Veröffentlichung des Lehrers die Runde machte, protestierte zunächst die dortige IG Metall, dann auch die jüdische Gemeinde, und ein erläuterndes Schreiben der Referentin verschlimmerte die Sache weiter. Nachdem sich noch Conrad Ahlers als der örtliche SPD-Bundestagsabgeordnete eingeschaltet hatte, legte Amtschef Spangenberg der Kollegin nahe, aus Gesundheitsgründen um ihre Versetzung in den Ruhestand zu bitten, was Schmidt-Brunschede schließlich widerstrebend tat.[64] Zumindest auf der Ebene des höheren Dienstes scheint ein Versagen dieser Art bis dahin keine solch harte Konsequenz gehabt zu haben. Aber sie hielt auch nur bis zur nächsten «Tendenzwende»: Als Carstens' Amtschef Hans Neusel 1980 einen sehr ähnlichen Fehler machte, passierte – nichts.[65]

Jenseits der nicht zu klärenden Frage, ob in dem geschilderten Fall noch andere amtsinterne Vorgänge eine Rolle spielten, vielleicht auch Misogynie, dürfte im Hintergrund die ideologisch aufgeladene Atmosphäre der frühen siebziger Jahre von Bedeutung gewesen sein: die gesellschaftliche Polarisierung über die Ostpolitik der sozialliberalen Koalition ebenso wie die konträren, mit Unterstellungen und Denunziationen einhergehenden Einschätzungen des wachsenden Radikalismus und Terrorismus (nicht nur von links), worauf Bund und Länder Anfang 1972 mit dem sogenannten Extremistenbeschluss reagiert hatten. Politisch instinktlose Antwortschreiben an einen rechtsradikalen Lehrer waren in derart aufgeregten Zeiten keine Kleinigkeit, jedenfalls dann nicht, wenn sie aus dem Umkreis eines Bundespräsidenten kamen, dem die öffentliche Anerkennung seiner Unbestechlichkeit im Umgang mit Verfassungsfeinden wichtig war.

Seinen Ruf als Staats- und Obrigkeitskritiker, der ihm auch sehr weit links noch Sympathien sicherte und in der antiautoritären Jugend manche meinen ließ, er sei gar einer von ihnen, nährte Heinemann nicht zuletzt dadurch, dass er präsidiale Rollenerwartungen in Zweifel zog. So auch in der Ordenspolitik, über deren gerechtere soziale Ausbalancierung er sich, wie der *Spiegel* wusste, noch vor seiner Wahl Gedanken gemacht und die er mit scheinbarem Witz, eigentlich aber mit sarkastischer Abschätzigkeit bedacht hatte: «Ich stelle am besten einen Waschkorb voller Orden im Park der Villa Hammerschmidt auf und lasse alle einmal hineingreifen.»[66] Aus der von seinem gesprächigen Staatssekretär in derselben *Spiegel*-Meldung angekündigten Halbierung der Ordensverleihungen, die unter Lübke auf durchschnittlich 3000 pro Jahr «angekurbelt» worden sei, wurde allerdings nichts. Im Gegenteil kam es trotz der zu Jahresende 1966 abgeschafften Orden für «Arbeitsjubilare» in der Amtszeit Heinemann zu einer glatten Verdopplung.[67] Ein wenig besser scheint es immerhin gelungen zu sein, dem kolportierten Wunsch des Präsidenten nach mehr Auszeichnungen für «die Stillen im Lande, die im Schatten arbeiten», zu entsprechen.

Die Möglichkeiten des Bundespräsidenten, eigene Akzente zu setzen, waren und blieben freilich begrenzt. Auf die Suche nach vorbildlichen Unbekannten konnte sich die Ordenskanzlei schwerlich begeben, das hätte auch das Initiativverleihungsrecht des Präsidenten überdehnt. Aber gelegentlich machte sich Heinemann Vorschläge aus den Ländern bewusst zu eigen: So zum Beispiel die aus Berlin kommende Anregung, Ernst Fraenkel auszuzeichnen, der 1941 mit «The Dual State» eine berühmte, freilich erst 1974 ins Deutsche rückübersetzte Analyse des nationalsozialistischen Rechts- und Herrschaftssystems vorgelegt und nach seiner Rückkehr aus dem amerikanischen Exil seit Anfang der fünfziger Jahre an der FU Berlin maßgeblich zum Wiederaufbau der Politischen Wissenschaft beigetragen hatte; Fraenkel nahm das Große Verdienstkreuz wenige Tage vor seinem 75. Geburtstag am 26. Dezember 1973 entgegen.[68] In ähnlicher Weise griff Heinemann den Vorschlag auf, den Priester Josef Hans Klarmann auszuzeichnen, der sich bis zu seiner Verhaftung durch die Gestapo schützend vor die von der «Euthanasie»-Aktion bedrohten jugendlichen Patienten einer rheinhessischen Heil- und Pflegeanstalt gestellt hatte. Auch den Hamburger Buchhändler Felix Jud, der als NS-Gegner der «Weißen Rose» angehört hatte und noch im April 1945 verurteilt worden war, ehrte Heinemann mit einer Initiativverleihung.[69] In all diesen Fällen, und in noch etlichen weiteren, ging es um Menschen, die sich nicht erst, wie es der Stiftungserlass vorsah, in der Zeit des «Wiederaufbaus» Verdienste erworben hatten, sondern durch Courage und kritischen Eigensinn im «Dritten Reich».[70]

Aber es kam auch weiterhin zu Pannen und Missgriffen: Etwa, als Otl Aicher die Annahme der Auszeichnung für sein Design der Olympischen Spiele in München mit der Begründung verweigerte, der deutsche Staat habe die von ihm und Inge Aicher-Scholl gegründete Hochschule für Gestaltung in Ulm «eingehen» lassen.[71]

Oder als WDR-Fernsehdirektor Werner Höfer 1973 mit dem Großen Bundesverdienstkreuz ausgezeichnet wurde, obgleich die DDR gegen ihn bereits 1962 Vorwürfe wegen seiner journalistischen Tätigkeit in der NS-Zeit erhoben hatte; allerdings sollten noch weitere 15 Jahre vergehen, ehe die Ordenskanzlei wegen dieser Verleihung in ernste Rechtfertigungsnöte geriet.[72]

Nicht für alles, was an ihn herangetragen wurde und was er in der Spur seiner Vorgänger weiterführen ließ, hätte Heinemann, wäre es denn bekannt geworden, unter seinen Anhängern ungeteilte Zustimmung gefunden. Zumindest für all jene, denen eine kritische Auseinandersetzung mit der NS-Vergangenheit inzwischen als eine Art staatsbürgerlicher Pflicht erschien und die den Bundespräsidenten dabei auf ihrer Seite sahen, wären manche Korrespondenzen wohl schwer erträglich gewesen, die das Präsidialamt in Bezug auf rechtskräftig verurteilte deutsche Kriegs- und NS-Verbrecher führte. Zwar ging es dabei inzwischen nur noch um wenige Männer, denn die letzten Insassen der alliierten Haftanstalten in Landsberg, Werl und Wittlich waren bereits 1957/58 entlassen worden, und auch in Spandau saß, nachdem Albert Speer und Baldur von Schirach am 1. Oktober 1966 entlassen worden waren, nur noch Rudolf Heß, der in Nürnberg zu lebenslänglicher Haft verurteilte einstige «Stellvertreter des Führers». Für die deutsche Kriegsverbrecherlobby war das aber kein Grund, nun etwa Ruhe zu geben. Im Gegenteil ließen sich jetzt noch leichter Legenden um den «einsamen Greis» und dessen zur Friedensmission verklärten Englandflug von 1941 stricken und, je nach rhetorischem Geschick, sogar mit Forderungen auf Freilassung der «Drei von Breda» sowie von Herbert Kappler in Italien zusammenbinden. Das postalische Dauerfeuer der Apologeten, das sich noch bis in die Amtszeit Richard von Weizsäckers fortsetzen sollte, verweist jedenfalls auf einen deutschen Komplex, mit dessen Bearbeitung das Präsidialamt letztlich überfordert war. Allzu oft versuchte man auch weiterhin, die teils forschen, teils scheinheiligen Bittsteller nicht zu brüskieren.[73]

Persönlich vermochte sich Heinemann das Thema der «Kriegsverurteilten» weitgehend vom Leibe zu halten; anders allerdings als seinerzeit in den Niederlanden, als er zu den Häftlingen in Breda schwieg, sprach er auf seiner Italien-Reise 1973 den Fall Kappler bei einer persönlichen Begegnung mit Ministerpräsident Andreotti in aller Vorsicht an.[74] Kurz vor Ende seiner Amtszeit unternahm er einen Vorstoß zugunsten von Rudolf Heß, für den sich auch die hochbetagte Wilhelmine Lübke einsetzte.[75]

Nach Rücksprache mit Kanzler Brandt und ausdrücklich ermutigt durch seinen Nachfolger in spe, Außenminister Scheel, wandte sich Heinemann an die vier «Gewahrsamsmächte» mit der Bitte um eine «Freilassung von Heß aus humanitären Gründen». «Aktueller Anlass», so die Überlegung, war dessen bevorstehender 80. Geburtstag, verbunden mit dem Hinweis, «dass es zu einer Legendenbildung und möglicherweise sogar zu einer Art Märtyrerrolle von Rudolf Heß kommen könne, wenn er in der Gefangenschaft stürbe».[76] Ob es klug war, das Gesuch ausgerechnet mit einem «runden» Geburtstag in Verbindung zu bringen, scheint niemand bedacht zu haben – vielleicht auch deshalb, weil die Vergeblichkeit des Unterfangens schon einkalkuliert war. Genauso kam es dann auch: Während Elizabeth II. dem Bundespräsidenten in einem «privaten» Schreiben versicherte, ihre Regierung werde weiterhin alle Anstrengungen für eine Freilassung unternehmen, «whenever and however appropriate opportunities present themselves»,[77] erläuterte ein sowjetischer Botschaftsrat im mündlichem Vortrag gegenüber Staatssekretär Spangenberg den Standpunkt des Vorsitzenden des Präsidiums des Obersten Sowjets: «Eine Begnadigung des nazistischen Kriegsverbrechers Rudolf Heß, der ein Symbol für die Gräueltaten und Verbrechen des Nazismus und Faschismus in aller Welt darstellt und der während seiner langjährigen Haft keine Reue gezeigt hat, würde in der ganzen demokratischen Welt nicht verstanden werden.»[78]

Mit Erstaunen – womöglich auch, wie er selbst hoffte, ein wenig beschämt – werden manche Bewunderer des Präsidenten gehört oder gelesen haben, was er bei dem Staatsakt für seinen Vorgänger Heinrich Lübke sagte, der am 6. April 1972 gestorben war. Die Rede zeugte nicht nur von Heinemanns tiefem Glauben und von noblem Mitgefühl für die Witwe (die Ehepaare hatten sich trotz Lübkes zunehmender Erkrankung immer wieder gesehen); sein empathisches Porträt des «roten Lübke» verfolgte erklärtermaßen die Absicht, «nicht zuletzt aus eigenem Miterleben, zu einer ihm gerecht werdenden Würdigung beizutragen». Ausführlich ging Heinemann auf Lübkes «Ablehnung» des Nationalsozialismus ein, die von seinen «politischen Gegnern außerhalb der demokratischen Parteien» angezweifelt worden sei: «Ganz gewiss zu Unrecht.» Dennoch habe sich der Verstorbene, wie «viele andere», in späteren Jahren womöglich die Frage gestellt, ob er nach seiner Haftzeit «den Widerstand so kompromisslos geführt hat, wie sein Gewissen als Christ und Demokrat das gebieten mochte». An dieser Stelle allerdings beließ es Heinemann nicht dabei, sich selbst, wie früher schon, zu den «vielen» zu zählen. Er fügte vielmehr zwei Sätze an, in denen er sich wohl auch selbst erkannte: «Im Krieg waren alle Deutschen in Hitlers Kriegsmaschinerie verflochten. Was man Heinrich Lübke daraus hat anlasten wollen, geht weit über das hinaus, was seine berufliche Tätigkeit während des Krieges tatsächlich bedeutet hat.»[79]

Eineinhalb Jahre später stellte sich auch für Heinemann die Frage einer zweiten Amtszeit.[80] Er zögerte, sehr im Unterschied zu seiner Frau, aus einer Reihe von Gründen, nicht zuletzt aber wohl, weil ihm Lübkes Desaster vor Augen stand. Gegen das Drängen von SPD-Fraktionschef Wehner, der ihn aus Gründen der sozialliberalen Machtarchitektur und angesichts der – freilich auch wegen Wehners Illoyalität – kriselnden Kanzlerschaft Willy Brandts im Amt halten wollte, verwarf Heinemann schließlich eine erneute Kandidatur. Eine einmalige siebenjährige Amtszeit hatte er zwar immer für richtig gehalten, sich diese nun durch einen Rücktritt nach zwei Jahren zu verschaffen, hätte jedoch seltsam gewirkt. Vor allem aber hatte sich bei Heinemann inzwischen eine Menge Missmut aufgestaut angesichts der doch recht spärlichen Möglichkeiten, sich mit den Regierenden auszutauschen und Einfluss zu nehmen; gerade der Kanzler kam nur selten und ungern zu ihm. Am Abend des 14. November 1973 – tags zuvor hatten ihn Brandt und Wehner noch einmal zu einem langen Gespräch aufgesucht – erklärte er in einer kurzen Fernsehansprache, sich nicht noch einmal zur Wahl zu stellen. Der

Grund dafür sei sein Alter: «Es ist ausgeschlossen, dass ich die Anforderungen dieses Amtes bis zum 80. Lebensjahr erfüllen könnte.»[81]

Damit war der Weg frei für Walter Scheel.[82] Dessen Ambitionen waren zwar seit langem bekannt, aber die meisten Beobachter hatten geglaubt – und viele Liberale hatten gehofft –, dass der FDP-Vorsitzende einen Wechsel vom Außen- ins Präsidentenamt erst für 1979 anstrebe. Doch mit Schnelligkeit und Härte war es Scheel intern bereits gelungen, seine Kandidatur unabwendbar zu machen: In den ersten Oktobertagen, Heinemann hatte Wehner gerade einen Korb gegeben, hatte Scheel zunächst noch einen – wie ernst auch immer gemeinten – Versuch unternommen, den Amtsinhaber umzustimmen. Danach erklärte er Wehner, in erster Linie komme nun Willy Brandt in Frage, aber wenn der nicht wolle, kandidiere er selbst. Den Rest erfuhr die Öffentlichkeit offiziell exakt einen Monat nach Heinemanns Verzicht – vier Tage vor Willy Brandts 60. Geburtstag am 18. Dezember, zu dem Scheel freundschaftlich gratulierte. Die sozialliberale Gründungskonstellation näherte sich damit ihrem Ende, wenn auch ein wenig anders als geplant: Neun Tage vor der auf den 15. Mai 1974 einberufenen Bundesversammlung trat Brandt wegen der Guillaume-Affäre zurück. Damit war Scheel noch kommissarischer Regierungschef, als er gegen Richard von Weizsäcker, den Kandidaten der Unionsparteien, im ersten Wahlgang die absolute Mehrheit erreichte. Tags darauf wurde Helmut Schmidt zum Bundeskanzler gewählt, am 1. Juli 1974 der neue Bundespräsident vereidigt.

Walter Scheel und das neue Deutschland

Nach den puritanisch-strengen Jahren mit Gustav und Hilda Heinemann hielt mit Walter und Mildred Scheel im Sommer 1974 ein bis dahin ungekannter Wille zur Repräsentation Einzug in die Villa Hammerschmidt, verbunden mit einer hochgestimmten Lebensfreude, die in diesem Amt bis heute singulär geblieben ist. Wieviel davon dem Naturell des mit 55 Jahren auf lange Zeit jüngsten Bundespräsidenten geschuldet war und wieviel der Erfahrungsverarbeitung einer durch den Krieg besonders geschlagenen Alterskohorte, ist kaum zu sagen; sehr viel mehr, als dass er aus kleinen Verhältnissen stammte, nach dem Abitur in Solingen 1938/39 eine Banklehre gemacht hatte und von 1939 bis 1945 bei der Luftwaffe war, zuletzt als Oberleutnant in einem Nachtjagdgeschwader und dekoriert mit dem Eisernen Kreuz I. Klasse, ist nicht bekannt. Dies nicht nur, weil der vierte Bundespräsident bis heute keinen Biographen fand, sondern auch, weil Scheel in den vielen Jahrzehnten nach seiner Amtszeit – er starb 2016 im Alter von 97 Jahren – kein Bedürfnis entwickelt zu haben scheint, nähere Auskunft über seinen Lebensweg zu geben.[83] Mit dieser autobiographischen Reserviertheit, die zu der auf Distanz bedachten Liebenswürdigkeit des eleganten Mannes durchaus passte, hing womöglich zusammen, dass seine präsidialen Wortmeldungen zu Themen der Geschichte oft glatt und oberflächlich wirkten. Stärker als bei anderen seiner Generation erschien die Position, aus der heraus er dann sprach, eher wie die eines Betrachters von außen als die des jugendlichen Zeitgenossen der NS-Zeit, der er als Angehöriger des Jahrgangs 1919, einstiger Rottenführer in der Hitler-Jugend und Parteigenosse seit 1941 tatsächlich war.[84]

Scheels Mitgliedschaft in der NSDAP wurde erst kurz vor Ende seiner Amtszeit bekannt; in einer «kleinen Koalitionsrunde» unmittelbar vor seiner Kandidatur war ihm angeblich davon abgeraten worden, das Faktum publik zu machen.[85] (Dass er ihm selbst kein Gewicht beimaß, hatte er bereits in seinem Fragebogen zur Entnazifizierung im Sommer 1946 bekundet, als er dank der Jugendamnestie als «entlastet» eingestuft wurde: «1942 wurde ich ohne je einen Antrag gestellt zu haben, nach 3jährigem ununterbrochenen Militärdienst durch ein Schreiben zum Mitglied der NSDAP erklärt.»)[86]

Es war wohl nicht zuletzt Ausdruck von Scheels Persönlichkeit, dass sein Selbstbild des irgendwie Unbeteiligten jahrzehntelang so erstaunlich gut funktionierte. Jedenfalls hatte der frisch Vereidigte, ohne auf Widerspruch zu stoßen, diese Perspektive auch in seiner Antrittsrede am 1. Juli 1974 eingenommen, in der er keinen Zweifel daran ließ, dass ihm die Bundesrepublik und ihr Gewordensein mehr bedeuteten als die Zeit davor. Das Jubiläum des Grundgesetzes noch im Sinn – sein Amtsvorgänger hatte es gerade erst gewürdigt – und noch ganz im Modus des erfahrenen Parlamentariers und bisherigen FDP-Chefs, blickte das neue Staatsoberhaupt vor allem in die Zukunft. Der Vergangenheit widmete er, gleichsam im Vorbeigehen, einen einzigen Satz: «Groß sind die Leistungen der letzten 25 Jahre; noch größer sind die Probleme, die vor uns liegen. Eine neue Generation ist herangewachsen. Sie geht in ihren Erwartungen von dem aus, was heute ihre Lebenswirklichkeit ist. Sie haben nicht in die Abgründe der deutschen Geschichte geschaut, und vielen sagen ihre Höhepunkte nichts.»[87]

Die Möglichkeit, in den Spuren von Heuss, Lübke und Heinemann zum 30. Jahrestag des 20. Juli 1944 zu sprechen, ließ Scheel verstreichen. Sein erster Berlin-Besuch war zwar entsprechend terminiert, doch der Bundespräsident beließ es bei einer Kranzniederlegung in Plötzensee und einer knappen Erwähnung der Hitler-Attentäter in einer Ansprache am Tag zuvor im Rathaus Schöneberg. Dort diente ihm ein seltsamer Vergleich als Brücke, um an das ihm wichtige, auf seine Leistungen als Außenminister verweisende Viermächte-Abkommen von 1971 zu erinnern, das im Zuge der Neuen Ostpolitik möglich geworden war und den Berlinern praktische Erleichterungen gebracht hatte: «Dieser eiserne Wille einer ganzen Stadt ist von ähnlicher Beschaffenheit wie der Wille der Männer vom 20. Juli. Die Freiheit, auf die er gerichtet war, gab ihnen die Kraft, durchzuhalten.»[88]

Scheels rednerischer Fleiß ließ nichts zu wünschen übrig. Allein in seinem ersten Amtsjahr veröffentlichte das *Bulletin des Presse- und Informationsamts der Bundesregierung* etwa 90 seiner Ansprachen; das waren weit mehr, zum Teil um ein Vielfaches, als von jedem seiner Vorgänger, aber auch von seinen Nachfolgern Carstens und Weizsäcker. Ein solcher Ausstoß war von einem einzelnen Redenschreiber nicht zu bewerkstelligen, und folglich existierte in der Präsidentenvilla bald eine von Scheel etwas spöttisch so genannte «Gruppe Geist und Wort», die unter der Regie des promovierten Ökonomen Peter Franzke, dem Leiter seines Persönlichen Büros, für

Bundespräsident Walter Scheel ehrt die Verschwörer des 20. Juli 1944 anlässlich des 30. Jahrestags des Attentats an der Gedenkstätte Plötzensee.

die Textproduktion verantwortlich war.[89] Kreativer Kopf dieses Teams von Enddreißigern war Michael («Michel») Engelhard, ein literarisch gebildeter Jurist aus dem Auswärtigen Dienst, der Ende 1974 ins Bundespräsidialamt kam, nach Scheels Amtszeit als Botschafter in Kamerun diente und Anfang 1985 noch einmal für zwei Jahre als Redenschreiber zu Richard von Weizsäcker ging.[90] Die Runde komplettierte der promovierte Jurist Jürg Ter-Nedden, der wie Franzke zuvor im Wirtschaftsministerium gearbeitet hatte und als Scheels Pressesprecher fungierte. In einer Bilanz zum Ende von Scheels Amtszeit widmete der *Spiegel* der Gruppe ein kleines, offenkundig von ihr selbst vorgezeichnetes Porträt: «Redenschreiber Michael Engelhard, der originellste, den Bonn zu bieten hat, durfte immer tiefer in seinen unergründlichen Bildungsfundus greifen und brillante Essays formulieren. Pressesprecher Jürg Ter-Nedden und der persönliche Referent Peter Franzke strichen, ergänzten und brachten die Entwürfe auf das Niveau, das Präsident und Publikum gerade noch vertrugen. Anfangs ein wenig verschämt, schließlich aber begeistert, ließ Scheel das Trio gewähren. ‹Sie legen Ihre Messlatte an das, was die Super-Intellektuellen machen›, schärfte er Franzke ein, dem einzigen, der direkten Zugang zu ihm hatte, ‹und dann müssen Sie noch drunter bleiben.›»[91]

Wie dies gelang und was dies vergangenheitspolitisch bedeutete, zeigte Scheels von Hörfunk und Fernsehen übertragene Rede zum 30. Jahrestag des Kriegsendes, dem historisch zweifellos bedeutsamsten Datum seiner Amtszeit. Ort und Publikum, ebenso wie die nicht exakte Terminierung, erinnerten an Heinemanns fünf Jahre zuvor gehaltene Ansprache: Statt wie seinerzeit in die Godesberger Redoute hatte Scheel das Diplomatische Corps für den Vormittag des 6. Mai 1975 in die Schlosskirche der Bonner Universität geladen. Diesmal gründete die seltsame Ortswahl in «Bedenken» gegen eine «Feier» im Bundestag; Karl Carstens und Richard Stücklen waren damit bereits im Januar namens der CDU/CSU-Fraktion bei Scheel vorstellig geworden.[92] Scheels Argument, ein bundesdeutsches Schweigen werde angesichts der «Anstrengungen der DDR, diesen Gedenktag in ihrem Sinne groß herauszustellen», international «wohl missverständlich» aufgenommen, verfing bei den Unionsleuten nicht. Ein großer Auftritt war damit vom Tisch – und rhetorisch höchste Umsicht geboten. An seinem Plan, in Anwesenheit auch junger Menschen zu sprechen, hielt Scheel aber trotz der beengten Verhältnisse in der Schlosskirche, die der evangelischen Studentengemeinde als Hauskapelle diente, fest. Die Bundesregierung war durch Kanzler Schmidt und einige wenige Minister vertreten, die Regierungschefs der Länder fehlten allesamt, und Oppositionsführer Carstens hatte demonstrativ abgesagt.[93] Wie zum Zeichen formulierte der Bundespräsident entlang der Worte, die Richard von Weizsäcker 1970 für die Unionsfraktion zu Protokoll gegeben hatte: «Nein, wir Deutsche haben heute keinen Anlass zu feiern.» Aber Scheel sagte auch: «Der 8. Mai 1945 ist ein widersprüchlicher Tag in der deutschen Geschichte.» Und er setzte, in aller Vorsicht, einen neuen Ton, indem er den Begriff der «Befreiung» einführte: «Wir wurden von einem furchtbaren Joch befreit, von Krieg, Mord, Knechtschaft und Barbarei. Und wir atmeten auf, als dann das Ende kam. Aber wir vergessen nicht, dass diese Befreiung von außen kam, dass wir, die Deutschen, nicht fähig waren, selbst dieses Joch abzuschütteln, dass erst die halbe Welt zerstört werden musste, bevor Adolf Hitler von der Bühne der Geschichte gestoßen wurde.»[94]

Im Lichte der Rede, die Weizsäcker als übernächster Bundespräsident eine Dekade später halten sollte und angesichts des Umstands, dass auch deren Konzeption in Teilen von Michael Engelhard stammte, wäre ein genauer Vergleich gewiss verlockend. Aber wichtiger ist an dieser Stelle die zeitgeschichtliche Kontextualisierung. Ihr ist schon deshalb Vorrang zu geben, weil Scheel keine streng durchkomponierte, sondern eine streckenweise geradezu ungeordnet erscheinende Rede hielt, die in ihren vielen Facetten manches ansprach, was noch kein Bundespräsident zum Jahrestag des Kriegsendes formuliert hatte. So ergänzte er die obligatorischen Bekundungen der Trauer über die «Opfer und *aller* Toten des Krieges» und über den Verlust des Deutschen Reiches, «das wir liebten, wie jeder Mensch auf der Welt sein Vaterland liebt», um eine Feststellung, deren Härte nur durch den Tempuswechsel etwas abgemildert wurde: «1933 hatte Deutschland seine Ehre verloren.» Auch dass die «deutsche Tragödie» nicht 1945, sondern 1933 begann, hob Scheel (wie später Weizsäcker) hervor. Und er stellte, ohne Heuss zu erwähnen, den Begriff der Kollektivschuld noch einmal in den Raum: «Wir nahmen es hin, dass unsere Freiheit, die Freiheit unseres Nächsten, die Freiheit unserer Nachbarn geschändet wurde. Wir nahmen es hin, dass unser Recht, das Recht unseres nächsten, das Recht unserer Nachbarn mit Füßen getreten wurde. In unserem Namen geschah millionenfacher Mord an Juden, Zigeunern, Geisteskranken, politischen Gefangenen und vielen anderen. Die Frage nach der Schuld? Ob er sich darum schuldig fühlen, oder sich dessen schämen will, das mag jeder Deutsche, der in dieser Zeit als verantwortlicher Mensch lebte, mit sich allein abmachen.»

Während die Täterschaft also weiterhin im Ungefähren blieb, war Scheels Spezifizierung einzelner Gruppen von Opfern etwas Neues. Doch weder darüber noch über seine Deutung der Niederlage als «Befreiung» entstand, anders als zehn Jahre später, eine öffentliche

Diskussion; *Süddeutsche* und *Welt* druckten die Rede zwar im Wortlaut, setzten bei Überschriften und Zwischentiteln aber auf die bekannten Stichworte. Die FAZ beschränkte sich auf einige längere Zitate, lobte Scheel allerdings in einer begleitenden Reportage für seinen Schlussappell an die Jugend. Unter dem Eindruck der Geiselnahme in der Deutschen Botschaft Stockholm – sechs RAF-Terroristen hatten dort zwölf Tage zuvor die Freilassung von 26 ihrer Gesinnungsgenossen erzwingen wollen und dabei zwei Menschen ermordet – hatte der Bundespräsident «die Jüngeren» direkt angesprochen: «Lassen Sie sich nicht verführen von Demagogen und Wirrköpfen, die Ihnen weismachen wollen, dass der Zweck die Mittel heiligt, die Gewalt predigen, die das Recht verächtlich machen, die rauben und entführen und schießen und morden. Glauben Sie ihren Worten nicht, und wenn sie noch so gut im Ohr klingen. Sie lügen.» Die beiden direkt folgenden Sätze ließen interessanterweise in der Schwebe, auf welches «Wir» sich Scheel bezog und ob es ihm damit allein um die aktuellen Erfahrungen ging. Aber allzu stringent wollte er ja ohnehin nicht sein: «Wir haben erfahren, wohin der Weg führt, der um illusionärer Ziele willen, die Interessen, die Wünsche und Bedürfnisse der Menschen missachtet, mit Füßen tritt. Seit dem Verbrechen von Stockholm sollten wir es alle ganz genau wissen.»

Mehr, als dies für seine Vorgänger galt (und es ein Charakteristikum der politischen Rede ist), definierte sich Scheels Verhältnis zur Geschichte an ihrem Gebrauchswert für die Gegenwart. Die Auseinandersetzung mit der Vergangenheit hatte in seinen Augen einen klaren Zweck: Sie diente dem Ziel, die Bundesrepublik, namentlich in ihrer sozialliberalen Ausprägung, als jenes neue Deutschland erscheinen zu lassen, das die «dunkle Zeit» des Nationalsozialismus hinter sich gelassen und aus der Geschichte gelernt hatte. In diesem Sinne, freilich um einiges präziser und nüchterner, hatte am 7. Mai auch Helmut Schmidt zu Beginn der Sitzung seines Kabinetts gesprochen,[95] und in diesem Sinne kam Scheel in seiner Weihnachtsansprache 1975 noch einmal auf seine Rede zum Kriegsende zurück: «Wenig hat mich in meinem politischen Leben so ermutigt wie die Reaktion darauf. Kein Volk kann auf die Dauer ohne gegründetes

Selbstbewusstsein leben. Die Reaktion der demokratischen Öffentlichkeit und Tausender von Bürgern quer durch alle Parteien, die mir zustimmende Briefe schrieben, hat mir gezeigt: Unser Volk hat wieder Respekt vor sich selbst.»

Die Lektüre des erhalten gebliebenen Teils der Bürgerpost lässt den von Scheel herausgelesenen Selbstrespekt jedoch in einem doppelten Licht erscheinen. Zwar sparten alte Freunde und Bekannte, etwa Ralf Dahrendorf, nicht mit Lob, zwar kamen vom Zentralrat der Juden ebenso anerkennende Worte wie von Emigranten aus den USA. Aber es gab auch scharfen Gegenwind: Ein ums andere Mal wurde Klage geführt über das ungesühnte Unrecht an den Vertriebenen, über die Mitschuld der anderen am Zweiten Weltkrieg, über die Siegerjustiz der Alliierten und den Einfluss der Juden. Als Oberhaupt des «Staatsprovisoriums BRD» musste sich Scheel belehren lassen, dass das Deutsche Reich völkerrechtlich nicht «untergegangen» sei, und Alfred Seidl, einst Heß' Verteidiger in Nürnberg, inzwischen Staatssekretär im bayerischen Justizministerium, nötigte dem Bundespräsidenten Rechenschaft ab hinsichtlich seines Eintretens für den ehemaligen Stellvertreter des «Führers». Scheels Antwort: «habe als Außenminister und auch in meinem gegenwärtigen Amt alles mir möglich und zweckdienlich Erscheinende getan».[96]

Die Weihnachtsworte des Präsidenten hatten insoweit auch etwas Beschwörendes. Sie waren ein Versuch der Anstiftung zur Selbstversöhnung einer Gesellschaft, die im Blick auf die Vergangenheit nach wie vor nicht nur erfahrungsgeschichtliche Gräben trennten, sondern die seit den späten sechziger Jahren und im Zuge der sozialliberalen Ostpolitik auch Subjekt einer politisch-kulturellen Polarisierung geworden war: «Wir wissen, dass Schreckliches im deutschen Namen in der Welt geschah, und wir suchen keine Entschuldigungen mehr. Aber wir wissen auch, dass wir 30 Jahre für eine freiheitliche Ordnung in unserem Lande und für den Frieden in der Welt gearbeitet haben. Die Welt bestätigt uns: Wir haben gut gearbeitet. Dies gibt uns das Recht, unserer eigenen Geschichte und der Welt frei ins Auge zu blicken.»[97]

Das blieb, für den Rest seiner Amtszeit, Scheels historisch-politisches Mantra. Die Deutschen, davon war er überzeugt, hatten ihre

Lektion gelernt. Für fortgesetzte Introspektion und zeitgeschichtliche Selbstaufklärung, so ließ sich diese Wendung freilich auch verstehen, war im neuen, freundlichen Deutschland kein dringender Bedarf mehr. Auf dem Historikertag in Mannheim mahnte Scheel im September 1976 zwar, vor der Geschichte nicht davonzulaufen, auch wenn sie, wie im deutschen Fall, etwas «Alptraumhaftes» habe. Aber jenseits eines allgemeinen Plädoyers für den schulischen Geschichtsunterricht, bei dem die liberale Kritik an den hessischen Rahmenrichtlinien durchklang («zu wenig, zu einseitig nach Geschichtsbild und -methode»), hatte der Bundespräsident kaum etwas zu bemängeln. Die «Untaten des Nationalsozialismus» seien aufgedeckt, und in den «letzten Weltkrieg» sei «unser verblendetes Volk in dem Gefühl subjektiver Schuldlosigkeit» gezogen. Man musste ein wenig über Scheels Laufbahn bei der Luftwaffe wissen, um seinen Nachsatz auch als eine Selbstaussage zu verstehen: «Die militärischen Leistungen des deutschen Soldaten sind anders nicht erklärbar.»[98]

Mochte sich Scheels persönlicher Reflexionsbedarf in zeitgeschichtlichen Fragen auch in Grenzen halten, so litt darunter doch nicht seine Bereitschaft, zu historischen Themen und Anlässen zu sprechen. Ob zum hundertjährigen Bestehen der Bayreuther Festspiele im Sommer 1976 («Wir haben gelernt, absoluten Heilslehren, sie kommen von rechts oder von links oder aus Bayreuth, zu misstrauen.») oder im Jahr darauf zur Eröffnung der sensationell erfolgreichen Stauferausstellung: Für Scheel hatten die Deutschen – gleichsam als Lohn ihrer Auseinandersetzung mit den «zwölf dunkelsten Jahren unserer Geschichte» – «das Recht zurückerworben, uns mit den Höhen unserer Geschichte, mit den großen historischen Leistungen unseres Volkes zu beschäftigen.»[99]

«Wenn Scheel redet, wirkt er merkwürdig distanziert, so als ob er sich nie ganz mit seinen vorgetragenen Ansichten anfreunden könnte,» schrieb der *Spiegel* nicht sehr freundlich, aber auch nicht unzutreffend, im Abendrot der vierten Präsidentschaft.[100] Scheels Rede zur Eröffnung der «Woche der Brüderlichkeit» im März 1978 in Würzburg war dafür ein Beispiel, hatten sich die Gesellschaften

Walter Scheel, Stifter Kurt Körber und Altbundespräsident Heinemann mit den Preisträgerinnen und Preisträgern des Schülerwettbewerbs 1975. Mitte, v. r. n. l.

für Christlich-Jüdische Zusammenarbeit doch entschlossen, den präsidialen Traditionstermin mit der Würdigung des 100. Geburtstags von Martin Buber zu verbinden. Das Problem war weniger, dass Scheel über den jüdischen Religionsphilosophen im Grunde nichts zu sagen wusste, als die Art und Weise, wie er diese Leerstelle zu füllen suchte: Die Serie von Plattitüden erstreckte sich von Bemerkungen über die grassierende mediale «Hitlerwelle» und die Notwendigkeit, durch «objektive und umfassende Information» für Aufklärung unter den «jungen Menschen» zu sorgen – als ob die illustrierte Volksgemeinschaftsnostalgie nicht vor allem von Älteren konsumiert worden wäre –, bis hin zum Vergleich der Rechts- mit den «Linksextremisten, deren Aktivitäten zur Zeit weitaus umfangreicher, deren Verbrechen viel radikaler und deren Wirkung bei uns wesentlich größer ist».[101]

Ein Novum war Scheels kurze Fernsehansprache zum «Gedenken an die Judenverfolgung in Deutschland» aus Anlass des 40. Jahrestags der sogenannten «Reichskristallnacht» (ein Begriff, der inzwischen auch von vielen in der Politik als Verharmlosung gemieden wurde). Die Ausstrahlung der Präsidentenworte am 8. November 1978 ging einer vom Zentralrat der Juden initiierten Gedenkveranstaltung in der Großen Synagoge zu Köln voraus, an der erstmals die drei ranghöchsten Repräsentanten der Bundesrepublik teilnahmen.

In Gegenwart des Bundespräsidenten und von Bundestagspräsident Carstens, der am Vormittag im Parlament eine «Erklärung zum 60. Jahrestag der Ausrufung der Republik und zum 40. Jahrestag der Ausschreitungen gegen jüdische Mitbürger» abgegeben hatte, hielt dort der Bundeskanzler die Hauptrede. Für Helmut Schmidt erwies sich dabei als elementar, worauf Walter Scheel lediglich verwiesen hatte: «Wir dürfen der Wahrheit nicht ausweichen, auch dann nicht, wenn sie schmerzhaft und beschämend ist.» Das war dem Kanzler zu ungenau. Die Unterschiede in der Beschreibung dessen, was die beiden Gleichaltrigen als Wahrheit über die «deutsche Nacht» (Schmidt) betrachteten, waren zwar am Ende nicht sehr groß, aber sie waren aufschlussreich mit Blick auf die beanspruchte Autorität des Zeitgenossen: Scheel zufolge – vermutlich stammte die Formulierung von seinem Redenschreiber Engelhard, denn ähnlich hieß es später auch bei Weizsäcker – hatten «Millionen von Deutschen» gesehen, dass «mitten im Frieden» die Synagogen brannten, «und sie haben nichts dagegen getan oder nichts tun können». Auch Schmidt legte Wert darauf, seinen Zuhörern die Möglichkeit des Selbstfreispruchs zu belassen, verpackte diese aber in eine Rhetorik scheinbarer Präzision: «Die Wahrheit ist auch, dass sehr viele Deutsche die Verbrechen und Vergehen missbilligt haben; ebenso: dass sehr viele andere davon damals nichts oder fast nichts erfuhren. Die Wahrheit ist, dass gleichwohl sich dies alles vor den Augen einer großen Zahl deutscher Mitbürger ereignet hat, dass eine weitere Anzahl von den Geschehnissen unmittelbar Kenntnis erhielt.» Zur fortgesetzten Diskretionsbereitschaft gehörte schließlich, dass weder Schmidt noch Scheel noch Carstens über die Täter sprachen. Sie blieben anonym wie die 91 damals bekannten Opfer des engeren Tatgeschehens, die in diesen Reden nur als Zahl vorkamen.[102]

Dennoch waren die Veränderungen im Umgang mit der NS-Vergangenheit nicht zu übersehen, die sich in den Gedenkinitiativen um den 9. November 1978 an vielen Orten der Bundesrepublik – auch in unausgesprochener Konkurrenz zu den ebenfalls zahlreichen staatlichen und kirchlichen Aktivitäten in der DDR – manifestierten. Ein Indiz dafür war auch, vier Monate zuvor, der von einer sensibilisierten Öffentlichkeit erzwungene Rücktritt des baden-württembergischen Ministerpräsidenten Hans Filbinger (CDU) gewesen, der als Marinerichter im Zweiten Weltkrieg mehrere Todesurteile gefällt hatte. Der Kanzler hatte für diese Veränderungen augenscheinlich die feineren Antennen als der Präsident; jedenfalls sprach Schmidt an einer Stelle seiner Rede auch das heikle Thema der Verjährungsfrist für Mordverbrechen aus der NS-Zeit an, die zuletzt 1969 verlängert worden war und über die nach einem Jahrzehnt nun erneut entschieden werden musste: «Wir Politiker und Gesetzgeber werden zuhören, was unsere jüdischen Mitbürger, was unsere Freunde in Israel, und was unsere Nachbarn dazu sagen werden. Wir werden – jeder für sich – darum bitten, dass unser Gewissen uns in dieser Frage recht handeln lässt.»

Im Juli 1979 beschloss der Bundestag nach nochmals sehr eingehender Debatte in namentlicher Abstimmung mit einfacher Mehrheit die Unverjährbarkeit von Mord. Inwieweit diese Entscheidung mit der gewachsenen gesellschaftlichen Wahrnehmung der Verbrechen des «Dritten Reiches» zusammenhing – zehn Wochen nach dem Pogromgedenken hatte die Fernsehserie «Holocaust» die Deutschen aufgewühlt –, ist schwer zu sagen. Aber klar ist, dass sich erst vor diesem Hintergrund die monatelange Debatte erklärt, die in Bonn am Tag von Scheels Fernsehansprache ihren Anfang nahm: mit der sich in Windeseile entwickelnden Frage, ob eine vormalige Mitgliedschaft in der NSDAP ein Hinderungsgrund für die Wahl – oder Wiederwahl – zum Bundespräsidenten sei.

Präsidentenwechsel

«Gegen Ende des Jahres 1978 zeichnete sich deutlich die Möglichkeit ab, dass ich der nächste Kandidat der CDU und CSU für das Amt des Bundespräsidenten sein würde», heißt es in Karl Carstens' posthum erschienenen, sogar an dieser Stelle staubtrockenen Memoiren.[103] Eine Serie von Wahlerfolgen in den Bundesländern seit 1974 hatte den Unionsparteien die absolute Mehrheit in der kommenden Bundesversammlung und ihm, Carstens, nach Meinung vieler Christdemokraten eine Art natürlichen Kandidatenstatus verschafft. Denn als Bundestagspräsident machte der erklärte Konservative seit zwei Jahren eine kerzengerade Figur; ein Manko war allenfalls seine mit kalter Konsequenz, aber zweifelhaften Erfolgsaussichten betriebene Zivilklage gegen einen Abgeordneten der SPD, der ihn einer wissentlichen Falschaussage im Bundestags-Untersuchungsausschuss zur Guillaume-Affäre geziehen hatte.[104] Für die Entscheidung, wen die Unionsparteien künftig in der Villa Hammerschmidt sehen wollten, spielte das einstweilen jedoch keine große Rolle. Wichtiger war der Zusammenhang mit der Frage nach dem nächsten Kanzlerkandidaten: Ein Bundespräsident aus den Reihen der CDU würde einen erneuten Anlauf von Helmut Kohl, der 1976 knapp gegen Helmut Schmidt gescheitert war, nicht unbedingt erleichtern; umgekehrt würde es für Franz Josef Strauß, der gerade als Ministerpräsident nach München gegangen war, schwieriger, käme der Bundespräsident von der CSU (weshalb Kohl bei Strauß schon früh mit der Idee abgeblitzt war, den bayerischen Kultusminister Hans Maier zu küren). Aber es gab auch die Erwägung – sie kam natürlich nicht aus dem Umkreis von Strauß, sondern aus der Umgebung von Kohl –, Walter Scheel mit der Perspektive auf eine schwarz-gelbe Koalition eine zweite Amtszeit zu ermöglichen. In all diese Spekulationen hinein platzte am 9. November 1978 die Vorabmeldung der FAZ über ein Carstens-Porträt im damals politisch noch nicht ganz unbedeutenden *Deutschen Allgemeinen Sonntagsblatt*. Unter dem Titel «Ein Herr im Wartestand» hieß es dort, der angehende Volljurist Carstens habe 1937 einen Antrag auf Mitgliedschaft in der NSDAP gestellt und sei 1940 aufgenommen worden.[105] Das war, in wessen Interesse auch immer, offensichtlich eine Information, die den Kandidaten in spe erledigen sollte. Ihre Folge aber war, dass 48 Stunden später auch der amtierende Bundespräsident in ein unschönes Licht geriet.

Denn wie zum Ausgleich ihres als Nicht-Neuigkeit formulierten Aufmachers vom 10. November («Carstens: Dass ich in der NSDAP war, ist seit 30 Jahren bekannt») titelte die *Welt* in ihrer Wochenendausgabe vom 11./12. November 1978: «Auch Bundespräsident Walter Scheel war Mitglied der NSDAP». Mindestens so interessant wie diese korrespondierenden Überschriften waren die jeweils direkt unter den beiden Titelgeschichten platzierten Kommentare. Nicht die einstige Parteimitgliedschaft sei das Problem, meinte Chefredakteur Peter Boenisch zum Fall Carstens, sondern dessen Außenwirkung angesichts der «offenen und versteckten Feinde der Bundesrepublik». Dank der Erläuterungen des Bundestagspräsidenten sei nun zwar eine «monatelange Flüsterkampagne» zu Ende (wie sich bald herausstellte, gingen die Informationen im *Sonntagsblatt* auf einen bereits im Sommer veröffentlichten Leserbrief im Berliner *Tagesspiegel* zurück),[106] aber über Carstens' Kandidatur müsse noch einmal nachgedacht werden: «Mit allen Mitteln der Agitation und Propaganda wird man dem Bundesadler wieder ein Stückchen Hakenkreuz an die Krallen hängen.» Ganz ähnlich im Blick auf das Böse von «drüben», allerdings garniert mit noch mehr nationalem Selbstmitleid und beglaubigt durch die Stimme eines prominenten Unverdächtigen, argumentierte das Springer-Blatt dann in Bezug auf Scheel: Die «späte Nachricht» über dessen Parteimitgliedschaft mindere nicht seine anerkannten Leistungen als Bundespräsident. «Sie beweist nur, dass die Deutschen keine Aussicht haben, aus dem Bann ihrer politischen Vergangenheit entlassen zu werden, obwohl die zwölf Jahre des Tausendjährigen Reiches nun schon ein Menschenalter zurückliegen. Um Golo Mann zu zitieren: ‹Alle, die jenes unglückliche Zeitalter als erwachsene Menschen von Anfang bis Ende erlebt haben, sind irgendwie – und da rechne ich mich mit ein – unvermeidlich schuldig geworden. Alle sind auf wechselseitige Nachsicht angewiesen.›»[107]

Am darauffolgenden Montag zog das Gros der bundesdeutschen Presse nach. Dass dabei der Vergangenheit des amtierenden Präsidenten stärkeres Gewicht zukam als jener eines möglichen Nachfolgers, war leicht zu verstehen. Aber dem Sprecher des Präsidialamts war es übers Wochenende gelungen, mit ein paar nonchalanten Sätzen schon ein wenig Luft aus dem Ballon zu lassen, von dem der *Spiegel* bereits zu wissen behauptete, ihn habe – als Entlastungsmanöver zugunsten von Carstens – der einstige Berufsoffizier Erich Mende gestartet, Scheels längst bei der Union gelandeter Vorgänger im Amt des FDP-Vorsitzenden.[108] Jürg Ter-Nedden also gegenüber dpa: «Bundespräsident Scheel ist während des Krieges Mitglied der NSDAP gewesen, weiß aber nicht mehr, wie sein Parteieintritt zustande gekommen ist.» Die Mitteilung habe ihn «im Dezember 1942 an der Front in Russland» erreicht, doch verfüge er über keinerlei Unterlagen mehr. «Er könne deshalb nicht mit Sicherheit sagen, ob er die Mitgliedschaft beantragt habe oder nicht. Sicher sei lediglich, dass ein solcher Antrag während der Zeit des Kriegsdienstes nicht gestellt werden konnte.» Im Übrigen habe der Bundespräsident «nach dem Kriege nie bestritten, der Partei angehört zu haben». Bei seiner Entnazifizierung vor der Übernahme eines Stadtverordnetenmandats 1948 in Solingen sei er als «nicht belastet» eingestuft worden.[109]

So viel demonstrative Gelassenheit – wohl auch gespeist aus Scheels Einsicht, ohnehin keine Chance mehr auf eine Wiederwahl zu haben – verfehlte ihre Wirkung nicht. Zwar zeigten sich einige Stimmen der internationalen Presse «geschockt» über die Vergangenheit des stets freundlich-versöhnungsbereiten Kompagnons von Willy Brandt, doch in der bundesdeutschen Öffentlichkeit dominierte sehr schnell die Bereitschaft zur Nachsicht mit dem populären Präsidenten. Seinen Rücktritt jedenfalls scheint niemand gefordert zu haben, nicht einmal in den vielen Zuschriften, die ihn in den nächsten Tagen und Wochen erreichten.[110]

Aber es gab kritische Nachfragen – und gefällig wirkende Antworten aus dem Präsidialamt, die meist der Linie folgten, auf der Ter-Nedden schon gegenüber dpa argumentiert hatte. Hier und da ging es ein bisschen über das Bekannte und Gesagte hinaus, so in Scheels Briefwechsel mit einer emphatischen jungen Anhängerin («Sie haben unendlich viel getan für dieses Land, in der ersten sozial-liberalen Koalition mit Herrn Brandt»). Die hessische Sozialdemokratin hoffte auf eine weitere Amtszeit für den Präsidenten, distanzierte sich von Forderungen nach einer «zweiten ‹Entnazifizierung›» und wollte ihm aus der Mitgliedschaft in der NSDAP keinen Vorwurf machen: «Da gab es ja viele, die sich nichts haben zuschulden kommen lassen. Was ich Ihnen jedoch vorwerfe, ist, dass Sie (jetzt auch Sie!) sich nicht mehr erinnern können, wie Sie zu dieser Mitgliedschaft gekommen sind. Was ist das? Perfekte Verdrängung? Weil nicht sein kann, was nicht sein darf? Ich bin auch Mitglied einer Partei, ich bin Mitglied der Gewerkschaft. Ich kann mir nicht vorstellen, dass ich einmal vergessen werde, wie ich da 'reingekommen bin.» Schließlich sprach die 24-Jährige von ihrer «Angst», es könne eine «weitere deutsche Teilung» entstehen: «zwischen denen, die das 3. Reich noch miterlebt haben (was haben sie angestellt?) und denen, die das Glück hatten, es nicht mehr erleben zu müssen (die glauben uns ja doch nicht!)». Scheel möge deshalb einen Anfang machen: «Bekennen Sie sich zu Ihrer Vergangenheit, wie immer sie gewesen ist.»

Die Antwort des Bundespräsidenten hatte, offensichtlich nach vorheriger Rücksprache, Peter Franzke vorbereitet, sein persönlicher Referent. Aber Scheel unterzeichnete selbst: «Die junge Generation hat das Recht, Fragen zu stellen. Wir, die wir damals ebenfalls jung – 1933 war ich 13, bei Beginn des Krieges 20 Jahre alt – waren, müssen antworten.»

Solche Fragerechte und Antwortpflichten im Dialog der Generationen sollte der Präsident in nächster Zeit noch öfters postulieren. Aber das blieb letztlich eine leere Formel. Mit der saloppen Bitte der jungen Briefschreiberin um Genaueres («Niemand wird Ihnen dafür den Kopf abreißen. Ihre demokratischen Verdienste nach 1945 wiegen in jedem Fall schwerer.») wusste Scheel jedenfalls wenig anzufangen. Wahrscheinlich wollte er auch nicht: «Es gibt nichts über meine Vergangenheit zu bekennen. Dass ich Mitglied der NSDAP aufgrund eines Briefes, den ich in Russland an der Front erhielt, geworden bin, war bekannt. Wie es zu der Mitteilung an mich gekommen ist, kann ich beim besten Willen nicht mehr sagen. Das mag für einen Menschen, der mehr von dem Leben in der Demokratie als in der nationalsozialistischen Zeit weiß, schwer verständlich sein. Aber es ändert nichts daran, dass es so ist.» Selbstverständlich könnte er versuchen, «die Umstände zu schildern, die das Leben der damaligen Jugend bestimmt haben». Doch das, so der Präsident, wolle er den Historikern überlassen. «Denn was ich auch immer sagen würde, es könnte und würde sicherlich als Rechtfertigungsversuch missverstanden werden. Das möchte ich nicht und das wäre nicht hilfreich.» Außerdem sei doch in den letzten Tagen über die damalige politische Situation «Vernünftiges gesagt und geschrieben worden».[111]

Ähnlich versöhnlich, ja geradezu abgeklärt, beschied Scheel auch Alfred Neven DuMont, den Verleger und Herausgeber des *Kölner Stadt-Anzeigers*, der glaubte, sich für einen mit ihm nicht abgesprochenen, maßvoll kritischen Leitartikel entschuldigen zu sollen: Im Grunde sei er «mit der vernünftigen Reaktion der Medien in diesem Fall zufrieden. Das Thema muss diskutiert werden.»[112]

Tatsächlich wurde viel diskutiert, wenngleich bald kaum noch mit Blick auf Scheel denn auf Carstens, von dessen Kandidatur die Unionsparteien nun umso weniger noch einmal abrücken konnten, als die Kritik von links immer schärfer wurde. Der Zeitgeist sprach gegen den stocksteifen, überkorrekten Konservativen. Ganze Schulklassen nahmen sich mittlerweile des Themas NS-Vergangenheit an – allerdings wohl mehr noch unter dem Eindruck der «Holocaust»-Serie als angesichts des möglichen nächsten Bundespräsidenten –, und manche gingen dabei ziemlich systematisch vor: «Da wir derzeit im Deutschunterricht in einer Projektarbeit das Thema Faschismus behandeln, wollen wir auch untersuchen, warum jemand damals Mitglied der NSDAP geworden ist», erläuterte Anfang März 1979 eine Bielefelder Schülerin der 11. Jahrgangsstufe die namens ihrer Klasse gleichlautend an Scheel und Carstens gerichtete Frage nach deren damaligen «Beweggründen» und heutiger Sicht. «Es geht uns dabei nicht darum, Sie abzustempeln, sondern im Gegenteil zu erfahren, was eigentlich für Gründe dahinterstecken, von denen man im öffentlichen Reden nichts erfährt.» Wie ernst es den jungen Leuten war, zeigte die fast schon im Präsidialstil formulierte, aber gewiss nicht ironisch gemeinte Begründung ihrer Bitte: «Gerade in der jetzigen Situation von zunehmenden neo-faschistischen Aktivitäten wäre eine öffentliche, persönliche und selbstkritische Betrachtung der eigenen Vergangenheit während der Zeit des Dritten Reiches von unseren führenden Staatsmännern ein wichtiger Beitrag zur Bewältigung der Vergangenheit und für die weitere Entwicklung zu einer demokratischen Gesellschaft.» Ob Carstens den Schülern antwortete, muss offenbleiben. Aber auch die Antwort aus der Villa Hammerschmidt (Scheel bekam den Brief wohl nicht zu Gesicht) wird die Klasse kaum befriedigt haben: Referent Franzke hatte lediglich eine Kopie des früheren Schreibens an die junge hessische Sozialdemokratin geschickt, das amtsintern inzwischen als Musterantwort diente.[113]

In den letzten Wochen vor der für den 23. Mai 1979 angesetzten Bundespräsidentenwahl ging die innenpolitische Erregungskurve weiter nach oben. Zwar war es Scheel im Laufe seiner Amtszeit gelungen, die zunehmende Rechts-Links-Polarisierung in der bundesdeutschen Gesellschaft, die auf der protokollarisch höchsten Ebene mit der Wahl von Gustav Heinemann einen ersten Ausdruck gefunden hatte, durch persönliche Konzilianz und volkstümliche Freundlichkeit («Hoch auf dem gelben Wagen») ein wenig zu übertünchen. Doch nun wurde er, augenscheinlich gegen seinen Willen, zur Galionsfigur all derer, die in einem Bundespräsidenten Carstens den Etappensieg einer seit Jahren in Rede stehenden konservativen «Tendenzwende» auf sich zukommen sahen, dem nach der nächsten Bundestagswahl, horribile dictu, womöglich ein Bundeskanzler Strauß folgen würde. Dass es deshalb Versuche gab, «eine Art Volksbewegung für eine zweite Kandidatur des amtierenden Bundespräsidenten Walter Scheel anzukurbeln», war manchen von Carstens' publizistischen Unterstützern schon vor Monaten aufgefallen.[114] Umgekehrt hatte Rudolf Augstein, natürlich mit der bei ihm noch stets zu gewärtigenden Portion Zynismus, im Moment des Bekanntwerdens der Parteimitgliedschaften von Carstens und Scheel geradezu gelangweilt reagiert: Zwar solle man, wenn man denn einen Bundespräsidenten benötige, den jetzigen wiederwählen, zumal der «den Leuten besser gefällt als der, laut Strauß, ‹Papen-Verschnitt› Karl Carstens». Doch an die Adresse der «dem Gemeinwesen übelgesonnenen Jungbürger» hatte der *Spiegel*-Herausgeber damals an Heuss' Zustimmung zum Ermächtigungsgesetz erinnert und erklärt: «Ihr müsst Herrn Carstens nicht mögen, denn vielleicht ist er nicht zu mögen, aber er hat nicht mehr auf dem Gewissen als Hunderttausende eurer Väter und Mütter auch. Anders als bei Filbinger, dessen Wahl zum Bundespräsidenten eine weltweite Schande gewesen wäre, kann Karl Carstens, so nichts Schlimmeres bekannt wird, gewählt werden in jedes, auch in das höchste Amt.»[115]

Nun, zwei Tage vor der Bundesversammlung, sollte das Gegenteil gelten. Zwar hatten die journalistischen Investigationen «nichts Schlimmeres» zum Vorschein gebracht, aber der *Spiegel* stand jetzt – um es in der dort zum Teil noch immer gepflegten Zackigkeit zu sagen – an vorderster Front in einer seltsam späten Abwehrschlacht.[116] Sie war durch die jüngsten Entwicklungen im unionsinternen Machtkampf um die Kanzlerkandidatur für 1980 ausgelöst worden, die nach Überzeugung der CSU nicht noch einmal bei Kohl, aber auch nicht bei Niedersachsens Ministerpräsident Albrecht zu liegen kommen sollte, sondern in der Tat bei Franz Josef Strauß. Den aber suchte Augstein bekanntlich zeitlebens zu verhindern, und so erklärt sich seine Kolumne im letzten *Spiegel* vor der Präsidentenwahl: «Die Bevölkerung der Bundesrepublik hat ein Recht darauf, dass sie sich nicht mehr mit Packeis-Sprüchen («Lieber Ananaszüchter in Alaska als Kanzler») abgeben muss, sondern endlich Aug' in Auge entscheiden kann zwischen einem liberalen Deutschland und einem Deutschland der Vorurteile.» Carstens' bevorstehende Kür war damit nur noch Teil einer zwar eindrucksvoll inszenierten, am Ende aber zahnlosen linksliberalen Drohkulisse: Neben einem bemüht kritischen Porträt des Präsidentenanwärters aus der Feder von Starreporter Jürgen Leinemann und einer eigens eingekauften «Blitz-Umfrage», in der knapp zwei Drittel der befragten 16- bis 30-jährigen Bessergebildeten erwartungsgemäß bekundeten, sie würden als

Zwei Tage vor der Wahl von Karl Carstens zum Bundespräsidenten am 23. Mai 1979 sieht der Spiegel *Franz Josef Strauß als möglichen nächsten Bundeskanzler.*

Mitglieder der Bundesversammlung Carstens nicht wählen, präsentierte der *Spiegel* den offenen Brief eines blutjungen Redakteurs. «Kandidieren Sie nicht!», schrieb «Klaus Pokatzky, 25, an Karl Carstens, 64».

Die empfindsam-bewegten Worte verbargen ihre Herkunft aus der alternativen Szene nicht: «Ich wurde 1953 geboren, acht Jahre also nachdem alliierte Truppen Deutschland vom NS-Mörderregime befreit hatten, vier Jahre nachdem durch solche Hilfe von außen dieses Land eine Verfassung bekommen konnte, die bis heute zu den besten der Welt zählt. Meiner Generation ist aufgegeben, diese Verfassung zu wahren und dabei die Lehren aus unserer jüngeren Geschichte zu ziehen, also zu verhindern, dass jemals wieder so etwas geschieht.» Das aber werde schwierig mit einem Staatsoberhaupt, nach dessen Vergangenheit man nicht fragen dürfe, ohne ins moralische Abseits gestellt oder von Helmut Kohl der «Gesinnungsschnüffelei» geziehen zu werden. Das helle Bild von Heuss und Heinemann, das Pokatzky als Kontrast zu jenem von Carstens entwarf, war denkbar naiv, und dass er Scheels Parteimitgliedschaft schlicht ignorierte, war nicht fair. Aber es ging ja auch erklärtermaßen um starke Gefühle, nicht unbedingt um klare Gedanken: «Auch, wenn Sie, Herr Carstens, und Ihre Generation nicht mehr existieren werden, wird meine, und wird die nächste und übernächste immer noch daran zu tragen haben, was in deutschem Namen über die Welt gebracht wurde. Leider hat es meine Generation nicht leicht, sich dieser Hypothek bewusst zu werden, schwerer noch, die Nazi-Vergangenheit als für sie erheblich aufzuarbeiten.»

Für die sich damals gerade etablierende *taz* wäre der Text wohl zu bieder und zu bürgerlich gewesen, im machtvoll-etablierten *Spiegel* aber (und im WDR, wo Pokatzky zur Empörung etlicher Hörer gleich noch einen Kommentar sprechen durfte)[117] wirkte er wie ein verzweifeltes Signal aus dem Aussteigermilieu der Tunix-Fraktion. Und er war auch so gemeint: «Viele meiner Generation wird es zwar überhaupt nicht mehr interessieren, ob Sie oder ein anderer oder überhaupt einer Bundespräsident wird. Viele andere in meinem Alter aber, vor allem sehr viele der politisch Interessierten und kritisch Fragenden, müssen ihre Person und die Art, wie Herr Kohl Sie zum Präsidenten machte, als einen Schlag gegen die Demokratie begreifen, müssen Sie als Provokation empfinden, als Grund, zu diesem Staat auf gefährliche Distanz zu gehen.»

Wenn es im Frühjahr 1979 noch eines Beweises bedurft hätte, dass die anstehende Wahl des fünften Bundespräsidenten mehr sein würde als ein gewöhnliches parteipolitisches Kräftemessen – tatsächlich war sie Ausdruck eines brachialen Ringens um politisch-kulturelle Hegemonie –, dann zeigten dies die Dutzende von Zuschriften, die der *Spiegel* in zwei folgenden Heften abdruckte. Sie reichten von bekenntnishafter Zustimmung (vor allem, aber nicht nur, junger Leserinnen und Leser) über die Apologie eines sich unverstandenen wähnenden Mitläufertums bis hin zur hasserfüllten Verachtung an der Grenze des Veröffentlichungsfähigen (meist, aber nicht nur, aus der älteren Generation). Mehrere Morddrohungen, die der Autor außerdem erhielt, wanderten ins Archiv.[118]

V. Tendenzwenden

Vielleicht hing es ein wenig auch damit zusammen, dass CDU und CSU nicht ausgerechnet am 30. Jahrestag der Verkündung des Grundgesetzes das ohnehin vorherrschende Bild ihrer inneren Zerstrittenheit bestätigen wollten, aber aus Sicht der Opposition lief am 23. Mai 1979 in der Bonner Beethovenhalle alles glatt. Von den 1032 abgegebenen Stimmen entfielen bereits im ersten Wahlgang 528 auf Karl Carstens; offenbar hatten ihn nur zwei Mitglieder aus dem Unionsblock nicht gewählt. Das war leicht hinzunehmen, auch im Vergleich zum Ergebnis von Annemarie Renger, der parteisoldatisch-pflichtbewussten, noch in letzter Minute aufgestellten Zählkandidatin der Kanzlerpartei, der mutmaßlich vier Sozialdemokraten die Stimme verweigert hatten. Die von den Liberalen entsandten Mitglieder der Bundesversammlung hatten sich, wie intern vereinbart, wohl sämtlich enthalten, nachdem es für eine Wiederwahl von Walter Scheel keine Chance gegeben und sich auch Carl Friedrich von Weizsäcker pikiert zurückgezogen hatte, den die Parteivorsitzenden Brandt und Genscher fünf Tage vor dem Wahltermin umworben hatten; seit 1959 zum dritten Mal ins Gespräch gebracht, hatte der notorisch ambitionierte Physiker und Philosoph einen Moment lang auf ein paar Stimmen auch aus den Reihen der CDU gehofft, am Ende aber gefürchtet, es könnte der Eindruck entstehen, «ich kandidierte, um der Koalition aus einer Verlegenheit zu helfen».[1]

Anders als seinerzeit die Wahl von Gustav Heinemann läutete Carstens' Wahl keinen «Machtwechsel» ein. Wie wenig politische Symbolkraft ihr am Ende zuwachsen würde – allen vorausgegangenen monatelangen Aufgeregtheiten zum Trotz –, demonstrierten die Unionsparteien kaum 24 Stunden nach der Bundesversammlung. Schon dort beziehungsweise beim Empfang hinterher war journalistischen Beobachtern nicht entgangen, wie viele CDU-Delegierte sich ostentativ um den Vorsitzenden der bayerischen Schwesterpartei scharten. Am übernächsten Morgen (der Tag davor war ein Feiertag) gab es dafür dann die Erklärung: «Strauß will Kanzlerkandidat der Union werden. Das CDU-Präsidium für Albrecht» lautete die Schlagzeile der FAZ. Der eben noch so wichtige Erfolg bei der Bundespräsidentenwahl rangierte nur mehr an zweiter Stelle.[2]

Mit Carstens begann, was damals natürlich niemand wissen konnte, in der Villa Hammerschmidt eine zwanzigjährige Hausherrschaft der Unionsparteien. Aber wer hoffte (oder befürchtete), dass nun wenigstens auf protokollarisch höchster Ebene schon einmal jene «Tendenzwende» eingeleitet würde, über deren Notwendigkeit abtrünnige Liberale und ehemalige Sozialdemokraten, klassische Konservative und traditionelle Rechte seit einer halben Dekade schwadronierten, kannte das neue Staatsoberhaupt schlecht: «Carstens verspricht überparteiliche Amtsführung», titelte die *Süddeutsche.*[3] Von einem Bundespräsidenten, der im Grunde als ein «Mann der Exekutive» und des Auswärtigen Dienstes in das höchste Staatsamt gekommen war und nicht als einer, dessen Herz beim politischen Schlagabtausch im Parlament am heftigsten schlug, war schon habituell kaum anderes zu erwarten.[4] Außerdem gab es für den vorsichtigen Carstens, über das klare Wissen um seine eng begrenzten Befugnisse hinaus – er selbst hatte sie vor wenigen Jahren in einer Abhandlung über «Politische Führung» besonders restriktiv interpretiert[5] –, wohl noch einen weiteren Grund zur Zurückhaltung: die Erfahrungen der letzten Monate, genauer gesagt, die Diskussionen um seine einstige Mitgliedschaft in der NSDAP.

«Carstens hat nie behauptet, Widerstandskämpfer gewesen zu sein.» Aber er habe «einiges» getan, so Friedrich Karl Fromme in einem generösen Nach-Wahl-Porträt für die Leser der *Frankfurter Allgemeinen,* was «nicht viele» für sich in Anspruch nehmen können: «Er hat auf Vorteile verzichtet, die seinen damals harten Alltag hätten erleichtern können und die mit einem Lippenbekenntnis leicht zu erlangen gewesen wären. Aus der SA ist er ausgetreten; den Antrag auf Aufnahme in die Staatspartei stellte er in der nicht unbegründeten Annahme, er müsse sonst die Ausbildung vorzeitig beenden. Die Partei beschied ihn grob, er habe es nicht für nötig gehalten, die erforderlichen Unterlagen einzureichen. Als Carstens im Zweiten Weltkrieg Soldat war (zuletzt Leutnant), wurde er ohne eigenes Zutun dennoch in die Partei aufgenommen; dergleichen geschah in manchen Fällen, in anderen nicht. Der NS-Staat war da nicht so bürokratisch genau geordnet, wie man sich das heute vorstellt.»[6]

Das lag, bis in einzelne Formulierungen hinein, ziemlich exakt auf der Linie dessen, was Carstens selbst zu diesem Thema seit November 1978 über sich hatte verlauten lassen und was er in seinen nach dem Ende seiner Präsidentschaft begonnenen Erinnerungen näher ausführte. Deren Sachberichtsduktus war für ein breiteres Publikum allerdings so unattraktiv, dass die Deutsche Verlags-Anstalt von der lange geplanten Veröffentlichung schließlich Abstand nahm.[7] Gleichwohl bietet das fast 900 Seiten starke Buch, das 1993, ein Jahr nach Carstens' Tod, ziemlich versteckt in der Schriftenreihe des Bundesarchivs erschien, einigen Aufschluss über die Persönlichkeit des fünften Bundespräsidenten. Nicht zuletzt lässt es erkennen, wie der 1914 in Bremen geborene Halbwaise (der Vater war noch vor seiner Geburt in Frankreich gefallen) auf die Zeit des «Dritten Reiches» blickte. Es erzählt die Geschichte eines strebsamen, politisch wenig artikulierten jungen Mannes, der im Frühjahr 1933 am traditionsreichen Alten Gymnasium der Hansestadt als einer der Klassenbesten das Abitur ablegte und für den danach eine «glückliche und verhältnismäßig unbeschwerte Studienzeit» begann, die ihn im Sommersemester zunächst nach Frankfurt am Main führte. «Bis 1933 hatten dort viele jüdische Professoren gelehrt, die nun plötzlich entlassen worden waren und schwer ausfüllbare Lücken im Lehrplan hinterließen», konstatiert Carstens noch ein halbes Jahrhundert später aus der Perspektive des Studienanfängers und ohne ein Wort der Empathie für die Entlassenen. Zwar weiß er inzwischen: «Die neuen

Machthaber hatten es sich zum Ziel gesetzt, aus der Frankfurter Universität eine nationalsozialistische Musteruniversität zu machen.» Davon aber habe man im «juristischen Vorlesungsbetrieb» wenig gemerkt, am allerwenigsten bei seinen Lehrern, die – mit Ausnahme des «formal glänzenden» Ernst Forsthoff – «sicher keine Nationalsozialisten» gewesen seien. «Sie machten auch bei der Darbietung des Lehrstoffes keine Konzessionen an die neue Zeit.»[8]

Mit diesem ganz auf das persönlich Erfahrene beschränkten Blick geht es durch die Studienjahre unter der NS-Diktatur: eine Abfolge unvergesslicher Fahrradtouren mit Schulfreunden und Kommilitonen (etwa zu Pfingsten 1933 durchs Moseltal: «in herrlicher Landschaft genossen wir die Zeugnisse großer deutscher Vergangenheit und erneuerten unsere Freundschaft»), weiter Reisen für billiges Geld nach Rom, Paris und Helsinki, aber auch, schon zum Ende des Sommersemesters 1933, «eines der schönsten Theatererlebnisse meines Lebens», die Aufführung des «Götz von Berlichingen» auf dem Frankfurter Römerberg. Die Zumutungen des Politischen hielten sich in Grenzen, außer im zweiten Semester in Frankfurt, wo man ihn in ein «Kameradschaftshaus» der Studentenschaft und seitens der SA zu Wochenendmärschen nötigt («hochgradig ekelhaft»). Daraufhin wechselte Carstens mit jedem neuen Semester die Universität: Dijon, München, Königsberg, zuletzt Hamburg, wo er wegen des Examens für zwei Semester blieb und eine politisch unverfängliche Promotion anschloss («Der gutgläubige Erwerb von Pfandrechten an Grundstücksrechten»). Die vielen Ortsveränderungen, so heißt es in seinen Erinnerungen, hatten neben dem touristischen Interesse noch einen weiteren Zweck: war man längere Zeit an einer Universität, «lief man Gefahr, von der nationalsozialistischen Studentenführung oder anderen nationalsozialistischen Organisationen zu allen möglichen Dienstleistungen herangezogen zu werden, so wie es mir in Frankfurt erging».

Wieviel nachträgliche Rationalisierung in solchen Erläuterungen steckt, ist ähnlich schwer zu sagen wie bei den naturgemäß vorteilhaften Selbstauskünften in Entnazifizierungsverfahren. Im Fall von Karl Carstens allerdings sticht eine Konsistenz und Klarheit ins

Auge, die wohl nicht nur mit juristischer Schulung zu erklären ist. Das gilt etwa für die Darstellung seiner Freundschaft zu einem später emigrierten jüdischen Mitschüler, für die Schilderung einer Hausdurchsuchung der Gestapo bei seiner Mutter, vor allem aber für die Erläuterung seines Bemühens, während seiner Referendarzeit am Landgericht Bremen einer Parteimitgliedschaft möglichst lange zu entgehen: All das findet sich, Letzteres mit parteiamtlichem Beleg, bereits in Carstens' Entnazifizierungsunterlagen.

In seinem «Meldebogen», den der junge Rechtsanwalt im Sommer 1947 abzugeben hatte, begnügte er sich nicht damit, die Frage nach vormaligen Zugehörigkeiten zu NS-Organisationen mit dem verlangten «Ja oder Nein» zu beantworten. Vielmehr klebte er an dieser Stelle einen zusätzlichen Zettel ein, der die später vielfach wiedergegebene Geschichte seiner Vermeidungsstrategie etablierte: Danach hatte er zwar 1937 auf Druck seiner vorgesetzten Dienststelle einen Antrag auf Mitgliedschaft in der NSDAP gestellt, aber die Unterlagen über sein «Wehrverhältnis» – er war für die Referendarzeit zurückgestellt und als einziger Sohn einer Soldatenwitwe später bei der Flakartillerie, nicht an der Front – «absichtlich verspätet vorgelegt», so dass sich das Zeitfenster für eine Parteiaufnahme wieder schloss. «Nach meiner Einberufung zur Wehrmacht ist bei Wiedereröffnung der Partei etwa Anfang 1940 meine Aufnahme genehmigt worden. Als mir dies bekannt wurde, wies ich sofort darauf hin, dass ich als Soldat der Partei nicht beitreten könne. Darauf wurde mir meine Mitgliedskarte nicht ausgehändigt.» Carstens stellte sich deshalb auf den Standpunkt, «weder Mitglied noch Anwärter der Partei» gewesen zu sein. Allerdings habe er 1938 oder 1939 «einige Male aushilfsweise Beiträge einkassiert». Ungeachtet dieser akribischen Erläuterung wurde der 33-Jährige im April 1948 «in die Gruppe der *Mitläufer* eingereiht» und mit einer Geldsühne von 1170 Reichsmark belegt. Der ausführliche Lebensbericht, mit dem er dagegen Einspruch erhob, mündet in der «Meinung, dass ich von 1933–1945 dem Nationalsozialismus nach dem Maß meiner Kräfte Widerstand geleistet habe». Anfang Juni 1948 folgte die Spruchkammer Bremen dieser Selbsteinschätzung, hob den Sühnebescheid auf und billigte

Carstens sogar zu, «aktiv» Widerstand geleistet und Nachteile erlitten zu haben. Er galt fortan als «Entlasteter».[9]

In den vor der Wahl geführten Diskussionen über seine Vergangenheit hatte sich Carstens, wohl in einer Mischung aus Stolz und Scheu, mit abgezirkelten Erklärungen begnügt; die Möglichkeit eines Gesprächs mit seinen Kritikern lag augenscheinlich außerhalb des eigenen und des Denkhorizonts seiner Umgebung. Bei der Niederschrift seiner Erinnerungen scheinen ihm jedoch späte Zweifel gekommen zu sein. Jedenfalls heißt es am Ende des kurzen Abschnitts «Nationalsozialismus», in dem Carstens auch über die Hilfe für «schwer bedrängte Menschen» berichtet, die er als Rechtsanwalt seit 1944 habe leisten können: «Aber rechtfertigte das – so muss ich mich heute fragen – die Unterstützung der NSDAP, als die mein äußeres Verhalten angesehen werden musste?»[10]

Karl Carstens oder: Die Persistenz der gesellschaftlichen Polarisierung

Zu sagen, die Schatten der Vergangenheit und der darin gründende unglückliche Start hätten Carstens' gesamte Amtszeit geprägt, wäre eine Übertreibung. Aber richtig ist auch: Ganz verschwanden diese Schatten nie. Zwar blickte ein Großteil vor allem der älteren Deutschen schon bald mit einiger Sympathie auf das so bürgerlich-unglamouröse Präsidentenpaar – mehr allerdings noch als auf Dr. jur. Karl Carstens wohl auf Dr. med. Veronica Carstens, die ihre naturheilkundlich orientierte Praxis nebenher weiterführte und der Homöopathie in den nächsten Jahren beträchtliche Aufmerksamkeit verschaffte. Die kritische Jugend und die Intellektuellen aber blieben auf Distanz, zumal nach Carstens' Antrittsrede vom 1. Juli 1979, deren Originalität in der Ankündigung einer Wanderung durch ganz Deutschland bestand. (Das Protokoll der gemeinsamen Sitzung von Bundestag und Bundesrat verzeichnet an dieser Stelle Heiterkeit und lebhaften Beifall, und Heiterkeit kam noch einmal auf, als Carstens hinzusetzte: «In Etappen, versteht sich!»).

Erklärtes Wanderziel des Präsidenten war es, sowohl für die «Erhaltung der Umwelt und die Bewahrung der natürlichen Lebensbedingungen» einzutreten als auch auf die «Fülle landschaftlicher und kultureller Schönheiten» aufmerksam zu machen, die «diese Bundesrepublik Deutschland uns immer noch bietet». Damit war der Mittsechziger fast wieder dort, wo er als Student so oft und so gerne gewesen war: bei den «Schönheiten der großen Zeugnisse deutscher Kunst und Architektur» – und bei der aus diesen Zeugnissen sprechenden Geschichte. Das alles war freilich nicht bloß altbackene Schwärmerei. Es war Teil des in der Union wabernden Wende-Diskurses, und ausweislich des Beifalls wurde es auch so verstanden. Ungeachtet seines Bekenntnisses zur Überparteilichkeit hatte sich Carstens eine Prise Ressentiment gestattet gegen jene angeblich so unheilvolle Pädagogik, die kritisches Reflexionsvermögen zu fördern suchte statt bildungsbürgerlicher Affirmation. Kein konkretes Wort deshalb auch zum Thema «Drittes Reich». Zu den «Schrecken der Vernichtungslager, zum Verhältnis zwischen Deutschen und Juden» habe, so Carstens, Theodor Heuss, den er ebenso würdigte wie alle seine Vorgänger, «bis heute weiter wirkende Aussagen getan» – die, so sollte man wohl folgern, keiner Vertiefung oder Erneuerung bedurften: «Meines Erachtens sollte stärker als bisher an den Schulen die deutsche Kultur und namentlich die deutsche Geschichte behandelt werden, die deutsche Geschichte mit ihren Höhen und Tiefen und mit dem Ziel, zu zeigen, wie die deutsche Geschichte seit 30 Jahren mehr und mehr in eine gemeinsame europäische Geschichte einzumünden beginnt.»[11]

Zwei Monate später allerdings kam der neue Bundespräsident an der NS-Vergangenheit nicht mehr vorbei. Am 1. September 1979, dem «40. Jahrestag des Ausbruchs des Zweiten Weltkrieges» – so die terminologisch törichte («Ausbruch») und chronologisch vorgreifende («Weltkrieg») Formulierung im *Bulletin* des Presse- und Informationsamts der Bundesregierung –, bediente sich Carstens des zehn Jahre zuvor von Gustav Heinemann eingeführten Formats einer knappen Fernsehansprache. Und wie sein Vorvorgänger, wenn auch aus anderen Gründen, verzichtete er auf eine Schilderung des konkreten Geschehens. Statt mit dem deutschen Überfall auf Polen oder gar mit den diesen vom ersten Tag an begleitenden deutschen Kriegsverbrechen begann er mit Feststellungen über die Dauer und die Gesamtzahl der Opfer des Zweiten Weltkriegs, der Deutschland «in den Abgrund einer militärischen und politischen Niederlage» gestürzt, das «deutsche Ansehen in der Welt» zerstört und die Voraussetzung für die «Teilung Deutschlands und Europas» geschaffen habe. Neben den «Schmerz und die Trauer über den millionenfachen Tod und das unermessliche Leid» stellte er den ihn bedrückenden Gedanken, «was Menschen ihresgleichen antun können». Schließlich folgten die zentralen, ausweislich des Manuskriptentwurfs von Carstens selbst redigierten Sätze des Gedenkens: «Deutsche haben damals schwere Schuld auf sich geladen. Wir denken dabei an die Gräuel der Konzentrations- und Vernichtungslager, den millionenfachen Mord an Juden und ihren Leidensgenossen. Wir verneigen uns vor ihnen. Wir verneigen uns auch vor den Männern und Frauen des Widerstandes, die unter Einsatz ihres Lebens versuchten, die Gewaltherrschaft zu beseitigen.»[12]

Eine weitere Parallele zu Heinemanns Rede von 1969 war, dass auch Carstens trotz der knappen Sendezeit sein eigentliches Thema (zu dem der Widerstand nicht unbedingt gehört hätte) zügig hinter sich ließ. Wo Heinemann die Ansprache zu einem Plädoyer für Friedensforschung genutzt hatte, hielt Carstens es für geboten, einen «Meinungszwiespalt» anzusprechen, «der sich durch unser Volk zieht»: Vor allem in der jungen Generation seien manche «nicht bereit, denen, die an den Fronten gekämpft und gelitten haben und zu Millionen gestorben sind, ehrenhaftes Denken und Handeln zuzubilligen». Erklären konnte er sich das nur durch die fehlende «Erfahrung des inneren Konflikts, in dem die deutschen Soldaten damals standen». Seine Schlussfolgerung war – unausgesprochen, aber offensichtlich – auch pro domo formuliert: «Die meisten von ihnen glaubten, für ihre Heimat zu kämpfen, und wussten oder ahnten doch, dass sie damit zugleich ein Unrechtssystem am Leben erhielten, dessen Menschenverachtung nichts mit dem Deutschland gemein hatte, für das sie kämpften. Die dabei ihr Leben ließen, verdienen unser ehrendes Gedenken ebenso wie die vielen Deutschen, die als Zivilisten in der Heimat den Tod fanden.»

So wenig Carstens sich scheute, das Opfergedenken mit Bezügen auf die Gegenwart zu verbinden – er kam sogar auf die vietnamesischen Boat People im Lager Friedland zu sprechen –, so selektiv war dabei sein Blick: Dass Kirchen, Gewerkschaften und linke Gruppen für den Tag des Kriegsbeginns, einen Samstag, zahlreiche Antikriegsveranstaltungen angemeldet hatten, dass der Reichsbund der Kriegsopfer zur Beendigung des Rüstungswettlaufs aufrief und dass auf der Bonner Hofgartenwiese mehr als zwölftausend «junge Leute» für Frieden, Abrüstung und Zusammenarbeit demonstrierten – all das war dem Bundespräsidenten keine Erwähnung wert.[13]

Doch auch die Presse reagierte in den nächsten Tagen kaum, weder auf die Kundgebungen noch auf Carstens; in der *Frankfurter Allgemeinen* etwa gab es nur eine Meldung, die *Süddeutsche* druckte die kurze Ansprache kommentarlos ab. Eine Ausnahme machte die *Zeit*, die Carstens immerhin in ihrer Kolumne «Bonner Bühne» kräftig kritisierte: «Eine solche Gedenkrede war schon lange nicht mehr zu hören aus solchem Anlass». Indem er Polen nicht einmal erwähnte, habe der Bundespräsident geschwiegen, «wo Sprechen sich gebietet».[14]

Erstaunlich viele Reaktionen erreichten das Präsidialamt allerdings per Post; allein in den ersten drei Monaten seiner Amtszeit, so Carstens später im Gespräch mit der FAZ, seien mehr als 12 000 Briefe eingegangen.[15] Unter dem erhalten Gebliebenen finden sich die Schreiben zweier hanseatischer Bekannter des Präsidenten, die Lob für sein «ehrendes Gedenken unserer gefallenen Soldaten» zum Ausdruck brachten, sein «Schuldbekenntnis» aber kritisierten.[16]

Einer der beiden Briefschreiber, ein Bremer Rechtsanwalt und Notar, der sich auf gemeinsame Zeiten als Verteidiger «vor dem amerikanischen Militärgericht» berief, erwies sich bei genauerer Lektüre als eindeutig rechtsradikal, weshalb Carstens seine Antwort an ihn zwar redigierte, aber nicht selbst unterzeichnete: «Ein Versuch, die Vernichtungsaktionen der sogenannten ‹Endlösung› zu bagatellisieren, ist nach meiner Auffassung sachlich unhaltbar.» Gegenüber dem zweiten, einem Bauunternehmer aus Bremerhaven, bat der Präsident um Nachsicht für die Kürze seiner Antwort, zeigte sich dann aber geradezu gesprächig. Hintergrund dafür mochte sein, dass das «heute-journal» in seiner Berichterstattung über die Rede nicht korrekt zitiert hatte und dadurch, wie der Pressesprecher des Präsidialamts gegenüber dem Chefredakteur des ZDF prompt rügte, «der Eindruck entstanden ist, der Herr Bundespräsident rede einer Kollektivschuld der Deutschen das Wort». Carstens also zu seinem Bekannten: «Ich habe mir jedes Wort meiner Ansprache zum 40. Jahrestag des Kriegsausbruchs genau überlegt. Ich habe bewusst, ohne den bestimmten Artikel, davon gesprochen, dass ‹Deutsche› damals schwere Schuld auf sich geladen haben. Das lässt sich nicht leugnen, aber es ist eben gerade kein Bekenntnis zu einer Kollektivschuld». Das Argument des promovierten Ingenieurs, wonach «die Geschichte» bekanntlich keine Schuld kenne, mochte er sich aber nicht zu eigen machen: «Wie anders soll man die Tatsache werten, dass hinter der Nebelwand des zweiten Weltkriegs völlig unschuldige Menschen nur wegen ihrer Rasse zu Millionen umgebracht worden sind? Wäre nicht dieses Ungeheuerliche geschehen, so ließe sich heute, trotz allem was dieser Angriffskrieg sonst noch an Übel über die Menschheit gebracht hat, vermutlich anders sprechen.»

Aufschlussreich war auch, was Carstens, wohl vor dem Hintergrund der *Zeit*-Kritik, einem aus Polen stammenden Bergingenieur antworten ließ, der nach dem Krieg als politischer Flüchtling in die Bundesrepublik gekommen war, sich ehrenamtlich um die deutsch-polnische Verständigung bemühte und «sehr tief empfundenes Bedauern» äußerte, dass sein Heimatland in der Ansprache weder erwähnt noch gewürdigt worden war: «Der Herr Bundespräsident hat, als er die Rede konzipierte, durchaus erwogen, ob er Polen erwähnen sollte. Die Leiden des polnischen Volkes, das nach den Juden wohl die schwersten Opfer gebracht hat, sind dem Bundespräsidenten gegenwärtig.» Er habe aber von einer Erwähnung Abstand genommen, so Helmut Rückriegel, der Leiter des Persönlichen Büros, «weil sich sonst eine Reihe von Problemen gestellt hätte. Hätte er in einem solchen Fall nicht auch die Tatsache erwähnen müssen, dass dem Überfall auf Polen der Abschluss des Hitler/Stalin-Paktes vom August 1939 voranging? Dass dem deutschen Angriff ein sowjetischer folgte und dass die beiden Aggressoren Ihr Heimatland unter sich aufteilten? Hätte dann nicht auch das Schicksal der baltischen Staaten erwähnt werden müssen? Was ist mit der Tatsache, dass das Vorkriegspolen sich im Frühjahr 1938 an der Zerstückelung der Rest-Tschechoslowakei beteiligte? Schließlich hätten dann auch die Leiden des russischen Volkes im Gefolge des deutschen Angriffs auf den ehemaligen Bündnispartner erwähnt werden müssen.» Das alles zu erwähnen, «verbot sich wegen der zur Verfügung stehenden beschränkten Zeit».

In eingehenden Gesprächen mit seinem langjährigen Vertrauten Hans Neusel, dem neuen Amtschef in der Villa Hammerschmidt, hatte Carstens überlegt, sich in seinen ersten Monaten als Bundespräsident möglichst zurückzunehmen, um die bitteren Töne rund um seine Wahl ein wenig verhallen zu lassen.[17] Die Rede zum Jahrestag des Kriegsbeginns hatte freilich gezeigt, dass das schon wegen der von außen kommenden Termine und Verpflichtungen nur begrenzt funktionieren konnte. Tatsächlich sah sich Carstens auch weiterhin scharfer Kritik ausgesetzt. Sie kam nun allerdings nicht mehr nur von links, sondern, wie gesehen, ebenso von rechts, wo man ihm, neben dem «Schuldbekenntnis», auch seine mittlerweile versöhnlich-präsidialen Worte zur sozialliberalen Ostpolitik übelnahm. Und sie kam von einem liberalen Außenbeobachter wie Alfred Grosser, der in einem Festvortrag vor dem Verband der Geschichtslehrer Deutschlands bemängelte, der Präsident habe die Schuld der Deutschen am Kriegsausbruch «mit keinem Wort erwähnt».

Helmut Rückriegel zeigte sich darüber – nicht nur aus eigenem Antrieb – empört. Unter Hinweis auf Carstens' zentralen Satz («Deutsche haben damals schwere Schuld auf sich geladen») fragte er: «Was hätte der Bundespräsident sonst noch tun sollen? Dass Hitler den Krieg gewollt und planmäßig vorbereitet hat, darüber gibt es keinen Streit, wie auch die Tatsache, dass sein Bündnis mit Stalin die letzte Voraussetzung für den Überfall auf Polen schuf, historisch unstrittig ist. Ich meine, dass der gesamte Tenor der Rede keinen Zweifel daran lässt, wo der Bundespräsident die Schuld am 2. Weltkrieg sieht». Auch Grossers Kritik an den deutschen Schulbüchern mochte Rückriegel nicht gelten lassen: Alle Bücher, die er kenne, «verschweigen die dunklen Seiten der jüngsten Geschichte keineswegs», argumentierte er im Sinne seines Chefs. «Dass sie daneben aber auch die schönen und großartigen Epochen der deutschen Vergangenheit, die ja nicht nur aus den 12 Jahren nationalsozialistischer Herrschaft besteht, darstellen, darauf haben, so meine ich, gerade junge Menschen einen Anspruch.»

Die Antwort des gebürtigen Frankfurters war klipp und klar: Carstens' Rede habe ihn aus einer Reihe von Gründen «schmerzlich berührt». Denn der Krieg, so der Pariser Politologe jüdischer Herkunft, der 1933 als Achtjähriger mit seiner Familie nach Frankreich geflohen war, «hat nicht nur begonnen. Er ist begonnen worden.» Und obgleich er die «Ehrbarkeit vieler Deutscher in der Wehrmacht» nicht bestreite, sei er doch «nicht sicher, ob nicht die Formel ‹Deutsche haben damals schwere Schuld auf sich geladen› dem Zuhörer, der damals erwachsen war, die Dinge nicht etwas zu leicht macht». Was Rückriegel, der sich als Mitautor der Rede betrachtete, offensichtlich besonders wurmte, war, dass Grosser zuletzt auch noch die klaren Worte Walter Scheels zum 25. Jahrestag des Kriegsendes zitierte: «Hitler wollte den Krieg», und «Wir haben aber die Ohren und Augen geschlossen». Im Unterschied zu seinem Mitarbeiter gab sich der Bundespräsident aber schließlich entspannt: «Wir sollten die Sache auf sich beruhen lassen», schrieb er an den Rand von Grossers Replik.[18]

Zu diesem Zeitpunkt lagen die nächsten vergangenheitspolitischen Querelen allerdings schon hinter Carstens. Sie entstanden im Zusammenhang mit dem Staatsbesuch von Sandro Pertini, der am 18. September 1979 für fünf Tage in die Bundesrepublik kam. Die Visite des neuen italienischen Staatspräsidenten, den Walter Scheel gleich nach dessen Wahl im Sommer 1978 eingeladen hatte, war ursprünglich für März geplant gewesen, dann aber auf Wunsch des fast 83-Jährigen verschoben worden.[19] Aus Sicht der römischen Presse traf damit ein äußerst populärer Sozialist aus Ligurien, dessen Amtsantritt im Rückblick das Ende der «bleiernen Zeit» des rechten und linken Terrorismus in Italien markiert, nicht, wie ursprünglich gedacht, auf einen auch jenseits der Alpen als liberal und lebensfroh wahrgenommenen Gastgeber Scheel, sondern auf einen norddeutsch-kühlen Konservativen mit dubioser politischer Vergangenheit. Noch kritischer blickte die bundesdeutsche Linke auf diese Konstellation; ihr erschien der sympathische, oft jugendlich-gewitzt wirkende alte Herr, von dem man wusste, dass er als früher Gegner des Faschismus die dreißiger Jahre in Lagerhaft und Verbannung verbracht und nach Mussolinis Ende in der Resistenza gekämpft hatte, als die denkbar klarste Gegenfigur zu seinem Bonner Amtskollegen. Carstens konnte also eigentlich nur verlieren – und ging erkennbar angespannt in die Begegnung, die für beide Seiten eine Premiere darstellte. Denn was für den einen die erste offizielle Auslandsreise war, war für den anderen der erste offizielle Empfang eines fremden Staatsoberhaupts.

Der Gast aber machte es seinem Gastgeber leicht. Aus drei Gründen, so erfuhr Carstens schon im Gespräch vor dem Mittagessen, sei er, Pertini, der Einladung gefolgt: Erstens, um die freundschaftliche Zusammenarbeit der beiden Völker zu pflegen; zweitens, um den 600 000 italienischen Staatsbürgern in der Bundesrepublik einen «Beweis seiner Solidarität» zu geben, zumal er selbst «während des Krieges in Frankreich das bittere Brot des Exils gegessen habe»; drittens schließlich, um das Grab seines Bruders in Flossenbürg zu besuchen – eine Geste, die, so protokollierte es Carstens' Mitarbeiter, «mit keinerlei Ressentiments gegen das deutsche Volk verbunden sei, sondern dem Verstorbenen gelte und seinen Freiheitswillen bekunden solle». (Wie wenig man im Präsidialamt über das Konzentrationslager in der Oberpfalz wusste, zeigte die nachträglich per Hand korrigierte Schreibweise «Flossenburg», ein Fortschritt immerhin gegenüber «Flossenbruck» in einem früheren Vermerk.) Auch Pertinis Bekundung, er «glaube nicht an die Kollektivschuld», nahmen der Präsident und sein Protokollant mit Dankbarkeit auf. Carstens seinerseits versicherte, er sei Pertinis Worten über seinen Bruder «mit Bewegung gefolgt»; er denke «mit Abscheu an die Schrecklichkeiten und Verbrechen jener Zeit, seine Generation werde zeitlebens von diesen Gefühlen verfolgt».[20]

Beim feierlichen Abendessen auf Schloss Augustusburg kam vieles von diesem Austausch dann noch einmal öffentlich zur Sprache, wenngleich der Bundespräsident ersichtlich lieber von den kulturellen Verbindungen seit dem «Römischen Reich des Mittelalters» sprach. Doch Carstens würdigte auch Pertinis «tatkräftigen und unbeugsamen Widerstand gegen den Faschismus». Damit habe der Staatsgast ein Beispiel «opferbereiten demokratischen Bürgermuts» zu einer Zeit gegeben, «als die Aussichten für eine Wende zum Guten» noch im «tiefen Dunkel» lagen und die «Machtergreifung Hitlers und die schwere Prüfung des Zweiten Weltkrieges» noch bevorstanden. Pertinis Antwort war, gerade in ihren historisch-politischen Passagen, ausführlicher und konkreter: Er sprach von der antidemokratischen Entwicklung in Italien und Deutschland nach dem Ersten Weltkrieg, vom zeitweiligen «Bündnis der beiden Diktaturen», vom Antifaschismus und vom Widerstand gegen den Nationalsozialismus: «Wir haben die deutschen Märtyrer der ‹Weißen Rose› und der Verschwörung von 1944 als unsere Kameraden betrachtet.» Er erinnerte an seinen Bruder und den «blutigen Partisanenwiderstand seit der Besetzung Italiens durch Hitler», er lobte die Bundesrepublik für die erst ein paar Monate zurückliegende Entscheidung gegen die Mordverjährung, und er begrüßte, in Anspielung auf die Serie «Holocaust», die gerade auch in Italien ausgestrahlt worden war,[21] dass die Deutschen «in jüngster Zeit den jungen Generationen gezeigt (und den alten, die es vergaßen, in Erinnerung gerufen) haben, welche Schreckenszeit diese finsteren Jahre waren».[22]

Den offiziellen Texten und Akten zufolge verlief der erste Tag des Staatsbesuchs also in großer Harmonie und wechselseitiger Wertschätzung. Jedoch hatte Pertini – keine unübliche Praxis – vor seiner Abreise dem Rom-Korrespondenten der *Welt* ein Interview gegeben, aus dem der *Spiegel* ein paar Tage später einen Skandal zu machen suchte. «Nach Flossenbürg gehe ich privat», hatte Pertini gesagt und hinzugefügt: «Ich möchte nicht den Bundespräsidenten in eine peinliche Lage bringen, wenn er mich dorthin begleiten müsste.»[23] Der Besuch in dem KZ, in dem sein Bruder im April 1945 erschossen worden war, sollte von München aus erfolgen, wo Pertini Station machte, und entgegen den protokollarischen Gepflogenheiten hatte Carstens seine Begleitung wohl angeboten, als öffentlich wurde, dass der bayerische Ministerpräsident nicht die Absicht hatte, dies zu tun. Doch dann gelang es Carstens, wie er in seinen Erinnerungen schreibt, Franz Josef Strauß «davon zu überzeugen, dass wir Pertini in diesem Augenblick nicht allein lassen sollten». Zu diesem Zeitpunkt spekulierte sowohl die italienische wie die Strauß-kritische deutsche Presse bereits über die Motive des CSU-Chefs, der auf einen Kanzlerwahlkampf unter dem Motto «Freiheit oder Sozialismus» zusteuerte und nun Arm in Arm mit einem Sozialisten zur Kranzniederlegung schreiten sollte.[24] Zumindest aus Carstens' späterer Perspektive war das aber alles inszenierte Kritik: «Pertini hat Strauß für seine Geste der Verbundenheit aufrichtig gedankt. Es entwickelte sich eine lebenslange freundschaftliche Beziehung zwischen beiden.»[25]

Nicht anders deutete Carstens sein eigenes Verhältnis zu Pertini, zumal nach seinem Gegenbesuch in Italien im Oktober 1982. Dass der Bundespräsident in diesem Rahmen, wie ein Vierteljahrhundert zuvor Heuss und ein knappes Jahrzehnt zuvor Heinemann, an der Gedenkstätte Fosse Ardeatine einen Kranz für die mehr als dreihundert von einem Kommando der deutschen Sicherheitspolizei erschossenen Partisanen niederlegte, wusste Pertini als Geste zweifellos zu würdigen – umso mehr vielleicht noch, als Carstens, entgegen der von Amtschef Neusel abgezeichneten Planung («muss wohl! wegen Pertini»), spontan auch in die Grotte mit den Sarkophagen ging.[26] Jedenfalls kam es später in Berlin sogar zu einem quasi-privaten Treffen von Karl und Veronica Carstens mit «unserem vitalen liebenswerten Gesprächspartner».

Wieviel Wut auch in der Bundesrepublik der achtziger Jahre noch in den zwar älter, aber nicht unbedingt einsichtiger gewordenen «soldatischen Kreisen» glühte, konnte Carstens nach seiner Rückkehr aus Italien der eingehenden Bürgerpost entnehmen. Die daraus sprechende Empörungsbereitschaft störte sich nicht daran, dass die langjährige Kampagne zur Freilassung des vormaligen SD-Chefs von Rom, Herbert Kappler, der das Erschießungskommando an den

Deutsche National-Zeitung

Nr. 45 / 32. Jahrgang, 5. November 1982 — 1,80 DM / 10,– ÖS — freiheitlich … überparteilich

So wurden die Deutschen umerzogen /S.6

Brandts Verbrechen

Sein wahres Leben

Streben nach der Einheitspartei

Carstens Kniefall in Rom
Seine Rolle unter Hitler

Bundespräsident KARL CARSTENS (rechts) legte während seines fünftägigen Staatsbesuchs in Italien an den „Fosse Ardeatine" einen Kranz nieder. Damit wurden jene Geiseln geehrt, die hier 1944 nach einem Terroranschlag von kommunistischen Partisanen auf eine deutsche Polizeikompanie zur Vergeltung erschossen worden waren. Der 44 Todesopfer des Freischärlerverbrechens gedachte der Gast aus Bonn nicht. Lesen Sie über diesen einseitigen Bußakt mehr auf Seite 3.

Bitte einsenden an:
AKTION DEUTSCHES RADIO UND FERNSEHEN (ARF)
Postfach 1445, 8033 Planegg

Meinungsumfrage zu den Bundestagswahlen

Die rechtsradikale Deutsche National-Zeitung *zeiht Carstens eines angeblichen Kniefalls am Mahnmal vor den Ardeatinischen Höhlen in Rom.*

Fosse befehligt und dafür in italienischer Strafhaft gesessen hatte, nach dessen Flucht aus einem Militärkrankenhaus 1977 gegenstandslos geworden war. Zum Teil wohl befeuert durch die an vielen Kiosken präsente rechtsradikale *Deutsche National-Zeitung*, die auf ihrer Titelseite mit der Bildüberschrift «Carstens Kniefall in Rom. Seine Rolle unter Hitler» aufwartete und im Blattinnern «Ex-Nationalsozialist Karl Carstens als Vergangenheitsbewältiger» porträtierte,[27] trafen in der Villa Hammerschmidt Dutzende von Schmähbriefen ein: Anstatt die Gräber der «in Rom gemeuchelten deutschen Soldaten zu besuchen» oder zur deutschen Kriegsgräberstätte nach Montecassino zu fahren, so der im Kern immer gleiche Vorwurf, habe sich nun auch Carstens als «Sühnedeutscher» und als ein zu Kreuze kriechender «Berufsbesiegter» erwiesen. «Dabei machen Sie rein äußerlich einen so deutschen Eindruck!» Einige der bittersten Proteste kamen von enttäuschten Unionswählern – so etwa, wenn sich ein Heimatvertriebener, «CDU-Mitglied seit 1975, kein Mitglied der damaligen NSDAP» (aber offenbar Leser der *National-Zeitung*) an den «Kniefall des Herrn Willy Brandt-Frahm in Warschau» erinnert fühlte.

Die schiere Zahl der zornigen Schreiben veranlasste Wolfgang Zierer, den Leiter des politischen Referats, eine Standardantwort zu entwerfen, die Carstens' Kranzniederlegung an den Fosse Ardeatine in einen Zusammenhang mit Pertinis Besuch in Flossenbürg rückte; der Staatspräsident habe dort «nicht nur seinen Bruder geehrt und die mit ihm zusammen gestorbenen Italiener, sondern auch die Deutschen, die in diesem Lager umgebracht worden sind». Im einen wie im anderen Fall ging es, so Zierer, «um Mahnung und um Versöhnung, die aus dem Kreis der Gewalt, der gegenseitigen Abrechnung und Aufrechnung ausbrechen und für die europäischen Völker eine friedliche Zukunft sichern». Vielleicht war der holpernde Mustertext nicht nur ein Indiz mangelnder Ausdruckskraft, sondern auch der amtsinternen Irritation über die schiere Masse negativer, bis in die Leserbriefspalten der Regionalpresse sich fortsetzenden Bürgerstimmen, die der positiven medialen Resonanz auf den Italienbesuch widersprachen. Jedenfalls wurde der Entwurf, trotz Carstens' eigenhändiger Korrekturen, zur Quelle zweier peinlicher Fehler in etlichen Antwortschreiben («Flossenburg» und «Promezia»), die mindestens einen Adressaten zu einer sarkastischen Replik veranlassten. Auf dem deutschen Soldatenfriedhof Pomezia unweit von Rom hatte der deutsche Militärattaché, wie Zierer etlichen Kritikern des Präsidenten fast entschuldigend schrieb, zeitgleich mit Carstens' Geste an den Fosse Ardeatine in dessen Namen einen Kranz niedergelegt.[28]

Unflätige Bürgerpost war natürlich kein Novum der Amtszeit des fünften Bundespräsidenten. Zumal in den Hochzeiten des Lobbyismus zugunsten der «Kriegsverurteilten» hatte es an beleidigenden Beschwerden nicht gemangelt, und solange Rudolf Heß noch im Spandauer Kriegsverbrechergefängnis saß, sollte sich auch Richard von Weizsäcker immer wieder mit Vorwürfen konfrontiert sehen, nicht genug für dessen Freilassung zu tun. Aber die Menge solcher Schreiben war, wenn die über die Jahrzehnte hinweg gewiss nicht einheitlichen Archivierungskriterien das Bild nicht völlig verzerren, bei Carstens doch um etliches größer als zu Zeiten von Heuss; selbst der im rechtskonservativen Lager notorisch mit Misstrauen beäugte Heinemann scheint weniger häufig angegangen worden zu sein. Was im Falle von Carstens so sehr ins Auge sticht, ist die Aggressivität und Persistenz der an ihm von rechts geübten Kritik, wohingegen sich seine linken Gegner bald nach der Wahl erst Kanzlerkandidat Strauß, dann wieder Kohl zuwandten; schließlich verhallte sogar, trotz eines demonstrativen Nachdrucks im *Stern,* das böse Lied auf Carstens, das Wolf Biermann im Herbst 1979 in einer populären Talkshow des WDR gesungen hatte («Heil Hitler! Teurer Wandersfreund / Wie geht's mit Ihren Füßen? / Ich soll Sie von Herrn Filbinger / Mit Deutschem Gruße grüßen»).[29]

Die seit einem Jahrzehnt zu beobachtende politische und politisch-kulturelle Polarisierung der bundesdeutschen Gesellschaft wurde im Laufe von Carstens' Amtszeit immer deutlicher auch auf dem Diskursfeld der Geschichte sichtbar. Nicht, dass es bis dahin an Auseinandersetzungen über die NS-Vergangenheit und individuelle Belastungen gefehlt hätte; aber mit dem Ende der sozialliberalen Koalition im Herbst 1982 stand nun jene geschichtspolitische Wende tatsächlich auf der Tagesordnung, der Carstens seit seiner Antrittsrede zwar mit präsidialer Vorsicht, aber doch beharrlich vorgearbeitet hatte. Sein Auftritt auf dem Historikertag in Münster – es war nach jenem von Scheel 1976 bereits der zweite eines Bundespräsidenten[30] – machte dies besonders deutlich. «Wir können den traumatischen Einschnitt der Jahre von 1933 bis 1945 nicht vergessen. Wir werden ihn auch nicht vergessen, aber es wäre falsch, die deutsche Geschichte auf diese zwölf Jahre reduzieren zu wollen. Zwölf Jahre dürfen sich nicht wie ein Riegel vor unsere ganze Geschichte schieben», erklärte Carstens dort am 6. Oktober 1982 – fünf Tage nach dem konstruktiven Misstrauensvotum gegen Helmut Schmidt, das den promovierten Historiker und CDU-Vorsitzenden Helmut Kohl ins Kanzleramt brachte.[31]

Genau dieses Petitum des Bundespräsidenten: Überwindung des Schuldgebirges, das den Zugang zu der so viel längeren, erhabenen Geschichte der Deutschen angeblich versperrte, sollte, ergänzt um die Idee einer affirmativen Musealisierung der Adenauer-Republik, zum Signum von Kohls Geschichtspolitik werden und die präzedenzlos harten historisch-politischen Hegemoniekämpfe der achtziger Jahre bestimmen. Gewiss hatten schon Heuss und mehr noch Heinemann die längeren, freiheitlichen Linien in der deutschen Geschichte betont, und bereits in der Amtszeit von Scheel war das Interesse an den hellen Seiten der Historie gewachsen.[32] Aber nach der populären Preußen-Ausstellung im Vorjahr, die in West-Berlin als Konkurrenz zu der ihr Erbe ebenfalls entdeckenden DDR entstanden war, schienen sich plötzlich neue Räume für eine erbaulich-bürgerliche Identitätsstiftung zu öffnen – etwa in Gestalt einer repräsentativen, von Wolf Jobst Siedler aus der Taufe gehobenen Buchreihe über «Die Deutschen und ihre Nation», die, gleichsam als Antwort auf die dominante linke Suhrkamp-Kultur, den Kanon eines neokonservativen Siedler-Deutschlands begründen sollte.[33]

Vor diesem Hintergrund war die Frage, wie im Januar 1983 der 50. Jahrestag der nationalsozialistischen Machtübernahme begangen werden sollte, alles andere als unumstritten. Ernst Nolte, ein damals hoch angesehener Faschismusforscher, hatte bereits im Frühjahr 1980 bei Armin Mohler in der Münchner Carl Friedrich von Siemens-Stiftung und anschließend in der FAZ «Die negative Lebendigkeit des Dritten Reiches» beklagt, sich gegen dessen «Dämonisierung» ausgesprochen und den Mord an den europäischen Juden als die «aus Angst geborene Reaktion auf die Vernichtungsvorgänge der russischen Revolution» gedeutet.[34] Und davor schon hatten sich tiefe Konfliktlinien innerhalb der Zeitgeschichtsforschung (um Totalitarismus und Faschismus, zwischen Intentionalisten und Funktionalisten und um die «Struktur» des NS-Staates) aufgetan, die erwarten ließen, dass die internationale Konferenz, zu der ein eigens gegründetes Konsortium auch den Bundespräsidenten in das Berliner Reichstagsgebäude eingeladen hatte, nicht frei von Kontroversen bleiben würde.

Möglich, dass sich Carstens auch aus solchen inhaltlichen Gründen einer Teilnahme entzog. Insgeheim aber spielten Gefühle persönlicher Befangenheit wohl die entscheidende Rolle: Vor großem Publikum im Kreis hochrangiger in- und ausländischer NS-Forscher, darunter auch einige jüdische Wissenschaftler, als ein Staatsoberhaupt zu sprechen, von dem jeder wusste, dass es einst Mitglied der NSDAP gewesen war, hätte heikel werden können. Entsprechend alarmiert hatte Hans Neusel bereits im Februar 1982 reagiert, als im Innenministerium erste Gespräche über die Planungen zum Jahrestag der Machtübergabe an Hitler begannen und von verschiedenen Seiten, darunter auch der Zentralrat der Juden, Anregungen kamen. Nach Erkundigungen in Berlin fühlte sich Carstens' fürsorglicher Amtschef bestätigt: Der Regierende Bürgermeister Richard von Weizsäcker sei «ziemlich skeptisch wegen der nicht vorhersehbaren Aktivitäten der ‹politischen Szene›» und rate deshalb «eher zur Vorsicht bei Überlegungen über eine evtl. Beteiligung des BuPrä».[35]

Neun Monate später, noch ehe die diversen Veranstaltungen zum 30. Januar 1933 stattgefunden hatten – alle in Abwesenheit des Bundespräsidenten, was wiederum kritische Bürgerpost in die Villa Hammerschmidt spülte –, war es dann allerdings Weizsäcker, der Carstens zum nächsten großen Gedenktermin am 20. Juli 1984 nach Berlin einlud: Die geteilte Stadt habe viele Funktionen verloren, und es habe «keinen Sinn, darüber zu jammern». Einiges aber lasse sich «nirgends so überzeugend wahrnehmen wie in Berlin». Das gelte «vor allem auch für das Gedenken an den Widerstand unter dem Nationalsozialismus», weshalb er darum bitte, die zentrale Feier mit dem Bundespräsidenten und den Repräsentanten von Bundestag und Bundesregierung «nun erst recht in Berlin und nicht an einer anderen Stätte» vorzusehen. Ob bei diesem frühen Vorstoß eine Rolle spielte, dass Carstens am 20. Juli 1981 in Bonn gesprochen hatte oder ob Weizsäcker schon einmal beiläufig klären wollte, wie dieser über eine zweite Amtszeit dachte – denn an deren Beginn, so notierte Neusel sogleich am Rand, würde der Termin ja liegen – ist nicht zu sagen.[36] Am Ende sollte es jedenfalls Richard von Weizsäcker sein, der am Abend des 20. Juli 1984 in Schloss Bellevue einen Empfang für die Teilnehmer der Gedenkveranstaltungen gab; statt seiner – in der neuen Rolle des Bundespräsidenten – hatte Kanzler Kohl am Bendler-Block gesprochen und Außenminister Genscher im Auswärtigen Amt.[37]

Konservative Lernerfahrungen

Die innere Freiheit zur offenen Rede über das «Dritte Reich» und dessen Verbrechen fand Karl Carstens nicht. Noch weniger als seinen Vorgängern gelang es ihm, sich in seiner Zeitgenossenschaft zu erklären. Die Formeln und die Sprechfiguren, die er sich angesichts der Kritik an seinem Werdegang in den Wochen und Monaten vor seiner Wahl – zum Teil wohl sogar schon früher im Leben – zurechtgelegt hatte, nutzte er in seiner Amtszeit weiter. Das schloss bei nahezu allem, was mit der NS-Vergangenheit zusammenhing, gedanklichen und rhetorischen Ehrgeiz aus. Originalität war für Carstens freilich auch sonst kein Kriterium; wichtiger waren ihm, ohne dass er über die Prinzipien seiner Amtsführung groß geredet hätte, Solidität, Verlässlichkeit und Umsicht. Das Risiko, distanziert und langweilig zu wirken, nahm er dafür jederzeit in Kauf.[38]

Umso bedeutsamer erscheint der Schritt, zu dem er sich gegenüber einer im «Dritten Reich» schwerstens verfolgten und in der Bundesrepublik noch immer diskriminierten Minderheit bereitfand, die seit Ende der siebziger Jahre verstärkt um gesellschaftliche und politische Anerkennung kämpfte: Im September 1980 hatte sich Romani Rose namens des Verbands Deutscher Sinti e. V. an den Bundespräsidenten gewandt, «weil wir der Meinung sind, dass gerade auch Sie als höchster Repräsentant unseres Staates dazu beitragen könnten, dass auch wir Sinti endlich nach 35 Jahren als gleichberechtigte deutsche Staatsbürger, unter Anerkennung unserer kulturellen Eigenständigkeit, in diesem Staat leben können, der schon seit Generationen unsere Heimat ist». Vorangegangen war, 1975/76, ein vergeblicher Versuch des damals noch im Aufbau begriffenen Verbands, von Walter Scheel empfangen zu werden. Und vorangegangen war, seit

Karfreitag 1980, ein sogar im Ausland beachteter einwöchiger Hungerstreik auf dem Gelände des ehemaligen Konzentrationslagers Dachau, mit dem es Rose und seinen Mitstreitern gelungen war, das bayerische Innenministerium wenigstens zu Nachforschungen über die Unterlagen der «Landfahrerzentrale» beim Landeskriminalamt zu bewegen, die noch bis 1970 auf Grundlage von Verfolgungsakten aus der NS-Zeit gegen «Zigeuner» ermittelt hatte.[39]

Als Ministerialrat Wilhelm Wemmer, der Roses Organisation schon während Scheels Präsidentschaft zuständigkeitshalber vertröstet hatte, nun erneut auf Zeit spielte – diesmal unter Hinweis auf die Bundesregierung und die ungeklärte «Repräsentativität» des Verbands –, verschärfte der 34-Jährige den Ton: «Zurzeit stellen wir nämlich Überlegungen an, ob wir mit überlebenden KZ-Opfern unter Sinti und Roma in ihrer alten Häftlingskleidung soweit zum Bundespräsidialamt kommen sollen, dass Sie Ihre Beobachtungen direkt vom Fenster Ihres Amtes aus anstellen können und so schneller zu einer für uns würdigen Entscheidung finden.» Und unter Bezug auf die seinerzeit für Scheel geltend gemachten terminlichen Schwierigkeiten, «eines der vielen Sinti-Elendslager zu besuchen», schlug der gebürtige Heidelberger vor, es «könnte vielleicht in diesem Jahr Bundespräsident Carstens von einer seiner Wanderrouten nur ein kleines Stück abkommen, damit ein solcher Besuch doch noch möglich würde».[40]

Nach diesen drastischen Signalen kamen die Dinge in Bewegung, zumal als Wemmer aus Schmidts Kanzleramt erfuhr, dass es im Interesse der Bundesregierung liege, «einen Sprecher der Sintis (!) zu finden und aufzubauen», um deren Angelegenheiten «mit Aussicht auf Erfolg» erörtern zu können. Auch der Bundeskanzler, von dem es Ende Mai 1981 noch geheißen hatte, er beabsichtige «gegenwärtig» nicht, Rose zu empfangen, signalisierte sechs Wochen später Bereitschaft, «alsbald zu einem Gespräch mit dem Verband zusammenzutreffen». Eine Begegnung zwischen Staatssekretär Neusel und einem Vertreter Roses, der unterdessen auf dem 3. Welt-Roma-Kongress in Göttingen zum Vizepräsidenten der International Romani Union gewählt worden war, brachte schließlich den Durchbruch: Am 3. November 1981 empfing Carstens eine 14-köpfige Delegation unter Roses Führung zu einem offenbar höchst lehrreichen Gespräch. So bereitwillig, wie er sich – folgt man Wemmers ausführlicher Niederschrift – in die Rolle des Fragenden begeben hatte, so klar formulierte der Bundespräsident zum Schluss, das Gespräch habe ihn «nicht nur interessiert, sondern auch tief bewegt». «Nach dem Grundgesetz und der Menschenrechtskonvention sei es unmöglich, dass bei der Beurteilung einer in unserem Land lebenden Bevölkerungsgruppe rassische Gesichtspunkte maßgebend seien.» Er, Carstens, wolle «nach Wegen suchen, um dazu beizutragen, dass die Sintis (!) künftig von jeder Art von Diskriminierung bewahrt blieben».

Im Unterschied zu seinem Referenten hatte Carstens an diesem Vormittag nicht nur verstanden, dass «Sinti» der Plural von «Sinto» ist; er gab sich auch Mühe, seine neuen Erkenntnisse umzusetzen. «Sie nennen sich jetzt nicht mehr Zigeuner und hören es nicht gerne, wenn man sie so nennt», erläuterte er zehn Tage später vor den Preisträgern verschiedener Schüler- und Jugendwettbewerbe in Mainz, sprach über «das Schwere, was sie in der Zeit des Nationalsozialismus erlebt haben», und mahnte, «wir sollten unseren Mitbürgern, die Sinti sind, genauso unvoreingenommen und offen gegenübertreten wie allen anderen Mitbürgern gegenüber auch». Carstens' treuer Adlatus Rückriegel beeilte sich, nach Heidelberg zu berichten: «Es wird Sie, sehr geehrter Herr Rose, freuen, dass das mehrheitlich jugendliche Auditorium diesen Passus der frei gehaltenen Ansprache des Herrn Bundespräsidenten mit nachhaltigem Beifall bedacht hat.»

Die Presse war weniger interessiert. Zwar hatte der Sinti-Verband über den Termin in der Villa Hammerschmidt schon am Vortag informiert, aber selbst die *Süddeutsche*, die über den Hungerstreik in Dachau ausführlich berichtet hatte, begnügte sich jetzt mit elf Zeilen und ein wenig Übersetzungshilfe in der Rubrik «Leute von heute»: Der Bundespräsident wolle «darauf hinwirken, dass Vorurteile gegen Sinti (Zigeuner) abgebaut werden». Die FAZ berichtete überhaupt erst vier Monate später (und selbst dann nur indirekt via «Stimmen der anderen»): nämlich als auch Kanzler Schmidt die Delegation empfangen und – aus deren Sicht der entscheidende Fort-

Als erster Bundespräsident empfängt Karl Carstens am 3. November 1981 eine von Romani Rose geleitete Delegation deutscher Sinti.

schritt – konstatiert hatte, die Verbrechen an den Sinti und Roma während der NS-Zeit hätten «den Tatbestand des Völkermords erfüllt».[41]

Der Umstand, dass Carstens im November 1981 in einer für seine Verhältnisse geradezu enthusiasmierten Weise zu einer bunt gemischten Gruppe junger Preisträgerinnen und Preisträger über die bürgerrechtlichen Anliegen der Sinti sprach, hatte allerdings eine unrühmliche Vorgeschichte. Sie hing aufs engste mit der gerade zu Ende gegangenen Runde des von Gustav Heinemann begründeten Schülerwettbewerbs «Deutsche Geschichte um den Preis des Bundespräsidenten» zusammen, die Hans Neusel vergeblich zu verhindern versucht hatte. Das Thema nämlich lautete «Alltag im Nationalsozialismus».

Vermutlich wäre es Neusel in seinem Amt als Kuratoriumsvorsitzender des von der Körber-Stiftung finanzierten und betreuten Wettbewerbs gelungen, die für Carstens so unbehagliche Ausschreibung noch abzubiegen, hätte nicht sein Amtsvorgänger Staatssekretär

Frank – unter dem Eindruck der breiten gesellschaftlichen Diskussion um die Serie «Holocaust» – schon im März 1979 die Weichen entsprechend gestellt und der Wissenschaftliche Beirat das Thema nicht für «dringlich, sinnvoll und machbar» erklärt.[42] Doch da auch die eher konservativen Mitglieder des Kuratoriums, wie Neusel zu seinem Leidwesen herausfand, dem Plädoyer für eine moderne, sozial- und alltagsgeschichtlich orientierte Befassung mit der NS-Zeit wenig entgegenzusetzen hatten, nahmen die Dinge schließlich ihren Lauf. Anfang Juni 1980 berichtete Associated Press über den neuen Wettbewerb und die Ausschreibungsunterlagen; diese gäben «Anregungen, wie man dem Fehlverhalten von Eltern und Großeltern in der Nazi-Zeit auf die Spur kommen kann». Zwar druckten nur einzelne Zeitungen den noch missverständlicheren, von rechten Kritikern sofort als Denunziationsaufruf interpretierten letzten Satz der Meldung ab. («Die Jugendlichen können in Erfahrung bringen, ‹wie Nachbarn, Kollegen und Vereinsmitglieder aus politischen oder sogenannten rassischen Gründen isoliert und verfolgt wurden›.») Doch auch so gingen die Wogen der Empörung hoch – und erreichten natürlich alsbald den Bundespräsidenten.[43] Die Zuschrift eines Medizinal-Direktors und Jugendpsychiaters i. R., der angesichts der Themenstellung («unverkennbar nazistisch») zu wissen glaubte, dass «aufbegehrende Jugendliche sich zu den Inquisitoren ihrer Vorfahren aufwerfen», kommentierte Carstens sichtlich erbost in großer Handschrift: «da haben wir den Salat, die Sache läuft schlecht».[44] Als ihn dann sogar noch ein Vetter auf die Ausschreibung ansprach, musste sich Neusel gegenüber diesem erklären – und ging auf geradezu irreführende Weise auf Distanz: Der Wettbewerb sei keine Veranstaltung des Bundespräsidenten, und dieser nehme «weder Einfluss auf die Themenstellung noch auf die Auswahl der Preisträger».[45]

Ohnehin schon heftig in der Defensive, fühlte sich Neusel nach dem offiziellen Start des Preisausschreibens auch noch von der *Frankfurter Allgemeinen* aufs Korn genommen, genauer gesagt von ihrem Feuilletonredakteur Konrad Adam, der regelmäßig Alarm schlug, wenn er Deutschlands Schulen von «Bewusstseins- und Gesellschaftsveränderern» bedroht sah: so auch durch das Lehrerheft zum Schülerwettbewerb, weil dessen Literaturverzeichnis einige Publikationen aus dem DKP-nahen Frankfurter Röderberg-Verlag anführte, der nun aber einen Programmschwerpunkt zum Thema «Widerstand im Dritten Reich» unterhielt. Adams empörter Feuilleton-Aufmacher («Lernen am Feindbild vom Widerstand? Der Schülerwettbewerb Deutsche Geschichte fördert den Tendenzunterricht»)[46] löste eine vielwöchige, zum Teil auf der Leserbriefseite der FAZ ausgetragene Kontroverse aus, in der sich die Mitglieder des Wissenschaftlichen Beirats am Ende von Neusel düpiert fühlen durften: Adams Warnung vor den «Gefahren einer verfälschenden Geschichtsdarstellung» sei zu begrüßen, und die dadurch ausgelöste Diskussion werde, so Neusel, «dem Kuratorium Veranlassung geben, künftig auch den Hilfsmaterialien für Wettbewerbsausschreibungen seine besondere Aufmerksamkeit zuzuwenden».[47]

Die Menge der Mappen, die der Schülerwettbewerb auf Monate hinaus im Präsidialamt füllte, sind ein eindrucksvoller Beleg dafür, wie umkämpft die Praxis einer kritischen Auseinandersetzung mit der NS-Vergangenheit in der bundesdeutschen Gesellschaft auch zu Anfang der achtziger Jahre noch war. Wenn es überwiegend konservative, rechte und rechtsradikale Stimmen waren, die sich dazu in der Villa Hammerschmidt meldeten, dann wohl auch, weil man dort einen Präsidenten vermutete, dem diese Praxis «eigentlich» zuwider sein müsste, wie es etwa der notorische NS-Apologet Kurt Ziesel mit seiner dubiosen Deutschland-Stiftung scheinheilig unterstellte. Oder weil man sich «verraten» fühlte: «Wer im Glashaus sitzt, soll nicht mit Steinen werfen», lautete zum Beispiel die Krakel-Notiz eines enttäuschten CDU-Wählers auf einem Ausschnitt aus der *National-Zeitung,* der den jungen Carstens in Wehrmachtsuniform neben einem sarkastischen Kommentar zeigte: «Dabei hätte gerade Karl Carstens Grund genug, diesem Umerziehungstreiben zumindest die Mitwirkung zu versagen, wenn er schon nicht den Mut zur Gegenrede aufbringt.»[48]

Während von rechts behauptet wurde, der Schülerwettbewerb trage Unfrieden in die Familien, wurde von links Carstens' Glaubwürdigkeit als Schirmherr bezweifelt.[49] Ungefähr so erinnerte der Altbundespräsident die Konstellation später auch selbst, konstatierte «eine typisch deutsche konfuse Diskussion» und ging im übrigen, angesichts des exzeptionellen Erfolgs des Wettbewerbs (aber doch mit eher unbegründetem Stolz), über seine und Neusels schwierige Rolle hinweg.[50]

Tatsächlich hatten fast 13 000 Schülerinnen und Schüler zwischen 11 und 21 Jahren mehr als 2000 Arbeiten über den Alltag im nationalsozialistischen Vorkriegsdeutschland verfasst. Die Rekordbeteiligung und die außergewöhnlich hohe mediale Resonanz – bis hin zum Fall der Schülerin Anja Rosmus, deren Rechercheerfahrungen im heimatlichen Passau später sogar Gegenstand eines Oscar-nominierten Spielfilms wurden («Das schreckliche Mädchen», D 1990) – machten eine Fortführung im Grunde zwingend. Trotzdem versuchte Carstens' Amtschef, der sich bald darauf auch noch in einen leichtfertigen, im Beirat und von zahlreichen Pädagogen mit Entsetzen beobachteten Briefwechsel mit einem am Holocaust zweifelnden Lehrer verwickeln ließ,[51] im Frühjahr 1981 erneut, den bereits ausgearbeiteten Vorschlag für die Kriegsjahre zu kippen: nun mit dem Argument, dass «ein Thema Krieg nicht in die gegenwärtige politische Landschaft passe», in der sich, wie Verteidigungsminister Hans Apel (SPD) zu Recht sage, ein «aggressiver Pazifismus» breitmache; man solle «nicht nur immer negative Themen aufgreifen, sondern den Schülern auch etwas Positives darbieten». Statt die durch die Proteste gegen den Nato-Doppelbeschluss und die rasch wachsende Friedensbewegung gekennzeichnete Situation weiter anzuheizen, plädierte CDU-Mitglied Neusel für ein Thema aus der Nachkriegszeit, gab sich angesichts eindrucksvoller Gegenstimmen aber bald geschlagen. Vor allem die Intervention Klaus von Bismarcks scheint ihre Wirkung nicht verfehlt zu haben; der Präsident des Goethe-Instituts hatte Neusel eigens aufgesucht und als Mitglied des Kuratoriums argumentiert, angesichts der «Euthanasie»-Aktionen, des Judenmords und der «Behandlung der Fremdarbeiter und Kriegsgefangenen» käme eine Beschränkung des Wettbewerbs auf die Vorkriegszeit geradezu einer Verharmlosung des Nationalsozialismus gleich.[52]

Bismarcks Hinweis auf die Zwangsarbeiter sollte sich beim Wettbewerb «Die Kriegsjahre in Deutschland», der 1982/83 dann bereits in die Hochzeit der Geschichtswerkstätten-Bewegung fiel, sehr bewahrheiten: Ein auffallend großer Teil der Schülerarbeiten griff dieses bis dahin historiographisch nahezu unbearbeitete, aber in der Erinnerung der von den Jugendlichen interviewten Großeltern natürlich omnipräsente Thema auf.[53] Davon wie von all dem anderen, was Klaus von Bismarck völlig zu recht antizipiert hatte, schwieg allerdings die Rede, mit der Carstens am 20. September 1983 die Preisträgerinnen und Preisträger in Schloss Bellevue willkommen hieß: Es sei «bestimmt nicht einfach» gewesen, «die Verhältnisse einer Zeit zu ergründen, die nun vierzig und mehr Jahre zurückliegt». Doch wie er von der Jury erfahren habe, sei dies «in einer abgewogenen und der Problematik gerecht werdenden Weise» geschehen, «so dass das Preisausschreiben ein voller Erfolg gewesen ist».

Kaum weniger steril wirkten die wenigen konkreten Sätze, mit denen der Präsident über die Zeit seiner Zeitgenossenschaft sprach: «Ihr habt aufgezeichnet, wie Menschen sich unter der doppelten Belastung einer totalitären, verbrecherischen Diktatur und eines furchtbaren, zerstörerischen Krieges verhalten. Dabei kamen Eigenschaften der Menschen zum Vorschein, die zu ihren hässlichsten gehören: Egoismus, Feigheit, Opportunismus, das Denunziantentum, das damals eine Rolle spielte, Brutalität und, bei einigen, auch Kriminalität. Aber es kamen auch Eigenschaften zum Vorschein, die wir bewundern und achten: Mut, Opferbereitschaft und Hilfsbereitschaft für leidende und bedrängte Mitbürger.» Wichtiger als ein – an dieser Stelle immerhin denkbares – Eingehen auf die Arbeiten einzelner Preisträger war Carstens der mehrfache Hinweis auf die kurze Zeit des «Dritten Reiches» und die Notwendigkeit, diese einzuordnen: «Nichts wäre schädlicher, als wenn die Beschäftigung mit dem Nationalsozialismus zu der Überzeugung führte, dass die ganze deutsche Geschichte auf diese Herrschaft hinausgelaufen und dass sie ihr logisches Ergebnis gewesen sei.» Zwar müsse der Lehrer, wenn die «Zwangsherrschaft» im Unterricht «ansteht», diese «mit all ihren

Schrecknissen schildern», gehöre sie doch «zum Schrecklichsten, was in der Menschheitsgeschichte geschah». «Aber die deutsche Geschichte erschöpft sich nicht in jenen zwölf Jahren.»[54]

Nicht ausgeschlossen, dass der Präsident in der festlichen Begegnung mit den jungen Geschichtsforschern ein wenig erspürte, dass es denen um anderes ging als um ein Verdammnisurteil über seine Generation; aber aus seinem gedanklichen Korsett kam Carstens auch bei dieser Gelegenheit nicht heraus. Ihm blieben daher – anders als den Schülern, Lehrern und vielen Älteren, die sich den Fragen des Geschichtswettbewerbs stellten – wirkliche Lernerfahrungen so gut wie versagt. Carstens' Blick auf die nationalsozialistische Diktatur, an deren Zustandekommen seine Alterskohorte keinen Anteil hatte und in der ihm, ähnlich wie seinem nur wenige Jahre jüngeren Vorgänger Scheel, der Kriegsdienst keine Möglichkeit zur Selbstbestimmung ließ, gründete in seinen Erfahrungen aus den frühen Nachkriegsjahren. Damals, im Wiederaufbau, hatte der Anfangsdreißiger die Pflicht und den Wunsch empfunden, Verantwortung zu übernehmen. Aber als Mitverursacher des Gebirges an Schutt und Schuld, das es abzutragen galt, hatte er sich nicht gefühlt.

Dieses Selbstverständnis, zeitlebens mehr verkörpert als expliziert – und vielleicht gerade deshalb von so vielen Jüngeren, Linken und Grünen als aufreizend empfunden – schimmerte auch durch, als Carstens zu Theodor Heuss' 100. Geburtstag am 31. Januar 1984 sprach. Der erste Bundespräsident, so Carstens in der beachtlichen Rede, einer der letzten seiner Amtszeit, habe «schonungslos über die in der Zeit des Nationalsozialismus von Deutschen begangenen Verbrechen» gesprochen und dafür den Begriff der «Kollektivscham» gefunden. Er habe damit gezeigt, «dass dies der einzige Weg zur Aussöhnung, selbst mit den Überlebenden und den Hinterbliebenen der Opfer, war». Heuss also hatte, so wollte Carstens verstanden werden, die Aufgabe der Älteren nicht nur benannt, sondern auch bewältigt: «Er zögerte nicht einen Augenblick, sich persönlich zu dieser Kollektivscham zu bekennen, zumal er bis an sein Lebensende unter dem Selbstvorwurf gelitten hat, dem Ermächtigungsgesetz von 1933 letztlich doch zugestimmt zu haben.»[55]

Es sollte Carstens' Nachfolger überlassen bleiben zu demonstrieren, dass das, was Heuss vermeintlich bereits erledigt hatte, gesellschaftlich mitnichten schon erledigt war.

Richard von Weizsäcker und der 8. Mai 1985

Eine Überraschung war Richard von Weizsäckers Wahl zum Bundespräsidenten 1984 nicht. Überraschend zäh aber war der Weg zu seiner Nominierung verlaufen, zumal wenn man bedenkt, dass ihn Helmut Kohl und die jungen Modernisierer in der CDU schon eineinhalb Jahrzehnte zuvor für präsidiabel erachtet hatten: 1968, als der 48-jährige Präsident des Deutschen Evangelischen Kirchentags dann aber unionsintern gegen Gerhard Schröder und dieser Anfang März 1969 schließlich gegen Gustav Heinemann unterlag. Auch Weizsäckers zweiten Anlauf hatte Kohl, inzwischen Parteivorsitzender, instigiert: 1974, als jedoch feststand, dass dem Bewerber aus den Reihen der oppositionellen Union nur die Rolle eines Zählkandidaten gegen Walter Scheel zukommen würde. Neun Jahre später dann, als es für die Unionsparteien darum ging, die sichere Nachfolge von Karl Carstens zu regeln, stellte Kohl sich quer: Der Mann, den er für seine politische Erfindung hielt, war ihm längst zu liberal, zu eigensinnig, zu unabhängig geworden. Seine Nominierung musste Weizsäcker, seit 1981 Regierender Bürgermeister von Berlin, gegen den Kanzler erkämpfen.

Als der Nervenkrieg im Spätherbst 1983 schließlich entschieden war, legte der Freiherr allergrößten Wert darauf, Kandidat geworden zu sein, «ohne je eine Kandidatur zu erklären». Diese Formulierung, wohl am lebhaftesten propagiert von Friedbert Pflüger, damals Weizsäckers persönlicher Referent, bald sein Pressesprecher und später sein Porträtist,[56] war nicht nur ein klares Zeichen der Distanzierung von Kohl und dessen Machtanspruch über die CDU; sie war auch Ausdruck jener Aura des Aristokratischen, die Weizsäcker gleichsam von Natur aus – scheinbar – über den «Niederungen» der Parteipolitik schweben ließ und die ihm nicht nur bei den

Deutschen schon bald so viel Sympathie und Anerkennung eintragen sollte.

Mit 832 von 1040 Stimmen hatte Richard von Weizsäcker am 23. Mai 1984 in der Bundesversammlung ein Ergebnis geholt, das an das Votum für Heuss bei dessen Wiederwahl 1954 erinnerte. SPD und FDP hatten, wie angekündigt, keine eigenen Kandidaten aufgestellt, vielmehr kräftig zu der Vierfünftel-Mehrheit beigetragen, und die seit einem Jahr im Bundestag vertretenen Grünen hatten mit der damals trendigen und immer schon wendigen Schriftstellerin Luise Rinser zwar eine Gegenkandidatin nominiert, aber längst durchblicken lassen, dass sie mit Weizsäcker, der sich auf dem schwierigen West-Berliner Pflaster sogar den Respekt der Hausbesetzer-Szene erworben hatte, gut würden leben können. Die Voraussetzungen, unter denen der sechste Bundespräsident am 1. Juli 1984 sein Amt antrat, waren also bestens – abgesehen von den gleichsam programmierten Spannungen zwischen Kanzleramt und Villa Hammerschmidt. Diese sollten umso deutlicher hervortreten, je entschlossener sich der Präsident, wie Gunter Hofmann das genannt hat, der sensibelste unter seinen zahlreichen Biographen, dem «Integrations- und Erklärungsbedarf» einer Republik zuwandte, auf der nach den Jahren des Tendenzwende-Getöns etwas «kulturell Unversöhntes» lastete.[57]

In Weizsäckers Antrittsrede kam der Anspruch, zu versöhnen und zu integrieren, allerdings weniger deutlich zum Ausdruck, als viele wohl erwartet hätten. Über weite Strecken war es eine rhetorisch geschliffene Tour de Force durch die deutschland-, außen- und sicherheitspolitischen Problemlagen des Landes, ergänzt um eine Ode an Berlin, und treffsicher gesetzte innen-, sozial- und kulturpolitische Bemerkungen, die einer salvatorischen Klausel bedurften, um nicht mit einer Regierungserklärung verwechselt zu werden: «Es kommt meinem Amt zu, Fragen zu stellen und die Arbeit für Antworten auf sie zu ermutigen, nicht aber Rezepte anzubieten.»[58]

Was den Zuhörern angesichts der konzentrierten Fülle des Erörterten und der ungewöhnlichen Länge seiner Ansprache vermutlich kaum auffiel, was aber auch in der höchst wohlwollenden Berichterstattung der nächsten Tage unkommentiert blieb – nämlich dass die historischen und zeitgeschichtlichen Bezüge sehr knapp gehalten waren –, das sollte sich zehn Monate später erklären; im Nachhinein meint man jedenfalls zu erkennen, dass sich der neue Präsident in dieser Hinsicht etwas aufsparte. Denn er beließ es bei ein paar Binsen, wonach die Deutschen angesichts ihrer Geschichte «mit ihrem Licht und ihrem Schatten» und aufgrund ihrer geographischen Lage ihre «besonderen Schwierigkeiten» mit dem «Nationalgefühl» hätten. Ohne ihn zu erwähnen, griff er Heinemanns Wort vom «schwierigen Vaterland» auf und hob hervor, was dessen Formulierung nur impliziert hatte: «Aber wir sind nicht die einzigen auf der Welt, die ein schwieriges Vaterland haben.» Deshalb, so Weizsäcker, gebe es keinen Anlass, «uns ein Nationalgefühl zu versagen. Das wäre ungesund für uns selbst, und es wäre nur unheimlich für unsere Nachbarn.»

Das war, in äußerster Verknappung, der bereits erwähnte, seit ein paar Jahren von Berlin aus anschwellende Ton jenes konservativen Kulturbürgertums, das Wolf Jobst Siedler verlegerisch bediente und für das er als Autor inzwischen auch Richard von Weizsäcker gewonnen hatte: «Die deutsche Geschichte geht weiter» lautete der programmatische Titel einer Textsammlung, die zur Buchmesse 1983 erschienen war – termingerecht zu Weizsäckers Nicht-Bewerbung um das Amt des Bundespräsidenten.

An den Anfang des Bandes hatte der Autor, erklärtermaßen sehr bewusst, ein bereits 1964 verfasstes, faktensattes Referat gestellt, das er auf Einladung der Evangelischen Akademie in Ost-Berlin bei einer Tagung zum 20. Jahrestag des 20. Juli gehalten hatte. Neu hinzugekommen war nur ein autobiographischer Abriss, der in komprimiertester Form die Erfahrungen des Soldaten resümierte, der er mit 18 Jahren, ein Jahr vor Kriegsbeginn, geworden war und bis zur Kapitulation bleiben sollte: «Am 20. Juli 1944 befand ich mich als Reserveoffizier im Norden der Ostfront. Von den Attentatsplänen hatte ich nur indirekt Kenntnis. Aber durch persönliche Kontakte und Freunde und durch ihre Gedanken und Taten war ich mit den Ereignissen in einer Weise verbunden, die meinen Lebensweg bestimmt hat. Dies verdanke ich einerseits dem persönlichen Umgang in meinem Potsdamer Infanterie-Regiment, in dass ich 1938 als Rekrut eingetreten war, und dem ich bis zum Kriegsende, zuletzt als Regimentsadjutant, angehört hatte.» Zum anderen, «noch wesentlicheren Teil», so Weizsäcker weiter, gehe seine Beschäftigung mit dem Widerstand auf Ernst von Weizsäcker zurück, seinen Vater. «Er war Diplomat, entschied sich nach langen Beratungen mit Beck, Canaris, Dohnanyi und anderen später hingerichteten Verschwörern, im Dienst zu bleiben und in verantwortlicher Stellung kriegsverhütend auf den Kurs des Dritten Reiches einzuwirken. Niemand wusste am Ende genauer als mein Vater, dass und warum er gescheitert war. Dass er dann aber nach dem Krieg vor ein amerikanisches Militärgericht in Nürnberg wegen angeblicher Vorbereitung von Angriffskriegen und Verfolgung von Juden gestellt wurde, war ein Irrsinn oder, wie Churchill sich vor dem Unterhaus ausdrückte, ‹ein tödlicher Irrtum der amerikanischen Anklagebehörde›.» Auch seine Rolle als Hilfsverteidiger im Prozess gegen seinen Vater erwähnte Weizsäcker in dieser Vorbemerkung, denn in Nürnberg habe er «einen weiteren Teil der Überlebenden aus dem Kreis der Verschwörer» kennengelernt. «Die Zielrichtung des 20. Juli 1944 wurde und blieb prägende Grundlage im Reifeprozess meiner Generation und des Freundeskreises, in dem ich seither gelebt habe.»[59]

Legt man diese Sätze neben die Memoiren, die Weizsäcker drei Jahre nach dem Ende seiner zweiten Amtszeit vorlegte (wiederum bei Siedler), so stechen keine Widersprüche ins Auge. Wohl aber zeigen sich Konkretisierungen seiner mit Blick auf die Vorgeschichte des 20. Juli beanspruchten Zeugenschaft – ganz ähnlich wie etwa bei Marion Gräfin Dönhoff, mit der ihn die Freundschaft zu dem verhinderten Hitler-Attentäter Axel von dem Bussche verband, ebenso wie die Zugehörigkeit zu der in den Adenauer-Jahren entstandenen «protestantischen Mafia» (Ralf Dahrendorf). Zu Weizsäckers nachwachsender Annäherung an den militärischen Widerstand mag die Rezeption der seit den achtziger Jahren weiter fortgeschrittenen Detailforschung beigetragen haben; vielleicht war es aber auch die Freiheit des Älterwerdens, die ihn nun, in der zweiten Hälfte der neunziger Jahre, bewog, sich selbst deutlicher in die Kreise seines mittlerweile verstorbenen «Neuner»-Regimentskameraden Axel von dem Bussche einzuschreiben: «Im Regimentsstab organisierte ich für Bussche die technisch schwierige, getarnte Verständigung mit Stauffenberg und die Reisepapiere nach Berlin.»[60]

Weizsäckers erste Monate in der Villa Hammerschmidt waren einerseits ausgefüllt mit dem üblichen Präsidialbetrieb, an den sich zu gewöhnen einem Ex-«Regierenden» nicht schwerfiel, dem einige enttäuschte Berliner nun ein schon dort hauptsächlich repräsentierendes Auftreten nachriefen. Andererseits etablierte der neue Hausherr rasch ein durchaus preußisches, ihm auf den Leib geschnittenes Arbeitsregiment, das mit der werktäglichen «Morgenlage» begann und dessen Fixpunkte die offiziellen Auftritte des Präsidenten waren.[61] Bei der Verfertigung seiner dafür meist nötigen Reden war Richard von Weizsäcker offenbar von ähnlichem Ehrgeiz (und vergleichbarer Eitelkeit) erfüllt wie Theodor Heuss – mit dem Unterschied allerdings, dass dem Staatsoberhaupt der späten Bonner Republik beträchtliche Unterstützung in Gestalt einer amtsintern sogenannten «Redengruppe» zur Verfügung stand, die auch das Gros der Texte produzierte. Die «vier, fünf wichtigen Reden eines Jahres» aber habe Weizsäcker, so erinnert sich der in diese Arbeit zum Teil eingebundene Friedbert Pflüger, trotz noch so guter Entwürfe, Anregungen und vorangegangener Gespräche mit Externen «letztlich» selbst verfasst. Für seine Rede zum 40. Jahrestag des Kriegsendes am 8. Mai 1985 – schon bald danach auch von einer weiteren Öffentlichkeit oft nur noch als «die Rede» apostrophiert – galt das ganz gewiss.

Wahrscheinlich ist es keine Übertreibung, den Beginn von Weizsäckers Nachdenken über diese Rede allerspätestens auf den 11. April 1949 zu datieren, den Tag der Urteilsverkündung im Nürnberger Wilhelmstraßenprozess. Denn in dem Moment, da das von ihm mit aller Kraft verteidigte Selbstbild seines Vaters und dessen Selbstverständnis als Staatssekretär im Auswärtigen Amt nicht nur nicht akzeptiert, sondern Ernst von Weizsäcker mit einer Haftstrafe von sieben Jahren belegt wurde (seine vorzeitige Entlassung erfolgte im Oktober 1950), da stand für Sohn Richard, den Göttinger Jurastudenten, wohl endgültig fest, dass ein von den Amerikanern gefälltes Urteil – wie überhaupt eine von den «Siegern» veranlasste «Suche nach der geschichtlichen und politischen Wahrheit» – nicht das letzte Wort bleiben dürfe über den Krieg und die Schuld der Deutschen.[62]

Dieser jahrzehntelange innere Anlauf mag die Vermutung stützen, dass Weizsäcker schon bei seiner Antrittsrede am 1. Juli 1984 auf das nächste Frühjahr plante; verbürgt ist jedenfalls, dass ihn das Thema seit Ende September beschäftigte.[63] Mit seiner ersten Weihnachtsansprache als Bundespräsident setzte er gleichsam einen Kalendervermerk: «1985 wird sich zum 40. Mal das Ende des letzten Krieges jähren. Wir können dankbar sein für das, was aus den Ruinen gewachsen ist. Die Bundesrepublik Deutschland hat ein festes und bewährtes Fundament freiheitlicher Demokratie. Wir haben Freunde gewonnen, die wir nicht wieder verlieren wollen. Wir sind ein angesehener Partner in der Welt geworden.» Umso mehr gelte es, der «unübersehbar großen Zahl der Opfer des Krieges zu gedenken, bei den Verfolgten der Gewaltherrschaft, bei den Gegnern von damals und in nahezu jeder deutschen Familie». Angesichts der Spannungen zwischen der Gerontokratie im Kreml (Gorbatschow kam erst im März 1985 an die Macht) und den USA unter Präsident Reagan war es wohl auch eine Geste, wenn Weizsäcker namentlich an das Leid der Polen und Russen erinnerte: «Ihnen ist unermessliches Leid zugefügt worden. Die Erinnerung daran lebt fort. Das können und wollen wir nicht hindern. Eine altjüdische Weisheit sagt: ‹Das Geheimnis der Versöhnung heißt Erinnerung.› Es ist unser ernster Wille, uns mit ihnen auszusöhnen, von Volk zu Volk und von Mensch zu Mensch.»[64]

Weizsäckers weihnachtliche Vorausschau, verknüpft mit einer chassidischen Spruchweisheit, auf die nicht nur er zurückkommen sollte, suggeriert im Rückblick eine Folgerichtigkeit, die es tatsächlich erst herzustellen galt. Denn einstweilen stand noch ziemlich in Frage, wie der 8. Mai 1985 in Bonn begangen werden würde. Klar war eigentlich nur, dass die Interessen des Kanzlers nicht die Interessen des Präsidenten waren – und dass die mittlerweile animose Konkurrenz zwischen den beiden auf dem Weg war, Züge eines rhetorischen Ringkampfs anzunehmen. Denn während Kohl, den Druck der Flick-Parteispendenaffäre, ostpolitisch frustrierter Vertriebenenverbände und anstehender Landtagswahlen im Nacken, auf staatsmännische Bilder hoffte – vielleicht gar nach Art der Szene vom vergangenen September mit Mitterrand in Verdun –, hatte Weizsäcker ein protestantisch-wahrhaftiges Eingedenken «unter uns» im Sinn. Das hieß: Er musste von seiner bereits im Herbst mit Kohl verabredeten Fernsehansprache am 7. Mai wegkommen, die, wie von diesem gewünscht, am nächsten Tag Raum für einen ökumenischen Gottesdienst lassen würde – aber womöglich auch für ein herausgehobenes Treffen des Kanzlers mit Ronald Reagan, der wegen des Weltwirtschaftsgipfels Anfang Mai in der Bundeshauptstadt sein würde.[65]

Wohl nie zuvor in der Geschichte der Bundesrepublik ist das Hin und Her einer Staatsbesuchsplanung einschließlich der einander widersprechenden Ambitionen von Kanzleramt, Präsidialamt und Auswärtigem Amt so direkt unter den Augen der Öffentlichkeit ausgetragen worden wie in dem halben Jahr vor dem Kriegsende-Gedenken.[66] Je näher der Termin rückte, umso schwieriger und komplizierter schienen die Dinge zu werden, zumal vor dem 8. Mai auch noch die Erinnerung an die Tage lag, an denen die nationalsozialistischen Konzentrations- und Vernichtungslager befreit worden waren. Für eine internationale Zeremonie in Auschwitz am 27. Januar waren die Verhältnisse in Polen und die Ost-West-Beziehungen zu angespannt. Aber der Zentralrat der Juden in Deutschland hatte beschlossen, den 40. Jahrestag der Befreiung von Bergen-Belsen zum Anlass einer großen Gedenkfeier an jenem Mahnmal zu nehmen, zu dessen Einweihung Theodor Heuss 1952 gesprochen hatte. Die Hauptrede dort hielt – in Gegenwart des Bundespräsidenten – Helmut Kohl. Sie war in ihrer Entschiedenheit sicher auch von dem Gedanken getragen, nicht erneut eine Kritik auf sich zu ziehen, wie sie nach seinem Besuch in Israel im Januar 1984 wegen des missverständlichen Worts von der «Gnade der späten Geburt» über ihn hereingebrochen war. Doch wichtiger noch: Sie nahm vieles von dem vorweg, was Richard von Weizsäcker 17 Tage später breite Anerkennung eintragen sollte.

Zwischen der Rede des Kanzlers und jener des Präsidenten lag allerdings am 5. Mai, im Anschluss an eine Gedenkzeremonie wiederum in Bergen-Belsen, der zehnminütige Besuch von Kohl und Reagan auf dem Soldatenfriedhof in Bitburg. Die Tatsache, dass der Bundeskanzler an dem als Zeichen für die tiefe deutsch-amerikanische Freundschaft gedachten Programmpunkt des Staatsbesuchs festgehalten hatte – ungeachtet internationaler Proteste wegen der dort entdeckten Gräber von Gefallenen der Waffen-SS –, radierte die Erinnerung an seine Ansprache vom 21. April in derselben Geschwindigkeit aus, in der Weizsäckers Rede kanonisch werden sollte. (Kohls ungemilderter Zorn darüber wurde drei Jahrzehnte später sichtbar, als Auszüge aus den Gesprächen erschienen, die er mit dem Ghostwriter seiner Erinnerungen geführt hatte: «Die eine Rede hat nie stattgefunden, und die andere ist eine Bilderbuchrede fürs deutsche Schulbuch. Das ist aus meiner Sicht ein kardinales Beispiel, wie man fälschen kann.»)[67]

Wie dann am 8. Mai der Bundespräsident, hatte der Bundeskanzler am 21. April 1985 von der Aufgabe gesprochen, das Wissen über die «Zeit des Mordens, ja des Völkermordes» zu vermitteln und das Bewusstsein wachzuhalten für die «systematische Unmenschlichkeit der NS-Diktatur – wir dürfen und wir wollen sie niemals vergessen». Wie nach ihm Weizsäcker im Bundestag konstatierte Kohl in Belsen, dass die Gewalt gegen Juden «offen erkennbar» war, und wie dieser benannte er die Sinti und Roma, die geistig Behinderten, die sogenannten Asozialen und die sowjetischen Kriegsgefangenen als weitere große Opfergruppen. Kohl bekannte sich zur «historischen Haftung» für die deutschen Verbrechen und zur Politik der Wiedergutmachung in dem Wissen: «Leiden und Sterben, Schmerz und Tränen kann man nicht wiedergutmachen.» Ans Ende seiner Ausführungen setzte er, eingebunden in eine Anspielung auf seine skandalisierte Israel-Reise, den Satz, den die Öffentlichkeit schon bald allein mit Weizsäckers Rede verbinden sollte: «In Yad Vashem hat sich mir das Wort eines jüdischen Mystikers aus dem Anfang des 18. Jahrhunderts eingeprägt: ‹Das Vergessen wollen›, so heißt es dort, ‹verlängert das Exil, und das Geheimnis der Erlösung heißt Erinnerung.›»[68]

Vermutlich hatte Weizsäcker den Vortrag des Kanzlers noch im Ohr, als er ein paar Tage später ein weiteres Mal, zweifellos mit dem

Ehrgeiz stilistischer (und der Gewissheit rhetorischer) Überlegenheit, sein ihn seit Wochen beschäftigendes Manuskript durchging. Jedenfalls fiel ihm jetzt der Fehler auf, der sich seit dem Halbzitat in seiner Weihnachtsansprache durch die Entwürfe zog: Wo es bei Kohl korrekt «Erlösung» hieß, hatte bei ihm bislang «Versöhnung» gestanden. Nicht, dass nicht auch Kohl in seiner Rede, sogar mehrfach, von Versöhnung gesprochen hätte, wie fast alle Spitzen der Republik seit Adenauer und Heuss; aber die eigenen Versöhnungserwartungen in eine jüdische Spruchweisheit einzulesen, das war doch ein Lapsus, den sich der penible Perfektionist Weizsäcker gewiss nicht leicht verzeihen konnte.[69]

Ein Jahrzehnt später, bei der Niederschrift seiner insgesamt eher knapp gehaltenen Memoiren, benötigte Weizsäcker für den Abschnitt «Ansprache am 8. Mai 1985» keine fünf Seiten – ein gekonntes Understatement, gipfelnd in zwei lapidaren Sätzen: «So kam eine Rede heraus, die die politischste und zugleich die persönlichste meiner Amtszeit wurde. Es war am Echo aus dem In- und Ausland zu spüren, das mich seither nicht mehr verlassen hat.»[70]

Über die Vorbereitung schreibt Weizsäcker dort, er habe «Gespräche aller Art geführt und viel gearbeitet, am intensivsten zusammen mit Michael Engelhardt, einem Diplomaten unseres auswärtigen Dienstes, den Walter Scheel mir empfohlen hatte und der dank seiner vollkommenen Unabhängigkeit im Denken und der Schärfe seines gewissenhaften Urteils ein unentbehrlicher Partner geworden war». Der 1936 geborene Engelhard, ein Sozialdemokrat, war zu Jahresanfang 1985 noch einmal für zwei Jahre in die Villa Hammerschmidt zurückgekehrt,[71] und tatsächlich enthält Weizsäckers Ansprache einige Formulierungen, die der renommierte Redenschreiber (bei dessen Nachnamen sich Weizsäcker gleichwohl vertat) bereits ein Jahrzehnt zuvor für die Scheel-Rede gefunden hatte. «Aber die deutsche Tragödie beginnt im Jahre 1933, nicht im Jahre 1945», hatte es bei Scheel geheißen; bei Weizsäcker kam der wichtige Gedanke, der im Bundestag großen Beifall fand, erst kurz vor der Reinschrift in den Text: «Wir dürfen den 8. Mai 1945 nicht vom 30. Januar 1933 trennen.» Aus Engelhards Manuskript für Scheel stammte auch

Weizsäckers fortan oft zitierte Feststellung, meist allerdings ohne den begrifflich konventionellen Nachsatz: «Der 8. Mai war ein Tag der Befreiung. Er hat uns alle befreit von dem menschenverachtenden System der nationalsozialistischen Gewaltherrschaft.»[72]

Bei Scheel hatte es, weniger normativ, historisch-politisch im Grunde jedoch schärfer und direkter, geheißen: «Aber wir vergessen nicht, dass diese Befreiung von außen kam, dass wir, die Deutschen, nicht fähig waren, selbst dieses Joch abzuschütteln». Und ebenfalls 1975 hatte Kanzler Schmidt vor seinem Kabinett gesagt: «Der 8. Mai brachte uns die Befreiung von der nationalsozialistischen Herrschaft.» Von einem «Tag der Befreiung» für die Deutschen schließlich hatte gerade erst Helmut Kohl in Belsen gesprochen, allerdings hinzugesetzt, ohne die DDR beim Namen zu nennen: «Nicht allen aber verhieß er, wie es sich rasch erwies, neue Freiheit.»[73]

Im Zusammenhang mit dem 8. Mai von «Befreiung» zu sprechen, bedeutete 1985 also gewiss keinen Tabubruch mehr – auch für den, der wusste, dass dies immer schon der Pflichtbegriff in Ostdeutschland war. Kurt Sontheimer meldete sich in diesem Sinne Anfang Februar aus München mit der Empfehlung, den «Tag der Befreiung vom Hitler-Regime» nun auch «aus der Sicht der Bundesrepublik als ein positives Datum» herauszustellen. Der Politikwissenschaftler gehörte zu dem beträchtlichen Kreis von Ratgebern und Freunden, aber auch politischer Antipoden wie Unionsfraktionschef Alfred Dregger und Antje Vollmer von den Grünen, mit denen Weizsäcker schon seit Monaten korrespondierte oder das persönliche Gespräch suchte, um seine Gedanken zu testen.[74] Doch erst «über die Osterwochen», so erinnert es Friedbert Pflüger, habe sich der Bundespräsident in sein Haus bei Bad Tölz zurückgezogen und «seine erste Redefassung» geschrieben.[75] Der eher kurze zeitliche Vorlauf – Ostermontag war der 8. April – erklärt sich, wenn man berücksichtigt, dass Weizsäcker in Bayern nicht nur neues Material dabei hatte, sondern auch ein altes Manuskript: seine Rede vom 8. Mai 1970,[76] als er namens der Unionsfraktion auf die nach allen Seiten umsichtige, im Kern natürlich ostpolitisch motivierte Erklärung der Bundesregierung antwortete, die Kanzler Brandt zum 25. Jahrestag des Kriegsendes abgegeben hatte.

«Der 8. Mai ist für uns kein Feiertag. Manche möchten ihn schweigend begehen, und wir wollen sie achten», hatte der Parlamentsneuling «Dr. Freiherr von Weizsäcker» damals gesagt, und weiter: «Unsere Erfahrungen mit dem 8. Mai entsprechen einander nicht. Jeder hat ihn auf eigene Weise erlebt. Der eine kehrte heim, der andere wurde heimatlos. Dieser wurde befreit, für jenen begann die Gefangenschaft. Verbittert standen manche vor zerrissenen Illusionen, dankbar andere vor dem geschenkten neuen Anfang. Vielen von uns hat der 8. Mai wie kein zweites Datum das Bewusstsein geprägt. Andere haben überhaupt kein Interesse an diesem Tag.»[77]

Den brüsken Anfang von 1970 wiederholte Weizsäcker am 8. Mai 1985 nicht. Stattdessen begründete er zunächst, weshalb er für diesen Mittwochvormittag so sehr auf eine schlichte Gedenkstunde «unter uns» gedrungen hatte. Und er bediente sich dazu, wie kaum anders zu erwarten, der ihm so vertrauten Sprache protestantischer Innerlichkeit: «Viele Völker gedenken heute des Tages, an dem der Zweite Weltkrieg in Europa zu Ende ging. Seinem Schicksal gemäß hat jedes Volk dabei seine eigenen Gefühle. Sieg oder Niederlage, Befreiung von Unrecht und Fremdherrschaft oder Übergang zu neuer Abhängigkeit, Teilung, neue Bündnisse, gewaltige Machtverschiebungen – der 8. Mai 1945 ist ein Datum von entscheidender historischer Bedeutung in Europa. Wir Deutsche begehen den Tag unter uns, und das ist notwendig. Wir müssen die Maßstäbe dafür allein finden. Schonung unserer Gefühle durch uns oder durch andere hilft nicht weiter. Wir brauchen und wir haben die Kraft, der Wahrheit so gut wir es können ins Auge zu sehen, ohne Beschönigung und ohne Einseitigkeit.»[78]

Erst aus dieser gleichsam theologisch entwickelten Aufgabenbeschreibung heraus wurde Weizsäcker dann historisch konkret – und fand, noch einmal auf Ehrlichkeit und Wahrhaftigkeit insistierend, auch den richtigen Platz für die ihm wichtigen Sätze von vor 15 Jahren (im Folgenden *kursiv* gesetzt): «Der 8. Mai ist für uns vor allem ein Tag der Erinnerung an das, was Menschen erleiden muss-

Wie in den Akten des Präsidialamts firmiert die Ansprache zum 40. Jahrestag des Kriegsendes auf dem Schallplattencover als «Die Rede».

ten. Er ist zugleich ein Tag des Nachdenkens über den Gang unserer Geschichte. Je ehrlicher wir ihn begehen, desto freier sind wir, uns seinen Folgen verantwortlich zu stellen. *Der 8. Mai ist für uns Deutsche kein Tag zum Feiern.* Die Menschen, die ihn bewusst erlebt haben, denken an ganz persönliche und damit ganz unterschiedliche Erfahrungen zurück. *Der eine kehrte heim, der andere wurde heimatlos. Dieser wurde befreit, für jenen begann die Gefangenschaft.* Viele waren einfach nur dankbar dafür, dass Bombennächte und Angst vorüber und sie mit dem Leben davongekommen waren. Andere empfanden Schmerz über die vollständige Niederlage des eigenen Vaterlandes. *Verbittert standen Deutsche vor zerrissenen*

Illusionen, dankbar andere Deutsche für den geschenkten neuen Anfang.»

Ob Weizsäcker bei der «Gefangenschaft» an seinen Vater dachte? Jedenfalls erklären sich viele Formulierungen und erschließt sich im Grunde die ganze Rede genauer, wenn man sie nicht nur als die des einstigen Wehrmachtsoffiziers liest, der an diesem Tag mit keinem Wort über eigene Erfahrungen sprach – etwa darüber, dass seine Einheit 1942/43 an der Blockade von Leningrad beteiligt war oder dass er von Axel von dem Bussche Details über den Judenmord wusste[79] –, sondern wenn man sie auch als die Rede des seinen Vater verehrungsvoll liebenden Sohnes versteht.

Wie stark diese Bindung an den 1951 gestorbenen Ernst von Weizsäcker war und wie konsequent der Kampf um dessen Bild in der Geschichte, das wurde öffentlich umso deutlicher, je älter Richard von Weizsäcker wurde – etwa 2010 in der Auseinandersetzung um das Auswärtige Amt im «Dritten Reich».[80] Während seiner Zeit in der Villa Hammerschmidt hielt er sich nach außen bedeckt. Privat aber erlaubte er sich auch damals deutliche Worte, so gegenüber Rudolf Augstein, der ihn auf dem Höhepunkt des «Historikerstreits» im Herbst 1986 im *Spiegel* für die Aussage kritisierte, er, Weizsäcker, glaube nicht, dass sich sein Vater, zuletzt deutscher Botschafter beim Heiligen Stuhl, «dem Regime zur Verfügung gestellt» habe. Die vier Seiten lange Replik, als persönlich deklariert, aber unter dem Briefkopf des Bundespräsidenten abgeschickt, schließt mit der Erläuterung, «dass mein Vater nach dem 20. Juli 1944 nur deshalb nicht verhaftet wurde, weil zwischen seinem damaligen Aufenthaltsort, dem Vatikan, und Deutschland bereits die alliierte Front verlief. Ich habe immer empfunden, dass ich Ihnen und mir und allen anderen Menschen, unserer Generation und der Jüngeren, nur wünschen kann, niemals in eine Lage zu kommen, in der er war; wenn aber, dann in ihr in derjenigen Tiefe des eigenen Gewissens zu leben und zu handeln, in der ich es bei ihm durch die Jahre hindurch miterlebt habe. Deshalb habe ich meinen Vater aus tiefer innerer Überzeugung verteidigt und werde es auch weiter tun. Nur will ich zu diesem Thema nicht öffentlich sprechen, solange ich mein jetziges Amt habe.»[81]

Die Ambivalenz, mit der Weizsäcker am 8. Mai 1985 – wie in seinen am Ende nur wenigen noch folgenden Reden über die Vergangenheit – einerseits die Autorität des Zeitzeugen in Anspruch nahm, andererseits aber seine persönlichen Erfahrungen weitestgehend beschwieg, unterschied ihn nicht von Carstens oder Scheel, die ebenfalls Uniform getragen hatten, und letztlich auch nicht von den älteren Vorgängern im Amt. Was ihn heraushob und seiner Rede Gültigkeit verlieh, war die Haltung, in der er zu sprechen verstand. Denn wirklich Neues sagte Weizsäcker ja selbst nach eigenem Dafürhalten nicht,[82] und er ging auch nicht über das Mitte der achtziger Jahre gesellschaftlich Diskutierte hinaus. Aber wenn er konstatierte, dass «jeder Deutsche» miterleben konnte, «was jüdische Mitbürger erleiden mussten, von kalter Gleichgültigkeit über versteckte Intoleranz bis zum offenen Hass», wenn er fragte, wer «arglos bleiben» konnte nach den «Bränden der Synagogen», dann tat er dies mit der Macht und Sprachgewalt des Staatsoberhaupts, das im Namen der Deutschen Zeugnis ablegte: «Wer seine Ohren und Augen aufmachte, wer sich informieren wollte, dem konnte nicht entgehen, dass Deportationszüge rollten. Die Phantasie der Menschen mochte für Art und Ausmaß der Vernichtung nicht ausreichen. Aber in Wirklichkeit trat zu den Verbrechen selbst der Versuch allzu vieler, auch in meiner Generation, die wir jung und an der Planung und Ausführung der Ereignisse unbeteiligt waren, nicht zur Kenntnis zu nehmen, was geschah.»

Präziser und zugleich eleganter – auch in der Differenzierung von Schuld und Verantwortlichkeit – konnte man das kaum sagen, ohne genauer von sich selbst zu sprechen: «Es gab viele Formen, das Gewissen ablenken zu lassen, nicht zuständig zu sein, wegzuschauen, zu schweigen. Als dann am Ende des Krieges die ganze unsagbare Wahrheit des Holocaust herauskam, da beriefen sich allzu viele von uns darauf, nichts gewusst oder auch nur geahnt zu haben.»

Das war einerseits deutlich, beließ anderseits aber jedem, der die Rede verfolgte (die ARD übertrug live aus dem Bundestag), die Möglichkeit individueller Selbstexkulpation: Wenn «allzu viele» sich auf Nichtwissen beriefen, beriefen sich manche eben doch zu Recht darauf, zumal in Verbindung mit dem zweifellos gern gehörten, von vielen wohl geradezu erwarteten nächsten Satz: «Schuld oder Unschuld eines ganzen Volkes gibt es nicht. Schuld ist, wie Unschuld, nicht kollektiv, sondern persönlich.» Aber auch darauf folgte sogleich wieder eine Einschränkung, zutreffend und vieldeutig und sehr protestantisch: «Es gibt entdeckte und verborgen gebliebene Schuld von Menschen. Es gibt Schuld, die sich Menschen eingestanden oder abgeleugnet haben. Jeder, der die Zeit mit vollem Bewusstsein erlebt hat, frage sich heute im Stillen selbst nach seiner Verstrickung.»

Auf solchen Sätzen, gesprochen von einem Präsidenten, der sich auf religiöse Metaphern und liturgische Formen verstand, beruhte zweifellos ein Großteil der Wirkung von Weizsäckers Rede. Allein die Entscheidung, von seinem einleitenden Kurzpsychogramm des Kriegsendes nicht sogleich in die historische Darstellung überzugehen, sondern im Duktus säkularisierter Fürbitten zunächst der einzelnen Opfergruppen zu gedenken, veränderte den Rezeptionsrahmen und setzte einen sehr besonderen, erhabenen Ton. Dahinter verschwanden manche Defizite: Sei es, dass sich Weizsäcker des fragwürdigen Begriffs der «Verstrickung» bediente, sei es, dass er an keiner Stelle von der Verantwortung der Eliten sprach oder dass er Hitler gewissermaßen als Einzeltäter auftreten ließ, der das «ganze Volk zum Werkzeug» seines Judenhasses gemacht hatte. Oder dass er, im Grunde nicht anders als einst Heuss oder Lübke, die Deutschen am Ende des Krieges von Hitler «gequält, geknechtet und geschändet» sah.

Selbst professionellen Beobachtern scheint derlei seinerzeit entgangen zu sein, zumal den vielen Gesinnungsfreunden des Präsidenten. Marion Gräfin Dönhoff und Fritz Stern, die die Ansprache vor dem Bildschirm verfolgten, hörten die «unerschrockenen, eloquenten und irgendwie tröstlichen Worte» – und waren sich, so erinnerte sich der Historiker, einig: «Es war die wichtigste Rede, die nach dem Krieg in Deutschland gehalten worden war. Es war die Abrechnung eines echten Konservativen, genau zur rechten Zeit und Gelegenheit.»[83]

Hochgradig ihrer Zeit verhaftet war «die Rede» (wie es bald nicht nur auf dem Rücken eines Leitzordners im Präsidialamt hieß)[84] zweifellos, und entsprechend erweist sie sich, Satz für Satz gelesen, geradezu als ein vergangenheitspolitisches Vexierbild. Historiographische Anachronismen stehen neben in der Öffentlichkeit eben erst deutlicher artikulierten Erkenntnissen – etwa hinsichtlich des Leids der Zwangsarbeiter oder der «getöteten Homosexuellen», deren der Präsident, anders als kurz zuvor noch Helmut Kohl, ausdrücklich gedachte, in einer ansonsten ähnlichen Reihung: der Sinti und Roma, «der umgebrachten Geisteskranken, der Menschen, die um ihrer religiösen oder politischen Überzeugung willen sterben mussten».

Überraschend klar und so noch von keinem Bundespräsidenten eingenommen war auch die Perspektive auf die «Opfer des Widerstandes in allen von uns besetzten Staaten», zumal sie sich, pars pro toto, mit einem empathischen Nachdenken verband über die «Lage von Angehörigen der Opfer des Warschauer Ghettos oder des Massakers von Lidice». Und weiter, in die Nachkriegszeit hinein entwickelt: «Wie schwer musste es aber auch einem Bürger in Rotterdam oder London fallen, den Wiederaufbau unseres Landes zu unterstützen, aus dem die Bomben stammten, die erst kurze Zeit zuvor auf seine Stadt gefallen waren!» Natürlich war es kühl kalkuliert, wenn sich an einen solchen Gedanken sofort die Erörterung des Leids der deutschen Heimatvertriebenen anschloss – und an die Erklärung, dass der «erzwungenen Wanderschaft von Millionen Deutschen nach Westen» wiederum jene von «Millionen Polen» folgte und dieser dann jene von «Millionen Russen».

Fraglos war sich Weizsäcker bewusst, dass ihm die Rechtfertigung der sozialliberalen Ostpolitik, die seiner Rede implizit zugrunde lag, trotz ihrer faktischen Fortsetzung durch Kohl die Kritik von Vertriebenenfunktionären und den Hass der Rechten eintragen würde. Auch den Relativierern und Leugnern des Holocaust lieferte er Stoff für verächtlichen Widerspruch, ohne natürlich zu ahnen, dass sich seine Worte schon bald auch – und angesichts seiner Sympathien für die konservative Seite durchaus ungewollt – wie eine vorweggenommene Positionierung im Kontext des «Historikerstreits» lesen würden:

«Gewiss, es gibt kaum einen Staat, der in seiner Geschichte immer frei blieb von schuldhafter Verstrickung in Krieg und Gewalt. Der Völkermord an den Juden jedoch ist beispiellos in der Geschichte.»

Dass die Vergangenheit nicht zu «bewältigen» sei, hatte Weizsäcker schon 1970 konstatiert. Nun, 15 Jahre später, verband er diesen Gedanken mit dem Gebot der Erinnerung: «Es geht nicht darum, Vergangenheit zu bewältigen. Das kann man gar nicht. Sie lässt sich ja nicht nachträglich ändern oder ungeschehen machen. Wer aber vor der Vergangenheit die Augen verschließt, der wird am Ende blind für die Gegenwart. Wer sich der Unmenschlichkeit nicht erinnern will, der wird wieder anfällig für neue Ansteckungsgefahren.»

Wie ernst Weizsäckers Sorgen in dieser Hinsicht tatsächlich waren – und wie begründet angesichts von NS-Alltagsforschung, Geschichtswerkstätten und Gedenkinitiativen – sei dahingestellt. Im Kontext der eingangs seiner Rede zitierten jüdischen Weisheit über das «Geheimnis» der Erinnerung erfüllte die Warnung jedoch einen praktisch-politischen Zweck: «Würden wir unsererseits vergessen wollen, was geschehen ist, anstatt uns zu erinnern, dann wäre dies nicht nur unmenschlich. Sondern wir würden damit dem Glauben der überlebenden Juden zu nahe treten, und wir würden den Ansatz zur Versöhnung zerstören.» Es ging also doch – ungeachtet der korrigierten Spruchweisheit, in der es nun richtig «Erlösung» hieß – um die Aussicht auf Versöhnung als Lohn für die Bereitschaft zur Erinnerung. Das war der Kern von Weizsäckers Botschaft.

Demgegenüber erscheinen die theologisch unterfütterten Ausführungen über die Bedeutung der Zeitspanne von vierzig Jahren im Alten Testament,[85] im «Menschenleben» und in «Völkerschicksalen», mit denen der Präsident lange schwanger gegangen war und mit denen er seine Rede beschloss, doch eher wie Zierrat. Die daraus abgeleitete Mahnung vor der «Gefahr des Vergessens» nach dem «großen Einschnitt» mochte auf den ersten Blick begründet wirken, und zweifellos sicherte sie ihm das Lob der aufklärerisch Gesonnenen. Sie aber vor allem an die «neue Generation» zu richten, war ziemlich kühn – trotz des Hinweises, dass die «Jungen» nicht verantwortlich seien «für das, was damals geschah».

«Wir Älteren schulden der Jugend nicht die Erfüllung von Träumen, sondern Aufrichtigkeit. Wir müssen den Jüngeren helfen zu verstehen, warum es so lebenswichtig ist, die Erinnerung wachzuhalten.» Dies freilich – und hier nun sprach, die Ausläufer der linken Protestbewegung kritisch im Blick, ganz unverstellt der um seine Wahrheit besorgte Zeitgenosse der NS-Zeit – müsse «ohne Einseitigkeit» geschehen, «ohne moralische Überheblichkeit» und «ohne Flucht in utopische Heilslehren». Aber waren es wirklich die «jungen Menschen», die es zu bitten und zu warnen galt am «Tag der Befreiung» vom Nationalsozialismus? Standen sie in einer besonderen Gefahr des Rückfalls in «Vorurteile, Feindschaften und Hass»? Anders als für die «Jungen», die er in die Pflicht nahm, hielt der letzte Satz des Präsidenten für die «Älteren» eine nachsichtige Einschränkung bereit: «Schauen wir am heutigen 8. Mai, so gut wir es können, der Wahrheit ins Auge.»

Deutschland, Israel und «die Rede»

Die Resonanz auf Weizsäckers Rede war gewaltig. Nach den bedrückenden Debatten um den Staatsbesuch des US-Präsidenten und dem Fiasko von Bitburg wirkte der Vormittag geradezu befreiend, im Parlament wie für Hunderttausende vor den Bildschirmen oder am Radio. Die bundesrepublikanische Presse berichtete anderntags auf ihren Titelseiten, zahlreiche Redaktionen druckten die Rede im Wortlaut und stellten anerkennende Kommentare dazu. Aber auch weltweit, vor allem in den USA und in Israel, wo es zuletzt harsche Kritik am Verhältnis der Deutschen zu ihrer Vergangenheit gegeben hatte, gingen die Medien vielfach ausführlich auf die Ansprache ein. So eindeutig allerdings, wie es der Aufmacher der *Süddeutschen* zusammenfasste – «Weizsäcker: Der 8. Mai war ein Tag der Befreiung» –, war die Botschaft zunächst jedoch nicht überall verstanden worden. Im Unterschied zur *Frankfurter Rundschau*, die ähnlich formulierte, und der *Welt*, die zusätzlich «kein Tag zum Feiern» in die Überschrift nahm, gab sich die *Frankfurter Allgemeine*, die Kohls

Bitburg-Kurs bis zuletzt verteidigt hatte, eher zugeknöpft: «Weizsäcker: Ein Tag der Trauer und der Hoffnung».[86]

Wirkungsmächtiger als der Tagesjournalismus war ohnehin das sich rasch erweisende – und anhaltende – gesellschaftliche Interesse an der Rede. Friedbert Pflügers effiziente Öffentlichkeitsarbeit mochte dazu einiges beitragen, auch wenn es zum Beispiel eine Schallplatte, von der die Produktionsfirma zehntausend Exemplare für weiterführende Schulen zur Verfügung stellte, schon zu Zeiten von Theodor Heuss gegeben hatte, 1952 nach seiner Belsen-Rede.[87] Doch mit guten Kontakten in die Medien und in die Landeszentralen für politische Bildung ließ sich weder erklären, dass die Nachfrage nach dem Text über viele Monate anhielt, noch, dass sich das Präsidialamt veranlasst sah, Übersetzungen in zwanzig Sprachen in Auftrag zu geben.[88] Gunter Hofmann, damals Bonner Bürochef der *Zeit*, brachte die eigentümliche Wirkung der Rede später auf den Punkt: «Uns jungen Journalisten, die sich vielleicht ein paar mehr Verstöße gegen die herrschenden Denkmuster gewünscht hatten, wurde dennoch unmittelbar bewusst, dass nichts davon eine Selbstverständlichkeit war. Das war die Paradoxie: Neu waren die Einsichten nicht, und trotzdem zogen sie einen Schleier weg. Man atmete durch.»[89]

Aus der inzwischen nahezu verdoppelten zeitlichen Distanz zum Kriegsende 1945 lässt sich konstatieren, dass keiner anderen politischen Rede, die seitdem in Deutschland gehalten wurde – auch nicht in den geschichtsträchtigen Jahren 1989/90 – ein ähnliches Maß an Beachtung und internationaler Anerkennung zuteil geworden ist wie jener Weizsäckers am 8. Mai 1985. Und unübersehbar ist auch: Die Ansprache des sechsten Bundespräsidenten gehört in die Reihe jener erinnerungspolitischen Großereignisse, die 1979 mit der Serie «Holocaust» begonnen hatte und jene «Erinnerungskultur» begründen sollte, die das vereinte Deutschland bis in die Gegenwart prägt. Zum Ende von Weizsäckers Amtszeit 1994 war «die Rede» in einer Gesamtauflage von zwei Millionen Exemplaren verbreitet, darunter auch eine Ausgabe bei Siedler, in Leinen gebunden wie einst die Heuss-Texte bei Leins.[90]

Gewiss spielte bei alledem eine Rolle, dass der württembergische Edelmann, zumal nach dem Bitburg-Desaster, vielen Intellektuellen wie das Gegenbild zum Kanzler aus der Pfalz erschien, mochten sachpolitisch auch beide ganz ähnlich zu verorten sein: in der Mitte der Union, jedenfalls nicht an ihrem rechten Rand. Aber die Aura, die sich seitdem um Weizsäcker legte, hatte doch einen inhaltlichen Kern. Ein Mann wie der spätere Friedensnobelpreisträger Elie Wiesel, Chairman des U. S. Holocaust Memorial Council und eben noch einer der schärfsten Kritiker des Gedenkakts in Bitburg, telegraphierte aus Washington: «Your words spoken in parliament May 8 demonstrate the courage to face the past for the sake of the future. Like you, I don't believe in collective guilt. In the Jewish tradition the sins of the fathers are not visited upon their sons. And yet we must remember in truth. In doing so we will attain genuine reconciliation between people, cultures, and religions.»[91]

Von schier zahllosen weiteren Reaktionen durfte sich Weizsäcker bestätigt, auch geschmeichelt fühlen. Johannes Mario Simmel, Bestsellerautor mit scharfem Sinn für die Abgründe der deutschen Vergangenheit, schrieb aus der Schweiz, «vor Glück geweint» zu haben: «Es war die großartigste, integerste, wichtigste und in ihrer kristallklaren Wahrheit erschütterndste Rede, die seit Kriegsende über die Lippen eines deutschen Politikers gekommen ist.»[92] Ganz ähnlich bedankte sich, «auch im Namen meiner toten jüdischen Mutter», Ralph Giordano: «Ich habe Ihren Worten in einer Art innerer Verzauberung gelauscht». Der Hamburger Publizist, der zwei Jahre später ein ebenso kritisches wie aufsehenerregendes Buch vorlegen sollte («Die zweite Schuld oder von der Last, Deutscher zu sein»), lobte Weizsäckers Fähigkeit, «schwierige, schmerzende und deutscherseits so gern verdrängte» Geschichte «in völliger Klarheit» zu formulieren. «Ich habe dergleichen noch nie aus dem Munde eines deutschen Politikers gehört. Nur die unempfänglichste Unbelehrbarkeit konnte sich nicht angerührt fühlen. Mir aber ist das Herz aufgegangen in jener Stunde, und ich habe mich selbst noch einmal beglückwünscht zu dem Entschluss, trotz allem, was mir hier widerfahren ist zwischen 1933 und 1945, aber auch so manches danach, in Deutschland zu bleiben. Ich habe meinen Wagen abseits an eine ruhige Stelle gelenkt und Ihnen atemlos gelauscht, von Minute zu Minute mehr – ich kann es nicht anders bezeichnen – überwältigt von einem bisher unbekannten Gefühl der Dankbarkeit.»

Weizsäcker bekam nur einen Bruchteil der etwa 60 000 Zuschriften zu Gesicht, die in den nächsten Wochen und Monaten in der Villa Hammerschmidt eintrafen,[93] und auch auf diese Auswahl konnte und mochte er längst nicht immer selbst reagieren. Die Antwort an Giordano aber diktierte er persönlich: «Als ich meine Ansprache zum 8. Mai niederschrieb, dachte ich nicht an bestimmte Wirkungen. Mir lag daran auszusprechen, was mein eigenes Leben und meinen Erfahrungshorizont maßgeblich geprägt hatte. Manches Zeichen der Aufnahme dessen, was ich zu sagen hatte, bewegt und ermutigt mich mehr, als ich es gut in Worte fassen könnte. Dazu zählt vor allem Ihr Brief.»[94]

Tatsächlich war der Präsident nach «der Rede» ein anderer. Die Härte der Kritik, die ihm nun von rechts und rechtsaußen begegnete – sei es, weil er, zweifellos unbedacht, im Zusammenhang mit der Vertreibung der Deutschen von erzwungener «Wanderschaft» gesprochen hatte; sei es, weil in seiner Aufzählung die Homosexuellen «getötet», die Sinti und Roma hingegen «ermordet» worden waren; sei es, dass man in ihm den neuen «Sühneprinz» sah –, nahm er sehr genau wahr.[95] Aber nach allem, was sich aus seiner Korrespondenz ersehen lässt, tangierten ihn die Invektiven der böswilligen unter seinen Zuhörern und (oftmals akribischen) Lesern nicht. Dazu waren die entgegenstehenden Zeichen der Zustimmung und Anerkennung, ja der Verehrung, einfach zu stark.

Das hieß allerdings nicht, dass Weizsäcker sein politisches Umfeld nicht weiterhin genauestens im Blick behielt. Wo es ihm geboten erschien, intervenierte er auch in eigener Sache. So bekam, fünf Tage nach der Gedenkveranstaltung, der CSU-Abgeordnete Lorenz Niegel, der sein Fehlen im Bundestag öffentlich mit den Hinweis begründet hatte, der 8. Mai 1945 sei «im Erleben unseres Volkes einer der traurigsten Tage, ein Tag der tiefsten Demütigung», ein Exemplar der Rede zugeschickt. «Da wir uns schon recht lange und gut kennen», unterstellte Weizsäcker, Niegel werde nach der Lektüre «wohl nicht mit allem einverstanden sein, aber doch verstehen, was ich meine».[96] Mit gleicher Post schrieb der Bundespräsident, «ganz privat und intern», auch an den Grünen-Abgeordneten Otto Schily, dessen Fraktion, einen «Heldengedenktag» befürchtend, der Gedenkstunde ferngeblieben und zu Teilen nach Auschwitz gereist war. Schily hingegen war gekommen, dann aber sofort unter Protest wieder gegangen, als er in den vorderen Reihen, direkt hinter Willy Brandt, den ehemaligen baden-württembergischen Ministerpräsidenten Hans Filbinger entdeckte; auch zwei Sozialdemokraten verließen wegen des Ex-Marinerichters den Parlamentssaal. Gerade weil er, so Weizsäcker nun an Schily, «stets mit großer Aufmerksamkeit der Begründung Ihrer Handlungsweise und Ihren Urteilen zugehört» habe, wolle er ihm sagen, «dass es mir etwas bedeutet hätte», wenn er dabei gewesen wäre: «Mein Bemühen galt vor allem anderen dem Versuch, die Vergangenheit und ihre Folgen für die Gegenwart so wahrhaftig wie möglich und in einem Sinn zu schildern, der niemanden ausschließen sollte, auf den es ankommt. Daraus kann eine Kraft wachsen, die wir brauchen.»[97]

Was seinerzeit unkommentiert blieb, Weizsäcker aber gewiss nicht entgangen war: Bei seiner Rede hatte auch Helmut Schmidt gefehlt, der nach dem Empfang des Bundespräsidenten für Ronald Reagan nicht in Bonn geblieben war, obwohl er erst für den Abend des 8. Mai einen eigenen Vortrag zum Kriegsende vor dem SPD-Kreisverband Hamburg-Bergedorf zugesagt hatte. Die Absenz war vermutlich kein Zufall: Schmidt ahnte wohl, dass ihm die Perspektive des ein Jahr jüngeren Wehrmachtskameraden Weizsäcker nicht behagen würde. Tatsächlich stieß sich der Altkanzler dann, wie er den Präsidenten umgehend wissen ließ, vor allem an dessen Wort von den rollenden Deportationszügen, die jeder, der wollte, habe hören und sehen können. Er, Schmidt, habe nichts gesehen.[98]

Mit dem mürrischen Widerspruch, wäre er denn öffentlich geworden, hätte Weizsäcker damals leben können, denn der Zeitgeist blies in seine Richtung, und Schmidt war noch längst nicht die über alle Kritik erhabene Ikone (wie später in der Debatte um den «Vernichtungskrieg» der Wehrmacht, als die beiden, zusammen mit Marion Gräfin Dönhoff, gegen die Ausstellung standen).[99] Ganz anders wäre es aber wohl gekommen, hätte Weizsäcker an seinem seit langem gehegten Plan festgehalten, am 8. Mai die Begnadigung von Rudolf Heß zu fordern. Den Bundespräsidenten davor in ziemlich letzter Minute bewahrt zu haben, nimmt Friedbert Pflüger für sich in Anspruch: Am späten Abend des 6. Mai, nachdem er Elie Wiesel in der «Tagesschau» über die Bitburg-Affäre habe wettern hören, rief er Weizsäcker an mit der Bitte, «die Heß-Sätze noch einmal zu überprüfen». Er habe Sorge, «zumal im Ausland» könnte man die Passage «als weiteren Beweis für eine vermeintliche Ignoranz der Deutschen kritisieren». Außerdem könnte die Forderung von den anderen wichtigen Aussagen der Rede ablenken. Doch erst am nächsten Vormittag, schon im Aufbruch zu einem Auswärtstermin, so berichtet Pflüger, stimmte Weizsäcker zu, die «Redengruppe» und Staatssekretär Blech noch einmal mit dem Thema zu befassen; nach seiner Rückkehr am späten Nachmittag des 7. Mai folgte er dann dem eindeutigen Votum seiner Mitarbeiter, die Sätze zu streichen.[100]

Weizsäcker hat die von seinem vormaligen Pressesprecher 1990 öffentlich gemachte und zwei Jahrzehnte später wiederholte Episode nie dementiert. Zugleich findet sich in seinen Erinnerungen kein Wort darüber, dass er den Plan – «vielleicht auch vor dem Hintergrund der Biographie des Vaters», wie Pflüger vermutete[101] – ein gutes halbes Jahr später doch noch verwirklichte: in seiner Fernsehansprache zum Weihnachtsfest. Erneut gegen Pflügers Rat, der sich um das Image des Präsidenten nach einem «großartig» gelaufenen Jahr sorgte («Warum soll man davon etwas aufs Spiel setzen?»), verband Weizsäcker seinen Aufruf zur Sicherung des Friedens und zur Achtung der Menschenrechte mit einem Plädoyer zugunsten von Heß: Auf einem Weihnachtsmarkt habe er vor ein paar Tagen mit Berliner Mitbürgern über den Häftling in Spandau gesprochen. «Als Hitlers Stellvertreter wurde er zu lebenslanger Haft verurteilt. Das entspricht unserem Rechtsempfinden. Doch nun verbüßt er seine Strafe seit 44 Jahren. Er ist ein 92jähriger Greis. Er hat keine irdischen Hoffnungen mehr. Welchem Gefühl, welchem menschlichen

Wert soll so ein Strafvollzug noch dienen? In der Hitlerzeit gab es keine Gnade. Und heute? Barmherzigkeit würde das Urteil über begangene Untaten nicht aufheben, sondern nur noch bekräftigen. ‹Gnade ist die Stütze der Gerechtigkeit›, so sagt es ein tiefes und großherziges russisches Sprichwort. Sie sollte ihm zuteil werden im Friedensjahr 1986.»[102]

Die Resonanz fiel nicht so negativ aus, wie Pflüger befürchtet hatte, aber die kritischen Stimmen waren unüberhörbar. Aus Polen hieß es, Weizsäcker habe mit der guten Tradition gebrochen, in Weihnachtsansprachen kontroverse Themen zu meiden; der Auschwitz-Überlebende Heinz Galinski, Vorsitzender der Jüdischen Gemeinde Berlin, stieß sich daran, dass der Bundespräsident die Freilassung von Heß im Zusammenhang mit jener von Nelson Mandela und Andrej Sacharow gefordert hatte, und die SPD-nahe *Frankfurter Rundschau*, ansonsten voller Bewunderung für den «stellenweise sogar pastoral» sprechenden Präsidenten, gab zu bedenken, dass die Hilfsgemeinschaft Freiheit für Rudolf Heß e. V. «mit Nazi-Argumenten Geschichtsklitterung betreibt und das Ende des ‹Unrechts› verlangt».[103]

Tatsächlich kam von rechts nicht etwa Lob für Weizsäckers öffentliche Fürsprache, sondern faktisch die härteste Kritik, weil er Heß' Verurteilung als dem deutschen «Rechtsempfinden» entsprechend bezeichnet hatte. Seit den Zeiten von Heinrich Lübke hatten die organisierten Fürsprecher des Inhaftierten immer wieder Druck auf die Bundespräsidenten auszuüben versucht, und diese hatten sich, von Heinemann über Scheel bis Carstens, hinter den Kulissen auch immer wieder für eine humanitäre Geste eingesetzt. Nach Weizsäckers Weihnachtsansprache schwollen die Aktenordner aber noch einmal deutlich an, und in etlichen Fällen ließ es sich der Präsident nicht nehmen, persönlich zu antworten.[104] Dass es sich dabei meist um Standardformulierungen handelte (im Hausjargon «Schablone Heß»), konnten die Empfänger, die meist auch ein Exemplar der Rede zum 8. Mai erhielten, nicht wissen. Mitunter allerdings – so etwa, wenn der Einsender die Legitimität von «Nürnberg» bestritt – fühlte sich Weizsäcker zu Ergänzungen animiert. Da hieß es dann zum Beispiel, nicht sonderlich stringent, aber unter dem Briefkopf des Bundespräsidenten und erkennbar in der Sprache, die an dessen Vater denken ließ: «Das Verfahren gegen Rudolf Heß vor dem Militärtribunal in Nürnberg war angreifbar, sowohl nach deutscher Strafrechtstradition als auch nach dem Völkerrecht. Aber die Kritik an der alliierten Rechtsprechung nach dem Kriege entbindet uns nicht von der Pflicht zu einem Urteil nach eigenen Maßstäben.»[105]

Der Rest der Replik rückte die Figur des «Führer»-Stellvertreters in Wendungen zurecht, wie sie auch die zuständigen Referenten benutzten (darunter waren zwei mit dem Thema bereits seit Heinemann befasst): «Heß hat in blindem Fanatismus maßgeblich dem schrankenlosen und unbedingten Führerkult den Weg geebnet und ihn vielen anderen gegenüber durchgesetzt. Er hatte damit wesentlichen Anteil an der Errichtung einer auf Unrecht und Willkür begründeten Diktatur. Er war einer der engsten Vertrauten Hitlers und unterstützte dessen Ziele und Methoden vorbehaltlos. Es fällt schwer, dies alles strafrechtlichen Normen zu unterwerfen. Heß aus dem Spandauer Gefängnis zu entlassen kann und darf aber nicht bedeuten, ihn aus seiner geschichtlichen Verantwortlichkeit zu entlassen.»

Sehr viel seltener als die Heß-Apologeten, aber auch noch seltener als die harten Antifaschisten, äußerten sich jene, die Weizsäckers Gnadenbitte aus Sorge um die liberale Demokratie anzweifelten. So gab Wilhelm Stöck, der sich dem Bundespräsidenten als pensionierter langjähriger Sprecher der «Tagesschau» in Erinnerung brachte, zu bedenken, Heß könnte im Falle seiner Freilassung «zur Symbolfigur und sein Aufenthaltsort zum Wallfahrtsort» eines «neuen Rechtsnationalismus» werden. Weizsäckers Antwort war freundlich, bestimmt – und charakteristisch: «Gnade hebt das Recht nicht auf, sondern bestätigt es. Gnade ist ein Gebot der Humanität, das gegenüber jedem Menschen gilt. Wir dürfen sie nicht allein aus Furcht vor den Folgen verweigern. Überlegungen politischer Zweckmäßigkeit dürfen nicht mehr Gewicht bekommen als die Gebote der Menschenwürde.»[106] Bis zu Heß' Suizid in Spandau im August 1987 – sechs Wochen, nachdem Weizsäcker gegenüber Gorbatschow bei seinem Besuch in der Sowjetunion noch einmal für eine Begnadigung eingetreten war[107] – gingen diese Korrespondenzen weiter, mochte das Präsidialamt auch noch so oft betonen, dass das Gnadenrecht in diesem Falle, ebenso wie bei den verbliebenen «Zwei von Breda», nicht beim Bundespräsidenten lag. Der allerdings hatte, zum Unwillen mancher Unionsleute, inzwischen begonnen, über die Begnadigung der ehemaligen RAF-Terroristin Angelika Speitel und dann auch von Verena Becker nachzudenken; beide kamen 1989 frei.[108]

Die große Bewegungsfreiheit in vergangenheitspolitischen Fragen, die sich Richard von Weizsäcker mit seiner Rede am 8. Mai 1985 verschafft hatte, erfuhr noch im selben Jahr eine gewichtige außenpolitische Bestätigung und Erweiterung: Nach einer Reihe von Staatsbesuchen in den Spuren seiner Vorgänger, beginnend im November 1984 in Frankreich, hatte er, knapp zwei Jahrzehnte nach Aufnahme diplomatischer Beziehungen, als erstes Staatsoberhaupt der Bundesrepublik eine Einladung nach Israel erhalten und für Oktober 1985 angenommen. Natürlich war klar, dass die Erinnerung an die verunglückte Kanzlerreise vom Vorjahr über der medialen Begleitung dieses Besuchs schweben würde, zumal der Präsident in Interviews durch eine auffallend vage Zeitangabe («im letzten Jahr») den richtigen, ihm aber offensichtlich auch wichtigen Schluss nahelegte, dass die Einladung an ihn zwar vor «der Rede», aber nach dem Kohl-Besuch ergangen war.[109]

Gewiss hätte Weizsäcker der Vorbereitung gerade dieser Staatsvisite höchste Aufmerksamkeit auch ohne die auf beiden Seiten noch ziemlich präsente Vorgeschichte der «Gnade der späten Geburt» gewidmet. Die kräftigen Spuren seines Grünstifts in den diversen, von der «Redengruppe» zum Teil nach Vorlagen aus dem Auswärtigen Amt entworfenen Ansprachen sind jedenfalls nicht bloß Indizien seines üblichen Präzisionsbedürfnisses; sie unterstreichen das subtile Problembewusstsein, das sich dieser Bundespräsident im Umgang mit der NS-Vergangenheit erarbeitet hatte – und die Virtuosität, mit der er dieses zum Ausdruck zu bringen verstand. Selbstverständlich sollte er sich auch in Israel bereits bewährter Sentenzen bedienen, und selbstverständlich klangen etliche Male Wendungen aus «der Rede» an. Aber zugleich trieb Weizsäcker die Argumentation aus Anlass dieser Reise weiter voran – gedanklich mitunter schneller, als ihm seine eigenen Leute, Genschers Außenministerium und manche Pressevertreter zu folgen vermochten.

Beispielhaft dafür war die Genese der ersten Sätze, die der Bundespräsident auf israelischem Boden zu sagen gedachte. Die kurze, von manchen Beteiligten anfangs offensichtlich zu leicht genommene Replik auf Staatspräsident Chaim Herzog, der ihn am Flughafen begrüßte, musste mehrfach überarbeitet werden. Am Ende fehlten zehn Worte, die zwar den rhetorischen Routinen der Bonner Politik und dem Wunschdenken vieler Bundesbürger entsprochen hätten, nicht aber der Wirklichkeit des deutsch-jüdischen beziehungsweise des deutsch-israelischen Verhältnisses: «Wir sind dankbar für die Bereitschaft Ihres Volkes zur Versöhnung.»

Die Streichung war umso bemerkenswerter, als Weizsäcker noch am 8. Mai wiederholt den Begriff der Versöhnung bemüht und diese – über die Köpfe der jüdischen Überlebenden hinweg – seinen nichtjüdischen Landsleuten gleichsam als Lohn für ihre Bereitschaft zur Erinnerung in Aussicht gestellt hatte. Davon nahm er nun bewusst Abstand. Anders als im Entwurf aus dem Auswärtigen Amt endete die auf den Holocaust bezogene Passage nun ohne übergriffige Versöhnungserwartung: «Das jüdische Volk war unvorstellbaren Leiden und Verfolgung ausgesetzt. Die Vergangenheit kann nicht getilgt werden. Wir Deutsche werden der Erinnerung gewiss nicht aus dem Wege gehen.»[110]

Wie recht Weizsäcker daran tat, die Israelreise nicht mit dem Vokabular der Versöhnung zu befrachten, zeigten dann die Worte, mit denen Präsident Herzog das feierliche Essen am Abend des 8. Oktober 1985 in Jerusalem eröffnete: Der Besuch des Bundespräsidenten sei «weder ein üblicher Staatsbesuch noch ein Ereignis, dessen historische Implikationen wir zur Zeit zu messen vermögen».[111] Denn obwohl man wisse, dass Gegenwart und Zukunft nicht ausschließlich von der Vergangenheit bestimmt werden, schwebe diese Vergangenheit doch «zwischen unseren Völkern wie eine unsichtbare Mauer». Herzog würdigte die «kleine Gruppe einzigartiger Menschen – die Namen von Goldmann, Adenauer, Ben Gurion und Willy Brandt kommen uns in den Sinn», die die «Saat eines neuen

Verhältnisses» ausgebracht hätten. Ein Großteil seiner Ausführungen galt dann aber der «unvergesslichen Rede» Weizsäckers im Bundestag, «die in der Geschichte verzeichnet werden wird». «In der Zukunft wird niemand das Problem unserer Beziehungen erörtern können, ohne auf diese Ansprache zurückzugreifen.»

Derart herausgehoben, mochte es Weizsäcker, der Israel bereits mehrfach bereist hatte, ein wenig leichter fallen zu akzeptieren, dass ihm an der Hebräischen Universität, wo er anderntags das Martin-Buber-Institut besuchte, nach einer schon im Sommer geführten internen Debatte die Ehrendoktorwürde versagt blieb.[112] Auch dass sein Aufenthalt durch die Entführung der *Achille Lauro* überschattet wurde, eines Kreuzfahrtschiffs, das sich vor der ägyptischen Küste in den Händen eines palästinensischen Kommandos befand, war zu ertragen; mehr wohl wurmte ihn, dass unmittelbar vor seiner Abreise in Bonn deutsche Pläne für den Bau einer Munitionsfabrik in Saudi-Arabien ruchbar geworden waren, worauf anzuspielen Staatspräsident Herzog sich nicht scheute. («Tag für Tag erfahren wir von der Ankunft weiterer Todeswaffen in unserem Gebiete; jedes Mal sind sie tödlicher und mörderischer als die vorherigen.») Schließlich musste sich der Bundespräsident, trotz aller Sympathie, die ihm bei vielen Israelis vorauseilte, darüber im klaren sein, dass manche in ihm den ehemaligen Wehrmachtsoffizier sahen – so wie jene Überlebenden in KZ-Kluft, aber auch die jungen Leute, die anderntags demonstrierten, als sein Konvoi vor der Gedenkstätte Yad Vashem vorfuhr.[113]

Die Aufgabe, der sich Weizsäcker in seiner abendlichen Erwiderung auf Herzog gegenüber sah, war also nicht einfach. Aber die Entscheidung, zentrale Aussagen «der Rede» aufzurufen und zu bekräftigen, fand die Anerkennung seiner Zuhörer. Dies gewiss umso mehr, als er erklärte, die Verbrechen seien «von Deutschen an Juden» begangen worden (und nicht etwa, wie es so oft in den zurückliegenden Jahrzehnten geheißen hatte, in deutschem Namen): «Unsagbares haben Juden erlitten. Sie können und sie werden es niemals vergessen. Für uns Deutsche gilt nichts anderes. Wir haften nicht nur für die Folgen dessen, was geschehen ist. Sondern unsere Geschichte wäre zu Ende, wenn wir versuchen würden, die Jahre des Schreckens

Als erster Bundespräsident besucht Richard von Weizsäcker im Oktober 1985 Israel und in diesem Rahmen auch die Holocaust-Gedenkstätte Yad Vashem.

aus unserem Bewusstsein zu tilgen. Der Holocaust ist ein Ereignis in der Geschichte, das die Identität der Juden und der Deutschen in ihrem Kern beeinflusst hat und immer beeinflussen wird.»

Die Frage, ob der Bundespräsident mit dieser Parallelsetzung von Juden und Deutschen in ihrem Verhältnis zum Holocaust nicht zu weit ging, stellte in den folgenden Tagen augenscheinlich niemand. Auch blieb unerörtert, ob hinter dem «Unsagbaren» nicht die altbekannte Selbstschonung steckte, jene Flucht ins Unkonkrete, die das Sprechen über die Vergangenheit im «Land der Täter» immer schon begleitet hatte und die im «Land der Opfer» kaum anders denn als Weigerung verstanden werden konnte, wirklich genau hinzusehen. War es nicht ein Ausweichen vor der realen Auseinandersetzung mit den Verbrechen, wenn Weizsäcker den Fokus so sehr auf die Erinnerung und auf deren Bedeutung für die Zukunft legte?

Soweit erkennbar, wurden solche Fragen weder während noch nach der Reise gestellt, die nach vier vollgepackten Tagen mit der ein wenig kompensatorischen Verleihung eines Ehrendoktors am naturwissenschaftlichen Weizmann-Institut in Rechovot zu Ende ging. Das Wohlwollen, mit dem man Weizsäcker fast allenthalben begegnet war, hatte vermutlich auch damit zu tun, dass er in der Art, wie er über die Vergangenheit sprach, sich ziemlich im Einklang befand mit den Veränderungen in der Generationenkonstellation, die vier Jahrzehnte nach Kriegsende in Israel wie in Deutschland in Gang gekommen war: Es hatte zu tun mit dem beginnenden Übergang von der Erfahrung des Holocaust zu dessen Erinnerung, mit seiner Verschiebung im sozialen Gedächtnis, für die im Deutschen schließlich der Begriff der «Erinnerungskultur» stehen sollte.

Das war im Grunde auch der Kontext, in dem Friedbert Pflüger eine spontane Einladung gegenüber einer jungen israelischen Lehrerin aussprach, die in einer nicht sonderlich geglückten Gesprächsrunde bekundet hatte, als Tochter eines Holocaust-Überlebenden niemals nach Deutschland reisen zu wollen; tatsächlich flog sie in der Maschine des Bundespräsidenten mit, verbrachte ein paar Tage in der Villa Hammerschmidt, erkundete das Land und veröffentlichte einige Wochen später einen differenzierten Erfahrungsbericht.[114]

Von perspektivischer Bedeutung für das deutsch-israelische Verhältnis waren aber noch zwei weitere Punkte aus Weizsäcker Ansprache im Haus des Staatspräsidenten: Zum einen – eine halbe Dekade vor dem unverhofften Beginn der jüdischen Zuwanderung aus der zerfallenden Sowjetunion – seine geradezu stolze Rechtfertigung jüdischen Lebens in der Bundesrepublik, das «viele Juden in der Welt und auch hier in Israel» nicht verstünden; «30 000 deutsche Bürger jüdischen Glaubens» sei eine kleine Zahl, «aber ihre Stimme hat Gewicht, und sie ist deutlich vernehmbar. Sie mahnt uns und sie schärft unser Gewissen.» Zum anderen eine Art Vorlauf zu der seit der Rede von Kanzlerin Merkel 2008 vor der Knesset kanonisch gewordenen Formulierung über die Sicherheit Israels als «Teil der Staatsräson» der Bundesrepublik. Fast ein Vierteljahrhundert zuvor hieß es bei Weizsäcker: «Anteil nehmen wir Deutsche an Israel vor allem, weil uns das Schicksal Ihres Staates und Volkes zutiefst betrifft. Das Existenzrecht Israels hat für uns eine besondere Bedeutung.»[115]

Zu der kleinen Gruppe von «Sondergästen» in der präsidialen Entourage hatte neben dem Zentralratsvorsitzenden der Juden in Deutschland, Werner Nachmann, auch der Jurist Hellmut Becker gehört, als dessen Assistent Weizsäcker in Nürnberg an der Verteidigung seines Vaters mitgewirkt hatte und der seit den fünfziger Jahren zum wahrscheinlich einflussreichsten Strippenzieher in der Kultur- und Wissenschaftspolitik der Republik aufgestiegen war. Als mittlerweile emeritierter Direktor des Max-Planck-Instituts für Bildungsforschung, das sich der Universal-Autodidakt 1963 in Berlin auf den Leib hatte schneidern lassen, war Becker, dessen NSDAP-Mitgliedschaft erst nach seinem Tod bekannt wurde, auch in Israel gut vernetzt und hatte den Bundespräsidenten im Vorfeld der Reise beraten. Ein paar Tage nach seiner Rückkehr zog er gegenüber dem sieben Jahre Jüngeren Bilanz, wie stets mit scheinbar ganz sicherem Urteil über alles und jeden. So auch über das lange Interview, das Weizsäcker dem vor allem auf einen Dissens mit Kohl erpichten *Spiegel* noch in Jerusalem gegeben hatte. «Ich habe in Israel nicht von Versöhnung gesprochen, mit keinem Wort», hatte Weizsäcker die Runde um Rudolf Augstein angeblafft, als diese wieder und wieder mit Fragen nach «Normalität» und «Versöhnung» kam.[116] Becker, oft instrumentell und gerne zynisch argumentierend, quittierte das mit Genugtuung: «Ich glaube, dass Du in der Judenfrage einschließlich des Spiegel-Interviews jetzt eine Sprache gefunden hast, die hält, soweit so etwas überhaupt halten kann. Die Rede am Abend im Hause des Präsidenten und das Spiegel-Interview und die Rede vom 8. Mai bilden ein Dreieck der Gesichtspunkte, das mir langfristig haltbar erscheint. Das ist etwas, was wir bisher als Deutsche nicht aufzuweisen hatten.»

Mit dem Stolz des erfolgreichen Regisseurs, als der er sich sah, scheute Becker gegenüber dem dankbaren Weizsäcker auch vor Taktlosigkeiten nicht zurück: «Inzwischen hat Dich die Bevölkerung als den Interpreten zwischen den Intellektuellen und der Politik akzeptiert, ja sie hält Dich großenteils selbst für einen Intellektuellen.» Durch die «Kombination leiser Töne» gelinge es dem Präsidenten, so sein notorisch freudianisch formulierender Freund, «auch das Ungeschützte verständlich zu machen. Das war auch so in Israel. Die Menschen mögen Dich als Person und verzichten deswegen auf die ihnen ursprünglich naheliegenden Angriffe.» Zusammenfassend könne er nur sagen, «dass mich Deine Ausstrahlung auch für Israel sehr gefreut hat, und dass ich finde, dass Du in Israel mit diesem Besuch genau das erreicht hast, was ich erhofft hatte. Man kann nur wünschen, dass unsere offizielle Politik nicht zuviel Gegenargumente gegen Dich liefern wird.»[117]

Als Chaim Herzog eineinhalb Jahre später, im April 1987, zum Gegenbesuch in die Bundesrepublik kam, bedurfte Weizsäcker solcher Ratschläge nicht mehr; er fuhr mit dem israelischen Staatsoberhaupt nach Bergen-Belsen und wich, wie Friedbert Pflüger bemerkte, während des fünftägiges Staatsbesuchs nicht von dessen Seite. Dass just in diesen Tagen aus der CSU neue Vorstöße für Waffenverkäufe an Saudi-Arabien kamen, wirkte nicht nur auf den Präsidenten wie ein Wiederholungszwang.[118]

Die Lehren aus der Vergangenheit und das Ende der DDR

Es wäre verfehlt, Weizsäckers Worte zum 40. Jahrestag des Kriegsendes als ein Ereignis sui generis verstehen zu wollen, sprich: gänzlich unabhängig von jenem erinnerungspolitischen Gezeitenwechsel, der Ende der siebziger Jahre eingesetzt hatte, Mitte der achtziger Jahre unübersehbar geworden war und sich noch über die nächste Dekade hinaus erstrecken sollte. Im Rückblick jedenfalls ist deutlich, dass «die Rede» nicht nur einen für viele Menschen gültigen Bezugspunkt bildete, sondern dass sie auch ihren Autor band. Weizsäcker hatte damit eine Position bezogen, die seinen geschichtspolitischen Spielraum definierte – für den Rest seiner ersten wie für seine am 23. Mai 1989, zum 40. Jahrestag der Verkündung des Grundgesetzes, von einer faktischen Allparteienkoalition ermöglichte zweite Amtszeit. Doch angesichts der über die Jahre nur weiter wachsenden Bewunderung, die ihm entgegengebracht wurde, und seiner beachtlichen Begabung, diesen Ruhm als moralische Instanz in Sachen Vergangenheit zu bewirtschaften, ließ sich das meist gut verschmerzen. Mindestens einmal aber juckte es den Präsidenten gewaltig in den Fingern: 1986/87, als die Leitmedien der Republik das durch «die Rede» doch eigentlich hinreichend unterwiesene deutsche Bildungsbürgertum aufs Neue verwirrten, in dem sie den von Jürgen Habermas angestifteten «Historikerstreit» über die «Singularität» des Holocaust und die drohende «Entsorgung» der Vergangenheit monatelang am Kochen hielten. Nur zu gern hätte Weizsäcker seinen liberalkonservativen Freunden damals wohl einen Argumentationsweg aufgezeigt, der, ohne sich durch eine bloß aggressive Abwehr der linken und linksliberalen Befürchtungen ins Unrecht zu setzen, auch für die Juden in Deutschland, in Israel und den USA überzeugend gewesen wäre. Trotz drängender Journalistenfragen schien es ihm einstweilen aber klüger, abzuwarten und durch seine Leute auf «die Rede» zu verweisen: darin sei doch «alles zu dem Thema gesagt».[119]

Die passende Gelegenheit für eine präsidiale Ermahnung, den politischen Streit um die Vergangenheit «nicht ausufern zu lassen, sondern möglichst zu beenden», bot sich erst auf dem Bamberger Historikertag im Oktober 1988. «Ich wandte mich mit Nachdruck gegen eine geschichtliche und ethische Relativierung der Vergangenheit», fasste Weizsäcker, der einst erwogen hatte, als Referent ans Institut für Zeitgeschichte zu gehen,[120] seine Ausführungen später zusammen. Alles in der Geschichte sei «singulär», und letzten Endes gebe die Wissenschaft «keine andere Antwort auf die Singularität von Geschichte, als das moralische Empfinden des normalen Menschen es tut», belehrte er die Fachversammlung. «Was soll uns die Untersuchung bedeuten, ob Auschwitz ein Vergleich mit der grausamen Ausrottung anderer Menschen aushalten könnte? Auschwitz bleibt singulär. Es geschah durch Deutsche. Diese Wahrheit ist unumstößlich, sie wird nirgends vergessen und uns weiter begleiten.»[121]

Zweierlei unterschied die Rede, wie Weizsäcker sie in Bamberg gehalten hatte (mit einem klugen Anfangsteil zum Kongressschwerpunkt der außereuropäischen Geschichte), von ihrer Wiedergabe in seinen Erinnerungen: Zum einen war der Altbundespräsident, vielleicht mit Blick auf den sich immer weiter versteigenden Ernst Nolte, inzwischen wohl nicht mehr ganz so überzeugt von seiner seinerzeit salomonisch gemeinten Formulierung, wonach es keinem der Streitenden, «der es erst meint», um eine «moralische Relativierung» gegangen war. Zum anderen verschärfte er eine knappe Dekade später seine zentrale Feststellung über die Deutschen als Täter. In Bamberg hatte der Satz noch jene altbekannte Formel enthalten, die nun *entfiel*: «Es geschah *im deutschen Namen* durch Deutsche.»[122]

Für einen Mann wie Heinz Galinski, der im Zentralrat der Juden im Frühjahr 1988 an Stelle des unerwartet verstorbenen Werner Nachmann den Vorsitz übernommen hatte, waren solche Nuancen weniger bedeutsam, zumal angesichts ernster Fragen nach der Sicherheit jüdischen Lebens in Deutschland vor dem Hintergrund des wachsenden Rechtsradikalismus, zunehmender antisemitischer Vorfälle und eines mutmaßlich von Palästinensern verübten Attentats auf das Jüdische Gemeindezentrum in Frankfurt. Namens des Zentralrats «und als ehemaliger Auschwitzhäftling» bedankte sich Galinski bei Weizsäcker für dessen «mit dem ganzen Gewicht Ihrer Autorität» vorgetragene «eindeutige Stellungnahme» zum Historikerstreit: «Die Auseinandersetzung um die Einmaligkeit bzw. Vergleichbarkeit der nationalsozialistischen Verbrechen gehört zu den beschämendsten Diskussionen, die wir seit 1945 erleben mussten.»[123]

Anders als mit Nachmann, der engere Kontakte in das Bundeskanzleramt pflegte, stand Weizsäcker mit dessen Nachfolger Galinski, der weiterhin auch das Amt des Gemeindevorsitzenden in Berlin bekleidete, spätestens seit seiner Zeit als Regierender Bürgermeister in bewährtem Austausch.[124] Doch das half wenig, als es um die Planung des Gedenkens zum 50. Jahrestag der Novemberpogrome ging, in die sich der Bundespräsident, angeregt durch Ernst Cramer, den langjährigen Vertrauten Axel Springers, bereits seit Jahresanfang 1987 hatte involvieren lassen. Er frage sich, so Weizsäcker schließlich im Juni an Bundestagspräsident Philipp Jenninger und Werner Nachmann, der mittlerweile um eine Terminreservierung für eine Veranstaltung des Zentralrats am 9. November 1988 gebeten hatte, ob es zu diesem besonderen Jahrestag «nicht richtiger wäre, wenn zuallererst die nicht-jüdischen Deutschen sich dieses Ereignisses annähmen und die jüdischen Mitbürger zum gemeinsamen Erinnern einlüden». Offenbar ahnte Weizsäcker schon, dass seine Anregung, eine Gedenkveranstaltung im Bundestag abzuhalten («muss nicht, könnte aber»), nicht überall auf Beifall stoßen würde: «Ich will niemandem ins Gehege kommen, zuallerletzt dem Zentralrat der Juden selbst.»[125]

Weizsäckers Bemühen um eine angemessene Gestaltung des 50. Jahrestags hatte zweifellos einen intrinsischen Kern; nicht von ungefähr sprach er wiederholt und für seine Verhältnisse geradezu plastisch über die «Fratzen organisierter Brutalität», die er während des Pogroms «als Achtzehnjähriger rund um die Gedächtniskirche in Berlin» gesehen hatte.[126] Aber sein Plädoyer gründete auch in seinem Staatsverständnis – und in seinem Ego. Denn dahinter stand die Frage: Wer spricht?

Die allerdings war, als Weizsäcker sich einschaltete, augenscheinlich bereits zwischen Werner Nachmann und Helmut Kohl geklärt. Und am Ende fügte es sich, dass der Bundeskanzler am 9. November 1988 sogar ein zweifaches Zeichen setzen konnte: Nachdem er – in Gegenwart sowohl des Staatsoberhaupts als auch des Bundestagspräsidenten – die Hauptrede während der Gedenkstunde des Zentralrats in der Frankfurter Westend-Synagoge gehalten hatte, sprach Kohl anschließend zur Eröffnung des ersten wiedererrichteten Jüdischen Museums in der Bundesrepublik. Das war ganz nach dem Geschmack eines Mannes, der jahrelang aus dem Kanzleramt heraus versucht hatte, das Holocaust-Museum in der amerikanischen Hauptstadt wenn schon nicht zu verhindern, so doch um eine Veranschaulichung der Erfolgsgeschichte der Bonner Demokratie zu ergänzen.[127]

Kohls Frankfurter Doppelauftritt war ein vehementer Streit in der dortigen Jüdischen Gemeinde vorangegangen, die politisch aufwühlende Jahre hinter sich hatte: erst wegen des Skandals um Fassbinders Theaterstück «Der Müll, die Stadt und der Tod», dann wegen der geplanten Überbauung jüdischer archäologischer Funde am Börneplatz. Zuletzt hatte die Gemeindeversammlung mit deutlicher Mehrheit die faktische Ausladung eines Kanzlers verlangt, der «in Bitburg sein Haupt vor SS-Gräbern neigte» (Micha Brumlik); namens des Gemeindevorstands ignorierte dessen Vorsitzender Ignatz Bubis die Forderung zwar, riet Kohl jedoch seinerseits, sich seine Rede von Weizsäcker schreiben zu lassen (bei dem er sich alsbald entschuldigte, ihn dadurch in eine «wenig angenehme Lage gebracht» zu haben). Von ein paar Zwischenrufen abgesehen, verlief der Kanzlerbesuch dann aber skandalfrei – sehr im Unterschied zu der in Bonn schließlich doch noch eingefädelten und auf den 10. November geschobenen Gedenkstunde im Bundestag. Da Kohl am Vortag gesprochen und Weizsäcker unterdessen mehrfach signalisiert hatte, «lieber kein Abonnementredner zu diesem Thema»[128] werden zu wollen, war die Aufgabe an Bundestagspräsident Jenninger gefallen. Dessen inhaltliche Ambition ging aber bekanntlich mit seiner rhetorischen Begabung nicht zusammen und führte unter dem Eindruck einer verheerenden, wenngleich nicht sonderlich fairen Spontankritik anderntags zu seinem Rücktritt. Ein Wort des Bedauerns über die verunglückte Gedenkstunde im Parlament, an der Weizsäcker wie am Vortag in Frankfurt als Zuhörer teilgenommen hatte, ist aus der Villa Hammerschmidt nicht überliefert; aus den Akten geht lediglich hervor, dass der Bundespräsident bei Jenninger wegen eines Anschlusstermins auf zeitliche Disziplin gedrängt hatte.[129]

So deutlich wie im Kontext des Pogrom-Gedenkens ist Weizsäckers insgeheime Befürchtung, er könnte durch weitere einschlägige

Gedenkveranstaltung des Zentralrats der Juden zum 50. Jahrestag des Novemberpogroms mit Wallmann, Weizsäcker, Galinski, Kohl und Jenninger (v. l. n. r.).

Auftritte den grandiosen Nachhall seiner Kriegsende-Rede beschädigen, kein weiteres Mal zu greifen. Aber man geht wohl nicht fehl in der Vermutung, dass ihn spätestens seit diesem Datum, bei dem er im Grunde entschluss- und letztlich auch erfolglos taktiert hatte, die Frage beschäftigte, wie er sich zu weiteren Terminen verhalten sollte, die im Rhythmus des halbhundertjährigen Gedenkens bald anstehen würden. Seine – freilich unausgesprochene – Antwort lautete: Zurückhaltung, wo immer vertretbar, und keine weitere Grundsatzrede über die NS-Vergangenheit. Entsprechend hielt er es, wenn auch nicht ganz aus freien Stücken, schon beim nächsten historisch-politischen Großdatum, dem 50. Jahrestag des deutschen Überfalls auf Polen am 1. September 1939, den er als junger Gefreiter mitgemacht hatte und bei dem sein älterer Bruder Heinrich am zweiten Kriegstag gefallen war – als erster Offizier des Infanterieregiments 9, in dem die beiden dienten, «einige hundert Meter von mir entfernt».[130]

Dass ihm ein Staatsbesuch in Polen ein Anliegen wäre, hatte Weizsäcker schon lange durchblicken lassen, und dass er sich diese Reise aus Anlass des Gedenkens an den Kriegsbeginn würde vorstellen können, war spätestens seit Jahresanfang 1989 in Bonn bekannt.[131] In seinen Erinnerungen berichtet Weizsäcker, sein «polnischer Gewährsmann» Tadeusz Mazowiecki, seit 24. August der erste nichtkommunistische Regierungschef des Landes, habe ihm bereits am Tag nach seiner Wahl eine entsprechende Einladung übermittelt.[132] Doch im politisch vibrierenden Spätsommer 1989 (in der Prager Botschaft der Bundesrepublik campierten bereits zahlreiche DDR-Bürger, die auf ihre Ausreiseerlaubnis warteten, an der ungarisch-österreichischen Grenze nutzten Hunderte ein «Paneuropäisches Picknick» zur Flucht) kam die Reise nicht zustande. «Als Grund wurden noch ungeklärte bilaterale Verhandlungsthemen der Regierungen genannt. Aber die Spatzen pfiffen es von den Bonner Dächern, dass dies leider nur ein Vorwand war; es gab innenpolitische Rücksichten und Eifersüchteleien.» Damit blieb Weizsäcker für den Moment, so sah er es selbst, nur ein «dürftiger Ersatz»: eine Botschaft an General Wojciech Jaruzelski, den vormaligen Staatsratsvorsitzenden, der inzwischen als Staatspräsident fungierte.

Offenkundig im Bemühen, den Vertriebenenfunktionären keine Munition zu liefern, war der in der deutschen Presse breit nachgedruckte Text in seinen zeitgeschichtlichen Passagen eigentümlich altbacken geraten: Besonders für Polen und Deutsche sei der Zweite Weltkrieg «zum Schicksal» geworden. «Unzählbar» seien die Opfer und «unbeschreiblich die Leiden, die die Menschen bei Ihnen im Krieg und danach zu erdulden hatten», beispiellos die «Folgen von Krieg und Kriegsverbrechen», nie zu vergessen der Mord an den Juden «auf dem Boden Ihres Landes». Am Ende seien aber «auch wir Deutschen» durch den Krieg «schwer gezeichnet» gewesen und «mussten erfahren, dass Unrecht und Leid auf das eigene Volk zurückschlugen, in dessen Namen sie geschehen waren». Freilich bildeten die historischen Bezüge nur den Anlass des Schreibens. Im Kern ging es dem Präsidenten darum – angesichts der durch die politischen Umbrüche in Osteuropa neu entfachten Agitation in Sachen Oder-Neiße-Grenze –, den Geist des Warschauer Vertrags von 1970 zu bekräftigen. Der nämlich, so Weizsäcker, «weist uns den Weg.

Dabei wird es bleiben. Mein Land hat verbindlich zugesagt, jetzt und in Zukunft keinerlei Gebietsansprüche gegen Polen zu erheben.»[133]

Das war einerseits nichts Neues, andererseits aber eine Formulierung, die es in sich hatte. Denn gerade an dem Punkt des Gebietsverzichts, sprich: der Frage der Anerkennung der polnischen Westgrenze in einem etwaigen Friedensvertrag mit einem wiedervereinigten Deutschland, eierte der Bundeskanzler mit Rücksicht auf die Vertriebenen, den rechten Flügel der Union und angesichts des Zulaufs zu den Republikanern, die bei der Europawahl im Juni sieben Prozent erreicht hatten, seit langem herum. So auch am 1. September 1989 in seiner Regierungserklärung zum Jahrestag des deutschen Angriffs auf Polen: Zwar ließ es Kohl nicht an Klarheit mangeln über den «Rassen- und Vernichtungskrieg», den Hitler «gewollt, geplant und entfesselt» habe, und er bekräftigte auch, mit zähneknirschendem Hinweis auf die Botschaft des Bundespräsidenten, die «Sehnsucht beider Völker» nach einer dauerhaften «Aussöhnung». Aber die Grenzfrage zu erwähnen, vermied er penibel. Umso größer muss bei Weizsäcker, der die Gedenkstunde von der Bundestagstribüne aus verfolgte, die Genugtuung gewesen sein, als Willy Brandt nach Kohl das Wort ergriff, an Adenauer erinnerte, der «wusste, dass uns in der weiten Welt keine Regierung in Grenzforderungen unterstützen würde», um schließlich ein bisschen in der Wunde zu bohren: «Was unser Bundespräsident dieser Tage dem polnischen Staatsoberhaupt geschrieben hat, sollte nicht nur unser aller Würdigung, sondern auch unser aller Zustimmung finden können.»[134]

Auf den Tag, an dem ihm die Rechten in der eigenen Partei zustimmen würden, zu schweigen von jenen noch rechts davon, brauchte Weizsäcker, auch über seine Präsidentschaft hinaus, nicht zu hoffen; tatsächlich sind die einschlägigen Aktenordner aus der Zeit des sechsten Bundespräsidenten besonders dick und die Eingaben zum Thema «Ostgebiete» oft besonders bösartig.[135] Als Weizsäcker im Mai 1990 schließlich nach Polen reisen konnte – Kohls Besuch in Warschau am 9. November 1989, anderntags unterbrochen angesichts des Mauerfalls in Berlin, hatte die Voraussetzungen dafür geschaffen –, kamen erneut massive Proteste von Vertriebenen, vielfach munitioniert mit Argumenten aus der rechtsradikalen Publizistik. Aber die Staatsvisite wurde ein Erfolg. Minutiös vorbereitet, absolvierte Weizsäcker in Warschau und Danzig ein anspruchsvolles Programm mit nicht weniger als neun Kranzniederlegungen in vier Tagen. Mit Blick auf Treblinka hatte der Präsident bei der Planung «keine Hetze» notiert. Faktisch begann der halbtägige Geschichtsparcours mit einem Gedenken am Warschauer Ghettodenkmal, an dem zwanzig Jahre zuvor Willy Brandt gekniet hatte. Von dort ging es weiter zum Denkmal am Umschlagplatz, wo die Deportationszüge abgegangen waren, anschließend hundert Kilometer Richtung Nordosten, zunächst nach Treblinka I, einem ehemaligen Arbeitslager, dann nach Treblinka II, dem größten Vernichtungslager der «Aktion Reinhard», in dem seit Sommer 1942 binnen eines Jahres etwa 800 000 Juden ermordet worden waren.[136]

Schon vor seiner Abreise hatte Weizsäcker den Besuch in Polen als «meine wichtigste Aufgabe in meinem Amt gegenüber dem Ausland» charakterisiert und den *Spiegel*-Redakteuren auseinandergesetzt, dass seine Israel-Reise vor fünf Jahren damit «kaum» zu vergleichen sei: «Auf der einen Seite hängt das, was zwischen Israel und uns so schwer ist, mit den Ereignissen zusammen, die sich auf polnischem Boden abgespielt haben. Auf der anderen Seite ist Polen zusammen mit Frankreich unser wichtigster Nachbar. Man möge im Auge behalten, dass von den neun Ländern, die an Deutschland angrenzen, Polen das letzte Land ist, das ich besuchen kann.»[137] Nicht nur sprach Weizsäcker damit gleichsam schon als Präsident aller Deutschen (denn eine Grenze zu Polen hatte ja nur die einstweilen noch existierende DDR); er machte das gesamte Gespräch hindurch auch deutlich, dass er seinen Staatsbesuch in erster Linie als ein Zeichen mit Blick auf die ungelösten Aufgaben der Gegenwart betrachtete – von den anstehenden Zwei-plus-Vier-Verhandlungen über die Rechte der deutschen Minderheit in Polen bis zur Entschädigung für polnische Zwangsarbeiter im «Dritten Reich». Und er machte deutlich, dass es im Nachhinein doch ganz richtig war, «nicht allein um der Vergangenheit willen» am 1. September 1989 gefahren zu sein.

Tatsächlich trat die Vergangenheit für den außen- und deutschlandpolitisch hochnervösen Präsidenten nun immer weiter zurück, auch wenn der *Spiegel* das Interview mit einem Foto garnierte, auf dem der uniformierte «Leutnant von Weizsäcker (1940)» in die Kamera lächelt, darunter die Erläuterung: «Als Grenadier einmarschiert». Schon im Sommer 1987, als er für sechs Tage in die Sowjetunion gereist war, hatten die Erfahrungen des Zweiten Weltkriegs nicht mehr im Vordergrund gestanden; viel wichtiger waren die Signale der Unterstützung für Gorbatschow und die Bereinigung der Atmosphäre nach Kohls fatalem Vergleich der kommunikativen Begabung des Generalsekretärs der KPdSU mit jener von Goebbels. Zwar hatte Weizsäcker neben Moskau auch Leningrad besucht, wo er 44 Jahre zuvor zu den Belagerern der Stadt gehört hatte, und er hatte auch, erkennbar bewegt, einen Kranz auf dem Piskarjowskoje-Friedhof niedergelegt, auf dem fast eine halbe Million jener Menschen begraben liegen, die während der mehr als zweijährigen Blockade durch die Heeresgruppe Nord verhungert waren. Aber schon damals hatte er, wie *Spiegel*-Reporter Jürgen Leinemann beobachtete, alles zu vermeiden versucht, was ihn in den Augen der Rechten als «wandelnden Sühneprinzen» hätte erscheinen lassen. Mit der Rede vom 8. Mai, so interpretierte es Leinemann treffend, sollte das Kapitel eigentlich abgeschlossen sein: «Muss er denn immerzu wiederholen, was er einmal unmissverständlich als sein persönliches und amtliches Credo formuliert hat?»[138]

Jetzt, wo Deutschland und Europa sich neu zu ordnen begannen, galt es für den Präsidenten, sein erinnerungspolitisches Credo in die Gegenwart zu übersetzen. Jetzt war nicht die Zeit für eine immer noch tiefer bohrende Auseinandersetzung mit der nationalsozialistischen Vergangenheit, schon gar nicht für jene zusehends an Fahrt gewinnende «Täterforschung», die den Funktionseliten des «Dritten Reiches» nachstieg (also auch dem Vater, wie Hellmut Becker befürchtete). Jetzt ging es darum, so sah es Weizsäcker und so sagte er es seit dem Staatsakt zum Tag der Deutschen Einheit am 3. Oktober 1990 wieder und wieder, «die großen Aufgaben zu erfüllen, die unsere Nachbarn von uns erwarten». Das waren für ihn die richtigen

Lehren aus der Vergangenheit, das war die mit Freude zu ergreifende historische Chance.[139]

Schon bald allerdings sollte sich zeigen, dass es mit den Lehren so einfach nicht war – weder im Umgang mit der DDR-Vergangenheit, bei dem der Bundespräsident die Westdeutschen zur Zurückhaltung mahnte, noch angesichts der Welle rechter Gewalt, die das vereinigte Deutschland in den frühen neunziger Jahren erfasste. Unter dem Eindruck des pogromartigen rassistischen Terrors von Hoyerswerda, Rostock-Lichtenhagen und zahlreichen weiteren Attacken auf Ausländer und «Asylanten» setzte im Spätherbst 1992 eine gesellschaftliche Gegenmobilisierung ein, in die sich Weizsäcker intensiv einschaltete.[140] Bei der ersten großen Protestveranstaltung gegen Ausländerfeindlichkeit am 8. November 1992 in Berlin fungierte er sogar als Schirmherr und Hauptredner. «Die Würde des Menschen ist unantastbar» lautete das Motto der beiden Demonstrationszüge, die mehr als 300 000 Teilnehmer im Lustgarten zusammenführte; eine ganze Serie friedlicher «Lichterketten» in München, Hamburg, Essen und weiteren Städten sollte in den nächsten Wochen folgen. Die Berliner Schlusskundgebung vor dem Alten Museum allerdings endete im Chaos: Einige Hundert Autonome hatten sich unmittelbar vor dem Rednerpodium postiert und störten den Bundespräsidenten nicht nur mit ohrenbetäubendem Lärm, sondern warfen auch Eier, Farbbeutel und Steine. Die Fotos des von einer Phalanx schildbewehrter Polizisten geschützten Staatsoberhaupts vermittelten am nächsten Tag den Eindruck einer Republik im Ausnahmezustand. Das war insofern nicht ganz falsch, als in Berlin – jenseits der linksradikalen «Krawallmacher» (taz) – eine sich bereits seit längerem verbreiternde Kluft sichtbar wurde: zwischen den fast vollständig versammelten politischen Spitzen des Landes und demokratisch engagierten Bürgern, die angesichts des Drucks von rechts eine Verstümmelung des Asylrechts befürchteten.

Genau in diesem Sinne äußerte sich auch der Präsident: Seitdem die Grenzen in Europa offen seien, versuchten die Menschen, der Armut zu entkommen. «So war es immer in der Geschichte.» Mangels anderer brauchbarer Regeln presse sich «nun alles durch dieses

Bei der Berliner Großdemonstration gegen Ausländerfeindlichkeit am 8. November 1992 benötigt der Bundespräsident Polizeischutz vor Linksautonomen.

dafür nicht geschaffene Asylnadelöhr. Aber das gibt uns doch nicht das Recht, diese Ausländer als Asylbetrüger zu beschimpfen, wie es so oft geschieht. Vielmehr haben wir als Politiker die dringliche Pflicht, ein System zu schaffen, das die Zuwanderung steuert und begrenzt und zugleich das wahre Asylrecht schützt.» Es gehe um eine rasche Gesamtlösung angesichts der dramatischen Notlagen und Bürgerkriege in der Welt – «nach den Regeln der Verfassung und ohne die schrecklichen schrillen Töne, die uns keinen Schritt voranbringen, sondern am Ende nur Wasser auf die Mühlen gewalttätiger Extremisten sind». Weizsäcker verband seine Kritik an den Parteien (und, sehr viel vorsichtiger, an populistisch zuspitzenden Medien) mit historisch vergleichenden Beobachtungen, die an Deutlichkeit nichts zu wünschen übrig ließen: In Deutschland seien «Brandstifter und Totschläger» unterwegs wie noch nie in der Nachkriegszeit, das «Vertrauen des Auslands in die Stabilität der deutschen Demokratie» stehe auf dem Spiel. «Aber wir demonstrieren hier nicht mit dem Blick nach draußen.» Vielmehr gehe es darum, nie zu vergessen, «woran die erste Republik in Deutschland gescheitert ist: nicht, weil es zu früh zu viele Nazis gab, sondern zu lange zu wenige Demokraten. Dazu darf es nie wieder kommen. Es ist hohe Zeit, sich zur Wehr zu setzen. Wir alle sind zum Handeln aufgerufen.»[141]

Dass die eindringlichen Worte des Bundespräsidenten gehört wurden, zeigte eine Aktion der Stadt Aachen, die den Artikel 1 des Grundgesetzes plakatieren ließ: «Die Würde des Menschen ist unantastbar», gefolgt von dem Satz, den Weizsäcker in seiner Berliner Ansprache hinzugefügt hatte: «Käme es anders, dann wäre es um die Würde der Deutschen geschehen.»[142]

Zwei Wochen nach der Kundgebung in der neuen-alten Hauptstadt kam es zu dem Brandanschlag von Mölln, bei dem zwei Mädchen und ihre aus der Türkei stammende Großmutter starben. Weizsäcker reagierte darauf noch während seines Staatsbesuchs in Mexiko: «Die rechtsradikalen Zellen, die sich gebildet haben, dürfen nicht länger am Leben gelassen werden. Notwendig ist, dass alle aufwachen, dass jeder mithilft, auf seinen Nachbarn und in seiner Hausgemeinschaft aufzupassen.»[143] In seiner Weihnachtsansprache 1992 vertiefte der Bundespräsident das Thema: «Ein Herbst voller Unruhe liegt hinter uns. Furcht und Angst sind in viele Herzen eingezogen. Es brodelt in der Gesellschaft, die nach Orientierung sucht. Wir erleben eine Krise im Zusammenleben, im Zuge der Vereinigung, mit der Jugend und vor allem mit Ausländern.» Erneut sprach sich Weizsäcker für eine erleichterte Einbürgerung aus und kritisierte die Medien, in denen die Opfer von Mölln nur die «drei Türken» hießen. «Schon diese Sprache, die sich ausschließlich am Pass orientiert, sie suggeriert, wer fremd bleiben soll. Dabei gehörten die drei in Mölln doch zu uns!»[144]

Zum sogenannten Asylkompromiss, den die schwarz-gelbe Koalition mit Zustimmung der oppositionellen SPD Ende Mai 1993 durch den Bundestag brachte, äußerte sich Weizsäcker nicht direkt. Auch auf die Berliner Jüdin Alisa Fuss reagierte er nicht; die deutsch-israelische Pädagogin und Präsidentin der Internationalen Liga der Menschenrechte hatte ihn aufgefordert, dem Gesetz seine Unterschrift zu verweigern und nach dessen Inkrafttreten das ihr ein halbes Jahr zuvor verliehene Bundesverdienstkreuz zurückgegeben.[145] Aber in seiner Traueransprache nach der Brandstiftung in Solingen, bei der drei Tage nach dem Parlamentsbeschluss fünf türkeistämmige Menschen ihr Leben verloren, wurde der Bundespräsident erneut sehr deutlich: «Die Morde von Mölln und Solingen sind nicht unzusammenhängende, vereinzelte Untaten, sondern sie entstammen einem rechtsextremistisch erzeugten Klima. Es mögen Einzeltäter sein, aber sie kommen hier nicht aus dem nichts. Rechtsextreme Gewalt, so gedankenarm sie auch wirkt, ist doch politisch motiviert. Sie hat zugenommen. Sie wird nicht zentral geplant und ausgeführt. Umso schwerer ist es, sie vorbeugend zu bekämpfen. Es ist ein anarchistischer Terrorismus eigener Art, der sich wehrlose Opfer sucht, um den demokratischen Staat zu treffen.»[146] Politische und ideologische Bezüge zum Terror der NS-Zeit herzustellen, so durfte man den Präsidenten verstehen, führte jetzt nicht weiter. Es ging es um die Zukunft des vereinten Deutschland, nicht um die Vergangenheit.

In seiner letzten Weihnachtsansprache, im Dezember 1993, kam Weizsäcker noch einmal auf die, wie es schien, überstandene Herausforderung der rechten Gewalt zurück. Die Lichterketten las er nun als «eine Art großes Volksbegehren, eine Mahnung und Ermunterung für die Politik, mit aller Kraft für die Würde eines jeden Menschen einzutreten».[147] Wer wollte, konnte darin wieder ein Stück jener subtil elitären Parteienkritik entdecken, die – neben der sich kollektiv verklärenden Erinnerung an seine Rede zum 8. Mai – Richard von Weizsäcker über seine Amtszeit hinaus ein Maß an Popularität sichern sollte, wie es vor ihm nur Theodor Heuss vergönnt gewesen war.

Schluss

Der Gedanke ist aus der Luft gegriffen, und doch vielleicht ganz aufschlussreich: Man stelle sich vor, die Bundesversammlung hätte 1949 nicht Theodor Heuss, sondern Heinrich Lübke gewählt. Der wäre mit seinen knapp 55 Jahren ein so junger Bundespräsident geworden, wie ihn sich das Land erst ein Vierteljahrhundert später mit Walter Scheel gestattete. Seiner weißen Haare wegen hätte Lübke schon damals in das Rollenklischee gepasst, als katholischer CDU-Mann aus Nordrhein-Westfalen freilich nicht in Adenauers Koalitionsarithmetik. Aber wäre der Weg, den die junge Bundesrepublik im Umgang mit der nationalsozialistischen Vergangenheit nahm, so viel anders verlaufen, wenn nicht Heuss, sondern Lübke an dessen Anfang gestanden hätte?

Die kontrafaktische Frage zielt auf den Einfluss, den der protokollarisch erste Mann im neuen Staat auf eine Entwicklung nehmen konnte, bei der es um nicht weniger ging als um die Transformation der post-nationalsozialistischen «Volksgemeinschaft» in die Bürgerschaft der zweiten deutschen Demokratie. Es ist im Grunde eine Variation auf die immer wieder gestellte Frage, ob es eine Alternative zu jener Vergangenheitspolitik des allgemeinen Beschweigens und punktuellen Bekennens gegeben hätte, mit der die Republik laut Hermann Lübbe in den ersten etwa eineinhalb Jahrzehnten ihres Bestehens so gut gefahren war, ehe dann wegen der später sogenannten «Achtundsechziger» der Ärger begann. Die Antwort, natürlich spekulativ, aber im Lichte dessen, was diese Darstellung an Erkenntnissen über die ersten beiden Präsidenten in der Villa Hammerschmidt erbracht hat: in Details wahrscheinlich schon, im Ganzen aber eher nicht.

Es relativiert die bekannte Rede vom «Glücksfall Heuss» dann doch ein wenig, wenn man sich vor Augen führt, wie klar und wie nachdrücklich die nicht zuletzt von außen kommenden Erwartungen waren, die auf dem Themenfeld der «jüngsten Vergangenheit» an den Gründungspräsidenten herangetragen wurden – und wie sehr sein Nachfolger ein Jahrzehnt später in diesen damals gelegten Spuren blieb. Anders gesagt: Wer 1949 als Staatsoberhaupt des eben ins Leben getretenen «Provisoriums» begann, «im Namen der Deutschen» über die NS-Vergangenheit zu sprechen, der folgte einem Skript, an dem bis dahin schon viele mitgeschrieben hatten: Sieger und Besiegte, Täter und Opfer, Stimmen aus der Emigration und in Deutschland Gebliebene – um nur die gröbsten Facetten und Erfahrungen einer durch Krieg und Nachkriegszeit geprägten, höchst heterogenen Zeitgenossenschaft anzudeuten. Historikerinnen und Historiker sprechen in diesem Zusammenhang gern von «Pfadabhängigkeit».

Gewiss blieb die Persönlichkeit des liberalen Selbstdenkers Theodor Heuss, der stärker als die meisten politisch Handelnden mit den rezenten literarisch-intellektuellen Diskursen vertraut, zum Teil auch in sie eingebunden war, in seinen Äußerungen als Bundespräsident stets erkennbar. Aber ungeachtet aller individuellen Färbung und Autoreneitelkeit, die für seine Reden und Korrespondenzen charakteristisch waren, ging es Heuss, wenn er sich mit der Autorität seines Amtes zur nationalsozialistischen Vergangenheit äußerte, um die Etablierung und Bekräftigung politisch-moralischer Normen und Grenzen. Diesem gleichsam erzieherischen Anspruch hätte sich, zweifellos weniger eloquent, auch ein früher Lübke verschrieben. Als ehemaliger Zentrumsmann mit Sympathie für die «kleinen Leute» hätte er sich dabei an manchen Stellen womöglich sogar leichter getan als der vormalige FDP-Vorsitzende Heuss, dessen Partei ein virulent rechtsnationaler Flügel gewachsen war und der sich den Geltungs- und Deutungsansprüchen eines längst wieder selbstbewussten Bürgertums verpflichtet fühlte – trotz oder wegen des Versagens 1933.

Aber das sind, wie gesagt, Spekulationen. Immerhin verweisen sie auf die Grenzen dessen, was der Inhaber des ranghöchsten Amts in der sich entfaltenden Bonner Republik vergangenheitspolitisch aus Eigenem vermochte. Und im Umkehrschluss lassen sie erkennen, wie sehr der Auftrag des Grundgesetzes und die Logik der Institution die Präsidentenrolle prägten. Richtig jedenfalls bleibt, wie auch immer man die Gewichte verteilt: Auf dem bundesdeutschen Weg der Auseinandersetzung mit der Vergangenheit war, was das Staatsoberhaupt tat, von grundlegender Bedeutung. Das galt über die Amtszeiten von Heuss und Lübke hinaus und sollte sich geradezu zu einem Merkmal des Umgangs mit der NS-Vergangenheit entwickeln, der, von heute aus betrachtet, im diachronen internationalen Vergleich ja durchaus als ein «deutscher Sonderweg» erscheint.

Noch nicht geklärt ist damit freilich, ob die Bundespräsidenten auf diesem jahrzehntelangen Weg zu einer erinnerungspolitischen Avantgarde gehörten, diese gar bildeten – oder ob sie doch eher, ihrer Repräsentations- und demokratiepolitischen Integrationsfunktion entsprechend, gesellschaftlich vorfindliche Strömungen zu bündeln und gegebenenfalls auszugleichen suchten. So formuliert, verweist die Frage im Grunde schon auf die Notwendigkeit, auch beim Versuch einer bündigen Antwort nach Amtsinhabern und mitunter auch nach Amtszeiten zu differenzieren:

Wenn Heuss vor allem in den ersten Jahren seiner Präsidentschaft Begriffe prägte oder verwarf («Kollektivscham» versus «Kollektivschuld») und moralische Maßstäbe setzte (besonders 1954 in der Ehrung der «Männer des 20. Juli»), dann eilte er damit zweifellos einer intransigent schweigenden Mehrheit voraus, der er an anderer Stelle allerdings (nämlich in seiner öffentlichen Fürsprache zugunsten verurteilter Kriegsverbrecher) ohne Not entgegenkam und die er im Lauf der fünfziger Jahre mit seiner Buchreihe über «Die großen Deutschen» in ihrem wiederaufbaustolzen Blick nach vorn zu ermuntern suchte.

Wenn Lübke 1964 von einem bereits in Nürnberg wegen seiner Tätigkeit in Auschwitz-Monowitz verurteilten IG-Farben-Manager das gerade erst verliehene Bundesverdienstkreuz zurückforderte und im Jahr darauf im Kontext der ersten Verjährungsdebatte denen widersprach, die eine Schließung des deutschen «Schuldbuchs» verlangten, dann hatte er bestenfalls die kritische Hälfte der Gesellschaft auf seiner Seite (die in ihm wenig später den «KZ-Baumeister» erkannte und seinen Rücktritt erwartete); die andere Hälfte beruhigte er mit den gängigen Vokabeln jener Schonsprache, deren sich, je nach Anlass, auch sein Vorgänger bedient hatte: Im Namen der Deutschen war dann zum Beispiel vom «Missbrauch des deutschen Namens» durch die «nationalsozialistischen Machthaber» die Rede.

Wenn Heinemann diese Wendungen einerseits umstandslos weiterführte («unter Missbrauch des Namens unseres Volkes ist auch das Unheil des Zweiten Weltkriegs entfesselt worden») und andererseits sich öffentlich fragte, warum er «im Dritten Reich nicht mehr widerstanden» habe, dann bestärkte er damit sein Image als kritischer Querkopf, ohne den Vielen zu nahe zu treten, die sich – wie er selbst – letztlich zwar arrangiert hatten, im Rückblick aber zu keinem Zeitpunkt innerlich überzeugt oder gar begeistert mitgemacht haben wollten.

Wenn Scheel und Carstens ihre keineswegs aus freien Stücken eingeräumte Mitgliedschaft in der NSDAP kleinzureden suchten (und damit auf noch im Nachhinein irritierend unterschiedliche Reaktionen der Öffentlichkeit trafen), dann beschädigten diese Rückgriffe auf die nur allzu bekannten Formen der Selbstexkulpation zweifellos ihre Glaubwürdigkeit im kritischen Umgang mit der NS-Vergangenheit, für den einzutreten in den siebziger und achtziger Jahren zunehmend zu den Grunderwartungen gehörte, die ein wachsender Teil der bundesdeutschen Gesellschaft an ihr Staatsoberhaupt richtete.

Wenn Weizsäcker, geschmeidig an diese Erwartungen anknüpfend, zum 40. Jahrestag des Kriegsendes 1985 historisch-politische Einsichten formulierte, die unter Fachleuten und in vergangenheitskritischen Kreisen zwar längst Common Sense, gesamtgesellschaftlich aber noch nicht durchgesetzt waren, dann füllte er seine präsidiale Rolle zwar in einer auch international beachteten Weise aus, blieb aber am Ende doch in den Konventionen repräsentierter Zeitgenossenschaft, die ein direktes Sprechen über die eigene Biographie (oder gar die des Vaters) vermied.

Das sind naturgemäß nur Schlaglichter auf sechs Präsidentschaften in viereinhalb Jahrzehnten. Aber sie zeigen vielleicht doch, dass die Antwort auf die Frage nach der Rollenfunktion des Staatsoberhaupts in der Auseinandersetzung der Deutschen mit ihrer nationalsozialistischen Vergangenheit nicht auf einen simplen Nenner zu bringen ist; Elemente eines aufklärerisch-erzieherisch Vorangehens stehen mitunter – und über die Dekaden hinweg – unvermittelt neben exkulpatorischen Positionen. Es wäre mithin eine Überzeichnung, in den Präsidenten der Bonner Republik von ihrer persönlichen Geschichte gänzlich abstrahierende und von der gesellschaftlichen Entwicklung völlig unbeirrbare Promotoren der zeitgeschichtlichen Aufklärung sehen zu wollen. Aber deutlich ist zugleich, dass sie sich – in unterschiedlicher Rigorosität – der Gegenaufklärung verweigerten.

Das galt am Ende auch für Karl Carstens, den zu Anfang seiner Präsidentschaft am kritischsten beäugten und nicht nur hinsichtlich seiner Interpretation der NS-Vergangenheit zweifellos Konservativsten in der Reihe der hier Betrachteten: Seine Kranzniederlegung 1982 an den Fosse Ardeatine verdeutlichte letztlich nur noch einmal – zum Verdruss einer längst schon frustrierten Rechten, die mit seiner Wahl Hoffnungen auf eine auch geschichtspolitische «Tendenzwende» verbunden hatte –, dass die normativen Setzungen der Ära Heuss nicht mehr in Frage zu stellen waren.

Überhaupt wird man die Bedeutung der vergangenheitspolitischen Zeichen nicht unterschätzen dürfen, die von den Bundespräsidenten bei vielen ihrer Staatsbesuche ausgingen. Sicherlich beeinflussten diese Reden und Rituale, über den Tag hinaus, die Wahrnehmung und das Ansehen der Bundesrepublik in den Gesellschaften der einst von Deutschland besetzten Länder – im Falle von Heuss' Reisen nach Griechenland und nach Italien waren seit diesem Einst keine 15 Jahre vergangen –, aber sie wirkten auch auf die bundesdeutsche Gesellschaft zurück. Die symbolische Anerkennung des Unrechts der deutschen Kriegführung und des von Deutschen verursachten Leids, die in den Kranzniederlegungen und Ehrenbezeugungen zum Ausdruck kam, half nicht nur der zwischenstaatlichen Annäherung; sie blieb auch nicht ohne Folgen für die Sagbarkeitsregeln im Binnendiskurs der Bundesrepublik. Wenn die zu Anfang der fünfziger Jahre noch voll entfaltete Opferkonkurrenz (die Deutschen als Opfer versus die Opfer der Deutschen) gegen Ende des Jahrzehnts im öffentlichen Gespräch doch langsam nachließ, so wohl auch deshalb, weil die in den Medien meist positiv zurückgespiegelten Auslandsauftritte des Bundespräsidenten tatsächlich zu der von diesem intendierten «Entkrampfung» beitrugen; Heuss' Ärger über die Berichterstattung aus Anlass seines England-Besuchs 1958 ist nicht zuletzt vor diesem Hintergrund zu sehen.

Natürlich vermochte der Umgang der Präsidenten mit dem braunen Erbe, die Art ihres Sprechens darüber und ihre Gesten des Gedenkens, nicht den einzelnen Bundesbürger in die Pflicht zu nehmen; die kritischen, mitunter beleidigenden Zuschriften, die das Präsidialamt seit den Zeiten von Theodor Heuss erreichten, waren (und sind vermutlich noch immer) Indizien hartnäckiger Uneinsichtigkeit gerade in vergangenheitspolitischen Fragen. Genau deshalb aber ist auch der Umkehrschluss erlaubt: Im Prozess der Entwicklung jener politischen Kultur des selbstkritischen Umgangs mit der NS-Zeit, auf die sich Politik und Gesellschaft der Bundesrepublik im Laufe der Jahre mit wachsender Überzeugungskraft berufen konnten, waren ermutigende Signale aus der Villa Hammerschmidt ein Faktor von Gewicht. Das ist – sowohl für das innere Selbstverständnis der Republik wie für deren Ansehen im Ausland – bis heute so geblieben.

Richtig ist freilich auch: So wenig schon die Amtszeiten von Heuss und Lübke als Perioden einer kontinuierlich fortschreitenden, durch das Staatsoberhaupt gewissermaßen Zug um Zug vom Dunkel der Apologie ins Licht der Aufklärung geführten Auseinandersetzung mit der nationalsozialistischen Vergangenheit verstanden werden können, so wenig gilt dies für das auf den «Machtwechsel» im Präsidialamt folgende «rote Jahrzehnt» der Republik. Tatsächlich blieben die Bundespräsidenten aus der Kernzeit der sozialliberalen Koalition hinter dem politisch Erwartbaren eher zurück: Gustav Heinemann flankierte zwar die neue Ostpolitik der Regierung Brandt/

Scheel mit einer Serie vergangenheitspolitisch bedeutsamer «Versöhnungsbesuche» in West- und Nordeuropa und setzte in seinem Umfeld auch personalpolitisch neue Akzente; zugleich aber legte er das Gewicht auf die Geschichte der deutschen Freiheits- und Demokratiebewegungen des 19. Jahrhunderts und erweckte mitunter geradezu den Eindruck, die Geschichte des «Dritten Reiches» sei ausgeforscht und normativ als erledigt zu betrachten. Walter Scheel hingegen hielt eine Reihe inhaltlich durchaus bemerkenswerter Reden und wagte mit seinen Worten zum 30. Jahrestag des Kriegsendes 1975, den er als «Befreiung von außen» charakterisierte, sogar einen neuen Akzent, ebenso mit seiner Beteiligung am 1978 erstmals groß begangenen 40. Jahrestag des Novemberpogroms; er fand damit aber, wie mit den meisten seiner Ansprachen, trotz oder wegen seiner persönlichen Beliebtheit wenig Gehör.

In der Amtszeit von Karl Carstens gingen für die, wie es inzwischen häufiger hieß, «Aufarbeitung» der Vergangenheit vom Präsidialamt keine Impulse aus. Die dortigen Bestrebungen liefen, das zeigte das Ringen um die Ausschreibung «Alltag im Nationalsozialismus» im Schülerwettbewerb um den Preis des Bundespräsidenten, eher auf Distanzgewinnung und historisch-politische Sedierung hinaus – wohl auch in Reaktion auf die fraglos massive gesellschaftliche Polarisierung, die durch die Wahl eines Präsidenten aus den Reihen der Union noch befördert worden war (obgleich die daraus sich ergebende mehrjährige «Cohabitation» mit dem sozialdemokratischen Kanzler Helmut Schmidt mindestens so gut funktionierte wie die Abstimmung mit dessen christdemokratischem Nachfolger Helmut Kohl).

Richard von Weizsäcker hatte es vor diesem Hintergrund leicht, neue und breiten Widerhall findende Akzente zu setzen. Aber er nutzte diese Chance auch. Seine Rede zum 40. Jahrestag des Kriegsendes – strenger komponiert und ganz anders vorgetragen als jene Scheels zehn Jahre zuvor – verfehlte ihre Wirkung nicht nur nicht, sondern avancierte in der Nachbetrachtung geradezu zum Maßstab präsidialer Redemacht. Dass sich dies weder allein Weizsäckers rhetorischer Begabung verdankte noch den erprobten Formulierungen eines Redenschreibers, der bereits für Scheel gearbeitet hatte, sondern in hohem Maße auch der politischen Konstellation «nach Bitburg», ist so unabweisbar wie das Faktum, dass dieser Gipfelpunkt nationaler und internationaler Beachtung seitdem von keinem deutschen Staatsoberhaupt mehr erreicht wurde.

Mit der Präsidentschaft Weizsäckers ging, bezogen auf das «Dritte Reich», die Zeit erwachsener Zeitgenossenschaft an der Spitze seines Nachfolgestaats zu Ende. Ein paar Jahre zuvor war mit dem Tod des «Führer»-Stellvertreters Rudolf Heß, für dessen Freilassung aus der Vier-Mächte-Haft sich Weizsäcker noch einmal eingesetzt hatte (um ein Haar sogar am 8. Mai 1985, was seine Rede wohl um ihre Wirkung gebracht hätte), eine Aufgabe zu Ende gegangen, der sich bis dahin noch alle Bundespräsidenten, meist freilich hinter den Kulissen, verpflichtet geglaubt hatten: der mehr oder weniger kontinuierlichen Fürsprache für verurteilte deutsche Kriegs- und NS-Verbrecher in ausländischem Gewahrsam. Zwar nahmen die gefühlte Dringlichkeit und die Häufigkeit solcher Fürsprachen nach den letzten Hinrichtungen in Landsberg (1951) deutlich ab, im Rückblick über vier Jahrzehnte aber tritt die erstaunliche Persistenz dieses – weder präsidialamtsintern noch von der Öffentlichkeit je prinzipiell hinterfragten – Engagements noch einmal deutlich hervor. Es verweist auf rechtsnationale Vorbehalte und Beharrungskräfte, die 1949 Eingang auch in das faktisch neugeschaffene Bundespräsidialamt fanden.

Die Selbstverständlichkeit, mit der Manfred Klaiber, der erste Amtschef, die «Angelegenheiten der sogenannten Kriegsverbrecher» im Organisationsplan und damit im Aufgabenbereich seiner Behörde verankerte, entsprach der von vielen Ministerialen in den Länderverwaltungen und in den Dienststellen der Bizone geteilten Überzeugung, die nun in Gang kommende Bundespolitik müsse dieses Thema, bei dem sich bis dahin vor allem die Kirchen ins Zeug gelegt hatten, an sich ziehen. Dass dies gleichsam letztinstanzlich auch für den Bundespräsidenten gelten sollte, verdankte sich vor allem der Einflussnahme eines Netzwerks vormaliger Diplomaten, zu dem Klaiber gehörte und das sich seine Aufgaben – in Ermangelung des erst 1951 wiederbegründeten Auswärtigen Amts – auch in der Villa Hammerschmidt suchte, und zwar nicht nur im Bereich des Protokolls. Die damals ausgebildeten Personalstrukturen sollten sich als prägend erweisen, zumal angesichts der in den ersten Jahrzehnten geringen Fluktuation in einem insgesamt schmal ausgestatteten Präsidialamt. Der Anteil politisch Belasteter war dort aufs Ganze gesehen zwar geringer als in den meisten Bundesministerien, aber gerade in den höheren Rängen häuften sich die «Ehemaligen». Neben Klaiber und dessen Nachfolger Karl Theodor Bleek – er kam aus dem Bundesinnenministerium – waren in den beiden Amtszeiten des Gründungspräsidenten jeweils etwa die Hälfte der Referatsleiter einst Mitglieder der NSDAP gewesen.

Was diese individuellen Vorbelastungen im Dienstalltag in der Villa Hammerschmidt bedeuten konnten, zeigte sich nicht in Heuss' Reden und Auftritten, die der journalistisch versierte Präsident, anders als alle seine Nachfolger, praktisch im Alleingang konzipierte. Wohl aber finden sich in Korrespondenzen und Vermerken einzelner Mitarbeiter, auch noch unter Lübke, Carstens und selbst unter Weizsäcker, Spuren rechten Ressentiments – etwa gegenüber der alliierten «Siegerjustiz», der Entnazifizierung oder in der Abwägung einzelner Ordensentscheidungen.

Die amtsinterne Bereitschaft, bei der Vergabe von Bundesverdienstkreuzen vergangenheitspolitische Großzügigkeit walten zu lassen, so lange nicht gerade SS-Karrieren in Rede standen, war allerdings kein Ausdruck einer dezidierten Strategie; sie lag vielmehr auf der gesamtgesellschaftlichen Linie eines möglichst unbeirrten Blicks nach vorn und der Anerkennung von Leistungen, die, wie es in Heuss' Stiftungserlass hieß, in der Zeit des «Wiederaufbaus» erbracht worden waren. Dass solche Leistungen häufig eine in die Kriegszeit zurückreichende Geschichte hatten – sei es bei Industrie-«Kapitänen» wie Otto A. Friedrich oder bei Weltraumeroberern wie Wernher von Braun –, darüber sah man nicht nur im Präsidialamt gern hinweg. Auch die Regelanfrage beim Berlin Document Center, die Lübke nach dem 1964 – letztlich aus der DDR – ins Rollen gebrachten Bütefisch-Skandal veranlasste, führte zu keiner grundlegenden Änderung in der Ordensvergabe. Dank der Auskünfte der Amerikaner wusste man fortan zwar, ob ein Kandidat einst Mitglied der NSDAP gewesen war, aber bei hinreichenden Nachkriegsverdiensten schloss das eine Ehrung nicht aus. Kam es im Nachhinein zu hartem öffentlichem Widerspruch, empfahl sich – das gilt bis heute – eher die «freiwillige» Rückgabe als die förmliche Aberkennung.

Auch die Handhabung des präsidialen Prärogativs der Ordensvergabe ist somit Teil der schwierigen, durch Fortschritte wie durch Rückschläge geprägten Geschichte der Entwicklung eines kritischen gesellschaftlichen Umgangs mit den Hinterlassenschaften des Nationalsozialismus. Aus der Perspektive und mit den Möglichkeiten des Staatsoberhaupts ging es dabei – weit über die «im Namen der Deutschen» rhetorisch relativ rasch zu erledigende Pauschaldistanzierung von der «jüngsten Vergangenheit» hinaus – um neue normative Setzungen und um die Herausbildung eines darauf beruhenden angemessenen Opfergedenkens, das seitens der praktischen Politik dann freilich auch vielfältige Formen der «Wiedergutmachung» erforderte. Bedenkt man, welcher grundlegenden politisch-mentalen Veränderungen es dazu in der bundesdeutschen Gesellschaft bedurfte – vom traditionellen Heldengedenken zum neuen, immerhin eigene Täterschaft implizierenden Gedenken an die Opfer –, so treten die Dimensionen der Aufgabe noch einmal deutlich vor Augen, die seit 1949 zuvorderst mit der Institution des Bundespräsidenten verbunden war.

Lexikalische Vollständigkeit in der Schilderung der vergangenheitsbezogenen Reden und Aktivitäten der Bundespräsidenten war in dieser Darstellung, allein schon aufgrund des behandelten Zeitraums von viereinhalb Jahrzehnten, nicht anzustreben; noch weniger, jenseits unmittelbar gebotener Kontextualisierungen, eine Erörterung ihres übrigen politischen Wirkens. Das mag als ein gewisses Manko erscheinen, zumal angesichts eines lediglich in Bezug auf Heuss befriedigenden allgemeinen Forschungsstands. Aber die Einschränkung relativiert sich vor dem Hintergrund des in der zeitgeschichtlichen Forschung inzwischen weithin anerkannten Arguments, dass die Geschichte des Umgangs mit der NS-Vergangenheit in der Bonner Republik als ein integraler Teil ihrer inneren Entwicklung und politischen Kultur verstanden werden muss – und klar geworden sein dürfte, wie zentral die Rolle und Funktion des Staatsoberhaupts auf diesem Politikfeld tatsächlich war.

Aus der Perspektive einer Gegenwart, die auf die «alte» Bundesrepublik bereits mit dem Abstand einer ganzen Generation und neuer vergangenheitspolitischer Herausforderungen blickt, sticht freilich auch ins Auge, wie vieles von dem, was unter dem zwar vagen, seit etwa Mitte der neunziger Jahre aber populär gewordenen Begriff der Erinnerungskultur verstanden wird, erst zum Ende und in der Zeit nach der Präsidentschaft Richard von Weizsäckers hinzugekommen ist. Ungeachtet der geschilderten, seine Rede zum 40. Jahrestag des Kriegsendes begleitenden Diskussionen und der Intensität des «Historikerstreits» der Jahre 1986/87 erweist sich die auf die zweite Amtszeit des sechsten Bundespräsidenten folgende Dekade als eine Phase nochmals gesteigerter, weiterhin freilich immer auch ambivalenter gesellschaftlicher Auseinandersetzung mit der Geschichte des «Dritten Reiches» und des Holocaust. Nur wenige Stichworte genügen, um dies zu verdeutlichen: Ausschreibung des Architektenwettbewerbs für das Berliner Holocaust-Denkmal und der Welterfolg des Spielberg-Films «Schindlers Liste» (1994), Kriegsende-Gedenken, Klemperer-Tagebücher und Eröffnung der Ausstellung über die Verbrechen der Wehrmacht (1995), Goldhagen-Debatte (1996), Walser-Bubis-Kontroverse und Washingtoner Erklärung zum Umgang mit NS-Raubkunst (1998), Stockholm International Forum on the Holocaust und Zwangsarbeiter-Entschädigung (2000), Hitlers «Untergang» als Filmdrama nach Joachim Fest (2004), Kriegsende-Gedenken und Eröffnung des Denkmals für die ermordeten Juden Europas (2005).

In dieser Phase einer – in vieler Hinsicht geradezu globalen – Hochpräsenz der Vergangenheit, an die sich in Deutschland etwa ein Jahrzehnt einer weitgehenden konsensuellen, im Zeichen der Kolonialismus-Debatte inzwischen aber erneut umkämpften Erinnerungspolitik anschloss, veränderte sich nicht zuletzt die Rolle der Bundespräsidenten: Unabhängig von den Intentionen des jeweiligen

Amtsinhabers schwächte sich ihre in den Jahrzehnten zuvor so zentrale Funktion als Promotoren der Vergangenheitsvergegenwärtigung ab. In dem Maße, in dem – vor dem Hintergrund der sich verändernden Generationenkonstellation, sprich: des Abschieds von den Zeitgenossen der NS-Zeit – die gesellschaftliche Bereitschaft zur Auseinandersetzung mit der Vergangenheit wuchs, in dem die medial vermittelte Erinnerungsproduktion nationalstaatliche Diskursschranken überwand und in dem neue erinnerungspolitische Akteure auftraten, die für die Berücksichtigung bislang marginalisierter Opfergruppen eintraten, verschoben sich auf diesen Feldern die Möglichkeiten und Notwendigkeiten präsidialen Handelns. Was als unabschließbare Aufgabe bleibt, ist die glaubwürdige Verkörperung jener Bereitschaft, aus der Vergangenheit zu lernen, der sich die Gründung der Republik verdankt.

ANHANG

Nachwort

Mit den Bundespräsidenten der Bonner Republik nimmt dieses Buch sechs Persönlichkeiten in den Blick, die den Weg und den «Stil» der bundesdeutschen Auseinandersetzung mit der NS-Vergangenheit wesentlich mitgeprägt haben. Zugleich ist es selbst Teil jenes unabgeschlossenen und unabschließbaren Prozesses gesellschaftlicher Selbstaufklärung, von dessen – von heute aus gesehen – reichlich erster Hälfte es handelt. Es verdankt sich der Initiative des gegenwärtigen Bundespräsidenten. Nicht, dass es sonst nicht hätte geschrieben werden können; aber angesichts der Fülle denkbarer Themen und Aufgaben, die auf die zeitgeschichtliche Forschung warten, wurde aus der theoretischen Möglichkeit, den Umgang der Bundespräsidenten und ihres Amtes mit der Erbschaft des «Dritten Reiches» zu untersuchen, ein reales Vorhaben erst aufgrund der Entscheidung von Dr. Frank-Walter Steinmeier, Mittel für die dazu notwendigen Recherchen in Archiven und Bibliotheken bereitstellen zu lassen.

Am Ende eines zweistufigen Auswahlverfahrens, bei dem sich das Bundespräsidialamt der Expertise einer Reihe von Kolleginnen und Kollegen bediente, wurde ich im Coronasommer 2020 mit dem Projekt betraut; gegen dessen Ende, im Januar dieses Jahres, schenkte mir besagte Expertengruppe auf Einladung des Fachreferats Historische Grundsatzfragen im Bundespräsidialamt einen Nachmittag lang ihre Aufmerksamkeit und ihren Rat; ich bedanke mich dafür bei Dr. Thomas Hertfelder, Prof. Dr. Michael Hollmann, Prof. Dr. Gabriele Metzler und Prof. Dr. Sybille Steinbacher.

Im Bundespräsidialamt haben mein Projektteam und ich die Hilfsbereitschaft vieler freundlicher Menschen erfahren, denen dafür mein Dank gebührt. Namentlich nennen möchte ich Ministerialdirektor Dr. Oliver Schmolke, Ministerialrat Dr. Heiko Holste, Laura Meier-Ewert, Ministerialrätin Claudia Spoerhase sowie die Amtschefin Staatssekretärin Dr. Dörte Dinger.

Von elementarer Bedeutung für unser Vorankommen unter den Bedingungen der Pandemie war die Unterstützung durch die Mitarbeiterinnen und Mitarbeiter der von uns besuchten oder mit Auskunftsersuchen kontaktierten Archive und Bibliotheken; es waren zu viele, als dass an dieser Stelle allen namentlich gedankt werden könnte. Hervorheben darf ich aber Frau Dr. Thekla Kleindienst im Bundesarchiv Koblenz, die uns in großzügigster Weise geholfen und mit ihrem ungeheuren Spezialwissen durch die relevanten Bestände geführt hat. Ebenfalls zu besonderem Dank verpflichtet fühle ich mich Prof. Dr. Elke Freifrau von Boeselager, die uns trotz der Corona-Beschränkungen mit Unterlagen aus den Beständen des Politischen Archivs des Auswärtigen Amts versorgt hat, sowie Michael Langgärtner, dem Leiter des Dokumentations- und Informationszentrums München, der in vielfältiger Weise mit schwer zu eruierendem Pressematerial behilflich war.

In Jena danke ich den mit dem Drittmittelvorhaben befassten Damen und Herren der Universitätsverwaltung und Annett Scheundel, meiner langjährigen Mitarbeiterin im Lehrstuhlsekretariat. Für die kritische Lektüre und Kommentierung von Teilen des Manuskripts gilt mein Dank Dr. Roman Birke, Prof. Dr. Jacob Eder und Prof. Dr. Dietmar Süß; PD Dr. Tim Schanetzky danke ich für die Überlassung seiner Quellensammlung zum Schülerwettbewerb «Deutsche Geschichte um den Preis des Bundespräsidenten». Für sein frühes Interesse an dem geplanten Buch und viel guten Rat weiß ich mich im Verlag C.H.Beck in der Schuld von Dr. Detlef Felken und seinem stets freundlich-geduldigen Team im Cheflektorat, ebenso Ulrike Wegner und ihren Mitarbeiterinnen in der Presseabteilung.

Im September 2021 stellte der Bundespräsident das Forschungsprojekt in Schloss Bellevue der Öffentlichkeit vor; für den anregenden Gedankenaustausch unter seiner Leitung bedanke ich mich auch bei Prof. Dr. h. c. Robert Leicht und Prof. Dr. Sybille Steinbacher.

Schließlich und vor allem gilt mein Dank natürlich den wissenschaftlichen Mitarbeiterinnen und Mitarbeitern im Projekt. Trotz oder vielleicht gerade wegen des großen Zeitdrucks, unter dem die Recherchen und die Mühen der Quellenerschließung standen, wurde aus der aus allen Himmelsrichtungen kommenden, oft nur virtuell zusammengeschalteten Gruppe sehr rasch ein eingespieltes, nimmermüdes Team, mit dem zu arbeiten für mich ein großes Vergnügen war. PD Dr. Claudia Moisel (München) war von der ersten Erkundungsfahrt ins Bundesarchiv nach Koblenz bis zum Schluss dabei und behielt als erfahrene Zeit- und Wissenschaftshistorikerin stets die Übersicht; Dr. Marcel vom Lehn (Berlin) war «unser Mann» bei den Personalrecherchen im Präsidialamt und Experte für die Beschaffung der Audio- und Videoquellen; Dr. Markus Wegewitz (Jena) erwies sich bei der Einrichtung unserer Cloud als der Versierteste und hat in den ersten Monaten besonders den Aufbau der Personendatenbank vorangetrieben; Carmen Behrendt M. A. (Bochum) war die Spezialistin für unsere «Redenbibliothek» und alle «Ordenssachen», denen sie sich auch in ihrer entstehenden Dissertation widmet. Als wissenschaftliche und studentische Hilfskräfte unterstützten uns zeitweise Dr. Felix Ludwig, Roskwa Fiedler und Antonia Flach.

Zuletzt ein Wort in eigener Sache: Dieses Buch greift hier und da auf einige meiner früheren Arbeiten zurück; das ist in den Anmerkungen angezeigt, die insgesamt so knapp wie möglich gehalten sind und sich im Wesentlichen auf den Nachweis direkter und indirekter Zitate beschränken. Über die in der Darstellung entwickelte Argumentation war ich mit den Mitarbeiterinnen und Mitarbeitern des Projekts natürlich immer wieder im Gespräch; sie haben mich nicht nur vor manchem Irrtum bewahrt, ich verdanke ihnen auch wichtige Anregungen. Niedergeschrieben habe ich das Buch in völliger Unabhängigkeit und Freiheit, auch gegenüber dem Bundespräsidialamt. Daraus ergibt sich meine alleinige Verantwortung für die Unzulänglichkeiten und Fehler, die am Ende trotz aller Sorgfalt vermutlich stehengeblieben sind.

Jena, im Frühjahr 2023 — Norbert Frei

Anmerkungen

I. Lernprozesse

1 Dieses und die folgenden Zit. nach der Audiodatei: dbtg.tv/cvid/7229 787; leicht abweichend BT-Protokolle, Gemeinsame Sitzung von Bundestag und Bundesrat, 12.9.1949, S. 9 ff.; auch in: Heuss, Die großen Reden, S. 105–110.

2 In Memoriam, in: Heuss, Die großen Reden, S. 51; Kaiser, Helden, S. 215.

3 Zit. nach der Audiodatei: swr.de/swr2/wissen/archivradio/bundespraesident-theodor-heuss-1949-auf-dem-bonner-marktplatz-100.html; auch in: Heuss, Die großen Reden, S. 110 ff.; Leserbrief L. Werz in: SZ, 25.2.1953, S. 3.

4 Die jüngsten und wichtigsten Arbeiten: Radkau, Heuss; Merseburger, Heuss; Becker, Heuss.

5 Heuss, Tagebuchbriefe, 30.12.1955, S. 121.

6 Berghahn, America and the Intellectual Cold Wars, S. 33 f.; mit anderem Akzent: Boghardt, American Candidate, S. 3 f.

7 Heuss, Machtergreifung, S. 23.

8 Heuss, Politiker und Publizist, S. 317; Merseburger, S. 302 f.

9 Dazu v. a. Radkau, Heuss, S. 179–184; zusammenfassend jetzt Becker, Mit Nazis reden?; das Folgende nach Frei, Wie bürgerlich war der Nationalsozialismus, S. 11 ff.

10 Zit. nach der Audiodatei: HR, HFDB1, KONF.2922054, Gespräch mit dem Bundespräsidenten, 30.1.1958; Jäckel, Einleitung, in: Heuss, Hitlers Weg, S. XLII.

11 Heuss, Hitlers Weg, S. 72.

12 Heuss an Mück, 7.5.1933, in: Heuss, Briefe 1933–1945, S. 151; ähnlich Heuss an Wirth, 4.5., S. 142, an Debatin, 6.5., S. 148 und an Kilpper, 12.6.1933, S. 155.

13 Heuss an Ernst Ludwig Heuss, 10.5.1933, in: Heuss, Briefe 1933–1945, S. 152 f.; Heuss an Edschmid, 13.2.1958, in: Heuss, Briefe 1954–1959, S. 422.

14 Radkau, Heuss, S. 194.

15 Zit. nach Burger, Heuss als Journalist, S. 303.

16 Hans Bott, in: Bott/Leins (Hrsg.), Begegnungen mit Heuss, S. 111.

17 Heuss an Mück, 18.8.1933, zit. nach Burger, Heuss als Journalist, S. 320; zum Folgenden S. 321 ff.

18 Burger, Heuss als Journalist, S. 337.

19 Heuss an Toni Stolper, 6.3.1936, in: Heuss, Briefe 1933–1945, S. 272.
20 Heuss an Stark, 25.2.1941, in: Heuss, Briefe 1933–1945, S. 400.
21 Ich folge hier Burger, Heuss als Journalist, S. 333.
22 Zit. nach der Audiodatei: friedenspreis-des-deutschen-buchhandels.de/alle-preis traeger-seit-1950/1950-1959/carl-jacob-burckhardt; leicht abweichend in: Bulletin, 1.10.1954, S. 1633 f. («Gestalter – Dichter – Staatsmann»).
23 Burger, Heuss als Journalist, S. 392.
24 Rhein-Neckar-Zeitung, 24.10.1945, S. 1 («Anklageschrift Nürnberg»), in: BA, N 1221/47.
25 Vor dem Parlamentarischen Rat, in: Heuss, Die großen Reden, S. 103.
26 Zit. nach Burger, Heuss als Journalist, S. 432 f.
27 Bulletin, 7.5.1955, S. 709 f. («Zehn Jahre der Geduld»).
28 Heuss an Goetz, 16.8.1950, in: Heuss, Briefe 1949–1954, S. 166 f.
29 Baumgärtner, Reden nach Hitler, S. 154 f.
30 Meissner, Staatssekretär; Pöppmann, Weizsäcker, S. 350.
31 Akten zur Vorgeschichte, Bd. 5, 2. und 3. Sitzung des Organisationsausschusses, 17./18.6.1949, S. 627, Zit. S. 637 f., Fn. 74.
32 Pikart, Heuss und Adenauer, S. 163, Fn. 3.
33 Ebenda, S. 87.
34 PAAA, P 1/7380, Personalakte Klaiber, Prüfungsarbeit «Darstellung und Beurteilung des wirtschaftlichen Programms und der wirtschaftlichen Gesetzgebung des italienischen Faschismus», S. 7, 77 und 16.
35 BA, R 9361-IX/20410286, NSDAP-Gaukarteikarte Klaiber. In seinem Entnazifizierungsverfahren gab er fälschlich 1936 statt 1934 als Eintrittsjahr an; StAL, EL 902/20, Bü 16905, Meldebogen, 23.4.1946.
36 StAL, EL 902/20, Bü 16905, Spruchkammerentscheidung Stuttgart-Degerloch, 4.1.1947.
37 BA, N 1221/591, Vorläufige Zuständigkeitsverteilung im BPrA, 11.10.1949.
38 StAM, Spruchkammerakten, K 4657; PAAA, P 14/59537, Personalakte Werz; Conze u. a., Das Amt, S. 553 f.
39 PAAA, P 1/16182, Personalakte Wawretzko bzw. BPrA, Personalakte; BA, R 9361-IX/47040893, NSDAP-Gaukarteikarte.
40 BPrA, Personalakte Bott; BA, N 1221/54, Rundfunkinterview Bott, 23.8.1949; Bott, Heuss in seiner Zeit, S. 4.
41 BA, B 122 ORG, Stellen- und Organisationsplan, 17.7.1951.
42 Frei, Vergangenheitspolitik, S. 172 f.
43 BPrA, Personalakte Einsiedler bzw. Personalkartei; BA, B 122 ORG, Stellen- und Organisationsplan, 17.7.1951; BA, R 9361-IX/7610153, NSDAP-Gaukarteikarte Einsiedler; BAMA, RW 59/2077, Kartei KRO; HUUA, NS-Doz. 2, Nr. ZB II 1214 A. 34, Karteikarte Deutsche Studentenschaft; StAL, K 410 I, Bü 11231, Personalakte Einsiedler.
44 BAMA, PERS 1/10890, Generalstab des Heeres, Beurteilung zum 1.4.1943 bzw. BPrA, Personalakte bzw. Personalkartei Krantz sowie BA, B 122 ORG, Stellen- und Organisationspläne, 1951–1956.
45 Eigene Erhebungen nach: BPrA, Personalakten sowie Personalkartei.
46 Im AA waren in der Aufbauphase rund ein Drittel der Angehörigen des höheren Dienstes ehemalige NSDAP-Mitglieder, im Bundesinnenministerium die

Hälfte (Mai 1950); im Bundesjustizministerium waren zwischen 1949 und 1973 mehr als die Hälfte der Leitungspositionen (90 von 170) mit Ex-Parteigenossen besetzt; Angaben nach Conze u. a., Das Amt und die Vergangenheit, S. 493; Görtemaker/Safferling, Akte Rosenburg, S. 262; Bösch/Wirsching (Hrsg.), Hüter der Ordnung, S. 74.

47 BPrA, Bundeshaushaltsplan 1950, S. 2 bzw. 1960, S. 3.

48 Es handelte sich um Hans Samel, Gustav-Adolf Funke und Werner Kiewitz. Dazu BPrA, Personalakten; außerdem zu Samel: BA, R 9361-IX/36311573, NSDAP-Gaukartei- bzw. R 9361-VIII/18221516, NSDAP-Zentralkarteikarte; zu Funke: R 9361-II/271464, NSDAP-Parteikorrespondenz, Karteikarte; zu Kiewitz: R 9361-IX/20100605, NSDAP-Gaukarteikarte, StAF, C 5/2 Nr. 31, Personalakte Badische Staatskanzlei 1947–1953 bzw. D 180/7 Nr. 86, Spruchkammer-Sonderakte und F 30/5 Nr. 1253, Wiedergutmachungsakte.

49 BA, R 9361-IX/3380839, NSDAP-Gaukarteikarte Bockmann. Sie selbst hat ihren Parteieintritt auf 1938 datiert, Vorgang in: StAL, EL 902/20, Bü 97801, Spruchkammerverfahren; LASH, Abt. 460.6 Nr. 86, Entnazifizierungsakte.

50 BPrA, Personalakte Bockmann, Zeugnis Botschafter a. D. Woermann, 29.8.1953, Bescheinigung UStS z.Wv. Hencke, 10.8.1956.

51 BPrA, Personalakten bzw. Personalkartei Waltraut S., Dora W., Katharina G., Martha S., Margarete R.

52 Der gesamte Vorgang in: BPrA, Personalakte Christel D.; BA, B 122/38812 bzw. 38824, Erstauszeichnung, 18.3.1969 bzw. Höherstufung, 28.6.1974.

53 Baumgärtner, Reden nach Hitler, S. 184–209; Brenner/Frei, Konsolidierung, S. 238 f.; Neue Zeitung, 9.12.1949, S. 1 («Offene Worte des Bundespräsidenten») und S. 5 («Tatbestände, die wir nicht vergessen dürfen»).

54 Dieses und die folgenden Zit. nach der Audiodatei: SWR, HFDB, W0204573; Broschüre leicht abweichend in: BA, N 1221/2; Hervorhebung in: Heuss, Die großen Reden, S. 113–118.

55 Frei, Von deutscher Erfindungskraft.

56 Buchna, «Liberale» Vergangenheitspolitik, S. 443.

57 Dazu Frei, Vergangenheitspolitik, S. 29–53.

58 New York Times, 27.11.1949 («Heuss Says People Should Feel Ashamed – Promises Full Restitution Aid»); Neue Zeitung, 30.11.1949, S. 5 («Deutschland und Israel»).

59 Brenner/Frei, Konsolidierung, S. 277.

60 Heuss an Gollancz, 14.12.1949, in: Heuss, Briefe 1949–1954, S. 121 f.

61 Dazu Frei, Vergangenheitspolitik, S. 181 f.

62 Zit. nach der Audiodatei: SWR, HFDB, W0453456, Rundfunkansprache zur Kriegsgefangenenfrage; auch in: BA, N 1221/2.

63 Ich folge hier meiner Darstellung in: Frei, Vergangenheitspolitik, Teil II; Zit. ebenda, S. 180, Fn. 57.

64 BA, N 1221/290, Heuss an Freudenberg, 29.12.1949.

65 Zit. nach der Audiodatei: WDR, HFDB1, K000408140; auch in: Sternberger (Hrsg.), Reden, S. 11–15, Hervorhebungen im Original.

66 Heuss an McCloy, 21.9.1950, zit. nach Conze u. a., Das Amt, S. 433.

67 Merseburger, Heuss, S. 345 f.
68 BA, B 122/646, Felix Olpp an Heuss, 23.11., Antwort Heuss, 25.11.1950.
69 Dazu meine Darstellung in: Frei, Vergangenheitspolitik, S. 297–303; ergänzend Wildt, Generation, S. 578–591 und 785–790.
70 Zit. nach Frei, Vergangenheitspolitik, S. 298, Fn. 135.
71 BA, B 122/650, Heuss an Conant, 25.8.1955 bzw. Frei, Vergangenheitspolitik, S. 301.
72 So z.B. BA, B 122/644, Heusinger an Klaiber, 31.1.1953; BA, B 122/646, v. Choltitz an Klaiber, 12.3.1954.
73 So in den Fällen des im Oradour-Prozess zum Tod Verurteilten «jungen Elsässers» Georg René Boos, des ehemaligen Straßburger Oberbürgermeisters Robert Ernst, des ehemaligen Heilbronner Oberbürgermeisters Gültig und des gebürtigen Heilbronners Karl Drautz, der als Angehöriger der KZ-Wachmannschaft Natzweiler angeklagt war; Vorgänge in: BA, B 122/646.
74 BA, B 122/56, Klara Blobel an Heuss, 1.2.1951.
75 Frei, Vergangenheitspolitik, S. 226.
76 BA, B 122/56, Margot Schmidt an Heuss, 15.5.1951.
77 BA, B 122/644, Heuss an Handy, 23.2. bzw. an Wurm, 26.2.1951; zum Kontext Frei, Vergangenheitspolitik, S. 224–231.
78 Kaiser, Helden, S. 269; Bulletin, 20.11.1952, S.1597 f. («‹Unser Opfer ist Eure Verpflichtung: Frieden!›»).
79 Zahlen nach: Stiftung Niedersächsische Gedenkstätten (Hrsg.), 70. Jahrestag der Befreiung, S. 12.
80 Die Unterlagen des BPrA zur Belsen-Rede in: BA, B 122/2082 bzw. 2083 («Folgen des NS-Regimes, Jüdische Friedhöfe»).
81 BA, N 1221/307, Heuss an Baeck, 3.12.1952; B 122/2080, Marx an Heuss, 10.12.1951, Heuss an Goldmann, 27.7.1959; Heuss, Tagebuchbriefe, 30.4.1958, S. 328; zum Folgenden Baumgärtner, Reden nach Hitler, S. 232–256; Schilderung von Heuss in: Klaiber an Küster, 8.4.1953, in: Heuss, Briefe 1949–1954, S. 436 f.
82 NA, FO 371 98020, Ward an Allen, 13.11.; Kirkpatrick an Roberts, 24.11.1952.
83 BA, B 122/2082, Materialübersicht Werz an Heuss, 22.11.1952.
84 Goschler, Schuld und Schulden, bes. S. 144 ff.
85 Dieses und die folgenden Zit. nach der Audiodatei: NDR, HFDB1, KONF.646988; Manuskript in: BA, B 122/2082; Abdruck in: Allgemeine Wochenzeitung der Juden in Deutschland, 5.12.1952, S. 3, 5.
86 NA, FO 371 98020, Henderson an Kirkpatrick, 5.12.1952.
87 Dieses und die folgenden Zit. nach Audiodatei: NDR, HFDB1, KONF.646988; auch in: Bulletin, 2.12.1952, S. 1655 f. («‹Diese Scham nimmt uns niemand ab!›»).
88 Marx, Vorwort, in: Heuss, An und über Juden, S. 10 f.
89 Zit. nach der Videodatei: hannah-arendt.info/der-mensch-hannah-arendt/; leicht abweichend: Hannah Arendt, in: Gaus, Zur Person, S. 25.
90 Unternehmensarchiv Bertelsmann, Ariola Sonopress, Schallplatte «Das Mahnmal»; Neue Zeitung, 1.12., S. 1 («Heuss weiht Mahnmal für die Opfer des Konzentrationslagers Bergen-Belsen ein») und Abdruck 6./7.12.1952, S. 5 («‹Tapfer

gegenüber der Wahrheit›»); Allgemeine Wochenzeitung der Juden in Deutschland, 5.12.1952, S. 1, 3, 5; weitere Pressereaktionen in: BA, B 122 ANH/1.

91 BA, B 122/2083, Hamburger Abendblatt, 1.12.1952; hier auch Zuschriften: C.D. an Heuss, 10.12.1952, Antwort Heuss, 8.1.1953; Heuss an Dr.K.L., 9.12.; ähnlich an Frau E.G., 4.12.; an H.J.G., 15.12.1952.

92 BA, B 122/2083, Kaisen an Heuss, 1.12., Antwort Heuss, 3.12.1952; Antwort auch in: Heuss, Briefe 1949–1954, S. 386 f.

93 BA, B 122/2082, Marx an Werz, 17.11.1952; B 122/2080, Marx an Heuss, 28.3.1953.

94 Falk Wiesemann: Karl Marx, in: NDB 16 (1990), S. 346 f.; Geller, Jews in Post-Holocaust Germany, S. 195–199.

95 Brenner/Frei, Konsolidierung, S. 242 f.

96 Allgemeine Wochenzeitung der Juden in Deutschland, 23.9.1949, S. 5 («Die Glückwünsche der Bundesregierung an alle Juden in Deutschland zum Neuen Jahre»); leicht abweichend in: Heuss, An und über Juden, S. 113.

97 BA, B 122/2083, Marx an Heuss, 18.1., Antwort Werz, 23.1., Aufzeichnung Werz, 23.2.1950.

98 Zit. nach Grossmann/Lewinsky, Zwischenstation, S. 146.

99 Zit. nach Brenner/Frei, Konsolidierung, S. 242 f.

100 BA, B 122/2083, Aufzeichnung Werz, 23.02.1950.

101 BA, B 122/2083, Kafka an Heuss, 10.11., Antwort Heuss, 20.11.1952, Herzberg an Heuss, 25.12.1949.

102 Entsprechende Korrespondenzen in: BA, B 122/2083 bzw. 2080.

103 BA, B 122/2083, Generalkonsul New York an Heuss, 28.5., Vermerk Werz, 23.6.1951.

104 Zusammenfassend dazu: Brenner/Frei, Konsolidierung, S. 242–249; Merseburger, Heuss, S. 477.

105 BA, B 122/38806, Müller-Jabusch an Klaiber, 19.6., Antwort Klaiber, 29.6.1953.

106 Aufbau, 23.10.1953, S. 5 f. («Ein Brief von Theodor Heuss»); Vorgang in: BA, B 122/38806; Allgemeine Wochenzeitung der Juden in Deutschland, 23.10.1953, S. 5 («Bundespräsident Heuss an Manfred George»).

107 BA, B 122/38806, George an Heuss, 1.9., Antwort Heuss, 8.9.1959.

II. Souveränitätsgewinne

1 Dazu ausführlich Merseburger, Heuss, S. 487–491.

2 BA, N 1221/320, Heuss an Toni Stolper, 29.7.1954; dort auch die folgenden Zit.

3 Dazu und zum Folgenden Baumgärtner, Reden nach Hitler, S. 299–333, hier S. 299.

4 BA, N 1221/320, Heuss an Reinhold Maier, 22.7.1954.

5 BA, B 122/622, Neues Programm für den Berliner Besuch des Herrn Bundespräsidenten, 16.–20.7.1954; BA, N 1221/321, Heuss an Toni Stolper, 13.8.1954.

6 Heuss, Tagebuchbriefe, 6.11.1957, S. 278; Heuss an Schäffer, 7.7.1958, in: Heuss, Briefe 1954–1959, S. 459 f.

7 Dazu und zum Folgenden Frei, Erinnerungskampf, hier S. 147 f.
8 Alle folgenden Zit. aus der Rede nach der Audiodatei: NDR, HFDB1, KONF.647225; Hervorhebung in: Bulletin, 20.7.1954, S. 1188 ff. («Bekenntnis und Dank»).
9 Stern, Fünf Deutschland, S. 270.
10 Baumgärtner, Reden nach Hitler, S. 307; zu Speidel: ebenda, S. 317 und BA, N 1221/320, Heuss an Speidel, 28.7.1954 sowie Heuss an Leins, 16.7. und 21.7.1954; Redemanuskript in: BA, N 1221/12.
11 IfZ, ID 103/205, Aktennotiz, 4.5.1954.
12 Bulletin, 19.7.1952, S. 927 («Zum 20. Juli 1944»).
13 Dazu ausführlich Frei, Vergangenheitspolitik, S. 326–360.
14 Baumgärtner, Reden nach Hitler, S. 305.
15 Auch durch die späteren Biographien (Kap. 1, Anm. 4) nicht überholt: Heß, Widerstand.
16 Zit. nach Baumgärtner, Reden nach Hitler, S. 327; dort auch das Folgende.
17 BA, B 122/2079, Ursula Backe an Heuss, 26.7., Antwort Bott, 2.8.1954; Antwort auch in: Heuss, Briefe 1949–1954, S. 575.
18 Heuss an Luise Gürtner, 30.7.1954, in: Heuss, Briefe 1949–1954, S. 572 f.; BA, B 122/2079, Gürtner an Heuss, 27.7.1954.
19 So vor allem die Beiträge von Hans Mommsen und Hermann Graml, in: Schmitthenner/Buchheim (Hrsg.), Widerstand.
20 SZ, 12.9.1951, S. 3 («‹Dieser Staatsfeiertag ist nur ein Provisorium›»); Heuss an Heile, 12.1., an Altmaier, 1.4.1953, in: Heuss, Briefe 1949–1954, S. 405–409 bzw. S. 435 f.; Manfred Klaiber, in: Bott/Leins (Hrsg.), Begegnungen mit Heuss, S. 172; Radkau, Heuss, passim; Frei, Vergangenheitspolitik, S. 395 f.
21 Heuss an Erhard, 6.4.1950, in: Heuss, Briefe 1949–1954, S. 146.
22 Heuss an Knapp, 10.10.1916, in: Heuss, Briefe 1892–1917, S. 500.
23 Frankfurter Zeitung, 31.5.1942, S. 4 («Ein Areopag des Geistes») (Kürzel r. s.); Heuss an Meinecke, 10.10.1950, in: Heuss, Briefe 1949–1954, S. 188, Fn. 7.
24 Heuss an Meinecke, 10.12.1950, in: Heuss, Briefe 1949–1954, S. 189.
25 BA, N 1221/607, Heuss an Littmann, 14.12.1950; auch Rothfels, Heuss, S. 421.
26 Heuss an Einstein, 10.1.1951, in: Heuss, Briefe 1949–1954, S. 200 ff.
27 AEA, 34–427, Einstein an Heuss, 16.1.1951.
28 BA, N 1221/607, Helmuth Scheel an Littmann, 22.2.1952.
29 Vorgang in: BA, B 122/2319 sowie 38252.
30 Meinecke an Heuss, 7.6.1952, zit. nach Rothfels, Heuss, S. 422.
31 Heuss an Schröder, 5.8.1954, in: Heuss, Briefe 1949–1954, S. 578; BA, N 1221/320, Heuss an Benecke, 24.7.1954.
32 Heuss an Adenauer, 3.8.1951, in: Heuss, Briefe 1949–1954, S. 262 und 264, Fn. 23.
33 Kabinettsprotokolle 1951, 2.8.1951, TOP 8.
34 Kabinettsprotokolle 1951, 28.8., TOP 10 bzw. 7.9.1951, TOP 1 und 2.
35 Gesamtvorgang in: BA, N 1221/585; BPrA, OK/1/02a, Früher verliehene Orden und Ehrenzeichen, Grundsatz und OK/1/00, Ordensgesetz; Heuss/Adenauer, Briefwechsel, S. 84–88.
36 Gesetz über Titel, Orden und Ehrenzeichen, 26.7.1957, BGBl. Teil I, Nr. 37, 1957, S. 844–847; Rothfels, Heuss, S. 414–419, Zit. S. 418.

37 Mende, Freiheit, S. 410 f.; Erich Mende, in: Gaus, Zur Person, S. 151; FAZ, 10.5.1958, S. 3 («Großer Zapfenstreich im Schloss Augustusburg»).
38 SZ, 12.9.1951, S. 3 («‹Dieser Staatsfeiertag ist nur ein Provisorium›»).
39 Erlass über die Stiftung des «Verdienstordens der Bundesrepublik Deutschland», 7.9.1951, BGBl. Teil I, Nr. 37, 1951, S. 831; Hervorhebungen von mir.
40 Statut des «Verdienstordens der Bundesrepublik Deutschland», BGBl. Teil I, Nr. 37, 1951, S. 834.
41 BA, B 122/38544, Vorschlagslisten Hessen, Nr. 1a, 19.9.1951.
42 Die Zeit, 27.9.1951, S. 2 («Bergmann Franz Brandl»); Hamburger Abendblatt, 20.9.1951, S. 1 («Das Lied vom braven Mann»); SZ, 20.9.1951, S. 1 («Heuss verleiht erstes Bundesverdienstkreuz»).
43 SZ, 7.12.1951, S. 2 («Ehard überreichte Verdienstorden»).
44 BPrA, Ordensdatenbank bzw. -kartei; Bundesanzeiger, 29.12.1951, S. 4 f. (Bekanntgabe der Ordensverleihungen).
45 Klaiber an Ehard, 8.12.1951, in: Heuss, Briefe 1949–1954, S. 294.
46 BPrA, OK/3/08, Statistik, Köble an Pressereferat, 27.11.1975; Ottinger, Orden und Ehrenzeichen, S. 61–67.
47 BPrA, OK/3/00, Grundsatzfragen 1951–1969, Vorläufige Richtlinien für die Verleihung des Verdienstordens der Bundesrepublik Deutschland, 22.11.1951.
48 BPrA, Ordensdatenbank bzw. -kartei; Heuss an Löbe, 20.12.1951, in: Heuss, Briefe 1949–1954, S. 296 f.; Rolf Geiger/Jürgen Lindner/Frank Wörner: 50 Jahre Verdienstorden der Bundesrepublik Deutschland, in: Orden und Ehrenzeichen 3 (2001) 14, S. 4–49, hier S. 29; auch in: BPrA, OK/031/20, Ordensstatut, 8.12.1955, einschl. Änderungen.
49 Heuss an Adenauer, 30.1.1952, in: Heuss/Adenauer, Briefwechsel, S. 103 f.
50 Lenz, Tagebuch, S. 202; Radkau, Heuss, S. 344.
51 BayHStA, StK 19801, Ehard an die Staatsministerien, 12.12.1951.
52 BPrA, OK/3/00, Grundsatzfragen 1951–1969, Klaiber an die Ministerpräsidenten der Länder, 17.3.1954; Krantz, Orden und Ehrenzeichen, S. 32.
53 BA, B 122/38881, Vorschlagslisten Bundesministerium für Wirtschaft, Nr. 1, 19.12.1951.
54 Berghahn/Friedrich, Otto A. Friedrich, S. 35 f.
55 Klaiber an Ehard, 8.12.1951, in: Heuss, Briefe 1949–1954, S. 293–296.
56 Vorgang in: B 122/38617; Gegenüberlieferung: BayHStA, StK 19817; Lenz, Tagebuch, S. 703; Frei u. a., Flick, S. 641.
57 Der Spiegel, 7.7.1954, S. 26 («Personalien»).
58 Das Folgende in: B 122/38510, Koordinierungsrat an Heuss, 31.7., v. Brentano an Heuss, 15.7.; Antwort Heuss, 21.7.1954, auch in: N 1221/320.
59 Raim, Akademie, S. 17 und 143.
60 Bott an Langeheine, 8.12.1958, in: Heuss, Briefe 1954–1959, S. 490 f.
61 Vorgang in: BA, B 122/38480, Vorschlagslisten Bayern, Nr. 415, 26.1.1966.
62 BA, B 122/38895, Vorschlagslisten Bundeskanzleramt, Nr. 40, 8.8.1958 bzw. Nr. 54, Oktober 1963; zu Nr. 54 einzelne Zuschriften sowie Stuttgarter Zeitung, 17.10.1963 («Verdienste»); NDR-Magazin «Panorama», 20.4.1964, Videodatei: daserste.ndr.de/panorama/archiv/1964/-,panorama10270.html.
63 So z. B. BA, B 122/38805, Heuss an Arnold, 21.11.1953.

64 Die folgenden Vorgänge in: BA, B 122/38805, Vorschlagslisten Bundespräsident, Nr. 17, 8.3.1955 bzw. 7, 12.5.1953.

65 Allgemeine Wochenzeitung der Juden in Deutschland, 1.4.1955, S. 1 («Belohnte Treue»).

66 Statut des «Verdienstordens der Bundesrepublik Deutschland», BGBl. Teil I, Nr. 37, 1951, S. 832.

67 BA, B 122/38729, Heuss an Krekeler, 26.7.1957; DLA, A: Reifenberg, Bott an Reifenberg, 15.8.1955.

68 Exemplarisch: BA, B 122/38729, Vorschlagslisten Auswärtiges Amt, Nr. 1009 a-f; BPrA, OK/3/00, Grundsatzfragen, Aufzeichnung Kiewitz, 22.8.1956.

69 BA, B 122/38511, Kiewitz an Klein, 16.1.1957.

70 BA, N 1221/430, Heuss an Willy Andreas, 2.5., Antwort Andreas, 9.5.1955.

71 Zum Folgenden Merseburger, Heuss, S. 559 ff.; Heuss, Tagebuchbriefe, bes. S. 47, 71, 94, 185, 228, 236, 315.

72 DLA, A: Zuckmayer, 1954–1963, Heuss an Zuckmayer, 14.12.1955.

73 SZ, 25./26.5.1957, S. 46 («Im Pantheon der Dichter und Denker»); Heuss, Tagebuchbriefe, 28.5.1956, S. 182 f.

74 BA, N 1221/429, Heuss an Adorno, 13.8.1956.

75 Heuss, Maßstäbe, in: Die großen Deutschen, Bd. 1, S. 9–17, Zit. S. 10 und 17.

76 Die Zeit, 19.4.1956, S. 5 («Wer ist ein großer Deutscher?»).

77 Heuss, Tagebuchbriefe, 5.3.1958, S. 315.

78 Vorgang in: BA, N 1221/428; Hans W. Hagen: Heuß, Heimpel und Herostratos. Kritische Einwände und Gedanken zur Neuausgabe der Biographiesammlung «Die Großen Deutschen» im Propyläen-Verlag zu Berlin, in: Klüter Blätter 9 (1958) H. 1, S. 9–16; Erwiderung Heuss, 20.2.1958 bzw. Antwort Hagen, in: ebenda, H. 3/4, S. 9–12 bzw. 14 ff.

79 Zum Folgenden grundlegend Günther, Heuss auf Reisen.

80 BA, B 122/539, Staatsbesuch in Griechenland, 14.–22.5.1956.

81 Heuss, Tagebuchbriefe, S. 175–181; dort auch die folgenden Zit.

82 PAAA, B 26/17, Informationsmaterial für den Staatsbesuch des Herrn Bundespräsidenten, 4.5.1956.

83 Fleischer, Kriegsverbrecherfrage, S. 494.

84 BA, B 122/539, Erwiderung des Herrn Bundespräsidenten auf die Begrüßungsansprache Seiner Majestät, 15.5.1956.

85 BA, B 122/539, Notiz v. Heyden über ein Gespräch Heuss-Kordt, 30.1.1956; B 122/537, v. Heyden an Knoke, 25.1.1956; Günther, Heuss auf Reisen, S. 49 f., nimmt irrtümlich an, es habe einen Besuch in Kalavrita gegeben.

86 BA, B 122/539, Informationsmaterial AA, 21.4.1956 («Griechenland unter deutscher Besetzung im II. Weltkrieg»); Fleischer, Nachkrieg, S. 108 f.

87 Fleischer, Nachkrieg, S. 245.

88 BA, B 122/539, Betz an AA, 19.5.1956.

89 SZ, 22.5.1956, S. 3 («Blumen und Beifall für Heuss in Hellas»).

90 BA, B 122/537, v. Heyden an v. Trützschler, 15.05.1956.

91 Ebenda, Ehrengard Schramm-v. Thadden an Kiewitz, 22.2.1956.

92 SZ, 22.3. (Fernausgabe) bzw. 17.5.1956, S. 1.

93 BA, B 122/551, Aufzeichnung Heuss, 6.12.1957, auch zum Folgenden.

94 Prauser, Fosse, S. 299 ff.

95 Il Messaggero, 21.11.1957, S. 1.
96 Heuss, Tagebuchbriefe, 19.11.1957, S. 283.
97 BA, B 122/551, Aufzeichnung Heuss zum Italienbesuch, 6.12., Klaiber an Heuss, 9.12.1957.
98 Vorgänge in: BA, B 122/21458, Kriegsverurteilte in Italien, Einzelfall Herbert Kappler.
99 BA, B 122 ORG, Organisationspläne 1955 und Oktober 1957; StAM, Spruchkammerakten, K 4377.
100 PAAA, P 14/50012, Personalakte v. Heyden.
101 Bohr, Kriegsverbrecherlobby, S. 105.
102 BA, B 122/551, v. Heyden an Klaiber, 8.10.1957.
103 Ebenda, v. Heyden an Max Bürck, 18.1.1958; Klaiber an BPrA, 15.7.1957.
104 Günther, Heuss auf Reisen, S. 134–143; Bulletin, 29.5., S. 961 bzw. 7.6.1958, S. 1021 ff. («Staatsbesuche des Bundespräsidenten in Kanada und den USA» bzw. «Zeichen deutsch-amerikanischer Freundschaft»); Aufbau, 27.6.1958, S. 36 («Von der Vergangenheit deutscher und jüdischer Zusammenarbeit»); zu Stone bzw. Goldmann: Heuss, Tagebuchbriefe, S. 327 bzw. 330; B 122/494, Goldmann an Heuss, 10.7.1958 sowie B 122/495, Programm, Juni 1958 bzw. 27.5.1958.
105 Vorgang in: BA, B 122 ANH/55; B 122/38734, Vorschlagslisten Auswärtiges Amt, Nr. 1518 bzw. Verleihungsurkunde, 5.8.1959; Neufeld, Braun, S. 417.
106 Heuss an Moritz Julius Bonn, 28.10.1954, in: Heuss, Briefe 1954–1959, S. 115 f.
107 Bulletin, 22.10.1958 S. 1946 f. («Erneut die Bande der Freundschaft und des Friedens schmieden»).
108 Vorgang in: BA, B 122/5525; SZ, 13.11.1958, S. 18 («Cassandra und die Teutonen»).
109 Zit. nach Günther, Heuss auf Reisen, S. 154.
110 BA, B 122/543, Typoskript Rede Heuss, 22.10.1958.
111 Merseburger, Heuss, S. 381; Radkau, Heuss, S. 451 ff.
112 Bulletin, 3.1.1959, S. 1 f., 4, hier S. 2 («Berlin – eine europäische Position»); Heuss an v. Brentano, in: Heuss, Briefe 1954–1959, 31.10.1958, S. 484 ff.
113 Heuss, Tagebuchbriefe, 25.10.1958, S. 359.
114 Heuss an Heimpel, 28.10.1958, in: Heuss, Briefe 1954–1959, S. 483 f.; Hervorhebungen im Original; Lehn, Historiker, S. 63.
115 SZ, 19.9., S. 2 («Betriebsausflüge») bzw. SZ am Wochenende, 20./21.9.1958, S. 1 («Rheinischer Betriebsausflug mit dem Chef»); Heuss, Tagebuchbriefe, 14.9.1958, S. 338.
116 Stand Juni 1959; im August 1950 sagten dies 42%, im Januar 1953 52% der Befragten; Noelle-Neumann/Neumann (Hrsg.), The Germans, S. 235.
117 PAAA, P 14/55928, Personalakte Röhrig; StAM, Spruchkammerakten, K 4088; BA, R 9361-IX/35281435, NSDAP-Gaukarteikarte; BA, R 3001/72593, Reichsjustizministerium, Personalakte; BA, B 122 ORG, Übersicht über die Personalanforderungen des Bundespräsidialamtes zum Entwurf des Bundeshaushaltsplans 1959; Heuss, Tagebuchbriefe, 1.4.1958, S. 320.
118 Heuss, Tagebuchbriefe, 1.5.1956, S. 171; zum Kontext Radkau, Heuss, S. 341.

119 Aufbau, 24.3.1950, S. 1 f. («Ein Faux Pas des Herrn Heuss»).
120 BA, B 122/644, Kramer an Heuss, 26.3., Antwort Heuss 17.4.1950, in der Anlage Zeitungsausschnitt «Ein Faux Pas des Herrn Heuss»; Heuss, Tagebuchbriefe, 28.4.1958, S. 327.
121 Deutsche Woche, 12.3.1952, S. 1 («Von Ribbentrop zu Heuss: Judenreferent als Bundespräsidialchef»).
122 SZ, 15.2.1952, S. 2 («Ribbentrop sollte gestürzt werden»); Deutsche Woche, 26.3.1952, S. 3 («Bundespräsident Dr. Heuss schreibt der ‹Deutschen Woche›. Ein Briefwechsel um Dr. Klaiber, Chef der Bundespräsidialkanzlei»).
123 juedische-allgemeine.de/politik/kein-schlussstrich-2/; Conze u. a., Das Amt, S. 15; VEJ, Bd. 14, S. 43–46; PAAA, P 1/7382, Personalakte Klaiber.
124 Braunbuch, S. 268.
125 Neues Deutschland, 15.3.1956, S. 2 («Nazi Klaiber wird Adenauer-Botschafter»); Vorgang in: PAAA, P 14/51322, Personalakte Klaiber, bes. Notiz Klaiber, 26.3.1956.
126 SZ, 19./20.2.2022, S. 53 («Die letzte Fahrt der ‹Struma›»).
127 HHStAW, Abt. 461, 30691/1-2, Rohwer an Uhse, 30.11.1962 bzw. Gutachten Rohwer, 14.2.1964, S. 36.
128 BA, B 162/21023, Vorermittlungen Zentrale Stelle gegen Klaiber wg. angeblicher Beteiligung an der Versenkung jüdischer Flüchtlingsschiffe, 1959/60; HStAS, EA 4/403 Bü 834, Schriftwechsel der ZStL mit dem Justizministerium Baden-Württemberg, 1959/60; LA NRW R, Gerichte Rep. 195 Nr. 713, Ermittlungsverfahren Bonn gegen Klaiber wegen Beihilfe zum Mord, 1959/61.
129 Neue Zeit, 7.12.1962, S. 2 («Schlagfertiger ‹Avanti›»).
130 Ihrig, Nazi Leaks, S. 114–117.
131 Vorgang in: BPrA, Personalakte Klaiber.
132 BA, R 9361-IX/3200361, NSDAP-Gaukarteikarte Bleek; Stadtarchiv Marburg, 15 Pa 829/1, Personalakte Bleek, Fragebogen, 17.6. sowie Lebenslauf, 13.7.1946.
133 Heuss, Tagebuchbriefe, 15.7.1959, S. 453 und 30.11.1958, S. 371 f.
134 Ebenda, 10.4.1960, S. 476.
135 Ebenda, 15.7.1959, S. 453, Hervorhebung im Original.
136 Bulletin, 15.9.1959, S. 1693 f., 1696 («Bundespräsident Theodor Heuss verabschiedet sich»); danach die folgenden Zit.

III. Systemkonkurrenz

1 Dazu wie insgesamt zu diesem Kapitel Morsey, Lübke, hier S. 274.
2 Bulletin, 16.9.1959, S. 1705 ff. («Dienst am Wohl des Volkes»).
3 FAZ, 3.7.1959, S. 1.
4 FAZ, 2.7.1959, S. 2 («Der Mann aus dem Volke»).
5 Allgemeine Wochenzeitung der Juden in Deutschland, 2.10.1959, S. 1.
6 SZ, 28.12.1959, S. 1 («Kölner Synagoge von Rechtsradikalen geschändet»), dort auch das folgende Zit.
7 Dazu und zum Folgenden Brenner/Frei, Konsolidierung, S. 274–285.

8 Adorno, Aufarbeitung, S. 125–146.
9 Bulletin, 5.2.1960, S. 224 f. («Künftige Staatsbürger in der Demokratie»); Morsey, Lübke, 325.
10 BA, B 122/4936, Moses an Lübke, 11.1., Antwort Lübke, 25. bzw. 28.1.1960; Bulletin, 5.2.1960, S. 221 f. («Konkurrenzkampf im Sinne der Freiheit und der Menschenwürde»).
11 Zit. nach der Audiodatei: RBB, HFDB1, K021783052, Lübke zu Gast in einem jüdischen Altersheim, 3.2.1960.
12 Vorgang in: BA, N 1221/455 und 456.
13 BA, B 122/4936, Vorlage Welchert, 16.1.1960.
14 Bulletin, 31.3.1960, S. 595 ff. («Menschlichkeit unter allen Menschen»), dort auch die folgenden Zit.
15 Vorgang in: IfZ, ID 103/8.
16 Dieses und die folgenden Zit., sofern nicht anders vermerkt, nach HR, HFDB1, KONF.1572697, Woche der Brüderlichkeit 1961; abweichende Druckfassung in: Bulletin, 10.3.1961, S. 433 ff. («Auch eine deutsch-jüdische Brüderlichkeit»); Vortragsmanuskript in: BA, N 1216/93.
17 FAZ, 6.3.1961, S. 1 («Lübke lobt Bemühungen um deutsch-jüdische Verständigung»).
18 BA, B 122/4936, Aufzeichnung Buchheim, 17.11.1960.
19 FAZ, 22.9.1960, S. 1 («Sinn des Friedenspreises»); Die Welt, 22.9.1960, S. 5, druckte Gollancz' Erwiderung auf die Laudatio («Ich folgte dem Drang meines Herzens»).
20 BPrA, Personalakte Buchheim; BA, N 1216/90, Buchheim an Einsiedler, 17.8.1960, im Anhang «Entwurf einer Laudatio auf Victor Gollancz».
21 Zit. nach der Audiodatei: friedenspreis-des-deutschen-buchhandels.de/alle-preistraeger-seit-1950/1960-1969/victor-gollancz; auch in: Bulletin, 24.9.1960, S. 1733 f., 1736. («Hilfsbereiter und erfolgreicher Anwalt des deutschen Volkes»).
22 Der Spiegel, 28.6.1961, S. 13 f. («Am Arc ohne Hymne»).
23 Vorgang in: BA, B 122/47661, Aufzeichnung Röhrig, 14.3.1961.
24 ACDP, NL Mertes, 01-403, 018/2, Mertes an Jansen, 3.4.1961.
25 Bulletin, 2.8.1963, S. 1197 ff. («Für den Aufbau eines neuen Europa» bzw. «Verpflichtendes Erbe der Märtyrer»); die folgenden Zit., soweit dort vorhanden, nach der Videodatei: NDR, FESAD, F:536, Wochenspiegel, 4.8.1963; ausführlich: SZ, 1.8.1963, S. 1, 17 («Präsident Segni in München» bzw. «Worte der Versöhnung in Dachau»).
26 SZ, 8./9.5.1965, S. 1 f. («Erhard zum 20. Jahrestag der Kapitulation»); auch in: Bulletin, 11.5.1965, S. 641 f. («Ein fester Wille zur Versöhnung»).
27 Im Folgenden zit. nach Audiodatei: NDR, HFDB1, KONF.166966; auch in: Bulletin, 29.4.1965, S. 593 f., 596 f. («Vor dem Mahnmal in Bergen-Belsen»); Typoskript bzw. Planungsunterlagen in: BA, N 1216/121 bzw. B 122/4937; ZDF-Programmhinweis: SZ, 24./25.4.1965, S. 16.
28 BA, N 1216/44, Sehrbrock an Schürholz, 5.2.1965; Morsey, Lübke, S. 102 f. und 388.
29 Morsey, Lübke, S. 425.
30 SZ, 27.4.1965, S. 6 («‹Die Schatten beschwören uns›»).

31 SZ, 26./27.3.1964, S. 1; zum Folgenden: Der Spiegel, 8.4.1964, S. 22–25 («Orden: Soll und Haben»).

32 BA, B 122/38619, Vorschlagslisten Nordrhein-Westfalen, Nr. 904, 17.2.1964.

33 Vorgang in: BA, B 122/38808, Vorschlagslisten Bundespräsident, Nr. 115, 15.12.1962.

34 LA NRW R, NW O Nr. 6723, Winnacker an Kienbaum, 22.1.1964 sowie zahlreiche weitere Empfehlungsschreiben.

35 BA, B 122/644, Heuss an Adenauer, 16.11.1949.

36 Zit. nach Wagner, IG Auschwitz, S. 316; Gutachten Kuczynski, 19.3.1964 («Die Verflechtung von sicherheitspolizeilichen und wirtschaftlichen Interessen bei der Einrichtung und im Betrieb des KZ Auschwitz und seiner Nebenlager»), in: IG-Farben – Auschwitz – Massenmord, S. 130 f.

37 BA, B 122/38619, Sebbel an Ordenskanzlei, 23.3.1964; Der Spiegel, 8.4., S. 23 («Soll und Haben») sowie Neue Rhein Zeitung, 26.3.1964 («Lübke: Orden wieder abgegeben»); Presseecho in: BA, B 106/104082.

38 LA NRW R, NW Pe 7 413, Personalakte Sebbel, hier auch: Ordensverleihung (Bd. 4).

39 BA, B 122/38619, Sebbel an Ordenskanzlei, 23.3.1964.

40 Ebenda, Vermerk Seeger, 26.3.1964.

41 FAZ, 26.3., S. 3 («Das Verdienstkreuz zurückgeben») bzw. 8.4.1964, S. 10 («Unbewältigte Vergangenheit»); SZ, 28./29./30.3.1964, S. 1 («Der Ordensskandal in Bonn»).

42 BA, B 122/38619, Vermerk Seeger, 26.3.1964; zur Wiederwahl Morsey, Lübke, S. 391–403.

43 BPrA, OK/3/00a, Niederschrift, 5.11.1964 bzw. OK/031/31, Prüfung der Ordenswürdigkeit, Rundschreiben Herwarth an die Vorschlagsberechtigten, 5.2. sowie BMI an Oberste Bundesbehörden, 20.2.1965, VS-NfD.

44 New York Herald Tribune, 27.3.1964 («U. S.'s Fault Nazi Received Merit Medal, Bonn Implies. No Notification, Officials Claim»), in: BA, B 122/38619.

45 BA, B 122/38619, Rombach an Köble, 31.3.1964.

46 Ebenda, Oldag Graf Schwerin an Bundespräsidialkanzlei, 30.3.1964; anonyme Zuschrift, Absender «ein anständiger Deutscher», 29.3.1964.

47 BA, B 106/104082, Einsiedler an BMI, 31.3.1964.

48 BA, B 122/38619, Markscheffel an Lübke, 1.4. (Paraphe Lübke 3.4.); Vermerk Einsiedler, 3.4.1964.

49 Der Spiegel, 8.4.1964, S. 25 («Soll und Haben»).

50 BA, B 106/104082, Einsiedler an BMI, 31.3. sowie von Kempis (BMI) an BMJ, 12.8.1964.

51 Ebenda, Wahl bzw. Dallinger (BMJ) an BMI, 27.7. bzw. 10.9.1964.

52 Ordensvorgang in: BA, B 122/38435, Vorschlagslisten Baden-Württemberg, Nr. 1559, 17.5.1966.

53 Heuss an Kranzbühler, 17.6.1950, in: Heuss, Briefe 1949–1954, S. 160–163.

54 HA Krupp, WA 131/7859, Personalakte Bott; LA NRW R, NW O Nr. 48526, handschriftlicher Vermerk Seeger, 12.9.(1961).

55 Vorgang in: LA NRW R, NW O Nr. 48526, Ordensakte Alfried Krupp von Bohlen und Halbach.

56 Raederscheidt an Koch, 11.3.1964, zit. nach der Videodatei: daserste.ndr.de/panorama/archiv/1964/-,panorama10270.html.
57 BPrA, OK/3/08, Statistik, Funke an Noth, 16.5.1964.
58 BPrA, OK/3/08, Statistik, Gesamtverleihungen (o. D.); Bassier/Bickenbach/Laitenberger, Orden und Ehrenzeichen, S. 213.
59 Ottinger, Orden und Ehrenzeichen, S. 70.
60 Vorgang in: LA NRW R, NW O Nr. 6767 bzw. 10898, Ordensakten Günther Altenburg.
61 Vorgang in: BA, B 122/38810, danach die folgenden Zit.; zu Conring jetzt Wegewitz, Antifaschistische Kultur, Kapitel 6; Glienke, NS-Vergangenheit, passim.
62 BA, B 122/38810, Conring an Seyß-Inquart u. a., 31.7.1943.
63 Ebenda, Vermerk Berger, 14.8.1965.
64 Der Spiegel, 14.7.1965, S. 32 («Großes Kreuz»).
65 FAZ, 17. bzw. 18.8.1965, S. 5 bzw. 3 («Conring gibt Verdienstkreuz zurück» bzw. «Prüfung im Fall Conring eingestellt»); BA, B 122/38810, Conring an Lübke, 16.8.1965.
66 BA, B 122/38430, Vorschlagslisten Baden-Württemberg, Nr. 1288, 26.2.1964 bzw. Vermerk Köble, 3.7.1964 (Namensabkürzung im Original).
67 BA, B 122/38480, Vorschlagslisten Bayern, Nr. 420, 18.3., hier Vermerk Einsiedler, 23.3.1966.
68 BA, B 122/38480, Vorschlagslisten Bayern, Nr. 407, 7.10.1965; Vermerk Funke, 7.3.1966 bzw. Köble, 9.12.1965; BayStK, Orden, Listen Nr. 406–409, Vermerk Darré zu Liste 407, 27.12.1965.
69 Miquel, Ahnden, S. 99–122; Morsey, Lübke, S. 337 f.; Görtemaker/Safferling, Akte Rosenburg, S. 283 ff.; Zuschriften in: BA, B 122/4997.
70 Morsey, Lübke, S. 436 f.; Kabinettsprotokolle 1964, 8.4.1964, TOP E; SZ, 20.1.1965, S. 5 («Lübke verweigert die Ernennung eines Bundesrichters»); Der Spiegel, 27.1.1965, S. 21 («Perfekte Hinrichtung»); Der Spiegel, 10.3.1965, S. 54, 68 («Für Völkermord gibt es keine Verjährung»).
71 Vorgang in: BA, B 122/47666, Akte Nr. 7; ACDP, NL Berger, 01-400, 012/1, Persönliche Aufzeichnungen, 8.1.1966.
72 ACDP, NL Berger, 01-400, 026/6, Vermerk Berger, 7.3.1966.
73 Conze u. a., Das Amt, S. 528, 672–678; Der Spiegel, 22.7.1968, S. 24 («Aus der Erinnerung»).
74 Der Spiegel, 17.10.1966.
75 ACDP, NL Berger, 01-400, 026/6, Vermerke Berger, 6. bzw. 7.10.1966; Der Spiegel, 10.10.1966, S. 37 («Widrige Winde»).
76 Das Folgende nach Schrafstetter, Hettlage; Morsey, Lübke, S. 126.
77 BA, B 122/38895, Vorschlagslisten Bundeskanzleramt, Nr. 69, 3.2.1967, Vermerk Köble, 13.1. bzw. Buchheim an Köble, 5.1.1967.
78 Morsey, Lübke, S. 89–132, auch zum Folgenden.
79 Bulletin, 17.4.1963, S. 595 f.; ähnlich BA, N 1386/143, Ms. Wilhelmine Lübke: Heinrich Lübke im Nationalsozialismus, o. D.
80 Die Zeit, 19.7.2007, S. 74 («Der Fall Lübke. War der zweite Präsident der Bundesrepublik Deutschland tatsächlich nur das unschuldige Opfer einer perfiden DDR-Kampagne?»); Wagner, Zwangsarbeit in Peenemünde, S. 15–21; dagegen Staadt, Lübke-Legende, S. 57 und passim.

81 Morsey, Lübke, S. 129; dagegen Wagner, Zwangsarbeit in Peenemünde, S. 20.

82 Vorgang in: BA, B 122/4937; SZ, 1.4.1965, S. 3 («Ehemalige KZ-Häftlinge bei Lübke»); auch bei Morsey, Lübke, S. 130; Stengel, Langbein, S. 522 f.

83 Der Spiegel, 15.9.1959, S. 18 («Die Biographen»); Morsey, Lübke, S. 287; B 122/38184, Vermerk Einsiedler, 24.4.1968.

84 FAZ, 1.7., S. 4 («Die Wahlmänner in Berlin versammelt»); SZ, 2.7.1964, S. 2 («‹Versammlung von Hexenmeistern›»); BA, DY 30/68940, Norden an Ulbricht, 11.1.1965.

85 BA, DP 3/1854, Was verschweigt Heinrich Lübke? Zur Biographie des westdeutschen Bundespräsidenten, S. 10; die folgenden Zit. S. 4, 6, 22.

86 Staadt, Lübke-Legende, S. 57.

87 FAZ, 30.1.1965, S.4 («Neue Ost-Berliner ‹Enthüllungen› über Lübke»); SZ, 30./31.1.1965, S. 5 («Ostberlin attackiert Lübke»).

88 Braunbuch, S. 40 f.

89 Meldungen in: SZ, 3./4.7., S. 6 («Ein ‹Braunbuch› aus Ostberlin»); FAZ, 3.7.1965, S. 3 («‹Braunbuch› aus Ost-Berlin»).

90 SZ, 8.2.1966, S. 3 («Afrika-Politik mit Braunbuch und Rotlicht»); ACDP, NL Berger, 01-400, 026/6, Vermerk 14.10.1966.

91 BA, DP 3/1853, Windisch an Streit, 19.10.1965.

92 Morsey, Lübke, S. 510; Benz/Distel (Hrsg.), Ort des Terrors, S. 392.

93 Der Spiegel, 1.12.1965, S. 40 («Dokumente geprüft»).

94 BA, DP 3/1854, Bundespräsident Lübke baute Hitlers Konzentrationslager, bes. S. 4; Videodatei: DRA, 076813, Internationale Pressekonferenz in Berlin über Heinrich Lübke.

95 BA, DP 3/1850, Angebote an Bonn in Sachen Lübke, o. D.

96 Morsey, Lübke, S. 518 f.; Der Spiegel, 26.9.1966, S. 37 («Ganze Serie»); § 95 StGB wurde später § 90.

97 Morsey, Lübke, S. 519; Der Stern, 27.2.1966 («Sebastian Haffners Meinung. Der Bundespräsident»).

98 Das Folgende nach Morsey, Lübke, S. 516 f.

99 SZ, 16.2.1966, S. 1 («Parteivorsitzende bei Lübke»); BA, N 1216/81, Terminkalender Lübke, 15.2.1966.

100 SZ, 16.2.1966, S. 1 («Bonner Staatsanwaltschaft: Vorwürfe gegen Lübke haltlos»).

101 LA NRW R, Gerichte Rep. 104 Nr. 316, Verfügung Drügh, 25.4.1966.

102 BA, B 122/38186, Vermerk Meyer, 1.9.1966; BPrA, Vermerk Sehrbrock (VS), 1.9.1966; ACDP, NL Berger, 01-400, 031/3, Vermerk, 14.9.1966.

103 Kabinettsprotokolle, 29.9.1966, TOP A Kommunistische Vorwürfe gegen den Bundespräsidenten; ACDP, NL Berger, 01-400, 012/1, Persönliche Aufzeichnungen, 29. September 1966.

104 SZ, 30.9.1966, S. 1 («Bundeskabinett stellt sich vor Lübke»); Bulletin, 30.9.1966, S. 1019 («Die Integrität des deutschen Staatsoberhauptes steht außer Zweifel»).

105 BA, DP 3/1850, Vermerk Foth, 30.9.1966.

106 Der Spiegel, 31.10.1966, S. 44.

107 Der Spiegel, 21.11.1966, S. 26 f. («Lückes Bärendienst»).

108 Das Folgende nach ACDP, NL Berger, 01-400, 012/1, Persönliche Aufzeichnungen, 7.–22.11.1966.
109 ACDP, NL Berger, 01-400, 012/1, Persönliche Aufzeichnungen, 17.2.1967.
110 Zit. nach Morsey, Lübke, S. 482.
111 BA, B 122/38185, Vermerk Wemmer, 29.5.1968; Morsey, Lübke, S. 540.
112 Der Stern, 4.2.1968, S. 16 («Die große Verlogenheit»).
113 Der Stern, 28.1.1968, S. 64–68, 170, 172 («In Sachen Lübke»).
114 ACDP, NL Berger, 01-400, 012/1, Persönliche Aufzeichnungen, 29.1.1968.
115 Morsey, Lübke, S. 475.
116 BA, N 1216/146, Lübke an Kiesinger, 27.2.1968.
117 Zum Folgenden Morsey, Lübke, S. 549–553; ACDP, NL Berger, 01-400, 033/1, Wortlaut der Erklärung des Herrn Bundespräsidenten, 1.3.1968; Audiodatei wortgetreu dem Manuskript: RBB, HFDB1, K006461417, Heinrich Lübke zu den Vorwürfen bezüglich seiner Tätigkeit im Dritten Reich.
118 Bohnsack/Brehmer, Auftrag: Irreführung, S. 59; Staadt, Lübke-Legende, S. 124; gesammelte Beweismittel in: BA, DP 3/1849.
119 Zit. nach Morsey, Lübke, S. 553; vgl. auch S. 196 f.
120 ACDP, NL Berger, 01-400, 012/2, Persönliche Aufzeichnungen, 1.3.1968.
121 Der Spiegel, 11.3.1968 («Treue in Gips»), S. 39; BA, B 122/38187, Rahn an Heinemann (BMJ), 19.3.1968; ACDP, NL Berger, 01-400, 012/2, Persönliche Aufzeichnungen, 4.3.1968.
122 Der Stern, 12.3.1968, S. 16 («Respekt für Heinrich Lübke?») und S. 18–26, 192–195 («Der Mann, der sich nicht erinnern kann»).
123 ACDP, NL Berger, 01-400, 012/2, Persönliche Aufzeichnungen, 24.4.1968.
124 Ebenda, 15.5.1968.
125 Zit. nach Morsey, Lübke, S. 561; dort S. 562 auch das Folgende.
126 Ebenda, S. 553.
127 Zit. nach Morsey, Lübke, S. 567, Fn. 20.
128 SZ, 14./15.6. («Demonstration bei Lübke-Besuch in Göttingen») und 23.6.1969 («Kieler Woche eröffnet. Lübke mit Pfiffen empfangen»), jeweils S. 2.

IV. Machtwechsel

1 AdsD, Dr. Dr. Gustav Heinemann antwortet. Ein Interview und seine Folgen, hrsg. vom Vorstand der SPD. Bonn (1969), S. 3 f., 10 (Strauß), S. 4, 14 f.
2 Dazu und zum Folgenden die beiden jüngsten biographischen Arbeiten: Treffke, Heinemann, bes. S. 29, 70–81; Flemming, Heinemann, S. 10, 93–135.
3 Böll u. a. (Hrsg.), Anstoß und Ermutigung; Braun, Der unbequeme Präsident; Schreiber/Sommer, Gustav Heinemann.
4 Drewitz, Vorwort, in: Bahn-Flessburg, Leidenschaft, S. 9; Senatskanzlei Berlin, Ordensakte Drewitz.
5 Die folgenden Angaben nach Flemming, Heinemann, S. 142 ff., 146 f., 152.
6 Treffke, Heinemann, S. 85.
7 Dagegen Bösch/Wirsching (Hrsg.), Hüter der Ordnung, S. 76 ff.
8 Die folgenden Zit. nach der Audiodatei: DW, HFDB1, K000032951; auch in:

Bulletin, 2.7.1969, S. 748–751 («Freiheitliche Ordnung der Demokratie als großes Angebot»); AdsD, NL Heinemann, 1/GHAA200130, Ansprache 1.7.1969 (Sprechzettel), Hervorhebung im Original.

9 Der Stern, 29.6.1969, S. 16–21 und 125 («Noch einmal tief Luft holen»); Der Spiegel, 29.6.1969 («Ich will den Bürgern nahe bleiben») und 16.3.1969 («Nur jeder Sechste gegen Heinemann»).

10 FAZ, 2.7.1969, S. 1 («Schwieriges Vaterland»).

11 Die folgenden Zit. nach der Audiodatei: WDR, HFDB1, K000231415, Eine Flamme am Brennen halten; RBB, HFDB1, K025346564, Feier am Vorabend des 20.7.1969; leicht abweichend: Bulletin, 22.7.1969, S. 825 ff. («Zeugnis des Ringens um Menschenrecht und Menschenwürde»).

12 So z.B. SZ, 21.7.1969, S. 1 («Warnung vor neuem Nationalismus»), S. 4 («Heinemann gibt einen Ton an»); FAZ, 21.7.1969, S. 3 («Empörung über Schmierereien in Plötzensee»).

13 Manuskriptfassung mit handschriftlichen Ergänzungen in: AdsD, NL Heinemann, 1/GHAA200130a.

14 NDR, HFDB1, KONF.493451, Heinemann im Gespräch mit Harald v. Troschke, 29.1.1969; AdsD, NL Heinemann, 1/GHAA200421, Pressesammlung.

15 Heinemann, Vaterländer, S. 334 («Erklärung des Bundesjustizministers vom 14. April 1968»); auch in: Bulletin, 17.4.1968, S. 393 f. («Achtung vor dem Gesetz und den Grundrechten»).

16 Zit. nach der Audiodatei: WDR, HFDB1, K000384420; Bulletin, 2.9.1969, S. 945 f. («Überzeugende und entschlossene Politik des Friedens»).

17 Die Zeit, 5.9.1969, S. 4 («Von Herzen statt vom Band»).

18 Bulletin, 17.2.1970, S. 203 f. («Die Geschichtsschreibung im freiheitlich demokratischen Deutschland»).

19 Abendzeitung (München), 14./15.2.1970, S. 1.

20 FAZ, 16.2.1970, S. 2 («Geschichtsbewusstsein?»); Alfred Heuß, Verlust.

21 SZ, 22.9.1970, S. 40 («Leute von heute»); Bulletin, 28.6.1974, S. 777 ff. («Die Freiheitsbewegungen in der deutschen Geschichte»); auch in: Heinemann, Allen Bürgern verpflichtet, S. 36–44.

22 Vorgang in: AdsD, NL Heinemann, 1/GHAA200454, Gustav-Heinemann-Preis.

23 Alle vorstehend erwähnten Reden in: Heinemann, Allen Bürgern verpflichtet.

24 Vorgang in: BA, B 122/6989, Bergen-Belsen. Teilnahme am 25. Jahrestag der Befreiung des KZ.

25 BT-Protokolle, 51. Sitzung, 8.5.1970, S. 2567; Abdruck der Rede in: SZ, 9./10.5.1970, 10 f. («Unserer Freiheit einen Inhalt geben»).

26 Die folgenden Zit. nach Bulletin, 9.5.1970, S. 589 f. («Im Bewusstsein der besonderen Verantwortung der Deutschen»).

27 Vorgänge in: IfZ, ID 103/205, Besuch Heuss, 3.5.1954; ID 33/9, Besuch Lübke, 25.5.1960; ID 503/1, Besuch Heinemann, 13.10.1973; ID 506/1 und 104/67, Besuch Scheel, 22.3.1976; ID 33/18 und 104/68, Besuch Weizsäcker, 6.11.1987.

28 Dazu und zum Folgenden ausführlich Drögemöller, Reise; Treffke, Heinemann, S. 199 ff.; Flemming, Heinemann, S. 402–410.

29 AdsD, NL Heinemann, 1/GHAA200297, Transkript BPA/Abt. Nachrichten.
30 Ebenda, Skizze Müller-Gerbes, 11.11.1969.
31 Flemming, Heinemann, S. 140; LA NRW R, NW 1005-G40-71, Entnazifizierungsakte Heinemann, Anlage II zum Personalfragebogen, 8.8.1946.
32 Alle Zit. nach Bulletin, 26.11.1969, S. 1217 f. («Symbol des Dankes und der Wertschätzung für die Niederlande»); SZ, 29./30.11.1969, S. 9 («Nachspiel zum Heinemann-Besuch»).
33 Der Spiegel, 29.6.1970, S. 32 («Ich lasse mich nicht auf ein Trickspiel ein») bzw. 1.12.1969, S. 33 f. («Solche Nachbarn loben wir uns»).
34 SZ, 28.11.1969, S. 4 («Mit Holland im Lot»); FAZ, 27.11.1969, S. 2 («Für uns zum Gewinn»); Die Welt, 27.11.1969, S. 3 («Als das Wort ‹Canossa› fiel, lachten auch die Holländer»).
35 Kirchhoff, Georg Ferdinand Duckwitz.
36 Bulletin, 12.6.1970, S. 805 f. («Fruchtbare Zusammenarbeit zwischen Deutschland und Dänemark»); FAZ, 9.6., S. 3 («Dänemark auf freundlichen Empfang Heinemanns gestimmt») sowie 11.6., S. 1 («Heinemann ehrt Opfer des Widerstands») und 12.6.1970, S. 1 («Hofzeremoniell mit Fallstricken»); SZ, 11.6.1970, S. 2 («Heinemann ehrt Opfer des Widerstands»).
37 FAZ, 23.6.1970, S. 3 («Heinemanns Besuch in Schweden ohne politische Symbolik»).
38 Bulletin, 26.6.1970, S. 865 f. («Enge und vertrauensvolle Beziehungen zwischen Deutschland und Schweden»).
39 Vorgang in: AdsD, 1/DSAB000011, Staatsbesuch in Schweden.
40 AdsD, 1/DSAB000020, Zeitungsausschnitte; SZ, 27./28.6.1970, S. 6 («Heinemann lädt König Gustav ein»).
41 Zit. nach FAZ, 29.6.1970, S. 2 («Viel Gemeinsames»).
42 Bulletin, 11.9.1970, S. 1261 f. («Vertrauensvolle Zusammenarbeit zwischen Deutschland und Norwegen»).
43 SZ, 5.9.1970, S. 8 («Heinemann in Norwegen auf Brandts Spur»).
44 Abendzeitung (München), 12./13.9.1970, S. 37 («Der Versöhnungsbesuch von Bundespräsident Heinemann war ein großer Erfolg»).
45 Hockerts, Wiedergutmachung, S. 192.
46 FAZ, 29.11.1973, S. 5 («Heinemann hält den Kopf hin»); Helmberger, «Ausgleichsverhandlungen», S. 229 f.
47 SZ, 27./28.3.1974, S. 1 («Heinemann ehrt Belgiens NS-Opfer»).
48 Der Spiegel, 10.12.1973.
49 Der Spiegel, 2.6.1969, S. 24 («Lübke solo»). Dagegen wohl irrtümlich Baring, Machtwechsel, S. 130.
50 Die Welt, 12.3.1969, S. 3 («Heinemann und Lübke unter vier Augen»).
51 Baring, Machtwechsel, S. 59.
52 Abendzeitung (München), 15./16.3.1969, S. 2 («NS-Vergangenheit ist nicht erwünscht»); Der Spiegel, 26.5.1969, S. 30 («Gefühl gehabt»).
53 Der Spiegel, 15.6.1970, S. 20 («Ehrenzeichen»).
54 Vorgang in: AdsD, DSAK000033, Persönliche Unterlagen, hier: VS-Vermerk, 24.5.1978.
55 Focus, 12.7.1993, S. 28 f. («Verrat. Das große Zittern. Stasi-Akten aus Moskau werden die größte Verhaftungswelle der Bundesrepublik auslösen»); laut

Auskunft des Bundesamts für Verfassungsschutz vom 8.3.2023 liegen über Dietrich Spangenberg «keine Unterlagen zur Person» vor; zu Peter Spangenberg (Dietrich Spangenbergs Halbbruder) BA, MfS, BV Rostock, AIM 1662/79 Teil I, Bericht Feller, 8.8.1979; zu D. Spangenberg jetzt Ludwig, Prediger, passim.

56 PAAA, Personalakte bzw. BPrA, Personalakte Caspari, Dienstlaufbahn, 28.11.1957.

57 Der Spiegel, 18.9.1972, S. 16 («Vergangenheit bewältigt»).

58 Meyer, SPD und NS-Vergangenheit, S. 249 f.

59 BPrA, Personalakten bzw. Personalkartei, Buhrow und Popitz; BPrA, Personalakte Markscheffel, Markscheffel an Heinemann, 8.7.1969 sowie Vermerk Spangenberg, 8.10.1969; Wiedergutmachungsverfahren in: AdsD, NL Markscheffel, 1/GMAC000010 bzw. LfF, Az. 957 LEG.

60 Christ und Welt, 6.6.1969, S. 4 (Wolfgang Höpker: «Kahlschlag in der Villa Hammerschmidt. Gustav Heinemann bringt eine neue Mannschaft mit»).

61 BPrA, Personalakten bzw. Personalkartei Döring bzw. Ottinger; BA, R 9361-IX/657330, NSDAP-Gaukarteikarte Döring bzw. R 9361-IX/31441341, NSDAP-Gaukarteikarte Ottinger.

62 BPrA, Personalakte Bahn-Flessburg.

63 BPrA, Personalakte Schmidt-Brunschede, Vermerk Schmidt, 10.6.1965.

64 Vorgang in: BPrA, Personalakte Schmidt-Brunschede.

65 Vorgang in: BA, B 122/17735.

66 Der Spiegel, 20.10.1969, S. 24 («Ordens-Ordnung»), dort auch die folgenden Zit.

67 BPrA, OK/3/08, Statistik, Übersicht über die Verleihung des Verdienstordens der Bundesrepublik Deutschland in den Jahren 1971 bis 1985, 10.4.1986.

68 BA, B 122/38821, Anregung Berlin, 23.11.1973, Vorschlagsbegründung Fraenkel; FAZ, 24.12.1973, S. 3 («Ernst Fraenkel 75»).

69 BA, B 122/38821, Vorschlagslisten Bundespräsident, Nr. 386, 26.11.1973, Vorschlagsbegründung Klarmann bzw. Nr. 379, 8.10.1973, Vorschlagsbegründung Jud.

70 Ottinger, Orden und Ehrenzeichen, S. 71; BA, B 122/41867, Hilfe von Verfolgten in der Zeit des Nationalsozialismus, Auszeichnung mit dem Bundesverdienstkreuz.

71 BA, B 122/38821, Willi Daume an Spangenberg, 7.1.1974.

72 Ordensvorgang Höfer und Zuschriften in: B 122/38649, Vorschlagslisten NRW, Nr. 1427, 14.5.1973.

73 Vorgänge in: BA, B 122/28036-28047, Rudolf Heß – Eingaben bzw. B 122/58812-58818, Kriegsverurteilte Deutsche in den Niederlanden und in Italien.

74 BA, B 122/58813, Vermerk Ottinger, 4.11.1971; Bohr, Kriegsverbrecherlobby, S. 258 f.

75 BA, B 122/23481, Wilhelmine Lübke an Goppel, 23.3., 12.6. und 27.6.1974; dies. an Ilse Heß, 11.6. und 27.6.1974 (in der Anlage Überweisungsträger) sowie 3.6.1975.

76 BA, B 122/28035, Zwischenvermerk Ottinger, 2.4. bzw. Heinemann an Poher, Elizabeth II., Nixon, Podgorny, jeweils 4.4.1974.

77 BA, B 122/28035, Elizabeth II. an Heinemann, 29.4.1974; SZ, 27./28.4.1974, S. 6 («Königin Elisabeth antwortet auf Heß-Brief»).

78 BA, B 122/28035, Vermerk Spangenberg, 14.6.1974.

79 Abschied von Heinrich Lübke, in: Heinemann, Allen Bürgern verpflichtet, S. 109 f.; Bulletin, 11.4.1972, S. 721 («Heinrich Lübke †»).

80 Das Folgende nach Baring, Machtwechsel, S. 626–629; AdsD, WBA, A 8/22, Heinemann an Brandt, 13.11.1973.

81 Bulletin, 15.11.1973, S. 1463 («Erklärung des Bundespräsidenten zum Verzicht auf erneute Kandidatur als Bundespräsident»).

82 Zum Folgenden Baring, Machtwechsel, S. 629–637.

83 Baring, Machtwechsel, bes. S. 18; Scheel, Erinnerungen; Schneider, Präsident; Bergmann (Hrsg.), Scheel, S. 11–45; Möller, Machtpolitik.

84 BA, PERS 6/187301, Personalakte Walter Scheel, Luftwaffenkommando Ost, Vorschlag zur Beförderung zum Leutnant (Kriegsoffizier), 10.6.1942; BA, R 9361-VIII/18501266, NSDAP-Zentralkarteikarte Scheel.

85 SZ, 27.11.1978, S. 4 («Kandidat mit Vergangenheit»).

86 LA NRW R, NW 1020/7435, Walter Scheel, Fragebogen, 26.6.1946.

87 Bulletin, 2.7.1974, S. 803–806, hier S. 803 («Vereidigung von Bundespräsident Walter Scheel»); Sternberger (Hrsg.), Reden, S. 210.

88 Bulletin, 23.7.1974, S. 894 f. («Besuch des Bundespräsidenten in Berlin»).

89 Baring, Machtwechsel, S. 21.

90 BPrA, Personalakte Michael Engelhard; AdSD, Depositum Heinz Westphal, 1/HWAG000358, Engelhard an Westphal, 4.1.1993.

91 Der Spiegel, 28.5.1979, S. 32 («‹Zufall, dass er das Amt nicht ruiniert hat›»).

92 ADL, Walter Scheel, N 82–65, Vermerk Frank, 24.1.1975.

93 ADL, Walter Scheel, N 82–72, Tagebucheintrag Wemmer, 9.5.1975; FAZ, 7.5.1975, S. 3 («Vergangenheit und Gegenwart bei der Bonner Gedenkstunde»); Die Welt, 7./8.5.1975, S. 1 («‹Die Deutschen können ihrer Geschichte nicht davonlaufen›»); SZ, 7./8.5.1975, S. 9 f. («Die deutsche Geschichte gehört nur dem, der vor der Welt auch ihre Folgen trägt») bzw. 9.5., S. 1 («Das Streiflicht»).

94 Zit. nach der Audiodatei: WDR, HFDB1, K000361402, Gedenkfeier zum 30. Jahrestag der Kapitulation; Bulletin, 7.5.1975, S. 549–553, hier S. 549 («30. Jahrestag der Beendigung des Zweiten Weltkrieges»); auch in: Sternberger (Hrsg.), Reden, S. 226–235.

95 Bulletin, 7.5.1975, S. 553 f. («Gedenken an den 9. Mai 1945»).

96 Alle Vorgänge in: BA, B 122/15621 und 15622.

97 Bulletin, 2.1.1976, S. 1 ff.

98 Bulletin, 24.9.1976, S. 1049–1953, hier S. 1051 f. («Folgerungen aus der Geschichte für Wert und Würde der Demokratie»); ADL, Walter Scheel, N 82–95, Vermerk Wemmer, 26.7.1976.

99 Bulletin, 27.7.1976, S. 821–824, hier S. 824 («100 Jahre Bayreuther Festspiele») bzw. 29.3.1977, S. 297 ff. («Nationale Identität im Europa von morgen»), zit. nach der Audiodatei: DW, HFDB1, K00002774, Ansprache Scheel zur Eröffnung der Ausstellung «Die Zeit der Staufer».

100 Wie Anm. 91.

101 Bulletin, 9.3.1978, S. 205 f. («Woche der Brüderlichkeit 1978»); Becker, «Hitler-Welle».
102 Bulletin, 10.11.1978, S. 1213 («Mahnung und Verpflichtung des 9. November 1938»); Schmid, Erinnern, S. 337 ff.
103 Carstens, Erinnerungen, S. 521.
104 Dazu detailliert Szatkowski, Carstens, S. 298–304.
105 FAZ, 9.11.1978, S. 1 («Bericht über die Mitgliedschaft von Carstens in der NSDAP»); Deutsches Allgemeines Sonntagsblatt, 12.11.1978, S. 2 («Ein Herr im Wartestand»).
106 SZ, 20.11.1978, S. 3 («Dem Bewerber kommt ein Schock zugute»).
107 Die Welt, 10. bzw. 11./12.11.1978, jeweils S. 1 («Carstens: Dass ich in der NSDAP war, ist seit 30 Jahren bekannt» bzw. «Auch Bundespräsident Walter Scheel war Mitglied der NSDAP»); Bild, 13.11.1978, S. 1 («Scheel verteidigt Carstens»).
108 Der Spiegel, 13.11.1978, S. 21 ff. («Carstens: Ich habe so dunkle Erinnerungen»); in diesem Sinne auch Carstens, Erinnerungen, S. 524.
109 SZ, 13.11.1978, S. 1 («Scheel hat keine Unterlagen mehr über Mitgliedschaft in NSDAP»); weitgehend gleichlautend FAZ, 13.11.1978, S. 3 («Keine Unterlagen über NSDAP-Mitgliedschaft»); Scheel hatte von der Jugendamnestie profitiert: LA NRW R, NW 1020/7435, Entnazifizierungsakte Scheel; SWR, FESAD, 9113550001, Wortwechsel. Ernst Elitz mit Walter Scheel, 1991.
110 Vorgänge in: BA, B 122/15913.
111 BA, B 122/15913, A. H. an Scheel 14.11., Antwort Scheel, 24.11.1978.
112 Kölner Stadt-Anzeiger, 21.11.1978, S. 2 («Der Mühe wert»); BA, B 122/15913, Scheel an Neven DuMont, 30.11.1978.
113 BA, B 122/15913, S. R. an Scheel, 1.3., Antwort Franzke, 5.3.1979.
114 Mainzer Allgemeine Zeitung, zit. nach FAZ, 13.12.1978 («Die Stimmen der anderen»).
115 Der Spiegel, 13.11.1978, S. 22 («Nun ruht mal schön»).
116 Die folgenden Zit. nach Der Spiegel, 21.5.1979, S. 26–57.
117 Vorgang in: BA, B 122/26509.
118 Der Spiegel, 4.6., S. 7–13 bzw. 18.6.1979, S. 7 ff. («Briefe»); schriftliche Mitteilung K. Pokatzky, 15.9.2021.

V. Tendenzwenden

1 Carl Friedrich von Weizsäcker an Brandt und Genscher, 21.5.1979, zit. nach FAZ, 22.5.1979, S. 2.
2 FAZ, 25.5.1979, S. 1.
3 SZ, 25.5.1979, S. 1.
4 In diesem Sinn schon zeitgenössisch Wiedemeyer, Carstens, S. 156; Szatkowski, Carstens, S. 331 und passim.
5 Carstens, Erinnerungen, S. 531 f.
6 FAZ, 25.5.1979, S. 3 («Ein Spätberufener und ein etwas sprödes Kind des Glücks»).

7 Zur Publikationsgeschichte BA, N 1337/711, Korrespondenz Carstens/Frank-Planitz, 1985–1991.
8 Carstens, Erinnerungen, S. 55–74; zu Carstens' Professoren Szatkowski, S. 26 f.
9 StAB, 4.66-I/1830, Entnazifizierungsakte Carstens; BAMA, Pers 6/231169, Personalakte, Luftgaukommando XI, Vorschlag zur Beförderung zum Leutnant (Kriegsoffizier), 9.1.1942.
10 Carstens, Erinnerungen, S. 92.
11 Bulletin, 3.7.1979, S. 791–795 («Ansprache von Bundespräsident Prof. Dr. Karl Carstens»).
12 Diese und die folgenden Zit. nach der Audiodatei: WDR, HFDB1, K000326647; auch in: Bulletin, 3.9.1979, S. 941; Manuskriptfassung in: BA, B 122/23863, Entwurf, 27.8.1979.
13 FAZ, 3.9.1979, S. 2 («‹Die Europäer gehören zusammen ohne Rücksicht auf politische Systeme›»).
14 FAZ, 3.9., S. 1 («Politiker gedenken des Kriegsbeginns vor 40 Jahren»); SZ, 3.9., S. 2 («Was das deutsche Volk aus dem Krieg gelernt hat»); Die Zeit, 7.9.1979 («Bonner Bühne. September-Gedanken»).
15 FAZ, 5.12.1979, S. 3 («Wenn man auf dem Stuhl sitzt, sieht sich die Welt anders an»)
16 Diese und die im Folgenden zit. Vorgänge in: BA, B 122/23863.
17 Carstens, Erinnerungen, S. 542; Der Spiegel, 24.9.1979, S. 17 f. («Carstens: Die Vergangenheit kommt wieder»).
18 BA, B 122/23863, Rückriegel an Grosser 19.9., Antwort Grosser o. D., Bemerkung Carstens 27.9.1979.
19 Vorgang in: BA, B 122/27234.
20 BA, B 122/27235, Vermerk Eickhoff, 21.9. bzw. B 122/27234, 24.1.1979.
21 BA, B 122/27234, Fernschreiben Botschaft Rom an AA, betr. italienische Presse zu «Holocaust», 18.5.1979.
22 Bulletin, 25.9.1979, S. 1021–1024 («Staatsbesuch des Präsidenten der Italienischen Republik»).
23 Die Welt, 18.9.1979, S. 5 («Der italienische Staatspräsident Sandro Pertini in einem Interview mit der ‹Welt›. ‹Wäre Rom geteilt, ich würde mich für seine Einheit schlagen›»); Der Spiegel, 24.9.1979, S. 17 f. («Carstens: Die Vergangenheit kommt wieder»).
24 SZ, 24.9.1979, S. 3 («Den alten Pilger stützt ein schwerer Held. Bayerns Regierungschef Franz Josef Strauß entschied sich unter Zugzwang, das Grab eines italienischen Widerstandskämpfers aufzusuchen») und S. 4 («Pressestimmen»); FAZ, 24.9.1979, S. 2 («Die Stimmen der anderen»).
25 Carstens, Erinnerungen, S. 677; auch zum Folgenden.
26 BA, B 122/27236, Vorlage 9.9. bzw. 4.10.1982; FAZ, 27.10.1982, S. 4 («Die Italiener wissen, welches Deutschland ihnen in dem Staatsoberhaupt begegnet. Carstens in den Fosse Ardeatine»).
27 Deutsche National-Zeitung, 5.11.1982, S. 1 und 3.
28 BA, B 122/27236, Zuschriften und Vorlage Zierer, 16.11.1982.
29 Vorgang und Protestschreiben in: BA, B 122/26509 und 26510; Der Stern, 27.3.1980, S. 298; Videodatei: WDR, Prod.-Nr. 253658, Kölner Treff, 7.10.1979.

30 Berg u. a., Versammelte Zunft, S. 592.
31 Bulletin, 12.10.1982, S. 847 ff. («Bedeutung des Geschichtsbewusstseins für die demokratische Entwicklung»).
32 SZ, 24.3.1976, S. 1 («Scheel für Dokumentationszentrum der deutschen Geschichte»).
33 Die Deutschen und ihre Nation. Neuere deutsche Geschichte in sechs Bänden, Berlin 1982–2000.
34 FAZ, 24.7.1980, S. 6 («Die negative Lebendigkeit des Dritten Reiches. Eine Frage aus dem Blickwinkel des Jahres 1980»); eine längere Fassung in: «Historikerstreit». Die Dokumentation der Kontroverse um die Einzigartigkeit der nationalsozialistischen Judenvernichtung, München 1987, S. 13–35.
35 Vorgang in: BA, B 122/23864.
36 BA, B 122/23864, Weizsäcker an Carstens, 18.11.1982; Carstens, Erinnerungen, S. 529 f.
37 Bulletin, 26.7.1984, S. 793 f. («Widerstandskämpfer stellen sich dem Gewissen»).
38 Exemplarisch dafür: BA, B 122/23951, Stichworte für Interview mit der Allgemeinen jüdischen Wochenzeitung, 11.5.1981 bzw. B 122/27236, Vermerk Tonbandinterview Rolf Vogel, 4.11. und 12.11.1982.
39 Vorgang in: BA, B 122/23799; SZ, 12./13.4.1980, S. 1 bzw. 21 («Zigeuner beenden Hungerstreik in Dachau» bzw. «Sinti brechen ihren Hungerstreik in Dachau ab»).
40 BA, B 122/23799, Rose an Wemmer, 19.3.1981; dort auch die im Folgenden zit. Vermerke.
41 SZ, 5.11.1981, S. 60; FAZ, 20.3.1982, S. 2 («Endlich das gebührende Wort»).
42 BA, B 122/17728, Vorlage zu TOP 3: Themenvorschlag für den Wettbewerb 1980. Stand der Diskussion im wissenschaftlichen Beirat: «Alltag im Nationalsozialismus», 11.1.1980.
43 Ebenda, AP-Meldung, 9.6. («Carstens lässt ‹Alltag im Nationalsozialismus› erforschen») bzw. Die Welt, 10.6.1980 («Thema: Nazi-Alltag»).
44 Ebenda, Johannes H. an Carstens, 10.6.1980.
45 BA, B 122/17730, Carstens an Neusel, 31.7., Neusel an Fritz Mackeprang, 18.8.1980.
46 FAZ, 16.10.1980, S. 25.
47 FAZ, 3.11.1980, S. 7 («Künftig aufmerksam»).
48 BA, B 122/17730, Ziesel an Neusel, 17.10.1980; BA, B 122/17726.
49 BA, B 122/17729, Transkript «Kritisches Tagebuch» von Klaus Pokatzky, WDR 3, 21.10.1981; Neusel an v. Sell, 23.11., Antwort v. Sell, 10.12.1981.
50 Carstens, Erinnerungen, S. 631.
51 Vorgang in: BA, B 122/17730, 17735; Frankfurter Rundschau, 10.7.1981, S. 9.
52 BA, B 122/17730, Niederschrift Kuratoriumssitzung 26.3.1981; B 122/17731, Bismarck (ohne Adressat), 1.7.1981.
53 Galinski/Schmidt (Hrsg.), Kriegsjahre, bes. S. 71–134.
54 Bulletin, 23.9.1983, S. 885 f. («Erfahrungen und Impulse aus der Geschichte»).
55 Bulletin, 1.2.1984, S. 98–101 («Zum 100. Geburtstag von Theodor Heuss»).
56 Pflüger, Weizsäcker, S. 99.
57 Hofmann, Weizsäcker, S. 183; daneben vor allem Rudolph, Weizsäcker.

58 Bulletin, 3.7.1984, S. 710–718, hier S. 714; auch in: Weizsäcker, Deutschland, S. 61–90.
59 Weizsäcker, Geschichte, S. 21 f.
60 Weizsäcker, Vier Zeiten, S. 90.
61 Pflüger, Weizsäcker, S. 17–41, auch zum Folgenden.
62 Weizsäcker, Stunde Null, S. 57 f.; zum Prozessverlauf: Weizsäcker, Vier Zeiten, S. 112–129.
63 Pflüger, Weizsäcker, S. 33 f. und 105 f.
64 Bulletin, 28.12.1984, S. 1401 f.
65 Pflüger, Weizsäcker, S.105 f.
66 Exemplarisch dazu: Der Spiegel, 10.12.1984, S. 19 f. («Richtige Balance»); FAZ, 16.2.1985, S. 1 f. («Erleichterung nach wochenlangen Wirren um Reagans Besuchs-Programm. Mangelhafte Abstimmung zwischen Kanzleramt und Präsidialamt») bzw. 18.4.1985, S. 2 («Aus lauter Taktgefühl Reagans Besuchsprogramm verwirrt»).
67 Schwan/Jens, Vermächtnis, S. 78; Thomas Schmid: Helmut Kohl. Größe und Kleinheit, Weisheit und Wahn, in: Die Welt, 15.11.2014.
68 Bulletin, 23.4.1985, S. 349–352 (Trauer, mahnende Erinnerung und Versöhnung»).
69 BA, N 1574/414, Entwurf Bundespräsident, 24.4.1985 (handschr. Korrektur S. 8).
70 Weizsäcker, Vier Zeiten, S. 323; Weizsäcker, Gespräch; Kirsch, Geschichte, S. 71–107; Siebeck, Einzug.
71 BPrA, Personalakte Engelhard.
72 Zit. nach der Videodatei: tagesschau.de/multimedia/video/video-378259.html; Bulletin, 9.5.1985, S. 441–446 («40. Jahrestag der Beendigung des 2. Weltkrieges»).
73 Bulletin, 7.5.1975, S. 549–553 («30. Jahrestag der Beendigung des Zweiten Weltkrieges») bzw. S. 554 f. («Gedenken an den 8. Mai 1945»); Bulletin, 23.4.1985, S. 349–352 («Trauer, mahnende Erinnerung und Versöhnung»).
74 Vorgänge in: BA, N 1574/414; BA, B 122/47199, Sontheimer an Weizsäcker, 1.2., Antwort Weizsäcker, 20.2.1985; BA, N 1574/527, Weizsäcker an Fritz Stern, 14.05.1985.
75 Pflüger, Weizsäcker, S. 38.
76 BT-Protokoll mit Anstreichungen Weizsäckers in: BA, N 1574/414.
77 BT-Protokolle, 51. Sitzung, 8.5.1970, S. 2564–2572, Zit. S. 2567.
78 Wie Fn. 72; danach auch die folgenden Zit.
79 Pflüger, Weizsäcker, S. 304; Weizsäcker, Vier Zeiten, S. 88.
80 Interview Richard von Weizsäcker, in: Frankfurter Allgemeine Sonntagszeitung, 24.10.2010, S. 36 f. («Es geht hier nicht um meinen Vater»).
81 BA, N 1574/1675, Weizsäcker an Augstein, 31.10.1986; Der Spiegel, 6.10.1986, S. 62 f. (Rudolf Augstein: «Die neue Auschwitz-Lüge»); Pflüger, Weizsäcker, S. 170 ff.; Hofmann, Weizsäcker, S. 97 f.
82 Weizsäcker, Vier Zeiten, S. 318.
83 Stern, Fünf Deutschland, S. 548.
84 BA, N 1574/1675.
85 BA, N 1574/414, Korr. Weizsäcker mit Eckard von Nordheim und Rolf Rendtorff, April/Mai 1985.

86 SZ, FR, Die Welt, FAZ, 9.5.1985, S. 1.
87 BA, B 122/47197, Lambeck an Pflüger, 24.5.1985.
88 BA, N 1574/1675, Vermerk Ansprache des BP zum 8.5., 12.1.1986.
89 Hofmann, Weizsäcker, S. 195 f.
90 Zahlenangabe nach Kirsch, 8. Mai, S. 96; Weizsäcker, Deutschland.
91 BA, B 122/47202, Wiesel an Weizsäcker, 13.5., Antwort Weizsäcker, 28.5.1985.
92 BA, B 122/47199, Simmel an Weizsäcker, 15.5., Antwort Weizsäcker, 22.5.1985.
93 BA, B 122/47190, Pflüger an Gravenhorst, 8.2.1989.
94 Ebenda, Giordano an Weizsäcker (o. D.), Antwort Weizsäcker, 26.6.1985.
95 Vorgänge in: BA, B 122/47188-47203 bzw. N 1574/527 sowie 1337/749.
96 BA, N 1574/527, Weizsäcker an Niegel, 13.5.1985; Lorenz Niegel: Der 8. Mai 1945 – Kein Tag der Befreiung für ganz Deutschland, in: Gill/Steffani (Hrsg.), Rede, S. 159–169.
97 BA, N 1574/527, Weizsäcker an Schily, 13.5.1985; SZ, 9.5.1985, S. 1.
98 Karlauf, Schmidt, S. 280–286, bes. 284; Hofmann, Weizsäcker, S. 191; Schmidt/Stern, Jahrhundert, S. 82 ff.
99 Hofmann, Dönhoff, S. 368 ff.
100 Pflüger, Weizsäcker, S. 369–374, hier S. 369; ders., Macht, S. 202–206.
101 Pflüger, Macht, S. 202.
102 Bulletin, 28.12.1985, S. 1281 f.; Heß war zum Zeitpunkt der Rede im 92. Lebensjahr.
103 BA, B 122/28039, Ausschnitt Welt am Sonntag, 5.1., S. 6, und Entwurf Weizsäcker an Galinski, 8.1.1986; SZ, 24./25./26.12., S. 1, 27.12., S. 4 (dort auch Zitat FR), 31.12.1985, S. 7.
104 Vorgänge in: BA, B 122/28036-28047.
105 BA, B 122/28046, Weizsäcker an E. S., 14.3.1986.
106 BA, B 122/28046, Stöck an Weizsäcker, 10.1., Antwort Weizsäcker, 6.2.1986.
107 BA, B 122/28045, Schenk an Seitz, 19.8.1987; Weizsäcker, Vier Zeiten, S. 343 f.
108 Pflüger, Weizsäcker, S. 374–388.
109 BA, B 122/47395, Herzog an Weizsäcker, 28.12.1984, Antwort Weizsäcker, 24.1.1985; BA, N 1574/77, Kommentarübersicht I, Transkript Interview Weizsäcker im Deutschlandfunk, 12.10.1985, S. 5.
110 BA, B 122/47394, AA-Entwurf o. D.; Bulletin, 16.10.1985, S. 981 («Begrüßung auf dem Flughafen Ben Gurion»).
111 Bulletin, 16.10.1985, S. 982 ff. (Empfang in Jerusalem»); auch für die folgenden Zit.
112 BA, N 1574/112, Weizsäcker an Becker, 11.7.1985; Weizsäcker, Vier Zeiten, S. 336; Pflüger, Macht, S. 66 ff.
113 SZ, 10.10.1985, S. 3 (Herbert Riehl-Heyse: «Deutliche Worte über das Unsagbare. Wie die unfriedliche Gegenwart Richard von Weizsäckers redliche Auseinandersetzung mit der Vergangenheit überschattet»).
114 Pflüger, Weizsäcker, S. 140 ff.; Weizsäcker, Vier Zeiten, S. 338.
115 Bulletin, 16.10.1985, S. 984 ff. («Empfang in Jerusalem»).
116 Der Spiegel, 14.10.1985, S. 30 («‹Wir können den Frieden nicht exportieren›»); ähnlich auch: BA, N 1574/77, Kommentarübersicht I, Transkript Heute-Journal, 11.10.1985, S. 3.
117 BA, N 1574/112, Becker an Weizsäcker, 17.10., Antwort Weizsäcker, 28.10.1985.

118 Pflüger, Weizsäcker, S. 144–149.
119 Pflüger, Weizsäcker, S. 121; ähnlich ders., Macht, S. 61.
120 Videodatei: zeitzeugen-portal.de/personen/personen-der-zeitgeschichte/richard_von-weizsaecker, 20.22, 25:25; Vorgang in: IfZ, ID 101/1.
121 Weizsäcker, Vier Zeiten, S. 352 f.; Pflüger, Weizsäcker, S. 122 ff.
122 Bulletin, 14.10.1988, S. 1185–1188, hier S. 1187 («Nachdenken über Geschichte»).
123 BA, B 122/66834, Galinski an Weizsäcker, 13.10.1988; Allgemeine Jüdische Wochenzeitung, 21.10.1988.
124 BA, B 122/66834, Weizsäcker an Galinski, 21.3.1988.
125 Vorgang in: BA, B 122/66834, Weizsäcker an Jenninger, 15.7.1987.
126 Weizsäcker, Vier Zeiten, S. 67.
127 Freimüller, Frankfurt, S. 495, auch zum Folgenden; Eder, Holocaust-Angst, passim.
128 BA, B 122/66834, Vermerk Milleker, 8.1.1988; Vorlage Milleker, 20.4.1988.
129 BA, B 122/66834, Weizsäcker an Jenninger, 4.10.1988.
130 Weizsäcker, Vier Zeiten, S. 78.
131 BA, B 122/47617, von der Planitz an W. v. K., 28.2.1989; Pflüger, Weizsäcker, S. 315–334.
132 Weizsäcker, Vier Zeiten, S. 381; dort auch die folgenden Zit.
133 Bulletin, 30.8.1989, S. 713 f. («Gedenken an den 1. September 1939 – Verantwortung und Chance für eine gemeinsame europäische Zukunft»); Wortlaut auch in: SZ bzw. FAZ, 29.8.1989, S. 6 bzw. 4.
134 BT-Protokolle, 11. WP, 154. Sitzung, 1.9.1989, S. 11625–11651, Zit. S. 11626 f., 11636.
135 BA, B 122/47617–47636.
136 Vorgang in: BA, B 122/47508; Lehnstaedt, Kern, S. 84 f.
137 Der Spiegel, 30.4.1990, S. 34–48 («‹Wichtigste Aufgabe meiner Amtszeit›»); dort auch die folgenden Zit.
138 Der Spiegel, 13.7.1987, S. 20 f. («‹Die Erinnerung gibt uns die Kraft›»).
139 Bulletin, 5.10.1990, S. 1232–1238, hier S. 1238.
140 Bulletin, 30.12.1992, S. 1317 f.
141 Bulletin, 12.11.1992, S. 1121 ff. («Mitverantwortung aller Deutschen für die Wahrung der Menschenwürde»); SZ bzw. taz (Berlin), 9.11.1992, S. 1 («Unser Anstand steht auf dem Spiel») bzw. S. 21 («Eine halbe Million Menschen gegen Ausländerhass»).
142 Zit. nach FAZ, 27.11.1992, S. 3 («Skinheads und Neonazis kommen auch ohne organisierte Hierarchie aus»).
143 Zit. nach Handelsblatt bzw. FAZ, 25.11.1992, S. 2 («Nach den Anschlägen von Mölln»).
144 Bulletin, 30.12.1992, S. 1317 f.
145 taz, 10.6., S. 5; SZ, 29.6.1993, S. 2.
146 Bulletin, 9.6.1993, S. 525 f., hier S. 525 («Trauer um die Opfer des Brandanschlages in Solingen»).
147 Bulletin, 29.12.1993, S. 1261 f.

Quellen und Literatur

Den Fachleuten ist damit nichts Neues gesagt, aber weil das nachstehende Verzeichnis keine Bedeutungshierarchie abzubilden vermag, sei es hier erläutert: Die zentralen Quellen für dieses Buch liegen im Bundesarchiv Koblenz unter der Bestandsnummer B 122. Es handelt sich um die archivwürdigen Akten aus der Registratur des Bundespräsidialamts, die sowohl nach Amtszeiten als auch nach Sachgesichtspunkten archiviert werden. Das Gros der Unterlagen eines Bundespräsidenten wird üblicherweise nach dem Ende der Amtszeit seines Nachfolgers ins Archiv gegeben, ist damit aber noch nicht erschlossen. Das gilt mit Blick auf diese Untersuchung für die Überlieferung aus der Amtszeit Weizsäcker, deren Verzeichnung zum Teil noch aussteht; die Einsichtnahme wurde uns dankenswerter Weise gleichwohl ermöglicht. Parallel zu diesem amtlichen Bestand waren die persönlichen Nachlässe der Bundespräsidenten heranzuziehen; sie liegen zum Teil ebenfalls im Bundesarchiv, sind von unterschiedlichem Gewicht und im Fall von Carstens (Büro des Altbundespräsidenten) und Weizsäcker ebenfalls noch nicht vollständig verzeichnet. Teilnachlässe von Heuss, Heinemann (in der Zusammenstellung offenbar von ihm selbst sorgfältig kontrolliert) und Scheel (wenig ergiebig) befinden sich in den Archiven jener Stiftungen, denen sich die Präsidenten entsprechend ihrer vormaligen Parteizugehörigkeit verbunden fühlten; ein weiterer Teilnachlass Heuss, der vorrangig sein journalistisch-publizistisches Werk abbildet, liegt im Deutschen Literaturarchiv Marbach.

In einem Kellerraum des Bundespräsidialamts konnten wir eine längst abgelegte Schlagwortkartei einsehen, die interessante Hinweise auf einstige vergangenheitspolitische Sensibilitäten enthält und uns gewissermaßen als Ergänzung der Findmittel des Bundesarchivs diente. Für die Darstellung der Personalverhältnisse im Bundespräsidialamt und die Frage nach NS-Belastungen war die Auswertung der dort noch vorhandenen Personalakten essentiell; hinzu kamen entsprechende Überlieferungen im Politischen Archiv des Auswärtigen Amts sowie die vor allem in Staats- und Landesarchiven ermittelten Entnazifizierungsakten. Auch Grundsatzfragen der Ordenskanzlei waren in der Regel nur in der Registratur des Bundespräsidialamts recherchierbar; ebenfalls nur dort lassen sich die Archivsignaturen und Vorschlagslistennummern der im Bundesarchiv nicht namenbezogen erschlossenen Ordensakten eruieren.

Mit Blick auf die öffentliche Wirksamkeit des Staatsoberhaupts und seines Sprechens «im Namen der Deutschen» war, wie aus den Anmerkungen zu ersehen, eine eingehende Auswertung von Presse und Rundfunk unumgänglich; während sich die Bedeutung der sogenannten Leitmedien über die Zeit der «alten» Bundesrepublik hinweg erstaunlich wenig veränderte, trat seit den sechziger Jahren teils im Fernsehen, teils in der illustrierten Presse, ein kritischer Magazinjournalismus hinzu, der punktuell ebenfalls zu berücksichtigen war.

Noch ein Wort zur Schreibweise: Der besseren Lesbarkeit halber wurden wörtliche Quellenzitate, sofern dadurch keine stilistischen Eigenheiten verlorengingen, in die heutige Rechtschreibung übertragen, ebenso Versprecher bei Tonaufnahmen; soweit vorhanden, wurde Tonüberlieferungen in der Zitierung der Vorzug gegeben. Offensichtliche Tippfehler wurden stillschweigend korrigiert, das gilt auch für den Namen des ersten Bundespräsidenten, der in den fünfziger Jahren oft noch «Heuß» geschrieben wurde.

Die nachfolgende Aufstellung der gedruckten Quellen und Literatur beschränkt sich im Wesentlichen auf die in den Anmerkungen mit Kurztiteln zitierten Werke.

I. Archivalien

1. Bundespräsidialamt (BPrA)

Personalakten
Personalkartei
Akten der Ordenskanzlei

2. Bundesarchiv (BA), Koblenz / Berlin-Lichterfelde / Freiburg

B 106	Bundesministerium des Innern
B 122	Bundespräsidialamt
B 122 ANH	Presseausschnittsammlung
B 122 ORG	Organisationsunterlagen
B 162	Zentrale Stelle der Landesjustizverwaltungen zur Aufklärung nationalsozialistischer Verbrechen
DP 3	Generalstaatsanwaltschaft der DDR
DY 30	Sozialistische Einheitspartei Deutschlands
MfS	Stasi-Unterlagen-Archiv
N 1221	Nachlass Theodor Heuss
N 1216	Nachlass Heinrich Lübke
N 1386	Nachlass Wilhelmine Lübke
N 1337	Nachlass Karl Carstens
N 1574	Nachlass Richard von Weizsäcker
PERS 1	Personalakten Bundeswehr
PERS 6	Personalunterlagen Reichswehr und Wehrmacht
PERS 101	Personalakten von Beschäftigten des öffentlichen Dienstes
R 1501	Reichsministerium des Innern
R 3001	Reichsjustizministerium
R 3018	Nationalsozialistische Justiz
R 9361	Personenbezogene Unterlagen der NSDAP (vormals Berlin Document Center)
RW 59	Personalverwaltende Stellen der Wehrmacht

3. Politisches Archiv des Auswärtigen Amts (PAAA), Berlin

B 8	Protokollabteilung
B 26	Länderreferate: Mittelmeer und Nordische Staaten, Bulgarien, Rumänien
P 1	Personalakten Altes Amt
P 14	Personalakten Neues Amt
P 18	Wiedergutmachungen nach Artikel 131 GG
RAV 23	Gesandtschaft Belgrad
RZ 214	Referat D / Abteilung Inland

4. Archiv für Christlich-Demokratische Politik (ACDP), Sankt Augustin

01-400	Nachlass Hans Berger
01-403	Nachlass Alois Mertes
01-724	Nachlass Horst Osterheld

5. Archiv der sozialen Demokratie (AdsD), Bonn

GHAA	Nachlass Gustav Heinemann
GMAC	Nachlass Günter Markscheffel
DSAB	Nachlass Dietrich Spangenberg
DSAK	Nachlass Gisela und Dietrich Spangenberg
HWAG	Depositum Heinz Westphal
WBA	Willy-Brandt-Archiv
BHHA	Sammlung Ruth Bahn-Flessburg

6. Archiv des Liberalismus (ADL), Gummersbach

Bestand Walter Scheel

7. Bayerisches Hauptstaatsarchiv (BayHStA), München

Staatskanzlei (StK)
Nachlass Anton Pfeiffer
Nachlass Martin Kornrumpf

8. Hauptstaatsarchiv Stuttgart (HStAS)

EA 1/120-121	Staatsministerium: Ordensangelegenheiten
EA 1/150	Staatsministerium: Personalakten
EA 4/403	Justizministerium: Strafsachen von besonderer Bedeutung

9. Hessisches Hauptstaatsarchiv (HHStAW), Wiesbaden

461	Staatsanwaltschaft bei dem Landgericht Frankfurt a. M.
520/27	Spruchkammern: Marburg

10. Landesarchiv Nordrhein-Westfalen, Abt. Rheinland (LA NRW R), Duisburg

Gerichte Rep. 104, Staatsanwaltschaft Bonn, 1947–1972
Gerichte Rep. 195, Staatsanwaltschaft Bonn, 1935–1983

NW 1020	SBE Hauptausschuss Stadtkreis Solingen
NW 1035	SBE Sonderausschuss Bergbau
NW 1048-40	SBE Hauptausschuss Stadtkreis Köln
NW O	Ordensakten
NW Pe	Personalakten

NW 1005-G 40 SBE Hauptausschuss Stadtkreis Essen

11. Landesarchiv Schleswig-Holstein (LASH), Schleswig

Abt. 458	Sub Area Intelligence Office der britischen Militärregierung
Abt. 460	Entnazifizierungsakten
Abt. 460.6	Entnazifizierungshauptausschuss des Kreises Husum
Abt. 605	Ministerpräsident und Staatskanzlei

12. Niedersächsisches Landesarchiv (NLA HA), Hannover

Nds. 100	Niedersächsisches Innenministerium
Nds. 171	Entnazifizierungsbehörden im Regierungsbezirk Hannover

13. Staatsarchiv Freiburg (StAF)

C 5/2	Badische Staatskanzlei
D 180/2	Spruchkammer Südbaden: DNZ-Akten
D 180/7	Spruchkammer Südbaden: Sonderakten
F 30/5	Regierungspräsidium Südbaden
F 166/3	Landgericht Freiburg
F 196/1	Landesamt für die Wiedergutmachung: Außenstelle Freiburg

14. Staatsarchiv Ludwigsburg (StAL)

EL 902/10	Spruchkammer 22 – Heidenheim: Verfahrensakten
EL 902/11	Spruchkammer 24 – Heilbronn (Stadt): Verfahrensakten
EL 902/20	Spruchkammer 37 – Stuttgart: Verfahrensakten
K 401 I	Reichs-/Bundesbahndirektion Stuttgart: Personalakten

15. Staatsarchiv Sigmaringen (StAS)

Wü 13 T 1-2	Staatskommissariat für die politische Säuberung
Wü 25 T 2	Justizministerium: Personal
Wü 42 T 127	Regierungspräsidium Tübingen: Personalakten

16. Staatsarchiv München (StAM)

Spruchkammerakten

17. Staatsarchiv Amberg (StAAm)

Spruchkammer Regensburg I

18. Staatsarchiv Augsburg (StAA)

Spruchkammer Sonthofen

19. Staatsarchiv Bamberg (StABa)

Bestand Spruchkammer Hof-Stadt, Meldebögen

20. Staatsarchiv Bremen (StAB)

3-A.8.	Auszeichnungen (bis 1958)
4.63/1	Senatskanzlei (Auszeichnungen ab 1959)
4.66-I.	Senator für politische Befreiung, Einzelfallakten aus der Entnazifizierung

21. Archiv der Hansestadt Lübeck (AHL)

Bestand 2.7	Entnazifizierungsausschuss

22. Stadtarchiv Marburg (StadtA MR)

15 Pa	Personalakten

23. Archiv des Instituts für Zeitgeschichte (IfZ), München

ID Hausarchiv
NSG-Datenbank
Presseausschnittsammlung

24. Deutsches Literaturarchiv (DLA), Marbach

Nachlass Theodor Heuss
Nachlass Benno Reifenberg
Nachlass Carl Zuckmayer

25. Historisches Archiv Krupp (HA Krupp), Essen

FAH 24	Alfried Krupp von Bohlen und Halbach
WA 131	Stabsabteilung Personal / Zentralbereich Obere Führungskräfte

26. Humboldt-Universität / Universitätsarchiv (HUUA), Berlin

NS-Doz. 2	NS-Dozentenschaft, Friedrich-Wilhelms-Universität (Personalia)

27. Landesamt für Finanzen, Amt für Wiedergutmachung, (LfF), Saarburg

Az. 957 LEG	Wiedergutmachungsakte Markscheffel

28. Institut für Zeitungsforschung, Dortmund

Einzelne Ausgaben von Tages- und Wochenzeitungen

29. Hebrew University, Jerusalem

AEA	Albert Einstein Archives

30. National Archives (NA), Kew

FO 371	Political Departments: General Correspondence, 1906–1966

31. Wiener Library, London

3000/9/1	Correspondence Theodor Heuss

32. Staats- und Senatskanzleien

Bayern, Brandenburg, Mecklenburg-Vorpommern, Nordrhein-Westfalen, Rheinland-Pfalz, Sachsen-Anhalt, Schleswig-Holstein, Thüringen, Staatsministerium Baden-Württemberg, Berlin (Ordensvorgänge)

33. Rundfunk- und Fernseharchive

Bayerischer Rundfunk, Deutsches Rundfunkarchiv, Deutsche Welle, Hessischer Rundfunk; Norddeutscher Rundfunk, Rundfunk Berlin-Brandenburg, Saarländischer Rundfunk, Südwestdeutscher Rundfunk, Westdeutscher Rundfunk, Zweites Deutsches Fernsehen

34. Bayerische Staatsbibliothek, München

stern-Fotoarchiv

II. Gedruckte Quellen und Literatur

Adenauer – Heuss. Unter vier Augen. Gespräche aus den Gründerjahren 1949–1959, bearb. von Hans Peter Mensing. Berlin 1997.

Adorno, Theodor W.: Was bedeutet Aufarbeitung der Vergangenheit, in: ders., Eingriffe. Neun kritische Modelle. Frankfurt am Main 1963, S. 125–146.

Akten zur Vorgeschichte der Bundesrepublik Deutschland, 1945–1949, Bd. 5: Januar-September 1949, bearb. von Hans-Dieter Kreikamp. München / Wien 1981.

Bahn-Flessburg, Ruth: Leidenschaft mit Augenmaß. Fünf Jahre mit Hilda und Gustav Heinemann. Mit einem Vorwort von Ingeborg Drewitz. München 1984.

Baring, Arnulf: Machtwechsel. Die Ära Brandt-Scheel. In Zusammenarbeit mit Manfred Görtemaker. Stuttgart 1982.

Bassier, Maria / Bickenbach, Dorothea / Laitenberger, Birgit: Deutsche Orden und Ehrenzeichen. Kommentar zum Gesetz über Titel, Orden und Ehrenzeichen und eine Darstellung deutscher Orden und Ehrenzeichen von der Kaiserzeit bis zur Gegenwart, 6., neu bearb. und ergänzte Auflage. Köln usw. 2005.

Baumgärtner, Ulrich: Reden nach Hitler. Theodor Heuss – Die Auseinandersetzung mit dem Nationalsozialismus. Stuttgart 2001.

Becker, Ernst Wolfgang: Theodor Heuss. Bürger im Zeitalter der Extreme. Stuttgart 2011.

Becker, Ernst Wolfgang: Mit Nazis reden? Theodor Heuss' Blick auf «Hitlers Weg» (1932), in: Zeithistorische Forschungen 18 (2021), S. 413–422.

Becker, Tobias: Er war nie weg. «Hitler-Welle» und «Nazi-Nostalgie» in der Bundesrepublik der 1970er Jahre, in: Zeithistorische Forschungen 18 (2021), S. 44–72.

Benz, Wolfgang / Distel, Barbara (Hrsg.): Der Ort des Terrors. Geschichte der nationalsozialistischen Konzentrationslager, Band 3: Sachsenhausen, Buchenwald. München 2006.

Berg, Matthias / Blaschke, Olaf / Sabrow, Martin / Thiel, Jens / Thijs, Krijn: Versammelte Zunft. Historikerverband und Historikertage in Deutschland 1893–2000. Göttingen 2018.

Berghahn, Volker R. / Friedrich, Paul J.: Otto A. Friedrich, ein politischer Unternehmer. Sein Leben und seine Zeit, 1902–1975. Frankfurt / New York 1993.

Berghahn, Volker R.: America and the Intellectual Cold Wars in Europe. Shepard Stone between Philanthropy, Academy, and Diplomacy. Princeton 2001.

Bergmann, Knut (Hrsg.): Walter Scheel. Unerhörte Reden. Berlin 2021.

Boghardt, Thomas: The American Candidate. US Intelligence, Theodor Heuss, and the Making of West Germany's First President, in: Studies in Intelligence 64 (2020) 2, S. 1–12.

Bohnsack, Günter / Brehmer, Herbert: Auftrag: Irreführung. Wie die Stasi Politik im Westen machte. Hamburg 1992.

Bohr, Felix: Die Kriegsverbrecherlobby. Bundesdeutsche Hilfe für im Ausland inhaftierte NS-Täter. Berlin 2018.

Böll, Heinrich u. a. (Hrsg.): Anstoß und Ermutigung. Gustav W. Heinemann. Bundespräsident 1969–1974. Frankfurt am Main 1974.

Bösch, Frank / Wirsching, Andreas (Hrsg.): Hüter der Ordnung. Die Innenministerien in Bonn und Ost-Berlin nach dem Nationalsozialismus. Göttingen 2018.
Bott, Hans: Theodor Heuss in seiner Zeit. Göttingen usw. 1966.
Bott, Hans / Leins, Hermann (Hrsg.): Begegnungen mit Theodor Heuss. Tübingen 1954.
Bracher, Karl Dietrich: Theodor Heuss und die Wiederbegründung der Demokratie in Deutschland. Tübingen 1965.
Braun, Joachim: Der unbequeme Präsident. Mit einem Vorwort von Siegfried Lenz. Karlsruhe 1972.
Braunbuch. Kriegs- und Naziverbrecher in der Bundesrepublik Deutschland. Staat, Wirtschaft, Armee, Verwaltung, Justiz, Wissenschaft. Berlin 1965.
Brenner, Michael (Hrsg.): Geschichte der Juden in Deutschland von 1945 bis zur Gegenwart. Politik, Kultur und Gesellschaft. München 2012.
Brenner, Michael / Frei, Norbert: Konsolidierung, in: Brenner (Hrsg.), Geschichte der Juden, S. 153–293.
[BT-Protokolle] Verhandlungen des Deutschen Bundestages. Stenographische Berichte und Drucksachen. Bonn 1949 ff.
Buchna, Kristian: «Liberale» Vergangenheitspolitik. Die FDP und ihr Umgang mit dem Nationalsozialismus, in: Elke Seefried u. a. (Hrsg.), Liberalismus und Nationalsozialismus. Eine Beziehungsgeschichte. Stuttgart 2020, S. 407–449.
Bulletin des Presse- und Informationsamts der Bundesregierung. Bonn 1951 ff.
Burger, Reiner: Theodor Heuss als Journalist. Beobachter und Interpret von vier Epochen deutscher Geschichte. Münster 1999.
Butzer, Hermann: Der Bundespräsident und sein Präsidialamt, in: Verwaltungsarchiv 82 (1991), S. 497–524.
Carstens, Karl: Erinnerungen und Erfahrungen, hrsg. von Kai von Jena / Reinhard Schmoeckel. Boppard 1993.
Conze, Eckart: Die Suche nach Sicherheit. Eine Geschichte der Bundesrepublik von 1949 bis in die Gegenwart. München 2009.
Conze, Eckart / Frei, Norbert / Hayes, Peter / Zimmermann, Moshe: Das Amt und die Vergangenheit. Deutsche Diplomaten im Dritten Reich und in der Bundesrepublik. München 2010.
Derix, Simone: Bebilderte Politik. Staatsbesuche in der Bundesrepublik Deutschland 1949–1990. Göttingen 2009.
Drögemöller, Marc: Eine Reise in die Vergangenheit? Der Staatsbesuch von Gustav Heinemann in den Niederlanden 1969, in: Jahrbuch des Zentrums für Niederlande-Studien 14 (2003), S. 121–138.
Dubiel, Helmut: Niemand ist frei von der Geschichte. Die nationalsozialistische Herrschaft in den Debatten des Deutschen Bundestages. München 1999.
Eder, Jacob S.: Holocaust-Angst. Die Bundesrepublik, die USA und die Erinnerung an den Judenmord seit den siebziger Jahren. Göttingen 2020.
Fleischer, Hagen: «Endlösung» der Kriegsverbrecherfrage. Die verhinderte Ahndung deutscher Kriegsverbrechen in Griechenland, in: Norbert Frei (Hrsg.), Transnationale Vergangenheitspolitik. Der Umgang mit deutschen Kriegsverbrechern in Europa nach dem Zweiten Weltkrieg. Göttingen 2006, S. 474–535.
Fleischer, Hagen: Krieg und Nachkrieg. Das schwierige deutsch-griechische Jahrhundert. Wien usw. 2020.

Flemming, Thomas: Gustav W. Heinemann. Ein deutscher Citoyen. Essen 2014.

Frei, Norbert: Vergangenheitspolitik. Die Anfänge der Bundesrepublik und die NS-Vergangenheit. München 1996.

Frei, Norbert: Von deutscher Erfindungskraft oder: Die Kollektivschuldthese in der Nachkriegszeit, in: ders., 1945 und wir. Das Dritte Reich im Bewusstsein der Deutschen. München 2005, S. 159–169.

Frei, Norbert: Erinnerungskampf. Der 20. Juli 1944 in den Bonner Anfangsjahren, in: ders., 1945 und wir. Das Dritte Reich im Bewusstsein der Deutschen. München 2005, S. 143–158.

Frei, Norbert / Ahrens, Ralf / Osterloh, Jörg / Schanetzky, Tim: Flick. Der Konzern, die Familie, die Macht. München 2009.

Frei, Norbert: Wie bürgerlich war der Nationalsozialismus? In: ders. (Hrsg.), Wie bürgerlich war der Nationalsozialismus? Göttingen 2018, S. 9–17.

Frei, Norbert / Maubach, Franka / Morina, Christina / Tändler, Maik: Zur rechten Zeit. Wider die Rückkehr des Nationalismus. Berlin 2019.

Freimüller, Tobias: Frankfurt und die Juden. Neuanfänge und Fremdheitserfahrungen 1945–1990. Göttingen 2020.

Galinski, Dieter / Schmidt, Wolf (Hrsg.): Die Kriegsjahre in Deutschland 1939–1945. Ergebnisse und Anregung aus dem Schülerwettbewerb Deutsche Geschichte um den Preis des Bundespräsidenten 1982. Hamburg 1985.

Gaus, Günter: Zur Person, Portraits in Frage und Antwort. München 1964.

Geller, Jay Howard: Jews in post-Holocaust Germany, 1945–1953. Cambridge 2005.

Genscher, Hans-Dietrich (Hrsg.): Heiterkeit und Härte. Walter Scheel in seinen Reden und im Urteil von Zeitgenossen. Stuttgart 1984.

Gill, Ulrich / Stefani, Wilfried (Hrsg.): Eine Rede und ihre Wirkung. Die Rede des Bundespräsidenten Richard von Weizsäcker vom 8. Mai 1985 anlässlich des 40. Jahrestages der Beendigung des Zweiten Weltkrieges. Berlin 1986.

Glienke, Stephan A.: Die NS-Vergangenheit späterer niedersächsischer Landtagsabgeordneter. Abschlussbericht zu einem Projekt der Historischen Kommission für Niedersachsen und Bremen im Auftrag des Niedersächsischen Landtags. Hannover 2012.

Görtemaker, Manfred / Safferling, Christoph: Die Akte Rosenburg. Das Bundesministerium der Justiz und die NS-Zeit. München [2]2016.

Goschler, Constantin: Schuld und Schulden. Die Politik der Wiedergutmachung für NS-Verfolgte seit 1945. Göttingen 2005.

Grimm, Dieter: Die Historiker und die Verfassung. Ein Beitrag zur Wirkungsgeschichte des Grundgesetzes. München 2022.

Grossmann, Atina / Lewinsky, Tamar: Zwischenstation, in: Brenner (Hrsg.), Geschichte der Juden, S. 67–152.

Günther, Frieder: Misslungene Aussöhnung? Der Staatsbesuch von Theodor Heuss in Großbritannien im Oktober 1958. Stuttgart 2004.

Günther, Frieder: Heuss auf Reisen. Die auswärtige Repräsentation der Bundesrepublik durch den ersten Bundespräsidenten. Stuttgart 2006.

Hansen, Ulf: Karl-Theodor Bleek (1898–1969). Eine biographische Skizze, in: Jan Marco Müller (Hrsg.), «Freiheit, Tüchtigkeit, Persönlichkeit». Beiträge zur Geschichte des Marburger Liberalismus. Marburg 2000, S. 105–118.

Haus der Geschichte der Bundesrepublik Deutschland (Hrsg.): Nach-Denken. Gustav Heinemann und seine Politik. Berlin 1999.
Heinemann, Gustav W.: Allen Bürgern verpflichtet. Reden des Bundespräsidenten 1969–1974. Frankfurt am Main 1975.
Heinemann, Gustav W.: Es gibt schwierige Vaterländer... Reden und Aufsätze 1919–1969, hrsg. von Helmut Lindemann. Frankfurt am Main 1977.
Helmberger, Peter: «Ausgleichsverhandlungen» der Bundesrepublik mit Belgien, den Niederlanden, Luxemburg, in: Hans Günter Hockerts / Claudia Moisel / Tobias Winstel (Hrsg.), Grenzen der Wiedergutmachung. Die Entschädigung für NS-Verfolgte in West- und Osteuropa 1945–2000. Göttingen 2006, S. 197–241.
Henke, Klaus-Dietmar: Geheime Dienste. Die politische Inlandsspionage der Organisation Gehlen 1946–1953. Berlin 2018.
Henke, Klaus-Dietmar: Geheime Dienste. Die politische Inlandsspionage des BND in der Ära Adenauer. Berlin 2022.
Herbert, Ulrich: Geschichte Deutschlands im 20. Jahrhundert. München 2014.
Herf, Jeffrey: Zweierlei Erinnerung. Die NS-Vergangenheit im geteilten Deutschland. Berlin 1998.
Hertfelder, Thomas: Friedrich Naumann, Theodor Heuss und der Gründungskonsens der Bundesrepublik, in: Jahrbuch zur Liberalismus-Forschung 23 (2001), S. 113–145.
Herwarth, Hans von: Von Adenauer zu Brandt. Erinnerungen. Berlin / Frankfurt am Main 1990.
Heß, Jürgen C.: «Die Nazis haben gewußt, daß wir ihre Feinde gewesen und geblieben sind.» Theodor Heuss und der Widerstand gegen den Nationalsozialismus, in: Jahrbuch zur Liberalismusforschung 14 (2002), S. 143–195.
Heuß, Alfred: Verlust der Geschichte. Göttingen 1959.
[Heuss] Die Großen Deutschen, hrsg. von Hermann Heimpel / Theodor Heuss / Benno Reifenberg. 5 Bde. Berlin 1956–1957.
Heuss, Theodor: An und über Juden. Aus Schriften und Reden (1906–1963), hrsg. von Hans Lamm. Düsseldorf / Wien 1964.
Heuss, Theodor: Machtergreifung und Ermächtigungsgesetz, zwei nachgelassene Kapitel der «Erinnerungen 1905–1933», hrsg. von Eberhard Pikart. Tübingen 1967.
Heuss, Theodor: Die großen Reden, mit einem Vorwort von Golo Mann. Tübingen 1967.
Heuss, Theodor: Hitlers Weg, eine Schrift aus dem Jahre 1932, neu hrsg. und mit einer Einleitung versehen von Eberhard Jäckel. Tübingen 1968.
Heuss, Theodor: Tagebuchbriefe 1955 / 1963. Eine Auswahl aus Briefen an Toni Stolper, hrsg. und eingeleitet von Eberhard Pikart. Tübingen / Stuttgart 1970.
Heuss, Theodor: Politiker und Publizist. Aufsätze und Reden, ausgewählt und kommentiert von Martin Vogt. Tübingen 1984.
Heuss, Theodor: Briefe. Stuttgarter Ausgabe, hrsg. von der Stiftung Bundespräsident-Theodor-Heuss-Haus. 8 Bde. München usw. 2007–2014.
Heuss, Theodor: Aufbruch im Kaiserreich. Briefe 1892–1917, hrsg. und bearb. von Frieder Günther. München 2009.
Heuss, Theodor: In der Defensive. Briefe 1933–1945, hrsg. und bearb. von Elke Seefried. München 2009.

Heuss, Theodor: Der Bundespräsident. Briefe 1949–1954, hrsg. und bearb. von Ernst Wolfgang Becker / Martin Vogt / Wolfram Werner. Berlin / Boston 2012.
Heuss, Theodor: Der Bundespräsident. Briefe 1954–1959, hrsg. und bearb. von Ernst Wolfgang Becker / Martin Vogt / Wolfram Werner. Berlin / Boston 2013.
Heuss – Adenauer. Unserem Vaterlande zugute. Der Briefwechsel. 1948–1963, bearb. von Hans Peter Mensing. Berlin 1989.
«Historikerstreit». Die Dokumentation der Kontroverse um die Einzigartigkeit der nationalsozialistischen Judenvernichtung. München 1987.
Hockerts, Hans Günter: Wiedergutmachung in Deutschland. Eine historische Bilanz 1945–2000, in: VfZ 49 (2001), S. 167–214.
Hofmann, Gunter: Richard von Weizsäcker. Ein deutsches Leben. München 2010.
Hofmann, Gunter: Marion Dönhoff. Die Gräfin, ihre Freunde und das andere Deutschland. Eine Biographie. München 2019.
Holzhauser, Thorsten / Treffenfeldt, Paul: Demokratisierung durch Wahlausschluss? Die Debatte um das Wahlrecht von NS-Belasteten im Parlamentarischen Rat, in: VfZ 71 (2023), S. 351–369.
IG-Farben – Auschwitz – Massenmord. Über die Blutschuld der IG-Farben, hrsg. von der Arbeitsgruppe der ehemaligen Häftlinge des Konzentrationslagers Auschwitz beim Komitee der Antifaschistischen Widerstandskämpfer in der Deutschen Demokratischen Republik. Berlin [2]1964.
Ihrig, Stefan: Nazi Leaks and Intrigues in Second World War Ankara: the Plot to Send Herbert Melzig to a Concentration Camp, in: The International History Review 38 (2016) 1, S. 109–125.
Jochum, Michael: Worte als Taten. Der Bundespräsident im demokratischen Prozess der Bundesrepublik Deutschland. Gütersloh 2000.
Die Kabinettsprotokolle der Bundesregierung, bearb. von Ulrich Enders u. a., Bde. 1–27: 1949–1974. Boppard 1982–2020.
Kaiser, Alexandra: Von Helden und Opfern. Eine Geschichte des Volkstrauertages. Frankfurt am Main 2010.
Karlauf, Thomas: Helmut Schmidt. Die späten Jahre. München 2016.
Kies, Tobias: «Ersatzkaiser» – «Bürgerpräsident» – «geistige Führung»: Das Amt des Bundespräsidenten in der deutschen Öffentlichkeit 1949–1994, in: Thomas Biskup / Martin Kohlrausch (Hrsg.), Das Erbe der Monarchie. Nachwirkungen der deutschen Institution seit 1918. Frankfurt am Main / New York 2008.
Kirchhoff, Hans: Georg Ferdinand Duckwitz (1904–1973) – Der gute Deutsche, in: Bremisches Jahrbuch Bd. 94 (2015), S. 192–203.
Kirsch, Jan Holger: «Wir haben aus der Geschichte gelernt». Der 8. Mai als politischer Gedenktag in Deutschland. Köln 1999.
Korte, Karl Rudolf: Gesichter der Macht. Über die Gestaltungspotenziale der Bundespräsidenten. Ein Essay. Frankfurt am Main / New York 2019.
Krantz, Hans-Ulrich: Orden und Ehrenzeichen der Bundesrepublik Deutschland. Köln / Herford 1958.
Lange, Erhard M.: Die Diskussion um die Stellung des Staatsoberhaupts 1945–1949 mit besonderer Berücksichtigung der Erörterungen im Parlamentarischen Rat, in: VfZ 26 (1978), S. 601–651.
Lehn, Marcel vom: Westdeutsche und italienische Historiker als Intellektuelle? Ihr

Umgang mit dem Nationalsozialismus und Faschismus in den Massenmedien (1943/45–1960). Göttingen 2012.
Leide, Henry: NS-Verbrecher und Staatssicherheit: Die geheime Vergangenheitspolitik der DDR. Göttingen 2005.
Lenz, Otto: Im Zentrum der Macht. Das Tagebuch von Staatssekretär Lenz 1951–1953, bearb. von Klaus Gotto / Hans-Otto Kleinmann / Reinhard Schreiner. Düsseldorf 1989.
Ludwig, Felix: Prediger der Demokratie. Die Deutsche Hochschule für Politik und die politische Bildung in West-Berlin (1949–1972/74). Berlin 2023.
Lübbe, Hermann: Der Nationalsozialismus im deutschen Nachkriegsbewusstsein, in: HZ 236 (1983), S. 579–599.
Meissner, Otto: Staatssekretär unter Ebert, Hindenburg und Hitler. Der Schicksalsweg des deutschen Volkes 1918–1945, wie ich ihn erlebte. Hamburg 1950.
Mende, Erich: Die neue Freiheit 1945–1961. München / Berlin 1984.
Merseburger, Peter: Theodor Heuss. Der Bürger als Präsident, Biographie. München 2012.
Meyer, Kristina: Die SPD und die NS-Vergangenheit 1945–1990. Göttingen 2015.
Miquel, Marc von: Ahnden oder amnestieren? Westdeutsche Justiz und Vergangenheitspolitik in den sechziger Jahren. Göttingen 2004.
Möller, Horst: Machtpolitik im Schafspelz – Walter Scheel (Jg. 1919) als Parteipolitiker und Staatsmann, in: Bastian Hein u. a. (Hrsg.), Gesichter der Demokratie. Porträts zur deutschen Zeitgeschichte. München 2012, S. 269–290.
Möllers, Martin H. W. / Ooyen, Robert Chr. (Hrsg.): Der Bundespräsident im politischen System. Wiesbaden 2012.
Morsey, Rudolf: Heinrich Lübke. Eine politische Biographie. Paderborn usw. 1996.
Morsey, Rudolf: Hans Berger – Chef des Bundespräsidialamts 1965–1969 bei Bundespräsident Lübke, in: Matthias Herdegen u. a. (Hrsg.), Staatsrecht und Politik. München 2009, S. 299–311.
Neufeld, Michael J.: Wernher von Braun. Visionär des Weltraums, Ingenieur des Krieges. München 2009.
Noelle-Neumann, Elisabeth / Neumann, Erich Peter (Hrsg.): The Germans. Public Opinion Polls 1947–1966. Allensbach / Bonn 1967.
Ottinger, Johannes: Orden und Ehrenzeichen in der Bundesrepublik Deutschland. Herford 1977.
Pflüger, Friedbert: Richard von Weizsäcker. Ein Porträt aus der Nähe. Stuttgart 1990.
Pflüger, Friedbert: Richard von Weizsäcker. Mit der Macht der Moral. München 2010.
Pikart, Eberhard: Theodor Heuss und Konrad Adenauer. Die Rolle des Bundespräsidenten in der Kanzlerdemokratie. Stuttgart / Zürich 1976.
Pöppmann, Dirk: Im Schatten Weizsäckers? Auswärtiges Amt und SS im Wilhelmstraßen-Prozess, in: Kim Christian Priemel / Alexa Stiller (Hrsg.), NMT. Die Nürnberger Militärtribunale zwischen Geschichte, Gerechtigkeit und Rechtsschöpfung. Hamburg 2013, S. 320–352.
Prauser, Steffen: Mord in Rom. Der Anschlag in der Via Rasella und die deutsche Vergeltung in den Fosse Ardeatine im März 1944, in: VfZ 50 (2002), S. 269–301.

Radkau, Joachim: Theodor Heuss. München 2013.
Raim, Edith: Ein Bericht über eine Akademie. Die Bayerische Akademie der Schönen Künste von 1948 bis 1968. München 2018.
Rensing, Matthias: Geschichte und Politik in den Reden der deutschen Bundespräsidenten 1949–1984. Münster / New York 1996.
Röhrig, Georg: Im Dienste des Auswärtigen Amtes. Ankara – Moskau – Bundespräsidialamt Bonn – Rio de Janeiro. Egelsbach usw. 1999.
Rothfels, Hans: Theodor Heuss, die Frage der Kriegsorden und die Friedensklasse des Pour le mérite, in: VfZ 17 (1969), S. 414–422.
Rudolph, Hermann: Theodor Heuss '52. Das Mahnmal. Rede in Bergen-Belsen, in: Frankfurter Hefte 48 (2001) 1/2, S. 36–39.
Rudolph, Hermann: Richard von Weizsäcker. Eine Biographie. Berlin 2010.
Scheel, Walter: Erinnerungen und Einsichten. Walter Scheel im Gespräch mit Jürgen Engert. Stuttgart / Leipzig 2004.
Schildt, Axel: Ankunft im Westen. Ein Essay zur Erfolgsgeschichte der Bundesrepublik. Frankfurt am Main 1999.
Schildt, Axel: Medienintellektuelle in der Bundesrepublik. Göttingen 2020.
Schmaler, Dirk: Die Bundespräsidenten und die NS-Vergangenheit – zwischen Aufklärung und Verdrängung. Frankfurt am Main 2013.
Schmid, Harald: Erinnern an den «Tag der Schuld». Das Novemberpogrom von 1938 in der deutschen Geschichtspolitik. Hamburg 2001.
Schmidt, Helmut / Stern, Fritz: Unser Jahrhundert. Ein Gespräch. München 2011.
Schmidt, Martin: Der Umgang des Bundespräsidialamtes und der Bundespräsidenten mit der NS-Vergangenheit 1949–94. Forschungs- und Quellenbericht (Vorstudie) (unveröff. Ms. München 2019).
Schmitthenner, Walter / Buchheim, Hans (Hrsg.): Der deutsche Widerstand gegen Hitler. Vier historisch-kritische Studien. Köln 1966.
Schneider, Hans-Roderich: Präsident des Ausgleichs. Bundespräsident Walter Scheel – ein liberaler Politiker. Stuttgart 1975.
Scholz, Günther / Süskind, Martin E.: Die Bundespräsidenten von Theodor Heuss bis Johannes Rau. Stuttgart / München 2003.
Schrafstetter, Susanna: Verfolgung und Wiedergutmachung. Karl M. Hettlage: Mitarbeiter von Albert Speer und Staatssekretär im Bundesfinanzministerium, in: VfZ 56 (2008), S. 431–466.
Schreiber, Hermann / Sommer, Frank: Gustav Heinemann, Bundespräsident. Mit einem Vorwort von Günter Grass. Frankfurt am Main 1969.
Schwan, Heribert / Jens, Tilman: Vermächtnis. Die Kohl-Protokolle. München 2014.
Siebeck, Cornelia: «Einzug ins verheißene Land». Richard von Weizsäckers Rede zum 40. Jahrestag des Kriegsendes am 8. Mai 1985, in: Zeithistorische Forschungen 12 (2015), S. 161–169.
Spath, Franz: Das Bundespräsidialamt, 3., neu bearbeitete Auflage. Düsseldorf 1982.
Staadt, Jochen: Die Lübke-Legende. Wie ein Bundespräsident zum «KZ-Baumeister» wurde. Teil I und II, in: Zeitschrift des Forschungsverbundes SED-Staat 18 (2005), S. 54–71 bzw. 19 (2006), S. 107–124.

Stengel, Katharina: Hermann Langbein. Ein Auschwitz-Überlebender in den erinnerungspolitischen Konflikten der Nachkriegszeit. Frankfurt am Main / New York 2012.

Stern, Fritz: Fünf Deutschland und ein Leben. München 2007.

Sternberger, Dolf (Hrsg.): Reden der deutschen Bundespräsidenten. Heuss / Lübke / Heinemann / Scheel. München / Wien 1979.

Stiftung Niedersächsische Gedenkstätten (Hrsg.): 70. Jahrestag der Befreiung des Konzentrationslagers Bergen-Belsen. Dokumentation. Bergen-Belsen 2015.

Szatkowski, Tim: Karl Carstens. Eine politische Biographie. Köln usw. 2007.

Szatkowski, Tim: Die Wahl von Karl Carstens zum Bundespräsidenten am 23. Mai 1979 – Ein Tag der geistig-moralischen Wende? In: Historisch-Politische Mitteilungen 16 (2009) 1, S. 155–178.

Szatkowski, Tim: Das Dritte Reich in den Reden des Bundespräsidenten Richard von Weizsäcker. Ein Vergleich mit seinen Amtsvorgängern, in: Zeitschrift für Geschichtswissenschaft 58 (2010), S. 432–453.

Treffke, Jörg: Gustav Heinemann. Wanderer zwischen den Parteien. Eine politische Biographie. Paderborn usw. 2009.

[VEJ] Die Verfolgung und Ermordung der europäischen Juden durch das nationalsozialistische Deutschland 1933–1945, hrsg. von Susanne Heim u. a. 16 Bde. München 2008–2021.

Volkov, Shulamit: Deutschland aus jüdischer Sicht. Eine andere Geschichte vom 18. Jahrhundert bis zur Gegenwart. München 2022.

Wagner, Bernd C.: IG Auschwitz. Zwangsarbeit und Vernichtung von Häftlingen des Lagers Monowitz 1941–1945. München 2000.

Wagner, Jens-Christian: Zwangsarbeit in Peenemünde (1939–1945): Praxis und Erinnerung, in: Zeitgeschichte regional. Mitteilungen aus Mecklenburg-Vorpommern 4 (2000), S. 15–21.

Weber, Petra: Getrennt und doch vereint. Deutsch-deutsche Geschichte 1945–1989/90. Berlin 2020.

Wegewitz, Markus: Antifaschistische Kultur. Nico Rost und der lange Kampf gegen den Nationalsozialismus 1919–1965. Göttingen 2023.

Wehler, Hans-Ulrich: Deutsche Gesellschaftsgeschichte: Von der Gründung der beiden deutschen Staaten bis zur Vereinigung 1949–1990. München 2008.

Weinke, Annette: «Alles noch schlimmer als ohnehin gedacht»? Neue Wege für die Behördenforschung, in: Zeitgeschichte-online,19.08.2020, https://zeitgeschichte-online.de/kommentar/alles-noch-schlimmer-als-ohnehin-gedacht.

[Weißbuch] Bundesregierung (Hrsg.): Die antisemitischen und nazistischen Vorfälle in der Zeit vom 25. Dezember 1959 bis zum 28. Januar 1960. Bonn 1960.

Weizsäcker, Richard von: Die deutsche Geschichte geht weiter. München 1985.

Weizsäcker, Richard von: Von Deutschland aus. Reden des Bundespräsidenten. Berlin 1985.

Weizsäcker, Richard von: Von Deutschland nach Europa. Die bewegende Kraft der Geschichte. Berlin 1991.

Weizsäcker, Richard von: Vier Zeiten. Erinnerungen. Berlin 1997.

Weizsäcker, Richard von: Drei Mal Stunde Null? 1949–1969–1989. Deutschlands europäische Zukunft. Berlin 2001.

[Weizsäcker] Gespräch mit Richard von Weizsäcker. Wort und Wirkung der 8. Mai-Rede, in: Frankfurter Hefte 48 (2001) 1/2, S. 60–65.
Wiedemeyer, Wolfgang: Karl Carstens. Im Dienste unseres Staates. Stuttgart 1980.
Wildt, Michael: Generation des Unbedingten. Das Führungskorps des Reichssicherheitshauptamtes. Hamburg 2002.
Wirsching, Andreas: Abschied vom Provisorium. Die Geschichte der Bundesrepublik Deutschland 1982–1989/90. München 2006.
Wirsching, Andreas: Primärerfahrung und kulturelles Gedächtnis. Richard von Weizsäcker und die Erinnerung an den Nationalsozialismus, in: Frank Bajohr u. a. (Hrsg.), Mehr als *eine* Erzählung. Zeitgeschichtliche Perspektiven auf die Bundesrepublik. Göttingen 2016, S. 113–128.
Wolfrum, Edgar: Geschichtspolitik in der Bundesrepublik Deutschland. Der Weg zur bundesrepublikanischen Erinnerung 1948–1990. Darmstadt 1999.
Wolfrum, Edgar: Die geglückte Demokratie. Geschichte der Bundesrepublik Deutschland von ihren Anfängen bis zur Gegenwart. Stuttgart 2006.

Abkürzungen

AA	Auswärtiges Amt
ACDP	Archiv für Christlich-Demokratische Politik, Sankt Augustin
ADL	Archiv des Liberalismus, Gummersbach
AdsD	Archiv der sozialen Demokratie, Bonn
AEA	Albert Einstein Archives
AP	Associated Press
APO	Außerparlamentarische Opposition
ARD	Arbeitsgemeinschaft der öffentlich-rechtlichen Rundfunkanstalten Deutschlands
BA	Bundesarchiv
BAMA	Bundesarchiv Militärarchiv, Freiburg
BayHStA	Bayerisches Hauptstaatsarchiv, München
BayStK	Bayerische Staatskanzlei
BBC	British Broadcasting Corporation
BDI	Bundesverband der Deutschen Industrie
BPrA	Bundespräsidialamt
BR	Bayerischer Rundfunk
BT	Bundestag
CDU	Christlich Demokratische Union
CSU	Christlich-Soziale Union
DDP	Deutsche Demokratische Partei
DDR	Deutsche Demokratische Republik
DGB	Deutscher Gewerkschaftsbund
DLA	Deutsches Literaturarchiv
DP	Displaced Person
dpa	Deutsche Presse-Agentur
DRA	Deutsches Rundfunkarchiv
DW	Deutsche Welle
EVG	Europäische Verteidigungsgemeinschaft
FAZ	Frankfurter Allgemeine Zeitung
FDP	Freie Demokratische Partei
FR	Frankfurter Rundschau
Gestapo	Geheime Staatspolizei
GVP	Gesamtdeutsche Volkspartei
HHStAW	Hessisches Hauptstaatsarchiv Wiesbaden
HR	Hessischer Rundfunk

HStAS	Hauptstaatsarchiv Stuttgart
HUUA	Universitätsarchiv der Humboldt-Universität zu Berlin
HZ	Historische Zeitschrift
IfZ	Institut für Zeitgeschichte
IG Farben	Interessengemeinschaft Farbenindustrie AG
KPD	Kommunistische Partei Deutschlands
KPdSU	Kommunistische Partei der Sowjetunion
KZ	Konzentrationslager
LA	Landesarchiv
LA NRW R	Landesarchiv NRW, Abteilung Rheinland
LASH	Landesarchiv Schleswig-Holstein
NA	National Archives, Kew
NDB	Neue Deutsche Biographie
NDR	Norddeutscher Rundfunk
NLA HA	Niedersächsisches Landesarchiv, Abteilung Hannover
NRW	Nordrhein-Westfalen
NSDAP	Nationalsozialistische Deutsche Arbeiterpartei
NSG	Nationalsozialistische Gewaltverbrechen
NWDR	Nordwestdeutscher Rundfunk
PAAA	Politisches Archiv des Auswärtigen Amts
Pg.	Parteigenosse (der NSDAP)
RBB	Rundfunk Berlin-Brandenburg
SA	Sturmabteilung
SBE	Sonderbeauftragter für die Entnazifizierung NRW
SD	Sicherheitsdienst der SS
SED	Sozialistische Einheitspartei Deutschlands
SIPRI	Stockholm International Peace Research Institute
SPD	Sozialdemokratische Partei Deutschlands
SR	Saarländischer Rundfunk
SRP	Sozialistische Reichspartei
SS	Schutzstaffel
StAA	Staatsarchiv Augsburg
StAAm	Staatsarchiv Amberg
STABa	Staatsarchiv Bamberg
StAB	Staatsarchiv Bremen
STAF	Staatsarchiv Freiburg
StAL	Staatsarchiv Ludwigsburg
StadtA MR	Stadtarchiv Marburg
StAM	Staatsarchiv München
SWR	Südwestdeutscher Rundfunk
SZ	Süddeutsche Zeitung
taz	die tageszeitung
uk	unabkömmlich
UPI	United Press International
VfZ	Vierteljahrshefte für Zeitgeschichte
WDR	Westdeutscher Rundfunk
ZDF	Zweites Deutsches Fernsehen

Abbildungsnachweis

Seite 15: picture-alliance / AP
Seite 28: Ganzseite «Stille Mitarbeiter»: Süddeutsche Zeitung vom 12.11.1949
Seite 35: Titelseite der Allgemeinen Jüdischen Illustrierten, 2. Jahrgang, Heft Nr. 6/7, März 1952
Seite 50: picture-alliance / dpa / Blume
Seite 66: Landesarchiv Berlin, F Rep. 290 (06) Nr. 0034545 / Foto: Gert Schütz
Seite 99: Foto zur Verfügung gestellt von der Stiftung Bundespräsident-Theodor-Heuss-Haus, Stuttgart, © nicht zu ermitteln
Seite 103: Titelseite Il Messaggero vom 21.11.1957
Seite 107: picture-alliance / dpa / Günter Bratke
Seite 111: Seite 1 der Süddeutschen Zeitung am Wochenende vom 20./21.09.1958 (Ausschnitt)
Seite 134: Digitalaufnahme eines Ausschnitts aus der Sendung «Wochenspiegel» mit O-Ton Lübke via: NDR, FESAD, F:536; Aufenthalt von Lübke und dem italienischen Staatspräsidenten Segni im KZ Dachau während Segnis Staatsbesuch
Seite 163: Bundesarchiv Koblenz, Bild 146–1978-Anh.024-02/ Fotograf/in: o. Ang.
Seite 165: Video-Datei, DRA – Deutsches Rundfunkarchiv, Prod. Nr. 076813 (Filmstill in Minute 10:07:56:03)
Seite 184: Karikatur von Ernst Maria Lang: Süddeutsche Zeitung vom 02.07.1969
Seite 190: Fritz Neuwirth / Süddeutsche Zeitung Photo
Seite 195: mauritius images / Penta Springs Limited / Alamy / Alamy Stock Photos
Seite 214: picture-alliance / dpa / Konrad Giehr
Seite 220: Körber-Stiftung, Hamburg
Seite 230: SPIEGEL-Titelbild, 33. Jahrgang, 1979, Heft Nr. 21
Seite 248: Titelseite Deutsche National-Zeitung, Nr. 45, 32. Jahrgang vom 5. November 1982
Seite 256: Sven Simon Fotoagentur, Mülheim an der Ruhr
Seite 273: Schallplatten-Cover 1985, extra records&tapes 66.23614
Seite 290: Werek / Süddeutsche Zeitung Photo
Seite 298: picture-alliance / dpa / Kai-Uwe Wärner
Seite 304: picture-alliance / Associated Press / Rainer Klostermeier

Leider war es nicht in allen Fällen möglich, die Inhaber der Rechte zu ermitteln. Wir bitten deshalb gegebenenfalls um Mitteilung. Der Verlag ist bereit, berechtigte Ansprüche abzugelten.

Namenverzeichnis

AUS DEM VERLAGSPROGRAMM

Norbert Frei bei C.H.Beck

Norbert Frei

Vergangenheitspolitik

Die Anfänge der Bundesrepublik und die NS-Vergangenheit
2012. 468 Seiten. Paperback
Beck'sche Reihe Band 6060

Norbert Frei

1945 und wir

Das Dritte Reich im Bewußtsein der Deutschen
2005. 224 Seiten. Gebunden

Norbert Frei

Der Führerstaat

Nationalsozialistische Herrschaft 1933 bis 1945
2013. 313 Seiten. Paperback
Beck'sche Reihe Band 6081

Saul Friedländer, Norbert Frei,
Sybille Steinbacher, Dan Diner

Ein Verbrechen ohne Namen

Anmerkungen zum neuen Streit über den Holocaust
2022. 94 Seiten. Klappenbroschur
Beck Paperback Band 6468

Norbert Frei, Johannes Schmitz

Journalismus im Dritten Reich

5. Auflage. 2014. 229 Seiten. Broschiert
Beck Paperback Band 376

Volkhard Knigge, Norbert Frei

Verbrechen erinnern

Die Auseinandersetzung mit Holocaust und Völkermord
Herausgegeben von Volkhard Knigge und Norbert Frei,
unter Mitarbeit von Anett Schweitzer
2002. XII, 450 Seiten mit 15 Abbildungen im Text.
Klappenbroschur